KB253326

사도행전 요약설교

기적의 사람들

김 태 빈 지음

좋은 책으로 하나님의 사람을 만들어가는

엘   맨

기적의 사람들

머 리 말

불충한 제가 하나님께로부터 부름받아 목사가 된지도 어언 20여년이 지나 지난 날들을 돌이켜 보면 주님 위해 일해 놓은 것 별로 없고 그날 그날을 최선을 다해 살아왔다고 했지만 남긴 것이 별로 없습니다.

옛말에 호랑이는 죽어 가죽을 남기고 사람은 죽어 그 이름 석자를 남긴다고 했으나 하나님과 교회 위해 못다한 일들이 너무나 많기에 남은 때는 좀더 열심히 일하고자 하는 마음 뿐입니다.

새벽마다 강단에서 간단하게나마 설교를 작성하며 예배 인도한 것을 책으로 발간한다는 자체가 모자라고 부끄러운 일이라 하겠습니다.

주일 낮 예배와 저녁 예배 때에 심혈을 기울여 준비하고 외친 설교는 성경 전체의 체계로 되어 있지 않아서 한권 한절도 빠짐 없이 기도하여 준비한 요약 설교이기에 새벽 강단을 지키시는 많은 동역자님들 바쁜 목회 일정에 조금이나 도움이 되었으면 하는 바램에서 금번에 다시 사도행전 요약 설교집 "기적의 사람들"을 내어놓게 되었습니다.

하나님께서 더욱 은혜를 저에게 주시면 성경 66권 전체를 모두 설교로 작성하여 출판하고 싶은 마음 뿐입니다.

졸서이지만 많은 동역자님들께 조그마한 도움이 되었으면 하는 바램이 간절합니다. 이 책이 나오기까지 격려해 주시고 물심 양면으로 도움을 주신 엘맨 출판사 채주희 사장님께 심심한 감사를 드립니다.

어려운 목회 생활에 항상 옆에서 기도해 주며 힘이 되는 사랑하는 아내와 교역자의 길에 나서서 일하는 사랑하는 아들 김영민 강도사, 미국에서 생활하고 있는 딸 영선이, 그리고 많은 힘이 되어 주고 있는 영실이, 고신대학교에서 신학과에 재학중인 막내 영호에게 지면을 통하여 감사의 마음을 전합니다.

이 책을 대하시는 모든 이에게 하나님의 은총이 충만하시길 기원드리며 이 모두를 허락하신 하나님께 영광을 돌립니다.

2004년 11월 어느날
창원에서 김태빈 목사

목 차

사도행전 서론

一. 책이름
1. 헬라어 사본에 의하면 사도들의 행적이란 명칭으로 사용되었습니다.
2. 결국 사도행전은 책 내용의 성격을 쫓아 그 명칭이 붙여졌습니다.

二. 기록자(저자)
1. 역사가 유세 비우스의 증언에 의하면 누가복음의 후편격으로 지적합니다.
2. 행전속에 우리라는 표현 속에서 바울의 동역자임을 강력히 시사하고 있습니다.
3. 기록자는 의사인 누가임을 증명하고 있습니다(1:3, 3:7, 9:18, 13:11).

三. 기록 연대
1. 바울의 로마 도착 및 구류 사건으로 끝을 맺고 있습니다.
2. 바울의 재판, 석방, 네로의 핍박, 바울의 순교는 언급되지 않고 있습니다.
3. 그렇다면 기록연대는 A.D.62년경 입니다.

四. 기록 장소
1. 누가는 바울의 전도 여행중에 합류했습니다(20:6).
2. 바울이 로마로 호송될 때까지 동행했음을 알 수 있습니다(28:16).
3. 결국 누가는 로마에서 누가복음에 이어 본서를 집필했을 것입니다.

五. 기록 목적
1. 데오빌로는 대표되는 이방인들인데 주님의 십자가와 부활을 증거하기 위함입니다.
2. 약속하신 성령님의 임재로 역사하심을 증거하기 위함입니다.
3. 교회의 탄생과 예루살렘으로부터 로마 전역으로 퍼지는 과정을 증거합니다.
4. 교회의 성장과정을 잘 증거해 주기 위함입니다.
5. 유대인들과 이방인들에게 그리스도의 복음을 변증하기 위함입니다.

六. 본서의 특징
1. 본서는 복음서에 뿌리를 두며 서신서의 배경을 이룹니다.
   ◎ 복음서와 서신서를 잇는 가교의 역할을 합니다.
2. 본서는 "성령행전"이라 불리우리만큼 성령의 역사가 생생히 부각됩니다.
3. 역사가로서의 누가의 객관성 및 탁월성의 문체로 기록되었습니다.
4. 의사로서의 전문 용어가 나타나는 것이 특징이기도 합니다.

기독교의 기초
(1:1-12)

사도행전은 성령의 행전이요, 기독교의 4대 기초 사실을 밝혀준 책입니다. 또한 사도행전은 성령의 복음이라고 할 수 있으며 예수님께서 승천하신 후 사도들의 활동한 역사를 기록한 책입니다. 본문에서 기독교의 기초를 고찰해 봅시다.

一. 예수 그리스도의 부활(3)
   1. 십자가의 고난을 받고 죽으셨습니다(3).
   2. 확실한 증거로 다시 사셨습니다(3).
   3. 40일 동안 제자들과 믿는 성도들에게 보이셨습니다.
   4. 부활 후 하나님 나라의 일을 말씀하셨습니다.

二. 성령을 허락하셨습니다(8).
   1. 성령이 임하시면 권능을 받습니다(8).
   2. 땅끝까지 이르러 주의 증인이 됩니다.
   3. 성령을 받기 위해 준비하라고 하셨습니다(8).
   4. 반드시 오신다고 기다리라고 하셨습니다(8).

三. 예수 그리스도의 승천(9)
   1. 감람원이란 산에서 승천하셨습니다(12).
   2. 제자와 성도들이 보는 가운데서 승천하셨습니다(9).
   3. 그 일들을 제자들이 자세히 쳐다보았습니다(10).
   4. 흰 옷 입은 두 사람(천사)이 증거하며 동참했습니다.

四. 예수 그리스도의 재림(11)
   1. 하늘로 올라가신 예수님
   2. 그대로 다시 오신다고 하셨습니다(11).
   3. 재림은 기독교의 중요한 교리입니다.
   4. 약속하신 대로 주님은 다시 오십니다.
   5. 공의의 심판을 위해 다시 오십니다.

* 예수 그리스도의 부활과 성령의 강림, 예수님의 승천과 재림, 이는 기독교의 4대 기초석이 됩니다. 이 사실을 의심없이 믿고 준비하며 증거하는 생활을 합시다.

예수 그리스도의 명령
(1:1-11)

부활하신 주님께서는 승천하시기에 앞서 사랑하는 제자들에게 중대한 명령을 하신 후 승천하셨습니다. 주님의 명령은 1) 평범한 사람의 명령이 아니고 구세주의 명령입니다. 2) 이 지상 사회운동에 관한 명령이 아니고 하늘나라 건설의 명령입니다. 3) 이 세상을 떠나 승천하시기 앞서서 하신 마지막 명령입니다. 이 명령이야 말로 우리들의 신앙생활과 사명관에 대한 바른 좌표와 방향이기에 반드시 지켜야 합니다.

一. 예루살렘을 떠나지 말라고 하셨습니다.
   1. 제자들은 예루살렘을 빨리 떠나려고 했습니다.
   2. 예루살렘은 어떠한 뜻이 있기 때문입니까?
   3. 기독교복음운동의 발상지로 예정되었습니다.
   4. 하나님의 은혜와 복을 내리시는 시온소로 예정되었습니다.
   5. 이곳에서 복음을 전파해야 하기 때문입니다.
   6. 교회를 창설해야 될 하나님의 경륜이 있기 때문입니다.

二. 성령의 권능을 받으라고 하셨습니다.
   1. 명령에 순종하고 하나님의 일을 하려면 성령을 받아야 합니다.
   2. 성령을 받아야 권능자가 되기 때문입니다.
   3. 성령은 주님께서 약속하셨습니다.

三. 증인이 되라고 하셨습니다.
   1. 예수 그리스도의 십자가와 보혈을 증거해야 합니다.
   2. 예수 그리스도의 부활을 증거해야 합니다.
   3. 예수 그리스도의 재림과 심판을 증거해야 합니다.
   4. 말로만 아니라 행동으로 증거할 수 있어야 합니다.
   5. 어떤 희생과 죽음이라도 각오한 순교적인 증인이어야 합니다.
   6. 예루살렘과 유다, 사마리아, 땅끝까지 증거해야 합니다.

* 주님의 명령을 받은 성도는 반드시 순종하고 증인이 되어 하나님의 뜻을 이루어 드려야 합니다. 이럴 때 주님의 사업의 승리요, 하나님 나라의 확장이요, 마귀를 멸하고 영혼 구원의 유일한 길입니다.

예루살렘을 떠나지 말라

(1:4)

예수님께서 부활하시고 40여일간 이 세상에 계시며 제자들과 성도들에게 보이시다가(11회) 마지막 감람산에 제자들이 모인 그곳에 나타나시어 승천하시면서 사도들에게 부탁하신 귀중한 마지막 말씀이 "예루살렘을 떠나지 말라"는 것이었습니다.

그 이유가 무엇인지 깊이 고찰해 봅시다.

一. 예루살렘을 떠나지 말아야 할 이유
  1. 예수님이 역사하시던 곳입니다.
    1) 사복음서 중 주님의 사역이 40여회나 이루어졌습니다.
    2) 귀중한 복음의 일터이기 때문입니다.
  2. 사도들이 앞으로 일할 곳이기 때문입니다.
    1) 사도들이 20여회나 기적을 일으킨 곳이기도 합니다(사도행전).
    2) 영적인 본부가 되기 때문입니다.
  3. 성령의 강림운동이 일어난 곳이기 때문입니다.
    1) 승천 후 120여 명의 신도가 함께 기도했습니다.
    2) 약속대로 성령 충만함을 받았습니다.
    3) 성령의 강림으로 큰 부흥운동이 일어났습니다.

二. 성도들도 예루살렘을 떠나지 말아야 합니다.
  1. 이는 성전 중심의 생활을 가르칩니다.
    1) 예수님께서도 성전 중심의 생활이었습니다(눅 2:49).
    2) 사무엘, 시므온, 안나도 성전 중심의 신앙으로 은혜를 받았습니다.
  2. 예배 중심의 생활을 가르친 것입니다.
    1) 성전에서 행하는 일은 주로 예배입니다.
    2) 예배드리며 사는 신령한 생활을 뜻합니다.
  3. 경건 중심의 생활을 가르친 것입니다.
    1) 성전에서의 예배드리는 생활은 경건한 생활입니다.
    2) 언제나 경건의 연습을 해야 합니다(딤전 4:7).

* 주님 명령에 의지하여 제자들과 120여명의 교인들이 10일 동안 기도하던 중 오순절에 성령충만함을 받아 초대교회의 대부흥이 일어났습니다.

성 령(Ⅰ)

(1:6-11)

성령 충만을 받는 일은 신앙생활에서 가장 근본적으로 중요한 일입니다. 믿음과 은혜의 성장은 이로써만 이루어지기 때문입니다. 성령님은 어떤 분입니까? 성령님은 삼위일체 하나님의 신이십니다. 성령님은 교회의 생명이며 성령님은 하나님의 사랑을 알게 합니다. 하나님께로 나아가는 방법을 제시해 주며 우리의 마음을 밝혀 주십니다. 성령님은 능력의 근원이십니다. 성령 충만함은 우리 주님의 유일한 명령이며 성도는 성령 충만을 받아야 합니다.

一. 성령받기 이전 제자들의 모습
1. 외형적인 인본주의자였습니다.
2. 시대주의적인 자세였습니다.
3. 서로 높아지려고 했습니다.
4. 비겁하고 두려워 했습니다.

二. 성령받은 후의 제자들의 모습
1. 개인 심령의 문제가 해결됐습니다.
2. 가정 문제가 해결됐습니다.
3. 사회 국가의 문제가 해결됐습니다.
4. 죽음의 문제가 해결됐습니다.
5. 철저한 증인이 되었는데 증인이란
   1) 목격자여야 합니다.
   2) 확신이 있어야 됩니다.
   3) 거짓이 없어야 합니다.
   4) 순교를 각오해야 합니다.

三. 성령을 받을 수 있는 방법
1. 말씀입니다(순종)(행 10장).
2. 십자가 입니다(회개)(행 2:38).
3. 기도입니다(눅 11:13).

* 하나님의 가장 놀라운 복된 약속은 성령을 주시겠다는 것이고 주님의 마지막 부탁도 성령을 충만히 받으라는 명령입니다. 성령님으로 충만해야 하나님을 기쁘시게 할 수 있습니다.

성 령(Ⅱ)
(1:6-11)

마지막 때에 하나님께서는 남종과 여종에게 성령을 부어 주시리라고 말씀하셨는데 오늘날 많은 사람들이 잘못된 영(악령)을 받아 하나님의 영광을 가립니다. 또한 성령을 받았다 하여 하나님의 성호를 팔아 사리 사욕을 채우려는 자들이 많아 과연 어떤 것이 참 성령의 역사인지 분간하기 어려울 정도로 되어버렸습니다. 성령을 받았을 때 어떤 역사가 일어나며 이 성령을 받을 수 있는 비결은 무엇인가를 생각해 보려고 합니다. 그리고 이 사실을 안 다음에 잘못된 곳에 현혹되지 않고 바로 알고 바로 믿는 것이 중요하기에 생각해 보려 합니다.

一. 성령님이 임하실 때 나타나는 역사는?
  1. 책망하십니다.
  2. 간구의 영이므로 간구하게 됩니다.(기도)
  3. 승리의 영이므로 승리하게 됩니다.(승리)
  4. 변화시켜 주십니다.(인격)
  5. 아홉 가지의 은사를 주십니다.(성령의 열매)
  6. 성령님의 오신 목적은 전도와 구원입니다.(복음전파)

二. 성령님을 받는 방법은?
  1. 성령님을 왜 못 받는가?
   1) 성령님을 근심하게 하기 때문입니다.
   2) 성령님을 속이기 때문입니다.
   3) 성령님을 소멸하기 때문입니다.
  2. 성령님을 받는 방법은?
   1) 말씀에 순종할 때입니다(행 2:38).
   2) 회개할 때입니다(행 2:38).
   3) 기도할 때입니다(눅 11:13).

* 이제 말씀에 순종하고 하나님의 마음에 합한 자가 되고 한 마음으로 기도하고 충성하여 성령 충만함을 받아 승리하는 신앙 생활을 합시다.

성 령(Ⅲ)
(1:1-8)

성령을 받으라는 것은 예수 그리스도의 지상 명령입니다. 성령을 받을 때 그는 은혜의 생활을 할 수 있으며 성령 충만함을 받을 때 능력 있는 성도가 될 수 있기 때문입니다. 이 장에서는 성령 받아야 할 이유와 받는 방법에 대해 고찰해 봅시다.

　一. 성령 받아야 할 이유
　　1. 거듭나게(重生)하시기 때문입니다(요 3:5).
　　　◉ 물과 성령으로 거듭나야 천국갈 수 있습니다.
　　2. 거룩하게(聖潔)하시기 때문입니다(살후 2:13).
　　　◉ '성령의 거룩하게 하심과'라고 했습니다.
　　3. 영생하게(永生)하시기 때문입니다.
　　　◉ 성령을 위해 심는 자는 성령으로부터 영생을 거둡니다.

　二. 성령을 받는 방법
　　1. 간절히 기도해야 합니다(눅 11:13).
　　　◉ '천부께서 구하는 자에게 성령을 주시지 않겠느냐'
　　2. 철저히 회개해야 합니다(행 2:38).
　　　◉ '너희가 회개하면 성령을 선물로 받으리라.'
　　3. 확실한 신앙이어야 합니다(갈 3:14).
　　　◉ '믿음으로 말미암아 성령의 약속을 받게 하려 함이라.'
　　4. 겸손히 순종해야 합니다(행 5:32).
　　　◉ '순종하는 사람들에게 주신 성령은 그러하니라.'
　　5. 허락하심을 고대해야 합니다(행 1:4).
　　　◉ '아버지의 약속하신 것을(성령) 기다리라.'
　　6. 가르침을 받아야 합니다(요 14:26).
　　　◉ '성령 그가 너희에게 모든 것을 가르치시리라'

* 성령을 받지 않고서는 참된 그리스도인이 될 수 없습니다. 거듭나고 거룩하여 영생을 얻는 것도 오직 성령을 받아야 가능합니다. 그러므로 성령 받는 방법을 깊이 인식하고 실천하여 성령 충만함을 받아 참된 성도들이 되어 승리하시기 바랍니다.

증 인
(1:6-11)

　예수님께서는 지상 성역을 다 이루시고 승천하시기 앞서 사랑하는 제자들에게 부탁하신 말씀이 1) 예루살렘을 떠나지 말라. 2) 성령을 받으라 3) 증인이 되라 였는데 "내 증인이 되라"는 의미는 1) 복음의 전파자 2) 생명의 구원자 3) 지상교회 건설자란 의미입니다.

一. 증인이란 말의 의미
　1. 신임과 신용이 있어야 합니다.
　　1) 갈대처럼 흔들리고 변하는 자는 안됩니다.
　　2) 의리와 신용이 있고 신임도가 깊으며 믿음직해야 합니다.
　2. 어떤 처벌과 고난도 희생도 각오해야 합니다.
　　1) 사건을 책임지고 안일, 이권, 영광을 초월해야 합니다.
　　2) 어떤 처벌, 핍박, 희생도 감수하고 십자가를 질 수 있어야 합니다.

二. 증인의 사명
　1. 예수님의 십자가를 증거해야 합니다(고전 1:18).
　　1) 십자가는 하나님의 구원 역사의 완성입니다.
　　2) 죄악, 마귀, 사망의 권세에서 해방하여 구원을 주시는 능력입니다.
　2. 예수님의 부활을 증거해야 합니다(롬 4:25).
　　1) 부활은 죄악, 사망, 마귀에 대한 하나님의 승리입니다.
　　2) 하나님의 새 역사와 새 세계의 창조입니다.

三. 증인의 자격
　1. 예수 그리스도를 바로 알아야 합니다.
　2. 주를 바로 소개하고 영향력을 발휘할 수 있어야 합니다.
　3. 진실하고 또한 정직해야 합니다.
　4. 인정, 물질, 권력 앞에서 초연해야 합니다.
　5. 예수님의 부활을 증거해야 합니다.
　6. 예수님의 재림을 증거해야 합니다(벧후 3:10).

＊ 예수 그리스도의 증인들은 이 놀라운 복음, 즉 인류의 참된 소망과 영원한 생명이 되시는 예수 그리스도를 성령의 권능을 받아서 전 세계에 힘써 증거해야 되는 것입니다.

교회와 증인
(1:6-11)

사도행전 1장 8절에 있는 말씀은 예수님께서 제자들에게 땅 위에서는 최후의 말씀으로 주셨습니다. 이 말씀은 주님께서 교회에 사명을 주신 중대한 것입니다. 교회의 사명은 복음 증거입니다. 1:8 끝에 말씀하시기를 "내 증인이 되리라"고 하였습니다.

一. 교회는 이 세상 나라의 특권 계급이 아닙니다.
1. 제자들은 부활하신 주님께 큰 소망을 걸었습니다.
2. 이스라엘 나라를 회복해 주시길 원했기 때문입니다(1:6).
3. 이는 땅에 속한 소망입니다.
4. 주님은 이 질문을 합당치 않게 여기셨습니다.
5. 오직 할 일은 증인이 되라는 것입니다(1:8).
6. 증인은 많은 고난과 핍박이 따릅니다(벧전 4:14).

二. 교회는 세상 권세 의지하지 말아야 합니다.
1. 중세기 콘스탄틴 황제로 인하여 공인이 되었습니다.
2. 그 결과 타락해 버리고 말았습니다.
3. 구라파의 국교도 교인수가 통계적으로 상당합니다.
4. 그러나 주일에 예배당에 안가는 사람이 대다수입니다.
5. 인생과 권세에 의지하지 말아야 합니다(사 2:22).
6. 오직 성령의 권능만 의지해야 합니다(1:8).

三. 증인은 어디든지 가야합니다.
1. 예루살렘, 유대, 사마리아 땅끝까지 입니다(1:8).
2. 복음 증인의 책임은 어느 지역 사회에 국한된 것이 아닙니다.
3. 교회는 숨어 있는 존재가 아닙니다(눅 11:33).
4. 교회는 국가에 대해 무관심 주의가 되어도 안됩니다.
5. 교회는 정부에 대해서도 복음 증거의 책임이 있습니다.
6. 정부에 대하여 신령한 말씀을 전할 수 있도록 노력해야 합니다.

* 주님의 명령에 의지하여 교회는 복음 증인이 되어야 합니다. 교회는 이 세상 나라 권세 의지하지 말고 오직 성령님의 권능을 의지하여 땅끝까지 이르러 복음의 증인이 되어야 하겠습니다.

선 교
(1:8)

이 땅에 도성인신 하시어 성역을 완성하신 후 이제 승천 직전의 예수님의 마지막 부탁은 실로 위대한 명령인 것입니다. 그것은 구체적인 것이요, 원리적인 것입니다. 이것은 복음선교 사명의 본질을 밝혀 주는 예수님의 마지막 명령입니다.

一. 선교의 원천은 성령님이십니다.
    1. 성령님은 우리에게 임하십니다(1:8).
    2. 즉 인간이 제조, 발견이 아니라 하나님 편에서 임의로 오십니다.
    3. 성령님이 임하시면 능력을 받습니다(1:8).
    4. 이 힘은 하늘에서 온 힘, 구원의 힘, 복음의 힘입니다.
    5. 성령님은 제자(개인)들에게 임하심이 우선적입니다.
    6. 결국 개인의 중생, 체험이 최우선적인 것입니다.

二. 선교의 영역은 세계적입니다(1:8).
    1. 예루살렘입니다(예수님을 십자가에 못박던 곳입니다).
    2. 온 유다입니다(남쪽 가나안 지역입니다).
    3. 사마리아입니다(이방 지역입니다).
    4. 이 곳은 선민 유다와 대적이었습니다.
    5. 땅끝까지입니다.
    6. 이는 이방 세계 전역과 전인류를 의미합니다(행 13:47).

三. 선교 정신은 순교입니다.
    1. 확신의 믿음이어야 합니다(행 4:20).
    2. 어디든지 가야 합니다(마 10:17-21).
    3. 고난을 각오해야 합니다.
    4. 바른 증언에는 고난이 따릅니다(미가야, 엘리야).
    5. 죽을 때까지입니다(스데반의 경우).
    6. 성령님의 전폭적인 지시만으로 움직여야 합니다.

* 선교는 주는 것입니다. 거져 주는 것입니다. 거져 받았으니 거져 주는 것입니다.
 1) 직접 몸으로 선교사가 되는 길 2) 간접적으로 선교사업 돕는 길이 있습니다. 기도, 선교회원 가입, 회원모집, 선교사 양성입니다.

성령의 은혜

(1:8)

一. 성령으로 인한 은혜

1. 성령으로 거듭납니다(요 3:5).
2. 성령으로 세례 받습니다(행 1:5).
3. 성령으로 강건하여 집니다(엡 3:16~).
4. 성령으로 충만해집니다(엡 5:18).
5. 성령으로 인도됩니다(롬 8:14).
6. 성령으로 감동됩니다(벧후 1:21-).
7. 성령으로 몰아내신바 됩니다(막 1:12).
8. 성령으로 열매 맺습니다(갈 5:22).
9. 성령으로 자유케 됩니다(고후 3:17).
10. 성령으로 의롭다 하심을 얻게 됩니다(딤전 3:16).
11. 성령으로 새 생명을 얻습니다(요 6:63, 8:12).
12. 성령으로 모든 일을 통달케 합니다(요 14:26-고전 2:15).
13. 성령으로 하나님의 자녀되는 권세를 얻습니다(롬 8:16, 갈 4:6).
14. 성령의 은사를 받게 됩니다(고전 12:4-11).

二. 성령 받은 증거

1. 주님의 말씀을 생각나게 합니다(요 14:26-).
2. 심령이 평안해 집니다(요 14:27).
3. 기쁨이 충만하게 됩니다(요 14:28, 갈 5:22).
4. 기쁨을 빼앗기지 않게 됩니다(요 14:22).
5. 그리스도의 이름으로 기도하게 됩니다(요 16:24).
6. 세상을 이깁니다(요 16:33).
7. 하나님을 영화롭게 해드립니다(요 17:10).
8. 진리를 알고 그를 따라 갑니다(요 16:13).
9. 권능(능력)을 받습니다(행 1:8).
10. 전도하게 됩니다(행 1:8).
11. 성령의 열매를 맺습니다(갈 5:21-23).
12. 자신의 죄, 사회의 죄를 깨우칩니다(마 3:11).

성령의 이름들
(1:8)

一. 성령님에 대한 이름들(별칭)
  1. 하나님의 영이십니다(요 3:8).
  2. 하나님의 성령이십니다(고전 3:16).
  3. 주 여호와의 신이십니다(사 61:1).
  4. 그리스도의 영이십니다(롬 8:9).
    1) 아버지뿐 아니라 그리스도의 성령이 되십니다(요 20:22).
    2) 그리스도를 보여 주십니다(요 16:14).
  5. 아들의 영, 신자나 하나님의 아들됨을 증거하는 영입니다(갈 4:6).
  6. 거룩하신 영입니다(눅 11:13).
  7. 심판하고 소멸하는 영이십니다(사 4:4).
  8. 약속의 성령이십니다(엡 1:13).
  9. 진리의 영이십니다(요 14:17, 15:26, 16:13).
    1) 성령은 곧 진리이십니다. 진리를 가르치십니다(요 1:7).
  10. 생명의 성령이십니다(롬 8:2, 생명을 주시는 영).
  11. 즐거움의 기름이십니다(히 1:9).
  12. 은혜의 성령이십니다(히 10:29).
  13. 영광의 영(벧전 4:14), 영광을 주실 영이십니다(롬 8:16-17).
  14. 영원하신 영이십니다(히 9:14).
  15. 보혜사이십니다(요 14:16, 26, 15:26, 16:7~8).
  16. 생명수이십니다(요 7:38).
  17. 생기이십니다(요 20:22, 행 2:2).
  18. 불꽃이십니다(마 3:11, 행 2:3).
  19. 능력이십니다(롬 15:13).

二. 성령님의 성품
  1. 선하십니다(느 9:20, 시 143:10).
  2. 거룩하십니다(사 6:3).
  3. 진실하십니다(행 28:25).
  4. 사랑하십니다(롬 15:30).
  5. 능력이십니다(행 1:8).

성령의 역사
(1:8)

一. 천지만물에 대하여 역사하십니다.
  1. 물질적 우주와 인류는 성령에 의해 지으심 받았습니다(시 33:6, 욥 33:4).
  2. 만물을 완전히 보호하십니다(창 1:2, 시 104:29~3, 욥 26:13).

二. 모든 인류에게 역사하십니다.
  1. 예수 그리스도에 대한 진리를 증거하십니다(요 15:16~27, 행 5:30~32).
  2. 이 세상으로 하여금 죄, 의, 심판에 대해 깨닫게 하십니다(요 16:7~11).
    1) 죄는 예수를 믿지 아니합니다(요 16:9).
    2) 의는 곧 그리스도이십니다(요 16:10).
    3) 심판은 사탄이 받았으므로 그 종들도 받습니다(요 16:11, 창 3:14-15).

三. 믿는 사람 안에서 행하십니다.
  1. 거듭나게 하십니다(딛 3:5, 요 3:3-5).
  2. 신자 안에 계십니다(고전 3:16, 8:9).
  3. 예수 그리스도를 믿게 합니다(고전 12:3, 9).
    1) 성령은 영원토록 우리 안에 계십니다(요 14:16).
    2) 구속되는 때까지 계십니다(에1 1:13~14, 4:30).
  4. 신자에게 스승으로 가르치십니다(요 14:26, 16:13, 고전 2:13~14).
  5. 하나님의 자녀됨을 분명히 알게 하십니다(롬 8:16, 갈 4:6).
  6. 신자를 거룩하게 하십니다(벧전 12:, 살후 2:13, 엡 3:16).
  7. 신자로 하여금 열매 맺게 하십니다(갈 5:22~23).
  8. 신자로 하여금 권능 있게 증거하게 하십니다(고전 2:1~5, 행 1:8).
  9. 신자의 기도를 도와주며 권능있도록 하십니다(롬 8:26~27).
  10. 신자로 하여금 찬송, 감사, 예배하게 하십니다(엡 5:18~20).
  11. 신자로 하여금 하나님의 일을 하도록 부르시고 보내십니다(행 1:2~4).
  12. 신자로 하여금 일상생활에 봉사하도록 하십니다(행 16:6~10).
  13. 신자의 죽은 몸을 살리십니다(롬 8:11).
  14. 신자는 성령을 통해 자기를 이깁니다(롬 8:2, 13).
  15. 신자는 성령에 의해 죄인됨을 자각하게 됩니다(요 16:8~9).
  16. 참된 성도의 경험(체험)을 주십니다(롬 14:17, 8:5~6).

승천하신 주님
(1:8-11)

부활하신 후 주님은 40일간 다시 사심을 친히 증거하셨습니다(행 1:3). 만약에 부활 후 예수님의 행방이 묘연했다면 사실상 기독교는 희미하게 끝나버렸을 것입니다. 성경은 한결같이 부활 이후에 예수님은 없어져 버린 것이 아니라 하늘로 올라가셨다고 하는 사실을 말하고 있습니다.

一. 성경적인 증거
1. 복음서에서의 증거(눅 24:50~51, 막 16:19).
   ◉ 승천하신 후 하나님 우편에 앉으셨다고 했습니다.
2. 사도 바울의 증거(엡 1:20, 4:10, 롬 8:34, 딤전 3:16).
   ◉ 하나님 우편에서 우리 위해 간구하신다고 했습니다.
3. 예수님의 증거(요 6:62, 14:2, 12, 16:15, 10, 17, 28, 20:17).
   ◉ '아버지께로 감이라… 다시 오리라'고 하셨습니다.

二. 주님 승천의 성질
1. 전인적인 승천입니다(행 1:9).
2. 하늘로 올리우신 승천입니다(행 1:11).
3. 가견적인 승천입니다(보는데서)(행 1:9…11).
4. 공간적인 승천입니다(요 14:1-3, 16:28).
   ◉ 즉 천국의 장소성을 확실히 밝히고 있습니다.
5. 영화의 승천입니다.

三. 주님 승천의 의미
1. 주님의 귀향을 나타냅니다.
2. 성취된 구속 사역에 대한 보증입니다(요 19:30).
3. 참된 왕국의 실증입니다(내 나라는…) (요 19:36)).
4. 구속 사역의 실시입니다(보혜사를 보내리라)(요 16:7…8)
5. 영원한 거처의 준비입니다(처소를 예비하면)(요 14:1…3).
6. 마지막 약속의 실현을 위함입니다(다시 오시리라)(행 1:11).

* 예수님의 승천을 목격한 제자들은 기쁨 속에서 담대히 증거했으며 성전에서 하나님께 기도하고 찬송했습니다(눅 24:52…53). 그리스도의 승천은 믿는 모든 성도의 참 소망과 큰 기쁨이 되는 것입니다.

어찌하여
(1:9-11)

　예수님께서 승천하실 때에 제자들은 승천하시는 예수님을 바라보고만 있었습니다. 이는 매우 자연스러운 일이었습니다. 그러나 너무 오랫동안 쳐다봄으로 천사는 이를 경계하였습니다. 그가 제자들에게 어찌하여 쳐다보느냐고 그리 말라 하신 이유가 무엇인가 또는 예수님의 승천이 주는 의미가 무엇인지 고찰해 봅시다.

一. 승천하신 주님은 우리의 소망이 되십니다.
　1. 예수님은 변치 않으시고 그대로 하늘에 계시기 때문입니다.
　　1) 하늘에 올라 가셔도 동일한 예수님이십니다.
　　2) 인간을 형제같이 체휼하시는 예수님이십니다.
　　3) 즉 땅 위의 신자들에게 위로와 소망을 주십니다.
　　4) 그는 하늘에서도 여전히 체휼하십니다(히 13:8).
　　5) 대제사장이 되어 들어가신 주님이십니다(히 6:19, 20).

　2. 예수님은 그 모양대로 다시 재림하시기 때문입니다(11-).
　　1) 우리들에게 나타나실 인격은 변함이 없으십니다.
　　2) 그가 재림하실 때에도 여전히 신자를 사랑하십니다.
　　3) 요구하실 조건도 땅에 계실 때 알리신 그대로입니다.
　　4) 주님은 계약의 신이십니다(요 12:48).

二. 할 일들을 인식시키심입니다.
　1. 공연히 하늘만 쳐다보고 탄식하고 낙심할 필요는 없습니다.
　2. 주님의 승천은 우리의 승리를 가능케 만들어 주셨습니다.
　3. 성도는 부지런히 주님의 일을 해야 합니다.
　4. 낙심은 게으르고 교만한 자들이 하는 일입니다.
　5. 기독교는 구원을 완성한 종교입니다.
　6. 구원받은 성도는 화급히 복음 증거해야 합니다.

＊ 하나님은 죽도록 충성하는 자에게 능력을 주시며 선한 일을 하는 자의 마음에서는 마귀가 틈을 찾지 못합니다. 마귀는 게으른 자의 마음 속에 둥지를 틉니다. 바울 사도는 "부지런하여 게으르지 말고 열심을 품고 주를 섬기라"고 했습니다(롬 12:11).

재림의 이유
(1:9-12)

예수님께서는 그의 교회에 땅끝까지 복음을 전파하라는 대사명을 주신 후 하늘로 올라가셨습니다. 성경은 하늘로 올리우신 예수님께서 다시 오실 것이라고 약속하였습니다. 재림의 목적이 무엇입니까?

一. 구속받은 백성들을 천국으로 데려가기 위함입니다(요 14:1-3).
   1. 승천하신 모습대로 오십니다(행 1:11).
   2. 그날과 그때는 아무도 모릅니다(마 24:36).
   3. 택한 자를 사방에서 모으시기 위함입니다(마 24:31).
   4. 능력과 큰 영광으로 천사들의 호위를 받으시며 오십니다(마 24:31).
   5. 성도는 인내함으로 기다려야 합니다(약 5:7~8).
   6. 성도는 주의 재림을 위해 기도해야 합니다.
   7. 자신을 깨끗케 하여 재림을 준비해야 합니다(딛 2:14).

二. 택한 자에게 상급을 주시기 위해 오십니다.
   1. 행한 일에 상당한 보응을 주십니다(눅 23:41).
   2. 일한 대로 자기 상을 받게 됩니다(고전 3:8, 계 22:12).
   3. 유업의 상을 받게 됩니다(골 3:24).

三. 악의 세력을 멸하시기 위해 오십니다.
   1. 만국을 치겠다고 하셨습니다(계 19:15).
   2. 개인도 멸하실 것이라 하셨습니다(계 19:20).
   3. 사단도 멸하시겠다고 하셨습니다(계 19:2).
   4. 모든 죄와 악을 멸하시겠다고 하셨습니다(벤전 3:10).

四. 악인을 심판하시기 위해 오십니다.
   1. 그 앞에서 피할 자가 없습니다(계 20:11).
   2. 생명책에 기록되지 않은 자 불못에 던지움을 당합니다(계 20:15).
   3. 도적같이 오십니다(계 3:3).
   4. 불법을 행하는 모든 자를 쫓아 내버리십니다(마 7:23).

* 예수 그리스도께서는 반드시 다시 오십니다. 또한 여러 가지의 목적을 가지시고 재림하십니다. 성도들은 다시 오시는 주님을 기쁨으로 맞이할 준비되가 되어 있어야 합니다.

주님의 초림과 재림
(1:11)

一. 시기가 서로 대조 됩니다.
  1. 초림은 때가 차매 이루어집니다(갈 4:4).
  2. 재림의 때는 아무도 알지 못합니다(막 13:32).
  3. 재림은 생각지 않을 때 주님께서 오십니다(마 24:44).

二. 장소가 서로 대조됩니다.
  1. 초림은 베들레헴 말구유입니다(마 5:2, 눅 2:7).
  2. 재림은 감람산이 될 것입니다(슥 14:4).
  3. 재림은 예루살렘이 될 것입니다(슥 8:3, 8).

三. 태도가 서로 대조됩니다.
  1. 초림은 종으로 오셨습니다(빌 2:7).
  2. 재림은 대장으로 오십니다(계 19:11).
  3. 재림은 정복자로 오십니다(계 6:2).

四. 증거에 있어서 대조됩니다.
  1. 초림은 몇 사람에 의해 증거됩니다(눅 2:7~20).
  2. 재림은 유대인들에 의해 증거될 것입니다(계 1:7).
  3. 재림은 모든 사람에 의해 증거될 것입니다(마 24:29~30).

五. 유대인과 관련해서 증거가 됩니다.
  1. 유대인은 초림을 거역했습니다(91:11).
  2. 유대인은 재림을 알고 있습니다(슥 12:10).
  3. 유대인이 재림 때는 회개할 것입니다(롬 11:26).

六. 성도와의 관계에서 대조됩니다.
  1. 초림은 사람이 성도가 됩니다(갈 3:13).
  2. 재림은 성도와 함께 있게 됩니다(살전 3:13).
  3. 재림은 성도가 영광 중에 있게 됩니다(살후 1:10).

七. 죄인들과의 관계에서 대조됩니다.
  1. 초림은 죄인의 대속자로 오셨습니다(막 10:45).
  2. 재림은 죄인을 형벌하러 오십니다(살후 1:7~9).
  3. 재림은 죄인을 심판하러 오십니다(유 1:14~15).

참 교회의 모습
(1:12-14)

예수님께서 승천하신 후 주님의 제자들은 감람산으로부터 예루살렘의 어느 다락방으로 돌아와 그곳에 모인 사람들은 제자들을 포함하여 120명 가량이었습니다. 그들은 이 다락방에서 성령 충만을 받게 되었으며 그로부터 교회가 시작되어 그 다락방의 모습은 참 교회의 모습이었습니다. 그 교회는?

一. 모임이 있었습니다.
  1. 모임이 있는 곳에 교회가 생겼습니다.
  2. 만약 주님 승천 후 다들 헤어졌다면 어떻게 되었을까요?
  3. 성령님은 성도들이 모인 곳에 강림하셨습니다.
  4. 주의 이름으로 모인 곳에 주님이 함께 하십니다(마 18:20).
  5. 힘써 모이는 교회가 힘있는 교회가 됩니다.

二. 신앙 고백이 있었습니다.
  1. 그들은 신앙이 있었으므로 모였습니다.
  2. 주님은 지금도 하나님 우편에 살아계심을 믿었습니다.
  3. 주님은 하늘로부터 다시 오실 것을 믿었습니다.
  4. 약속하신 성령님이 임하실 것을 믿었습니다.
  5. 복음 전하기 위해 능력 주실 것을 믿었기에 모였습니다.

三. 일치가 있었습니다.
  1. 사도들과 성도 사이에 일치가 있었습니다.
  2. 남성도와 여성도들 사이에 일치가 있었습니다.
  3. 오랜 제자와 새 제자 사이에 일치가 있었습니다.
  4. 예수님의 가족들과 외인들 사이에 일치가 있어 모두 모였습니다.

四. 기도가 있었습니다.
  1. 120여 성도들이 모여서 기도했습니다.
  2. 합심하여 기도했습니다.
  3. 마음과 성품을 다해 진심으로 기도했습니다.
  4. 성령님이 임하실 때까지 계속해서 기도했습니다.

* 옛날 예루살렘의 한 다락방은 은혜롭고 능력 있는 기독교를 만들어 냈습니다. 모임과 신앙고백 그리고 일치가 있었고 기도가 있어서 성령님이 강림한 다락방이었습니다.

제 2의 가룟유다

(1:15-20)

3년 동안이나 동고동락하면서 생사를 같이하여 받들어 섬기는 선생님을 잠시 동안 물질에 눈이 어두워 팔았던 가룟유다야 말로 전 후 만대의 진리의 반역자요. 저주의 인간이 되었습니다. 오늘날도 가룟유다가 스승을 팔 듯 믿음을 파는 자들이 있으니 제2의 가룟유다나 다름이 없습니다.

一. 예수님의 이름을 팔아 사욕을 채우는 자
  1. 기독교와 성경의 지명인명으로 간판을 걸어놓고
  2. 예수님의 이름을 팔아가면서도
  3. 하나님께 영광을 돌리지도 아니하고
  4. 주의 뜻대로 행치도 아니하면서
  5. 사사로운 욕심을 채우는 일들은(구제, 사회사업 운운)
  6. 두려울찐저 제2의 가룟유다가 아닐는지.

二. 주일을 팔아서 돈벌이를 꾀하는 자
  1. 주일을 범해 가면서 돈벌이를 하면서도
  2. 헌금 많이 하겠다고 그럴듯한 주장을 펴기도 하지만
  3. 주 앞에 바칠만한 믿음의 소유자도 아닙니다.
  4. 주님은 많은 헌금보다 주일 성수를 원하십니다.
  5. 주일 성수와 십일조는 복된 길이라고 가르쳤습니다.
  6. 주의 날을 팔아 사사로이 사용하지 맙시다.

三. 믿음을 팔아 먹는 자
  1. 믿음은 하나님 주신 선물입니다(엡 2:8).
  2. 이는 우리 마음대로 팔아먹을 수 없습니다.
  3. 하나님의 선물을 팔아먹는 것은 큰 죄입니다.
  4. 믿음은 구원의 은총이 주어진 큰 복입니다.
  5. 믿음을 포기하고 신앙의 정조를 지키지 아니하는 자
  6. 십자가의 반역자요 제2의 가룟유다입니다.

* 욕심이 잉태한즉 죄를 낳고 죄가 장성한즉 사망을 낳습니다(약 1:15). 욕심을 내어도 얻지 못하고 구하여도 받지 못함은 정욕으로 쓰려고 잘못 구한 탓이라고 했습니다(약 4:2~3).

사도 보선
(1:21-26)

여기 초대 교회가 사도를 보선하는 엄숙한 원리와 기준을 보면 1) 기도 하면서 하나님의 뜻대로 하였으며 2) 회중의 공통된 의견을 따랐으며 3) 합당한 사람을 추천하여 가부투표로 선택했습니다. 그 이유는 교회의 직분이 귀중하고 신성하기 때문입니다. 여기 사도는 하나님으로부터 파송을 받았다는 뜻인데 1) 예수님의 증인으로 2) 말씀의 증인으로 3) 교회의 증인으로 이 세상에 파송을 받은 사람이라고 했습니다. 여기 가룻 유다가 이 직분을 포기하고 자살한 까닭은 1) 중생하지 못하고 2) 하늘나라 보다 세상을 더 사랑하고 3) 탐심으로 인하여 신령한 은혜를 체험하지 못한 까닭이라고 하였습니다.

一. 사도 선택의 원리
1. 성경의 지시를 따라 선택했습니다.
   ◉ 이는 하늘나라와 영혼을 구원하는 직분이기 때문입니다.
2. 회중들의 의사를 모아 선택했습니다.
   ◉ 회중을 대표하고 지도하고 봉사해야 되는 직분이기 때문입니다.
3. 합당한 인물을 선출하여 가부로 선택했습니다.
   ◉ 하나님과 교회의 일반 회중들의 마음에 들어야 하기 때문입니다.

二. 사도 선택의 기준
1. 철저히 회개한 무흠한 신자를 선택했습니다.
   ◉ 회개 후 신령한 은혜를 체험한 후라야 봉사할 수 있습니다(1:21).
2. 주님의 복음을 증거할 사람을 선택했습니다.
   ◉ 순교를 각오하고 부활 증거해야 합니다(1:22).
3. 교회의 덕을 세우고 유익을 줄 사람을 선택했습니다(1:25).
   1) 예수님을 사랑하는 사람이어야 하며(마 10:37~39),
   2) 자기 십자가를 지고 가는 사람이어야 하며,
   3) 주님을 위해 죽을 수 있는 순교적인 정신적 자세가 구비되어야 합니다.

* 이와 같은 원리와 기준에서 교회의 직분을 택하여 세우면 하나님께 영광을 돌리게 되고 교회의 유익이 되어 발전하게 되고 많은 민중들도 다 함께 은혜와 복을 받게 되는 것입니다.

성령 강림(Ⅰ)
(2:1-13)

성자 예수 그리스도의 강림과 함께 성령님의 강림도 중대하고 놀라운 하나님의 섭리 속에 이루어진 역사적인 사건입니다. 그러나 사람들은 성자의 강림에 대해서는 잘 알고 감사할 줄 알면서 성령님의 강림에 대해서는 잘 기억조차 하지 않으며 감사하게 생각지 않는 실정입니다.

一. 성령강림하신 때
  1. 오순절 날이었습니다(2:1).
  2. 이는 주님의 승천 후 첫 번째 맞는 절기였습니다.
  3. 삼대 절기 중 가장 많은 사람이 모이는 절기입니다.

二. 성령 강림의 이유
  1. 나와 함께 하시기 위해 오셨습니다(요 14:16).
  2. 나를 항상 가르치시기 위해 오셨습니다(요 14:26).
  3. 나를 항상 인도하시기 위해 오셨습니다(요 16:13~14).

三. 성령 강림의 모습
  1. 급하고 강한 바람같은 소리로 임하셨습니다(힘을 상징).
  2. 불의 혀같이 임하셨습니다(말씀의 능력 상징).
  3. 하늘로부터 갑자기 임하셨습니다(홀연히).
  4. 성령 강림은 1회적인 것이며 지금도 세상에 현존하십니다.

四. 성령 강림의 대상
  1. 열흘 동안 다락방에서 기도하던 성도들에게 임하셨습니다.
  2. 120명 전원에게 임하셨습니다.
  3. 모두가 함께 기도했으며 성령강림은 모두에게 필요했습니다.
  4. 성령강림은 어떤 특정인에게만 필요한 것이 아닙니다.

五. 성령 강림의 결과
  1. 모두가 권능을 받게 되었습니다.
  2. 권능을 받은 후 힘차게 복음을 증거했습니다.
  3. 성령 강림으로 강력한 복음 전파운동이 나타났습니다.

* 성령강림으로 사람들이 변화되었습니다. 그리고 그리스도를 증거했습니다. 지금은 종종 잘못된 성령론으로 교계가 어지럽혀지고 있는 때이므로 더욱 기도해야 될 것입니다.

성령 강림(Ⅱ)
(2:1-4)

오순절날에 주님의 약속하신 성령님이 임하셨습니다. 오순절은 1) 주님의 약속이 성취된 날입니다. 2) 제자들이 권능을 받아 증인이 된 날입니다. 3) 지상에 교회가 탄생된 날로써 의미가 깊은 날입니다. 성령 강림에 대해 다시 고찰해 봅시다.

一. 성령 강림의 근원
　　1. 하늘로부터 임하셨습니다.
　　2. 높고 장엄하다는 뜻이 있습니다.
　　3. 깨끗하고 거룩한 의미가 있습니다.
　　4. 신령하고 신비한 의미가 있습니다.

二. 성령 강림의 방식
　　1. 바람 같이 임했습니다(2).
　　　◉ 이는 위로하고 감동하고 주님께 항복하게 합니다.
　　2. 불과 같이 임했습니다(3).
　　　◉ 우리 마음을 밝고, 뜨겁고, 깨끗케 합니다.
　　3. 혀와 같이 임했습니다(3).
　　　◉ 이는 진리를 알고 섭취하고 증거하는 의미입니다.

三. 성령 강림의 대상
　　1. 예루살렘으로 임했습니다.
　　　1) 이는 약속 성취의 중심지입니다.
　　　2) 하나님의 복이 임하는 중심지입니다.
　　　3) 생명 운동의 중심지입니다.

　　2. 120문도에게 임했습니다.
　　　1) 주의 약속을 믿고 기다리던 사람들입니다.
　　　2) 회개하면서 기도하던 사람들입니다.
　　　3) 권능을 받아서 복음의 증인이 되려는 사람들입니다.

* 성령강림으로 1) 제자들이 강하고 담대히 복음을 전파했으며 2) 합심 협력하여 교회를 이룩했으며 3) 마귀의 권세를 이기고 교회건설과 사회정화를 이루었으니 우리 성도들은 성령 충만하여 시대적인 사명을 잘 감당하도록 합시다.

충만한 생활
(2:1-4)

오순절날 주의 약속을 믿고 기도하면서 120여 성도들이 성령 충만함을 입어 복음 증거자들이 되었는데 이 시간 그 역사적인 사건들을 기억하면서 충만한 생활을 생각해 봅시다. 특히 성도들은 세 가지 방면에서 충만한 생활을 해야 합니다.

一. 성령님으로 충만해야 합니다(엡 5:18).
　　1. 그러할 때 기쁨이 넘칩니다(행 7:55).
　　　◉ 사죄, 구원, 임마누엘의 기쁨을 맛봅니다.
　　2. 두려움이 없어지고 담대해 집니다(행 4:20).
　　　◉ 원수, 죽음, 환난 앞에서도 담대합니다.
　　3. 변화를 받게 됩니다(행 9:17).
　　　◉ 육체의 사람이 영적인 사람으로 변화됩니다(갈 5:24~26).

二. 말씀으로 충만해야 합니다(골 3:16).
　　1. 승리하게 됩니다(마 4:10).
　　　◉ 사탄, 이 세상, 정욕에서 승리합니다(요 16:33).
　　2. 믿음이 든든해 집니다(행 20:32).
　　　◉ 요동치 않고 성장하여 열매 맺습니다(엡 4:13).
　　3. 새 힘이 생깁니다(대하 32:1~8).
　　　◉ 피곤치 않고 올라가게 됩니다.

三. 능력으로 충만해야 합니다(딤후 1:7).
　　1. 전도의 능력받아 증거자가 됩니다(행 1:8).
　　　◉ 이는 주님의 소원과 명령이며 성령강림의 목적입니다.
　　2. 기도의 능력자가 됩니다(행 12:5).
　　　◉ 복을 받고 주님께 가까워지는 비결입니다.
　　3. 찬송의 능력자가 됩니다(행 16:25).
　　　◉ 구원의 역사, 기적의 역사가 나타납니다.

* 마지막 때를 살아가는 성도들은 모두가 성령, 말씀, 능력으로 충만해야 합니다. 그럴 때 맡겨진 사명 감당할 수 있고 하나님께 영광을 돌리며 승리의 생활을 할 수 있습니다.

바람같은 성령

(2:1-13)

예수님이 승천하신 직후에 제자들은 남녀노소 할 것 없이 모여서 마음을 같이하여 전혀 기도에 힘썼습니다(행 1:14). 그 수효는 120여명이었으며 사랑하는 스승이 승천하신 뒤이므로 그들은 외로웠을 것이고 쓸쓸하였을 것입니다. 그들의 주변에는 예수님을 죽인 사람들이 내왕하였던 무시무시한 세상이었습니다. 그러나 그때에 120여명이 마가의 다락방을 찾아 모였습니다. 이 일은 바로 된 일이며 오순절에 그들의 기도응답으로 성령이 강림하셨으며 그들은 성령으로 충만해졌습니다. 기도함으로 성령을 받는다는 것은 주님께서 누가복음 11:9~13에 "너희 천부께서 구하는 자에게 성령을 주시지 않겠느냐"고 하시므로 이미 가르쳐 주셨습니다. 성령님이 바람으로 임하신 그 의미를 생각해 봅시다.

一. 이는 성령님이 자유로우신 성질을 상징합니다.
   1. 성령님은 자유로운 분이십니다.
   2. 그를 영접하려는 자는 절대 순종의 태도를 가져야 합니다.
   3. 절대 순종 있는 곳에 절대적 주권자의 통치가 실시됩니다.
   4. 120명은 주님 말씀에 순종하여 모여 기도했습니다(1:4).
   5. 성령의 주권을 인정하지 않는 곳에 성령님이 임하지 않습니다.

二. 눈에 보이지는 않아도 소리는 들리듯 심령에 깨닫게 함이 있습니다.
   1. 즉 보이지 않는 동력(動力)이라는 뜻입니다(요 3:8).
   2. 회중이 바람같은 소리를 들었습니다(행 2:2).
   3. 세미한 소리는 양심에 들리는 소리입니다(왕상 19:12).
   4. 성령님은 영에서 영으로 흐르는 동성(動性)을 가지십니다.
   5. 심령계에 거처하시며 운동하십니다.
   6. 성자는 인간의 육체를 입으셨으나 성령님은 인간의 심령에 임하셨습니다.

* 성부 성자 성령 삼위 중 성부 성자는 섬기지만 성령님을 안 섬기는 신자가 많습니다. 우리의 심령계에 성령님이 계시도록 거룩하게 지키지 않는 것은 성령님을 업신여기는 죄악입니다. 그리스도는 우리 심령과 관계 맺기 원하신 것 만큼 성령님으로 오셨습니다. 육신이신 그리스도는 우리 심령에 와서 계실 수는 없습니다.

불의 혀 같은 성령
(2:1-13)

불의 혀같이 갈라지는 것에 대하여 불은 불결한 것을 태워 깨끗하게 하는 의미가 있는 것입니다. 스랍이 이사야의 입을 깨끗하게 할 때 숯불을 가지고 했습니다. 그리고 나서 "네 악이 제하여졌고 네 죄가 사하여 졌느니라"고 했습니다(사 6:7). 그러면 불의 혀는 무엇을 의미하는가? 그것은 성결하게 하는 말씀 곧 만방 만민에게 전파될 하나님의 말씀입니다. 예레미야는 하나님의 말씀을 받아가지고 전하지 않는 때에 그 말씀으로 인하여 "중심이 불 붙는 것 같았다"고 했습니다(렘 20:9). 또한 하나님 말씀 때문에 "취한 사람" 같다고 했습니다(렘 23:9). 엠마오로 가는 예수님의 두 제자는 부활하신 예수님께서 성경을 풀어 주실 때에 마음이 뜨거웠다고 했습니다(눅 24:32). 성령이 불같이 임하여 충만하게 될 때에는 다음과 같습니다.

一. 죄를 깨끗케 하고 뜨겁게 사랑하게 됩니다(요 15:3).
　1. 인생들이 서로 미워하는 장벽이 없어집니다.
　2. 죄인들을 미워하지 않고 사랑하게 됩니다.
　3. 그 결과 힘차게 전도하게 됩니다.
　4. 땅끝까지 전하려는 확신과 사랑의 불이 붙습니다.
　5. 120명의 하는 말은 바로 불의 혀였습니다.
　6. 성령 충만은 하나님의 말씀을 뜨겁게 가지는 현상으로 나타납니다.

二. 불과 같이 계속 확산되는 것을 뜻합니다.
　1. 불을 던지러 오셨다고 주님이 말씀하셨습니다(눅 12:43~53).
　2. 복음은 불과 같이 뜨겁고 옳은 것입니다.
　3. 복음은 불과 같이 뜨겁고 참된 것입니다.
　4. 그러므로 화급히 온 세상을 점령해야 될 것입니다.
　5. 성령 충만은 참되고 의롭고 좋은 복음을 힘있게 전파하게 합니다.
　6. 진리로 온 세상을 점령해야 된다고 뜨겁게 심령으로 느끼게 됩니다.

* 복음을 가지고 싸우는 전쟁은 영적 전쟁이므로 혈기의 싸움은 되지 않습니다. 그러나 이 영전의 전사들은 당장 온 세상을 다 한입에 삼키려는 기세로 움직입니다. 우리 성도들은 불같은 성령님으로 충만하여 사람을 뜨겁게 사랑하고, 뜨겁게 복음을 전파하는 복된 성도가 되도록 합시다.

성령 충만(Ⅰ)
(2:1-4)

사람이 성령에 충만하지 않으면 악령에 충만해집니다. 성령이 충만하지 않은 부분은 별 수 없이 악령이 일하는 무대가 됩니다. 예수님께서 말씀하시길 "더러운 귀신이 사람에게서 나갔을 때에 물 없는 곳으로 다니며 쉬기를 구하되 얻지 못하고 이에 가로되 내가 나온 집으로 돌아가리라 하고 와 보니 그 집이 비고 소제되고 수리되었거늘 이에 가서 저보다 악한 귀신 일곱을 데리고 들어가서 거하니 그 사람의 나중 형편이 전보다 더욱 심하게 되느니라"고 하였습니다.

一. 성령 충만함을 받을 대상
  1. 누구든지 성령 충만함을 받을 수 있습니다.
  2. 마가의 다락방에 모인 120명이 성령 충만했습니다(행 2:14~15).
  3. 고넬료와 그 가족과 친구들이 충만했습니다(행 10:44~47).
  4. 사마리아 사람들도 성령 충만했습니다(행 8:5~13).
  6. 이는 교회의 일반 신자들에게도 성령님이 임하셨습니다.
  7. 성령 충만은 하나님이 약속하신 은혜의 허락입니다(행 2:3, 9).
  8. 그러므로 누구나 다 성령 충만함을 받을 수 있습니다.

二. 성령 충만함을 받지 못하는 이유
  1. 불신앙 때문입니다.
   1) 신앙은 약속 신앙으로 나타납니다.
   2) 신앙은 믿어지기 어려운 일이 많아도 믿는 것을 특징으로 합니다.
   3) 하나님의 전지 전능하심을 믿고 안심하고 그 약속을 믿는 것입니다.
  2. 약속을 받기 위해 취할 행동을 취하지 않기 때문입니다.
   1) 하나님은 무엇을 주시기 위해 먼저 행동을 취할 것을 요구하십니다.
   2) 아브라함에게도 떠나라는 행동을 요구하셨습니다(창 12:1).
   3) 행동을 취하지 않고 가만히 누워 받길 원하면 안됩니다.

* 주를 잘 믿으면 기쁨이 있습니다만 못 믿으면 기쁨도 없고 염증만 납니다. 잘 믿기 힘든다는 것은 죄악성의 견지에서 그렇습니다. 잘 믿어 성령 충만한 성도가 되어야 하겠습니다.

성령 충만(Ⅱ)
(2:1-4)

성령 충만함은 우리 성도에게는 반드시 필요합니다. 그 이유는 기독 신자인 우리들이 이 죄악 세상에서 하나님의 뜻을 알고 그대로 삶으로(엡 5:15~17)이 기쁘지 않은 세상에서 기쁘게 살면서 하나님께 찬미하고, 감사도 하며 또 신자들까지도 피차 복종하는 생활을 하려는 까닭입니다. 우리는 여기서 성령 충만의 필요성과 받는 방법을 생각해 봅시다.

一. 성령 충만의 필요성
1. 하나님을 기쁘시게 해드리는 방편입니다(엡 5:17~18).
2. 감사하며 기쁘게 살기 위함입니다(엡 5:19~20).
3. 권능을 받아 증인의 생활을 하기 위함입니다(행 1:8).
4. 사탄의 세력을 부수고 승리하기 위함입니다.
5. 맡은 바 직책을 잘 감당하기 위함입니다.

二. 성령 충만을 받는 방법
1. 술 취하지 말아야 합니다(술 취한 생활이란?)
   1) 쾌락을 하나님보다 더 사랑하는 것
   2) 다른 책을 성경보다 더 사랑하는 것
   3) 다른 집을 성전보다 더 사랑하는 것
   4) 천국의 소망보다 이 세상을 더 사랑하는 것들입니다.
2. 주님 주시는 은혜를 받지 않기 때문입니다.
   1) 모든 것을 준비해 놓고 받길 원하십니다(엡 3:20, 요 1:16).
   2) 받기 위해 완전한 데로 나아가야 됩니다(히 6:2).
3. 순종해야 합니다.
   1) 게으름과 탐심 때문에 순종치 못할 때가 있습니다.
   2) 음욕과 명예욕 때문에 순종치 못할 때가 있습니다.
4. 기도해야 합니다(120명의 성도처럼).
   1) 기도하지 않으면 성령 충만을 받을 수 없습니다.
   2) 정욕을 위해 구해도 안됩니다(약 4:2, 3).

* 성도는 성령 충만함을 받아야 합니다. 그래야 성도다운 성도의 생활과 승리의 생활을 할 수 있기 때문입니다.

성령의 사역
(2:1-21)

오순절날 제자들은 주님께서 약속하신 보혜사 성령님께서 실제로 저희에게 임하신 사실을 알았습니다. 저들은 성령님께서 살아 역사하시는 모습을 목격했습니다. 기독교는 성령님께서 역사하시는 능력의 종교입니다. 성령님께서는 오늘날도 여전히 예전과 다름없이 역사하고 계시는데 그 역사는?

一. 성경의 참 저작자이십니다.
  1. 그는 말씀이십니다(삼하 23:3).
  2. 그는 임하십니다(겔 2:2).
  3. 그는 응하게 하십니다(행 1:16).
  4. 그는 나타내어 보이십니다(히 9:8).

二. 교사 이십니다(요 14:27).
  1. 그는 대행자(다른 보혜사) 이십니다(요 14:16).
  2. 그는 권위자 이십니다(요 16:13~20).
  3. 그는 인도자 이십니다(롬 8:14).
  4. 그는 그리스도와 일치하여 행하십니다.

三. 깨우쳐 주시는 분이십니다.
  1. 그는 세상을 책망 하십니다(요 16:8~11).
  2. 그는 중생 시키십니다(요 3:5, 딛 3:5).
  3. 그는 능력으로 역사하십니다(고전 2:4).
  4. 그는 소생시키십니다(슥 4:6).

四. 도우시는 분이십니다.
  1. 그는 위로로 도우십니다(요 14:16~18).
  2. 그는 언약으로 도우십니다(롬 8:26).
  3. 그는 기도로 도우십니다(롬 8:26~27).
  4. 그는 인도하시며 보호하심으로 도우십니다(요 16:13).
  5. 그는 가르치심으로 도우십니다(계 2:7).

* 성령님께서는 오늘날 우리의 세대에서도 역사하시며 각 개인의 심령과 생활 속에서 역사하십니다. 이 시간도 우리 안에서 역사하십니다. 그의 역사하심을 거스리지 말고 인도하심 따라 행하도록 하십시다.

베드로의 설교

(2:14-36)

　기독교의 예배가 설교 위주라고 일반적으로 이해되고 있습니다. 본문 말씀이 성경에 소개된 사도들의 최초의 설교이므로 큰 관심과 주목을 끌고 있는 것은 사실입니다. 설교란 무엇을 말하는 것이며 어떻게 말하는 것이며 왜 말하는 것인가를 알고 싶기 때문입니다. 본문에 소개되어 있는 베드로의 설교를 고찰해 봅시다.

一. 예수님을 소개했습니다.
　　1. 하나님께로부터 오신 예수님(22)
　　　◉ 어디로부터 오신 분인가를 분명히 아는 것은 중요합니다.
　　2. 십자가에 달려 죽으신 예수님(23)
　　　◉ 대속의 죽으심으로 구원의 성업을 완성하였습니다(막 10:45).
　　3. 부활하신 예수님(24~32)
　　　◉ 정해진 하나님의 경륜에 의한 것입니다.
　　4. 승천하신 예수님(33~35)
　　　◉ 지금 하나님 우편에 앉아 계신 예수님이십니다.
　　5. 주와 그리스도가 되시는 예수님(36)
　　　◉ 우리의 구주가 되심을 증거했습니다.

二. 성경에 근거하여 설교했습니다.
　　1. 성령 충만은 요엘서를 인용했습니다(욜 2:28).
　　2. 주님의 부활은 시편에서 인용했습니다(시 16:8).
　　3. 주님의 승천은 시편 110편 1절을 인용했습니다.
　　4. 성경을 근거한 설교라야 참 설교입니다.

三. 성령님과 함께 하는 설교였습니다.
　　1. 모든 설교는 성령님과 함께 해야 합니다.
　　2. 베드로와 그밖의 제자들은 모두 성령 충만했습니다(행 5:32).
　　3. 성령없이 인간 단독의 설교는 연설에 불과합니다.

＊ 설교는 예수 그리스도를 증거하는 것이어야 하며 성경에 근거해야 되고 예수 그리스도를 증거하되 성령님과 함께 해야 됩니다. 설교자는 반드시 선포자로서의 자세로 위에 지적한 것을 근거하여 설교해야 합니다.

부활의 증거
(2:22-26)

　사도 베드로는 구약 선지자의 글을 인용해 가면서 예수 그리스도의 부활을 증거했습니다. 그리스도의 부활에 대해서는 구약이 이미 예언하고 있으며(사 53:10, 시 16:10). 그대로 부활하신 역사적인 증거가 신약의 여러 곳에 나타납니다.

一. 사복음서의 역사가 증거합니다(마 27:28, 막 16:, 눅 24:, 요 20:21).

二. 예수님의 생활이 증거합니다.
　　1. 그의 생활이 선했는데 수치의 죽음 당함은 결말이 아닙니다.
　　2. 진실하신 주께서 약속하셨습니다(요 2:19, 마 12:40, 16:21).
　　3. 부활이 없었다면 악이 선을 영원히 이긴 것으로 알 수밖에 없습니다.

三. 빈 무덤이 증거합니다(마 27:57~61, 요 19:33, 20:1~10).

四. 사도들의 변화가 증거합니다.
　　1. 전도한 동기의 형편이 말해 줍니다.
　　2. 생명을 내걸고 이 사실을 증거했습니다.
　　3. 부활하지 않았다면 사도들의 변화를 설명할 수 없습니다.

五. 초대교회의 설립이 증거합니다.
　　1. 부활의 확실한 증거없이 교회 설립은 불가능합니다.
　　2. 초대교회는 이 신앙으로 생겨났습니다(행 2:41).

六. 바울의 개종이 증거합니다.
　　1. 그는 경건하고 유식한 유대인이었습니다.
　　2. 기독교를 극히 핍박하던 자였습니다(갈 1:13~14).
　　3. 부활의 주를 만난 후 그는 개종했음을 고백했습니다(행 26:13~21).
　　4. 그는 그후 주의 부활을 증거했습니다(고전 15:3~8, 14, 17).
　　5. 그 증거위해 순교한 사도입니다(행 22:14~15:23, 딤후 2:8).

七. 예배하는 날이 변함으로 증거됩니다(요 20:19, 행 20:6, 계 1:10).

八. 많은 열매가 증거합니다.
　　1. 부활을 믿는 자가 많이 생겨나 지금은 온 세상에 가득합니다.
　　2. 부활하신 주를 믿음으로 변화된 죄인이 많습니다.

九. 하나님의 권능이 증거합니다(마 22:29, 요 11:39~40).
　　하나님은 전능하시므로 부활이 있습니다.

부활의 증인
(2:22-32)

본문 32절에 "이 예수를 하나님이 살리신지라 우리가 다 이일에 증인이로다"라고 했는데 우리 성도들과 교회들은 부조리한 사회 속에서 삶의 방향을 찾지 못해서 불안과 공포에 신음하는 우리 민족에게 부활의 증인되어 삶의 좌표와 희망을 주는 안내자 역할을 담당해야겠습니다.

一. 예수 그리스도의 부활 의의
   1. 범죄한 인생들이 상실한 인간상을 회복하심이며
   2. 하나님과의 화해를 이루어 놓으셨습니다.
   3. 화해한 인간에게 새로운 삶의 좌표와 소망을 주심입니다.

二. 부활 증인이 되어지는 과정
   1. 예수님의 죽으심을 인해
     1) 실망과 비애에 잠겼습니다.
     2) 공포와 회의에 빠져 버렸습니다.
     3) 사명을 포기하고 자포 자기의 경지에 이르렀습니다.
   2. 부활의 주님을 만나본 사람
     1) 실망에서 희망, 슬픔에서 기쁨을 얻었습니다.
     2) 공포에서 평안, 의심에서 확신을 얻었습니다.
     3) 자포 자기에서 새 삶과 사명의 경지로 회복되었습니다.

三. 부활 증인의 자세
   1. 부활의 참뜻을 바로 알고 믿어야 합니다.
     1) 거짓, 불의, 죄악에 대한 진리의 승리입니다.
     2) 사명에 대한 생명의 승리입니다.
     3) 마귀에 대한 하나님의 승리입니다.
     4) 유한한 이 세상에 대해 영원한 하늘나라의 승리 선포입니다.
   2. 주님의 부활은 나의 부활임을 믿어야 합니다(요 11:25~26).
   3. 주님의 부활은 나의 의를 위한 부활임을 믿어야 합니다(롬 4:25).
   4. 이는 나의 소망과 천국 기업을 누리게 하는 것임을 믿어야 합니다
     (벧전 1:3~4).
   5. 이는 의로운 삶의 승리임을 믿어야 합니다(고전 15:55~57).

* 교회는 이 예수 그리스도의 부활을 드높이 외치고 증거해야 합니다.

주와 그리스도
(2:22-36)

사도 베드로가 이스라엘 사람들 앞에서 행한 그의 설교의 결론이 "그런즉 이스라엘 온 집이 정녕 알찌니 너희가 십자가에 못 박은 이 예수를 하나님이 주와 그리스도가 되게 하셨느니라"고 했습니다(2:36). 예수님은 우리의 주시요 그리스도라는 사실입니다. 이것은 초대 교회의 중대한 신앙고백의 주제입니다. 베드로 사도는 그의 설교에서 그 이유를 분명하게 밝히고 있습니다.

一. 주와 그리스도가 되는 이유는?
   1. 예수님은 도성인신 하신 주님이십니다(22).
     1) 나사렛 예수란 도성인신 하신 예수 그리스도를 말합니다.
     2) 큰 권능과 기사와 표적을 베풀어 하나님 아들임을 증거했습니다.
   2. 예수님은 대속의 주님이십니다(23).
     1) 하나님의 정하신 뜻과 미리 아신 대로 내어 줌이 되었습니다.
     2) 즉 십자가는 하나님이 정하신 구속 경륜의 예정입니다.
   3. 예수님은 승리의 주님이십니다(24).
     1) 그가 무덤에서 부활하셨기 때문입니다.
     2) 우리를 의롭다 하심을 위해 살아나셨습니다(롬 4:25).
   4. 예수님은 영광의 주님이십니다(33).
     1) 예수님은 승천하셨습니다.
     2) 하나님이 이 일을 행하사 주와 그리스도가 되게 하셨습니다(36).

二. 교회사적인 고백이 있습니다.
   1. 사도들이 고백했습니다.
     1) 저들은 한결같이 주요 그리스도이심을 고백했습니다.
     2) 이 고백의 증인으로서 생명까지 바쳤습니다.
   2. 초대교회가 고백했습니다.
     1) 베드로의 고백 앞에 저들의 마음이 찔렸습니다.
     2) 그들은 회개하고 그리스도의 이름으로 세례를 받았습니다.

* 이는 하나님께서 우리에게 허락하신 바 되었고 성령님의 감동으로 기록되었고 사도들에 의하여 전파된 바요, 살아 있는 역대의 교회들에 의하여 고백되고 증거되어 오고 있습니다.

교회의 외침

(2:36)

　　오늘의 한국 교회는 비교회화가 되어가고 있는데 비교회화의 특색은 1) 성경의 기본 교리보다 프로그램을 중요시하고 2) 강단의 설교보다 봉사활동을 중요시하며 3) 전도 활동보다 상담을 앞세우고 4) 성례(예수님의 살을 먹고 피를 마심)보다 인간적인 친교를 더 강조합니다. 이러한 때 참된 예수 그리스도의 교회는 변함없이 교회의 본질적 사명을 외치고 충성해야겠습니다.

一. 바른 신앙고백을 외쳐야 합니다.
　1. 예수님은 하나님의 아들이요 메시야로 오신 구세주이심을!
　2. 그는 전능한 기사를 행하신 전능의 주님이심을!
　3. 새롭고 권위있는 권세있는 교훈을 주신 권위의 주님이심을!
　4. 십자가에 못박혀 죽으신 희생의 주님이심을!
　5. 삼일만에 다시 살아나신 승리의 주님이심을!
　6. 승천하신 영광의 주님이심을!
　7. 산 자와 죽은 자를 심판하러 다시 오실 심판의 주님이심을 외쳐야 합니다.

二. 선교 사명을 외쳐야 합니다.
　1. 초기 선교 중심은 예수님을 통한 구원입니다.
　2. 예수 그리스도를 믿으라는 외침입니다(약속을 소망함).
　3. 회개하라는 외침입니다(방향 전환).
　4. 영접하라는 외침입니다(영생 향유).

三. 밝은 윤리 생활을 외쳐야 합니다.
　1. 바른 신앙은 바른 생활에서 표현됩니다.
　2. 국가와의 관계에 있어서는 훌륭한 시민이 되어야 합니다.
　3. 부부간은 사랑과 복종, 부자간은 주의 훈계와 공경으로 빛나야 합니다.
　4. 노동의 신성과 청지기 직분의 사명을 강조하셨습니다.

四. 현대의 교회 외침은?
　1. 십자가의 복음만을 외쳐야 합니다.
　2. 복음을 믿을 것, 회개할 것, 복음을 통해 영생의 약속받음을 외쳐야 합니다.

* 참 기독교회는 비교회화가 되지 아니하고 오직 "주는 그리스도시요, 살아계신 하나님의 아들이로소이다"라는 고백이 있는 교회가 되어야 하겠습니다.

초대교회(Ⅰ)
(2:37-47)

초대 예루살렘교회는 성령 충만함을 받은 후 놀라운 발전과 성장이 있었음을 볼 수 있습니다. 특히 행 1:8에 밝힌대로 성령의 은혜를 받으면 1) 인격과 생활이 변하여 새로워졌고 2) 연약한 심령들이 권능을 받아 강해졌으며 3) 땅끝까지 예수 그리스도의 증인이 되어 힘써 복음을 전파한다고 했는데

一. 자체 내의 갱신 운동이 일어났습니다.
    1. 그들의 사상과 인격과 생활양상이 새로워졌습니다.
      1) 혈기 만장하던 사람이 신령한 사람으로 갱신되었습니다.
      2) 남을 미워하던 사람이 사랑의 사람으로 갱신되었습니다.
    2. 저들의 신앙생활이 새로워졌습니다.
      1) 말씀에 절대 순종하며 힘써 기도했습니다.
      2) 모이기에 힘썼고 하나님께 헌금도 힘써 했습니다.

二. 도전해 오는 대적과 싸워 승리했습니다.
    1. 유대 율법주의자들과 싸워 승리했습니다.
      1) 순수한 신앙과 성령님의 힘으로 형식주의, 세속주의자와 싸웠습니다.
      2) 십자가의 능력으로 교권주의자들과 싸워 승리했습니다.
    2. 마귀와 싸워 승리했습니다.
      1) 세상 불의와 죄악의 세력과 싸워 승리했습니다.
      2) 강하게 도전해 오는 마귀와도 싸워 승리했습니다.

三. 자신의 사명을 잘 감당했습니다.
    1. 힘써 복음을 전파했습니다.
      1) 이는 주님의 분부인 동시에 구령사업의 계승입니다.
      2) 이는 마귀에게 붙들린 생명을 구원하는 일입니다.
    2. 하나님께 찬송과 영광을 돌렸습니다.
      1) 하나님을 찬미하는 생활이었습니다(47).
      2) 모든 사람들에게 칭찬 듣는 교회였습니다.

* 이렇게 초대 교회는 철저히 회개하고 자신을 갱신했으며, 하나님의 말씀에 순종했고 성전에 모여 힘써 기도하였고, 힘써 헌금했고, 사랑을 실천하여 하나님께 영광을 돌리고 칭찬 듣고 성장하는 교회였습니다.

초대교회(Ⅱ)
(2:37-47)

우리는 성경에서 많은 교회들이 소개되어 있음을 발견할 수 있습니다. 그 중에는 이상적인 교회, 예수님께 칭찬을 받은 교회도 있는 반면에 주님께로부터 책망을 받은 교회들도 많이 있음을 볼 수 있습니다. 이 점에서 우리는 이상적인 교회의 모습을 본문에서 살펴보고자 합니다.

一. 성령님의 은혜가 충만한 교회였습니다.
   1. 바람같은 성령이 임했습니다.
    1) 이는 성도의 마음을 감화 감동시킵니다.
    2) 모든 것이 변화하여 새로워지는 역사입니다.
   2. 불과 같은 성령님이 임했습니다.
    1) 우리 성도들의 심령을 뜨겁게 하는 역사입니다.
    2) 신앙생활 기도생활을 열심 있게 하는 작용입니다.
   3. 혀와 같은 성령님이 임했습니다.
    1) 기독교의 진리와 신앙생활의 맛을 알게 하는 작용입니다.
    2) 말씀의 능력자가 되어 전도하게 됩니다.

二. 신앙의 위력을 발휘하는 교회였습니다.
   1. 바른 신앙이 확립된 교회였습니다.
    1) 이 세상의 것을 초월한 신앙이었습니다.
    2) 주님만을 사랑하는 교회였습니다.
    3) 복음 전하는 일에 목숨을 바친 교회였습니다.
   2. 상부상조하는 교회였습니다(44~45).
    1) 서로 도와주고 붙들어준 교회였습니다.
    2) 서로 양보하며, 아껴주고 희생하는 화목한 교회였습니다.
    3) 성도들이 일치단결한 교회였습니다.
   3. 열심히 모이는 교회였습니다(46~47, 모임의 목적)
    1) 하나님께 예배드리며 찬송과 감사와 영광을 돌리기 위함이며
    2) 하나님께 예배드리면서 신령한 은혜와 복을 받기 위함이고
    3) 말씀을 전파하고 봉사해서 주님께로 인도하는 생활이었습니다.

* 초대 기독교회는 이렇게 모든 교회의 모본이 되므로 본받아야 합니다.

초대교회(Ⅲ)
(2:37-47)

오순절에 임한 성령강림은 지상에 예수 그리스도의 교회를 탄생시켰습니다. 성령님은 교회 탄생의 원동력입니다. 교회는 하나님이 이 세상에 주신 위대한 복의 기관이며 교회는 위대한 구령 운동의 집단입니다. 초대교회는 날마다 더해가는 성장하는 교회였습니다(2:47). 우리는 여기서 초대교회가 더욱 성장하는 모습과 그 의미를 고찰해 보고자 합니다.

一. 양적 부흥을 뜻합니다(37~41).
1. 교회의 외적인 증가를 말합니다.
  ◉ 이는 구원받은 사람의 수가 증가했습니다(2:47).
2. 구원 받은 표시는 사죄입니다.
  ◉ 사죄의 표시는 개인적인 회개입니다(2:28).
3. 또한 생명적인 신앙 고백입니다(롬 10:9~10).
  ◉ 성령님의 은사입니다(2:38).

二. 질적 부흥을 뜻합니다.
1. 말씀을 배우는 교회였습니다(2:42).
2. 성도가 서로 교통하는 교회였습니다(2:42~43).
3. 기도하는 교회였습니다(2:42).
4. 기사와 표적이 일어나는 교회였습니다(2:43).
5. 예배드리는 교회였습니다(2:46).
6. 기쁨이 넘치는 교회였습니다(2:46).
7. 감사하는 교회였습니다(2:47).

三. 구령 운동의 계속을 뜻합니다(2:43~47).
1. 교회가 세상을 향해 영권 행사를 보여 주었습니다.
2. 이는 빛된 생활을 의미합니다.
3. 사람마다 기독교를 두려워했습니다(2:43).
4. 사람들은 기독교인들을 칭송했습니다(2:47).
5. 사람들은 제자들과 신앙을 같이 했습니다(2:47).

* 주님이 요구하시는 현대 교회의 모습이 바로 이것입니다. 양적 부흥, 질적 부흥 그 결과 세상을 정복하여 주님께로 인도하는 위대한 구령 운동의 계속입니다.

초대교회(Ⅳ)
(2:42-47)

　　초대교회의 아름다운 신앙과 생활은 현대교회가 반드시 배우고 따라가야 할 모본이 되는 교회입니다. 이 장에서는 초대교회의 모범이 될만한 일곱 가지 사실들을 고찰해 보므로 은혜받길 원합니다.

一. 가르침을 잘 받아들였습니다(42).
　　1. 사도들의 가르침을 열심히 받아들였습니다.
　　2. 이는 신앙 성장의 비결인 것입니다.

二. 서로 떡을 나누었습니다(42).
　　1. 당시 교회에서는 매일 성찬을 행했습니다.
　　2. 동시에 또 다른 음식을 같이 했습니다.
　　3. 즉 사랑으로 교제하는 애찬회도 겸했습니다(유 12).

三. 기도했습니다(42).
　　1. 기도는 하나님과의 영적 교제입니다.
　　2. 그들은 기도에 전혀 힘썼다고 했습니다.
　　3. 이는 부흥의 원천입니다.

四. 유무 상통하였습니다(44~45).
　　1. 물건을 서로 통용했다고 했습니다.
　　2. 재산과 소유를 팔아 사람의 필요를 따라 나눠줬습니다.
　　3. 은혜로 넘칠 때 사랑하게 된 것입니다.

五. 합심하였습니다(46).
　　1. 마음을 같이함은 오순절의 특징입니다.
　　2. 서로 이해하고 사랑한 증표입니다.
　　3. 이는 번영의 비결입니다.

六. 모이기를 힘썼습니다(46).
　　1. 마지막 때는 모이기를 폐한다고 했습니다(히 10:25).
　　2. 그러므로 성도는 열심히 모이는 데 힘써야 합니다.

七. 구원 받는 신자가 많이 증가케 되었습니다(47).
　◉ 이는 날마다 전도하고 빛된 생활을 행한 증거입니다.

* 이상 일곱 가지는 초대교회의 특징으로 부흥의 비결이요 오늘날 교회의 모본입니다.

초대교회(Ⅴ)
(2:43-47)

초대 예루살렘 교회는 이 지상에 처음 설립된 모체 교회로서 모든 지상 교회들의 모범이 될 수 있는 이상적인 교회입니다. 예루살렘 교회가 2000년 역사상에 흠모할 만한 훌륭한 교회가 되었던 중요한 원인은 하나님의 은혜를 받은 교회이기 때문입니다. 그렇다면 그들은 어떻게 무엇을 행했기에 하나님께로부터 풍성한 은혜를 받았는가 생각해 볼 필요가 있습니다.

一. 은혜 받는 비결
  1. 예루살렘을 떠나지 말고 기도하라고 했습니다(1:8).
   1) 기도로 얻는 은사는?
    ㄱ. 하나님과 가까워집니다.
    ㄴ. 하나님의 능력을 공급받습니다.
    ㄷ. 하나님의 사역을 수행합니다.
   2) 그들은 믿고 기도했습니다.
   3) 기도의 방법은 합심이었고, 힘써서 간절히 하였습니다.

二. 은혜 받은 내용
  1. 성령 충만함을 받았습니다.
  2. 성령의 은혜가 바람, 불, 혀같은 성령님이 임했습니다.

三. 은혜 받은 결과
  1. 개인적인 입장에서
   1) 사고방식이 변하여 새로워졌습니다.
   2) 비겁자가 강하고 담대해졌습니다.
   3) 세속적인 자가 신령한 자가 되었습니다.
  2. 교회적인 입장에서
   1) 모이길 힘쓰며 서로 사랑하는 교회가 되었습니다.
   2) 하나님께 영광을 돌리는 교회가 되었습니다.
  3. 교회사적인 입장에서
   1) 선교운동이 활발해졌습니다.
   2) 교회가 질, 양적으로 부흥 성장되었습니다.
   3) 교회가 일치되어 마귀는 물러갔습니다.

변화받은 교회
(2:37-47)

초대 예루살렘교회는 성령충만한 교회였으며 이적과 기사가 나타났을 뿐만 아니라 성령 안에서 완전히 변화된 모습을 보여주고 있습니다. 이러한 성령 충만했던 교회가 무엇이 변화되었으며 어떠한 상태로 믿음의 생활을 했는지 고찰해 보므로 현대교회도 변화있는 교회되길 바랍니다.

一. 하나님께 대한 변화(2:43).
1. 성령 받기 전에는 사람을 두려워했습니다.
2. 비겁한 생활을 하며 피하길 원했습니다.
3. 그러나 성령 충만한 후에 하나님을 두려워했습니다(4:43).
4. 비겁한 사람이 담대하게 믿음을 지켰습니다(2:14).
5. 담대하게 예수님을 증거했습니다(2:14).
6. 하나님을 두려워하며 하나님 앞에서 생활했습니다.

二. 재물에 대한 변화(2:44)
1. 모든 물건을 서로 통용했습니다.
2. 필요를 따라 서로 나누어 주었습니다.
3. 즉 물질의 주인을 아는 생활입니다(벧전 4:10).
4. 주를 위해 물질을 쓰려고 한 자세입니다(마 6:19~20).
5. 이는 하늘나라에 쌓게 되는 것입니다(마 6:20).
6. 청지기의 생활을 본으로 보여준 믿음입니다.

三. 사람에 대한 변화(2:46)
1. 날마다 성전에 모이기를 힘썼습니다.
2. 마음을 같이하여 서로 기뻐했습니다.
3. 사람을 보는 관점이 달라졌습니다(빌 2:4).
4. 사랑의 대상으로 보았습니다(요1 3:18).
5. 이웃에게 유익을 주는 사람으로 변화되었습니다.
6. 그 결과 하나님께 영광과 찬미를 돌렸습니다.

* 성령 충만함을 받은 초대교회는 이와같이 변화된 모습을 보여주고 있는데 오늘날 많은 사람들은 성령 충만함을 받았다고 하면서도 변화된 모습이 없는 것을 많이 볼 수 있는데 어찌된 일인지 안타깝습니다. 변화된 삶으로 변화된 교회로 복음의 증인이 됩시다.

능 력

(2:37-47)

오늘날 능력의 종이란 말을 많이 사용하고 있는데 이 장에서는 그 능력에 대하여 고찰해 보므로 진정한 능력자가 되길 원합니다.

一. 새로운 능력이란 무엇을 뜻합니까?
　1. 말씀의 능력입니다(히 4:12~13).
　　1) 이는 회개시키는 능력이기 때문입니다(행 2:37).
　　2) 이는 믿음을 성장시킵니다(롬 10:17).
　　3) 이는 구원의 능력이 됩니다(롬 1:16).
　2. 성령의 능력입니다(행 2:38).
　　1) 영원한 만족을 주십니다(요 7:37, 4:14).
　　2) 속사람을 강건하게 하십니다(엡 3:16).
　　3) 진리로 인도하시며 교훈하십니다(요 14:26, 16:13).
　3. 기도의 능력입니다(행 2:42).
　　1) 표적과 기사를 나타냅니다(행 2:43).
　　2) 자기의 부족을 알게 합니다(고후 12:1~11).
　　3) 두려움을 몰아냅니다(대하 32:1~8).
　4. 보혈의 능력입니다(히 9:14).
　　1) 죄의 문제를 해결하는 힘입니다(요일 2:3, 롬 3:25).
　　2) 주님과 가까워지게 합니다(엡 2:13).
　　3) 새 사람이 되게 합니다(엡 2:15).

二. 새로운 능력을 받는 비결
　1. 여호와를 앙망해야 합니다(사 40:31).
　　1) 우리의 소망이 여호와께 있습니다(시 62:5).
　　2) 기쁨이 여호와께 있습니다(시 37:4).
　　3) 구원도 여호와께 있기 때문입니다(시 62:1).
　2. 자신을 포기할 수 있어야 합니다(왕하 2:12).
　3. 끝까지 기도로 구해야 합니다(마 24:12~13).
　　2) 환난과 시험이 와도 구해야 합니다(마 24:9~10).
　　2) 불법이 성할 때에도 낙심치 말고 구해야 합니다(마 24:12).

초대 교회상
(2:42-47)

역사상의 많은 운동들이 있지만 창세 이후로 예수 그리스도의 교회 운동보다 더 위대한 운동은 다시 없을 것입니다. 예수 그리스도의 교회의 첫 모습을 성경에서 찾아보므로 그 교회상에서 본받고 실천하고 따라가는 운동을 전개해야 하겠습니다.

一. 모임의 교회였습니다.
  1. 모임 중에 부활의 주님이 나타나셨습니다.
  2. 모임 중에 주님의 평강이 선언되었습니다(요 20:19).
  3. 모임 중에서 주님께 경배하게 되었습니다(마 28:16).
  4. 말씀을 받는 일도 모임 중에서 이루어졌습니다.
  5. 모임 중에서 성령님의 역사가 나타났습니다(행 2:1).
  6. 모임 중에서 기도와 회개 운동이 일어났습니다(행 2:37~42).

二. 신, 망, 애의 교회였습니다.
  1. 이는 말씀 듣는 가운데서 일어났습니다(행 2:37~42).
  2. 회개하는 가운데서 일어났습니다(행 2:37).
  3. 사죄함 받은 체험에서 일어났습니다(행 2:38).
  4. 그래서 그들은 하나님만 전적으로 신뢰했습니다.
  5. 저들은 하늘 나라에만 소망을 두었습니다.
  6. 서로 사랑의 실천자가 되었던 것입니다.

三. 공동 생활을 잘한 교회였습니다.
  1. 마음을 같이 하는 일치였습니다(행 2:46).
    1) 이는 떡을 함께 나눔에서 이루어졌습니다.
    2) 하나님을 찬미함에서 이루어졌습니다.
    3) 사도의 가르침을 받는 중에서 이루어졌습니다(행 2:42).
    4) 하나님을 두려워하며 모이길 힘씀으로 이루어졌습니다(행 2:43~46).
  2. 선행의 열매가 맺혀졌습니다(행 2:44).
    ◉ 오직 신본주의로 행한 결과였습니다.
  3. 동일한 목적을 갖고 있었기 때문입니다(행 5:42).

* 초대교회는 아무리 생각해도 아름답고 모범적인 교회입니다.

기적의 사람들(Ⅰ)
(3:1-16)

본문은 초대 기독교회에 나면서부터 앉은뱅이 된 자가 사도들의 신앙으로 인하여 그가 나음을 받아 성전에 뛰어 들어가면서 하나님을 찬양했다는 내용입니다. 이 놀라운 기적은 사도들을 통하여 나타났는데 그들의 신앙이 어떠했기에 그러한 기적이 일어났던가를 생각해 봅시다.

一. 기도하는 사람들이었습니다(1-).
   1. 시간을 정해놓고 기도했습니다(1).
   2. 합심하여 기도했습니다(1).
   3. 성전에서 기도했습니다(1).
   4. 하나님은 기도하는 자의 편이십니다.
   5. 기도는 영혼의 호흡이기도 합니다.
   6. 기도 쉬는 것은 죄라고 했습니다(삼상 12:23).

二. 타인에게 나누어 주는 생활을 했습니다(6-).
   1. 존귀하신 예수님의 이름을 주었습니다(6).
   2. 예수님의 말씀을 주었습니다(롬 1:14).
   3. 예수님의 사랑을 주었습니다(고전 13:12~13).
   4. 예수님의 은혜를 주었습니다(롬 1:11).
   5. 받은 바 은혜, 능력을 주었습니다.
   6. 주는 자가 받는 자보다 더 복이 있습니다(행 20:35).

三. 예수님만을 자랑하는 자였습니다(16-).
   1. 많은 사람들이 제자들을 신격화 했습니다(11).
   2. 그러나 제자들은 기적의 원인은 예수님이라 했습니다(16).
   3. 주님의 이름이 기적을 일으켰다고 했습니다(16).
   4. 주님께로부터 온 믿음으로 나았다고 했습니다(16).
   5. 자기들이 주님의 영광을 가로챌까 두려워했습니다.
   6. 오직 주님의 이름으로 주님께 영광돌린 자였습니다.

* 이 놀라운 역사가 우리의 생활에서 재현되길 바랍니다. 그러나 그 놀라운 기적을 체험하길 원한다면 무엇보다도 사도들이 지닌 참된 신앙을 소유하도록 해야 하겠습니다.

기적의 사람들(Ⅱ)

(3:1-10)

一. 주님의 제자들(3:1).
　　1. 그들은 베드로의 장모의 병고침을 증거한 자입니다(막 1:29~31).
　　2. 그들은 야이로의 딸이 살아나는 것을 본 자들입니다(눅 8:51~56).
　　3. 그들은 부활하신 주님을 섬기는 것을 알았습니다(요 20:28, 행 2:32).

二. 앉은뱅이(3:2)
　　1. 그는 나면서부터 앉은뱅이입니다(롬 5:12).
　　2. 그는 걸을 수 없습니다(요 5:7).
　　3. 그는 도움받을 수 밖에 없는 자입니다(롬 5:6).

三. 앉은 뱅이의 구걸(3:3)
　　1. 그의 구걸은 굶주림을 보이는 것입니다(잠 16:18).
　　2. 그의 구걸은 도움을 청하는 것을 보입니다(마 15:25).
　　3. 그의 구걸은 그의 믿음을 보였습니다(약 1:6).

四. 제자들의 사역(3:4~6)
　　1. 그들은 바라보라고 앉은뱅이에게 명령했습니다(사 45:22).
　　2. 그들은 세상의 돈은 없음을 밝혔습니다(눅 12:15).
　　3. 그들은 참 부요의 가치를 알았습니다(마 6:19~21).

五. 생명을 주는 자의 이름(3:6)
　　1. 예수님은 말씀을 전하게 하신 자의 이름입니다(행 9:27).
　　2. 예수님은 구원을 주시는 자의 이름입니다(렛 4:12).
　　3. 예수님은 모든 이름 위에 뛰어난 이름입니다(골 1:18).

六. 앉은뱅이의 고침(3:7 · 8)
　　1. 그는 일어났습니다(시 40:1 · 2).
　　2. 그는 즉시 고쳐졌습니다(요 5:9).
　　3. 그는 완전히 고쳐졌습니다(눅 5:24 · 25).

七. 앉은뱅이의 증거(3:8, 11)
　　1. 그는 성전에 들어갔습니다(시 122:1, 히 10:25).
　　2. 그는 하나님을 찬양했습니다(8)(시 109:30, 111:1).
　　3. 그는 다른 사람을 놀라게 했습니다(9 · 11)(시 40:3).

기적의 사람들(Ⅲ)
(3:1-10)

베드로와 요한을 통하여 기적의 역사가 나타났는데 어찌하여 이런 놀라운 역사가 일어났는가를 고찰해 보도록 합시다.

一. 기도하는 사람을 통해서 일어났습니다(3:1).
   1. 기도의 방법(골 4:2)
     1) 시간을 정해 놓고 기도했습니다(1).
     1) 합심하여 기도했습니다(1).
     1) 성전에 올라가서 기도했습니다(1).
   2. 응답되는 기도란(약 1:6)
     1) 낙심치 아니하는 기도입니다(눅 18:1~8).
     2) 주님 뜻대로 하는 기도입니다(요1 5:14).
     3) 믿음의 기도입니다(약 1:6).
   3. 기도의 결과(대하 32:1~8)
     1) 힘을 얻게 됩니다(대하 32:7).
     2) 자유함을 얻게 됩니다(행 12:1~10).
     3) 갈라지는 역사가 나타납니다(출 14:15~16).

二. 나누어 주는 사람을 통해서 일어났습니다(3:6).
   1. 주님의 복음을 나누어야 합니다(롬 1:14).
     1) 복음은 생명입니다(요 6:35).
     2) 복음은 능력입니다(롬 1:16).
     3) 복음은 곧 복입니다(신 28:1).
   2. 받은 바 은혜를 나누어야 합니다(롬 1:11).
     1) 은혜는 선물입니다(엡 2:7~8).
     2) 깨닫는 것입니다(창 45:4~15).
     3) 구원받은 것입니다(엡 2:1~5).
   3. 주님의 사랑을 나누어야 합니다(고전 13:13).
     1) 사랑은 죽음보다도 강합니다(아 8:6).
     2) 사랑은 두려움을 내어쫓습니다(요1 4:18).
     3) 사랑은 영원히 폐하지 않습니다(고전 13:7~8).

불행한 자의 재기
(3:1-10)

우리 본문에서 가장 불행한 사람을 만나게 되는데 그는 가난한 가정에 앉은뱅이로 태어나서 구걸로 나날을 보내는 사람이었습니다.

一. 불행의 원인
  1. 불구의 몸으로 태어났기 때문입니다.
   1) 그는 활동의 자유가 없습니다.
   2) 모든 사람들의 멸시와 천대의 대상자였습니다.
   3) 희열을 상실하고 우울한 인생자체였습니다.
  2. 가난한 가정에서 태어났습니다.
   1) 이는 언제나 불안 속에 살아가기 마련입니다.
   2) 피곤한 중에 곤고하게 살아가게 됩니다.
   3) 춥고 주리고 목마른 생활의 연속입니다.
  3. 배우지 못한 무식한 자였습니다.
   1) 그는 위축된 상태에서 살아갔습니다.
   2) 열등감 속에서 살아가는 인생입니다.
   3) 의존심을 가지고 살아가는 사람입니다.

二. 재기의 비결
  1. 그가 성전 미문에 찾아온 데 있습니다.
   1) 하나님을 가까이 하고 의지하려는 마음입니다.
   2) 믿음으로 자신의 문제를 해결해 보려는 마음에서입니다.
   3) 신앙인들의 동정과 도움을 받기 위해서였습니다.
  2. 위대한 사도들을 만났기 때문입니다.
   1) 기도하기 위해 오는 사도들이었습니다.
   2) 예수님의 증인의 생활하는 사도들이었습니다.
   3) 예수님의 이름을 소유하고 역사하는 위대한 사도였습니다.
  3. 예수 그리스도의 이름으로 재기되었습니다.
   1) 슬퍼하는 자에게 기쁨을 주는 이름이십니다.
   2) 고통하는 자에게 평강을 주는 이름이십니다.
   3) 절망하는 자에게 소망을 주는 이름이십니다.

나사렛 예수의 이름
(3:1-10)

태어나면서부터 앉은뱅이 된 자가 성전 미문에서 구걸하다가 베드로의 외친 "나사렛 예수 그리스도의 이름"으로 걷기도 하고 뛰기도 하면서 하나님을 찬미하는 표적이 나타났는데 그 이름은 위대한 "나사렛 예수"이십니다. 참으로 능력의 이름 "나사렛 예수"이시며 구원자이신 예수 그리스도이십니다.

一. 나사렛 예수 그리스도의 이름은?
  1. 나사렛의 이름
    1) 예수님이 성장하신 마을 이름입니다.
    2) 갈릴리의 한 촌 동네의 이름입니다(눅 2:16).
    3) 사람마다 천시하는 동리 이름입니다.
    4) 나다나엘도 무조건 무시했던 이름입니다(요 1:46).
    5) 자랑스럽고 훌륭한 곳이 못되는 이름입니다.
  2. 나사렛의 예수 그리스도의 이름
    1) 사도들은 그 이름을 사랑하고 증거했습니다.
    2) 그 이름이 승리자임을 증거하기 위함입니다.
    3) 멸시받는 병자에게 자유함을 주는 이름이기 때문입니다.

二. 그 이름으로 걸으라고 명령했습니다.
  1. 그 이름은 낮아진 이름입니다(빌 2:6~11).
    1) 종의 형체를 입고 사람처럼 낮추신 이름입니다.
    2) 죽기까지 복종하여 십자가에서 죽으신 이름입니다.
    3) 낮아지고 겸손해진 이름입니다.
  2. 그 이름의 위대성
    1) 앉은뱅이를 일어나게 하는 위대한 이름입니다.
    2) 땅에 있는 모든 자가 그 이름 앞에 무릎 꿇는 이름입니다(빌 2:11).
    3) 살아서 역사하는 생명의 이름입니다.
    4) 권능이 나타나는 위대한 이름입니다.

* "누구든지 주의 이름을 부르는 자는 구원을 얻으리라"(요 2:30, 행 2:21)고 했습니다. 사람의 생명을 구하는 위대한 이름입니다. 나사렛 예수의 이름은 나면서 앉은뱅이된 자를 걷게도 하고 뛰게도 한 능력의 이름입니다.

베드로의 설교
(3:11-26)

베드로와 요한을 통하여 성전 미문에서 항상 구걸하면서 생계를 이어오던 앉은뱅이가 걷게 되자 백성들이 놀라 솔로몬 행각에 모여들었습니다. 베드로는 좋은 기회라고 생각하여 그들에게 설교했습니다. 이 장에서는 베드로의 설교를 고찰해 봅시다.

一. 예수님을 죽인 장본인이 너희라고 했습니다.
  1. 하나님이 영화롭게 하신 그 아들 예수님을(13).
  2. 거룩하고 의로우신 예수님을(14).
  3. 생명의 주님이신 예수님을(15)
  4. 하나님께서 다시 살리신 예수님을(16)
  5. 앉은뱅이를 살리신 예수님을(16)
  6. 그 예수님을 죽인 자가 너희라고 깨우쳤습니다.

二. 이제 그 죄를 회개하라고 했습니다(17~21).
  1. 알지 못하고 지은 죄니 회개하라고 했습니다(17).
  2. 예수님의 수난은 성경에 이미 예언되어 있으므로(18)
  3. 유쾌하게 되는 날이 이를 터인즉(19)
  4. 예수님의 재림이 있을 터인즉(20)
  5. 만물을 회복하실 때가 있으므로(21)
  6. 예수님의 재림시에는 선지자들의 예언대로 될 것이니(21)
  7. 철저히 회개할 것을 명했습니다.

三. 회개하면 구원을 받으리라고 했습니다(22~26).
  1. 모세와 같은 선지자가 왔다고 했습니다(22~23).
  2. 사무엘 때부터 모든 선지자의 가르친 때가 왔다고 했습니다(24).
  3. 아브라함에게 허락한 약속을 받으라고 했습니다(25~26).
  4. 돌이켜 각각 그 악함을 버리라고 했습니다(20).

* 하나님께서 그리스도를 유대 민족에게 보내신 목적은 곧 각 개인이 악을 버리고 돌아오게 하려는 목적에서입니다. 하나님께서는 사람들을 일대일로 취급하십니다. 곧 우리 개인들에게는 "나의 하나님"이십니다. 그 하나님께로 돌아올찐저!

그리스도의 이름
(3:12-26)

오순절 날이 지난 직후에 행해진 이 설교에서 사도 베드로는 예수 그리스도의 부활에 관해 전파했는데 여기에서 우리는 예수 그리스도의 이름은 주를 아는 자들과 믿는 성도에게 어떠한 의미를 주는지 베드로가 가르쳐준 그 의미를 분석하면서 고찰해 보려고 합니다.

一. 하나님의 종이라고 했습니다(13).
    1. 평강을 주시는 하나님의 아들이십니다(마 14:44, 요 14:27).
    2. 구원을 위해 십자가를 지신 하나님의 아들이십니다(마 27:54).
    3. 우리의 믿음의 대상이 되십니다(행 8:35).
    4. 신앙 고백의 대상이 되십니다(요1 4:15).

二. 거룩하고 의로우신 분이십니다(14).
    1. 그는 이스라엘의 거룩하신 분이십니다(사 12:20, 6).
    2. 모든 자가 경배할 분이십니다(사 17:7).
    3. 회개하고 돌아오는 자를 용서하시는 분이십니다(사 55:4~7).

三. 생명의 주님이십니다(15).
    1. 찬양을 받으실 주님이십니다(눅 41:46).
    2. 평강의 왕이십니다(사 9:6).

四. 그리스도 메시야이십니다(18).
    1. 고난의 그리스도이십니다(눅 24:26).
    2. 경건치 않은 자를 위해 죽으신 그리스도이십니다(롬 5:6).
    3. 율법을 완성하신 그리스도이십니다(롬 10:4, 갈 3:24).
    4. 만유이시며 만유 안에 계신 그리스도이십니다(골 3:11).

五. 예수 그리스도이십니다.
    1. 이는 권위의 이름이십니다(행 9:5).
    2. 진리의 이름이십니다(행 4:18~19).
    3. 소망의 이름이십니다.
    4. 중보자의 이름이십니다.

* 예수님의 이름은 특별한 이름입니다. 그 이름은 사람의 심령을 무거운 짐에서 벗어나 자유케 하며 생애와 가정과 사회와 국가를 변화시키는 이름입니다.

우리 조상의 하나님

(3:13)

베드로는 앉은뱅이를 이적으로 고친후 그 이적은 "우리 조상의 하나님"이 하신 것으로 증거했습니다. 예수 그리스도의 이름으로 행해진 이적은 이상한 것이 아니라 믿을만한 하나님 곧 이스라엘 사람들이 잘 아는 하나님이 행하셨습니다. 이스라엘의 조상 아브라함, 이삭, 야곱은 이스라엘 백성들이 신임하는 신앙인들입니다. 그러므로 그들의 하나님 곧 그들의 믿는 하나님을 누구든지 믿어야 되는데 그들의 믿음이 어떠했는지 고찰해 봅시다.

一. 아브라함의 신앙(창 12:1~9, 22:2).
  1. 하나님 말씀만 좇아가는 신앙의 인물입니다(창 12:4).
   1) 하나님은 그를 향해 고향을 떠나라고 했습니다.
   2) 하나님이 지시하는 곳으로 가라고 했습니다.
   3) 막연해도 아브라함은 말씀따라 순종했습니다.
  2. 하나님의 약속을 굳게 믿었습니다(창 15:4~6).
   1) 이방의 헛된 신은 약속하지 못하는 생명 없는 신입니다.
   2) 그러나 하나님은 약속하시는 참 신이십니다.
   3) 아브라함은 믿음으로 그 약속을 이루었습니다(히 11:17).

二. 이삭의 신앙(창 26:12~22).
  1. 그는 하나님의 주시는 복만을 바라보았습니다.
  2. 하나님 제일주의로 살았습니다.
  3. 그는 나그네 생활의 대표자이기도 합니다(장막생활).
  4. 하나님께 제단 쌓는 일에 게으르지 않았습니다.
  5. 우물을 빼앗는 블레셋 군과 다투지 않았습니다.
  6. 용서하고 양보하는 신앙의 인물이었습니다.

三. 야곱의 신앙(창 32:22~32).
  1. 그는 얍복강가에서 기도하고 복받은 자입니다.
  2. 그는 이스라엘의 국조였습니다.
  3. 기도의 용장이었으며 하나님의 허락으로 복받은 자였습니다.

* 베드로는 우리 조상들이 믿던 그 하나님과 그 조상들이 믿는 믿음을 소개하면서 그 하나님의 아들이 이 일을 행하셨다고 했습니다.

전도와 박해
(4:1-4)

성령의 역사가 강하게 나타나서 예루살렘 교회가 크게 부흥되자 하나님을 믿고 구원 얻는 성도들이 많이 일어나는 반면에 다른 한편으로는 사탄이 어떻게 해서라도 복음 사업을 방해하려고 했습니다. 반대가 있는 것은 슬픈 일 같지만 도리어 기뻐해야 할 경우가 있습니다.

一. 백성에게 전했습니다.
　　1. 모든 백성들에게 복음을 전했습니다(1).
　　　　1) 복음은 어린 아이같이 겸손한 자가 더 잘 깨닫습니다.
　　　　2) 지식층은 교만하여 하나님께로부터 배척받는 경우가 있습니다(약 4:6).
　　2. 미천한 자에게 복음을 전했습니다.
　　　　1) 예수님께서도 가난한 자에게 복음을 전했습니다(눅 4:18).
　　　　2) 높은 자리 있는 자에게만 전하려는 사상을 버려야 합니다.

二. 죽은 자 가운데서 부활하신 주님만 증거했습니다.
　　1. 시기심으로 받아들이지 않는 제사장들이 있습니다.
　　　　1) 시기는 진리와 의를 까닭없이 항거하는 악독입니다.
　　　　2) 시기와 악독은 자타를 망하게 만듭니다.
　　2. 잘못된 사상을 가지고 있는 사두개인들이 있습니다.
　　　　1) 그릇된 철학사상을 가지고 부활을 믿지 않았습니다.
　　　　2) 부활을 부인하는 그릇된 철학을 가지고 있었습니다.

三. 베드로 일행의 체포
　　1. 제사장, 사두개인들의 합작으로 체포했습니다.
　　2. 사도들이 부활을 증거하고 있었기 때문입니다.
　　3. 그들은 부활을 믿으려 하지도 않았습니다.
　　4. 자기들이 죽인 예수님의 부활을 부인했습니다.
　　5. 시기심과 그릇된 철학이 진리를 박해했습니다.
　　6. 이는 자신이 망하는 길임을 모르는 무지의 발로입니다.

＊ "복음을 인하여 내가 죄인과 같이 매이는데까지 고난을 받았으나 하나님의 말씀은 매이지 아니하니라"고 했습니다(딤후 2:9). 복음전도 자의 매임은 신자들을 더 굳게 그리스도에게 매어주고(4절) 신자들의 수효는 날로 증가하게 되었습니다.

심문과 증거

(4:5-22)

성전 미문 밖에서 구걸하던 앉은뱅이가 나음을 얻게 되자 유대교 지도자들이 가장 궁금해 한 것은 베드로와 요한이 대관절 무슨 권세로 이러한 일을 행했느냐는 것입니다. 이 물음에 대해 베드로는 성령 충만하여 담대히 증거하게 되었는데 함께 생각해 봅시다.

一. 공의회 석상에서의 질문(5-7).

  1. 공의회는 70명으로 구성된 종교 최고 재판국입니다.

   1) 장로들 24명이 있는데 이들은 민간 대표자들입니다.

   2) 서기관들 22명으로 율법을 가르치고 해석하는 자들입니다.

   3) 제사장들 24명으로 이는 온갖 제사를 주관하는 자들입니다.

   4) 이는 법정의 대법원과 같아 그 이상의 제소는 할 수 없습니다.

  2. 그들의 신문 내용

   ● 무슨 권세와 누구의 이름으로 앉은뱅이를 낫게 했느냐는 것입니다.

二. 베드로의 증거(8-12)

  1. '나사렛 예수 그리스도의 이름으로'라고 했습니다.

   1) 너희가 십자가에 죽인 예수님이라고 했습니다.

   2) 하나님께서 다시 살리신 부활하신 예수님이라고 했습니다.

  2. 구원 얻을 자도 예수님이라고 증거했습니다.

   1) 천하의 인간 중에는 구원 얻을 만한 다른 이름이 없습니다.

   2) 오직 예수님의 이름으로만 구원얻습니다(12).

三. 그들의 위협 공갈

  1. 훌륭한 답변을 하는 사도들에게 당황했습니다.

  2. 그래서 그들은 비밀 회담을 했습니다.

  3. 그후 사도들에게 예수의 이름으로 말하지도 말라고 했습니다.

  4. 그 이름으로 가르치지도 말라고 했습니다.

  5. 위협과 공갈 후 사도들을 석방시켰습니다.

* 그러나 사도들은 "하나님 앞에서 너희 말 듣는 것이 하나님의 말씀 듣는 것보다 옳은가 판단하라 우리는 보고 들은 것을 말하지 아니할 수 없다고" 담대히 증거했고 석방되어 더욱 힘차게 복음 증거했습니다.

바른 전도
(4:8-20)

　　사도행전을 성령 행전이라고도 하는데 사도들이 성령 충만함을 받고 전도하는 모습이 여실히 나타나고 있기 때문입니다. 1장에서는 성령충만함을 받기 위해 준비기도가 있었고, 2장에서는 성령님이 강림하시어 기도하던 성도가 모두 충만함을 받았고, 3장에는 성령의 권능으로 앉은뱅이가 일어났고, 4장에서는 성령의 권능으로 전도에 더욱 힘씀이 나타나고 있습니다.

一. 전도의 권위(8-11)
　　1. 성령 충만함을 받은 베드로가 담대히 증거했습니다(8).
　　2. 자신을 심문하는 심문관들 앞에서 증거했습니다.
　　3. 앉은뱅이를 고친 역사적인 산 증거를 했습니다(9-10).
　　4. 예수님을 머릿돌이라고 했습니다(사 28:16, 시 118:22).

二. 전도의 대의(10-12)
　　1. 서론 : 너희가 십자가에 죽인 예수 그리스도
　　2. 제목 : 하나님께서 그를 다시 살려 부활하신 예수 그리스도
　　3. 목적 : 구원 받게 하기 위함
　　4. 결론 : 오직 예수 그리스도의 이름으로만 구원받음

三. 전도의 방해자들(13-18)
　　1. 역사적인 사실 앞에서 도무지 힐난할 수 없었습니다.
　　2. 뚜렷한 증거의 결과를 없다고 부인할 수도 없었습니다.
　　3. 무턱대고 "예수님의 이름"을 금지할 수 없었습니다.
　　4. 오히려 그들이 어찌할꼬 탄식하게 되었습니다.

四. 전도자의 정당한 태도
　　1. 사람의 말을 듣겠는가? 하나님의 말씀을 듣겠는가?
　　2. 보고 들은 역사적인 사실을 말하지 않을 수 없다고 했습니다.
　　3. 체험적인 전도는 위대한 능력을 발휘합니다.
　　4. 복음을 전하지 않으면 화를 받습니다(고전 9:16).

＊ 사도들이 확고한 신념과 믿음으로 담대히 복음 증거함으로 하나님을 믿는 성도가 날로 증가하게 되었으며 초대 예루살렘 교회가 왕성하고 놀라웁게 성장되어 갔던 것입니다.

어찌할꼬(Ⅰ)
(4:13-22)

이 세상을 살아 가노라면 무서운 사람들을 만납니다. 악한 사람이라든지 강도 그리고 권력을 가진 사람 역시 무섭습니다. 권력은 사람을 살리기도 하고 죽이기도 하기 때문입니다. 그러기에 악한 사람까지도 권력 앞에서는 벌벌 떱니다. 사실 권력이 있어 남용하는 사람은 무섭습니다. 그러나 그 누구보다도 무서운 사람은 진리를 가진 사람입니다. 주님께서 승천하신 얼마 후의 일인데 베드로와 요한을 잡아다가 옥에 가두어 놓고서는 "대체 이 사람들을 어떻게 할꼬"라고 관속들과 권력층에 있는 자들이 떨고 있었습니다. 지위도 권력도 없는 미미한 사람인 베드로와 요한이 어떻게 무엇을 가지고 당대의 권력층으로 하여금 그들 앞에서 떨게 만들었는지 말씀 가운데서 살펴봅시다.

一. 사실을 지니고 있었기 때문입니다.
  1. 거짓은 담대해 질 수가 없습니다.
  2. 거짓은 언젠가는 들통이 나기 때문입니다.
  3. 그러나 사도들은 거짓이 아닌 진리가 있었습니다.

二. 높은 도덕을 지니고 있었기 때문입니다.
  1. 사람들은 법이 무서워 죄를 못짓습니다.
  2. 법보다 무서운 것이 죄 인데도 속여가며 죄를 범합니다.
  3. 죄를 범한 자나 부도덕한 자는 담대해 질 수가 없습니다.

三. 일심 협력 했기 때문입니다.
  1. 분산되는 곳에는 건설이 있을 수 없습니다.
  2. 이들은 상·하가 일체가 되었습니다.
  3. 오직 하나로 뭉쳐서 일했습니다.

四. 확고한 신념이 있었기 때문입니다.
  1. 신념이란 없어지지 않습니다.
  2. 생명을 걸고 지켜야 할 신앙의 신념이 있었습니다.
  3. 하나님 말씀에 순종할 신념이 있었기 때문입니다.

* 바른 사실로 공의를 위해 굳게 서서 한마음 한뜻으로 죽음을 각오하고 주를 위해 전진하는 이 사람들이 이 땅에 많아지는 날 교회는 승리할 것이고 역사는 반드시 밝아지게 될 것입니다.

어찌할꼬(Ⅱ)

(4:16)

교권주의자들은 권력으로 사도들을 체포하여 공갈 협박하였으나 담대하게 증거하며 답변을 하는 데는 도리가 없어 결국 처형을 할 수도 없고 그렇다고 무조건 석방할 수도 없는 곤란한 지경에 이르러 "이 사람들을 어떻게 할꼬"하는 비명에 가까운 탄식을 하게 되었습니다.

一. 교권주의자들이 사도들을 체포하고 심문했습니다.
  1. 무슨 권세로 이 일을 했느냐고(앉은뱅이 치료) 물었습니다.
    1) 병자를 치료해 준 일은 착한 일입니다.
    2) 모두가 예찬해 주어야 할 일입니다.
    3) 그러나 그들은 시기한 나머지 이런 질문을 했습니다.
  2. 사도들의 답변
    1) 예수님의 이름으로 병을 고쳤다고 했습니다.
    2) 권세가 있다면 성령님의 권능이었다고 했습니다.
    3) 기탄없이 담대히 증거했습니다.

二. 교권주의자들의 탄식(어찌할꼬)
  1. 이는 교권주의자들이 백기를 들고 항복한 셈입니다.
  2. 무식한 범인으로 알았다가 궁지에 몰려 버린 셈입니다.
  3. 그들은 사사로운 비밀대책 회의를 했습니다.
  4. 석방하자니 당당하게 체포했던 교권의 위신이 안 섭니다.
  5. 공갈을 하자니 수용되질 않습니다.
  6. 계속 심문하자니 사도들의 변론이 너무나 당당합니다.
  7. 또한 산 증인(앉은뱅이)이 옆에 동석하고 있습니다.
  8. 그 표적과 설교를 많은 군중들이 받아 믿고 있었습니다.
  9. 또한 믿는 성도가 날로 더 증가하고 있었습니다.
  10. 그러므로 어찌할꼬 비명 섞인 탄식을 발했습니다.

* 핍박자들의 양심이 아직 살아 있는 증거는 유명한 표적이 나타난 것을 우리도 부인할 수 없다고한 사실입니다. 역사적인 엄연한 사실을 인위적으로 말살하거나 교권으로 부인할 수는 없습니다. 이것은 영권의 작용이며 성령의 권능이 역사하는 까닭이기 때문입니다.

성령의 계속 충만
(4:23-31)

초대 예루살렘 교회가 성령 충만하여 복음 전도에 박차를 가했는데 이 장에서도 역시 기도 후 성령 충만했다고 기록하고 있습니다(31).

一. 계속 충만해야 할 이유
  1. 사명을 바로 감당하려면 계속 충만해야 합니다(딤전 1:12).
    1) 복음 증거해야 할 사명(행 1:8, 9:15)
    2) 기도하고 봉사해야 할 사명(살전 5:17, 빌 4:15-18)
  2. 모든 시험에서 승리하려면 계속 충만해야 합니다(마 24:10).
    1) 복 주시려고 하는 시험에서 승리하려면(창 22:1)
    2) 욕심과 사탄의 시험에서 승리하려면(21)
  3. 주님께 영광돌리는 생활을 하려면 충만해야 합니다(21).
    ● 변화 받고 감사할 때 영광을 돌리게 됩니다(행 4:19, 고후 4:15).

二. 계속 충만함을 받는 비결
  1. 항상 기도할 때 충만하게 됩니다(살전 5:17).
    ● 사도들과 120명의 문도들이 그랬습니다(행 2:1, 4:31).
  2. 주님을 자랑할 때 충만하게 됩니다(행 3:11).
    ● 주님은 나의 생명, 지혜, 의로움이 되십니다(고전 1:30-31).
  3. 진리의 말씀이 풍성할 때 충만하게 됩니다(골 3:16-17).
    ● 말씀은 살아 움직이며 능력입니다(히 4:12, 롬 1:16).

三. 성령 충만한 결과
  1. 시와 찬미로 주님께 찬양합니다(엡 5:19).
    ● 옥중(행 16:25) 시험 속에서도(욥 1:21)
  2. 승리의 역사가 일어납니다(행 9:22).
    ● 시험, 가난, 원수에게서 승리합니다(합 3:16, 삼상 17:45-51).
  3. 참 만족함을 얻게 됩니다(요 14:27).
    ● 베드로도, 바울과 실라도, 스데반도 그랬습니다(행 12:5-7, 16:25).

* "빌기를 다하매 모인 곳이 진동하더니 무리가 다 성령 충만하여 담대히 하나님의 말씀을 전하니라"고 본문 31절에 말씀하고 있습니다. 성도는 항상 힘써 성령 충만하여 승리의 생활을 하도록 합시다.

모범적인 기도회
(4:24-31)

오순절에 성령을 받은 후 교회가 한 일은 오늘날 우리들의 교회가 본받아야 할 일들입니다. 특히 사도들이 잡혔다가 석방되어 나온 후 그들은 하나님께 기도했습니다. 기도 없이는 하나님의 약속이 이루어지지 않습니다. 이 점에 대해서 하나님께서 친히 말씀하여 주셨는데(겔 36:37) 우리 교회도 초대교회의 기도생활을 모본으로 삼고 더 기도하는 교회가 됩시다.

一. 한 마음으로 기도했습니다(24).
　　1. 사도들과 모든 성도가 함께 기도했습니다.
　　2. 한 마음으로 기도하는 것은 힘이 있고 응답이 빠릅니다.

二. 찬송하며 기도했습니다(24).
　　1. 이는 승리의 찬송을 부른 것입니다.
　　2. 성령받은 자는 환난과 핍박중에도 찬송합니다(행 16:25, 히 13:15).

三. 하나님이 대주재이심을 확신하고 기도했습니다(24).
　　1. 기도의 대상자를 바로 알고 기도해야 합니다.
　　2. 우주만물을 창조, 섭리, 보존, 심판하시는 하나님이십니다.

四. 말씀을 믿고 인용하면서 기도했습니다.
　　1. 성경말씀이 기도의 제목이 되어야 합니다.
　　2. 성경말씀이 기도의 연료가 되어야 합니다.

五. 하나님의 뜻을 이루기 위해 기도했습니다(28).
　　1. 자신의 정욕을 위한 기도는 좋지 않습니다.
　　2. 자기의 뜻과 영광을 위해 기도하는 것 옳지 않습니다.

六. 하나님의 말씀을 담대히 증거하기 위해 기도했습니다(29).
　　1. 기도하여 능력 얻음으로 말씀을 증거해야 합니다.
　　2. 기도 없이 담대히 말씀을 증거할 수 없기 때문입니다.

七. 예수님의 이름으로 이루어지기 위해서 기도했습니다.
　　1. 모든 영광은 하나님이 받으셔야 됩니다.
　　2. 모든 일들은 오직 주의 이름으로 나타나야 됩니다.

* 그들의 기도회는 생각할수록 아름답고 본받을 훌륭한 기도회입니다. 우리 교회가 이 기도회를 본받아 실천하도록 힘씁시다.

함께 나누는 교회
(4:32-37)

　본문에서 교회의 본질과 성도들의 생활 표본이 소개되고 있습니다. 그것은 곧 함께 나누는 생활이었습니다. 교회는 공동체이며 기독교인들은 신앙공동체의 구성원이기 때문에 함께 나누는 생활이 훈련되어 이것의 실천 여부가 교회의 성패를 좌우하는 것입니다.

一. 마음과 뜻을 나누었습니다(32).
　1. 초대교회는 믿는 성도 모두가 마음과 뜻을 함께 했습니다.
　　1) 얼굴 생김새가 각각 다르듯 의견이 각각일 수 있습니다.
　　2) 서로의 주장이 있어도 모두가 뜻을 함께 했습니다.
　2. 마음과 뜻을 함께 하는 비결
　　1) 오직 예수 그리스도 한 분 만을 구심점으로 삼았기 때문입니다.
　　2) 이는 교회가 지녀야 할 근본이며 성도의 생활 자세입니다.

二. 각자의 소유를 나누었습니다(32).
　1. 물질을 최고의 가치로 생각하지 않았습니다.
　　◉ 최고의 가치는 하나님께 대한 신앙과 형제애 였습니다.
　2. 물질은 자기에게 위탁된 하나님의 소유로 알았습니다.
　　◉ 자기는 물질의 주인이 아니라 다만 청지기로 알았습니다.
　3. 물질은 필요에 의해 공급되어야 한다고 생각했습니다.
　　◉ 그러므로 자기의 필요량 이상 축적하지 않았습니다.

三. 복음을 함께 나누었습니다(33).
　1. 복음을 죄 아래 있는 사람에게 나누어 주어야 합니다.
　　1) 복음은 어떤 사람의 독점물이 될 수 없습니다.
　　2) 복음은 모든 사람에게 구원의 소식을 줍니다.
　2. 전도 사업에 인색해서는 안됩니다.
　　1) 거저 받았으니 채무감을 가지고 힘써 주어야 합니다.
　　2) 복음을 전하지 않으면 내게 화가 미칩니다.

＊ 초대교회는 이렇게 마음과 뜻을, 각자의 소유를 복음을 나누어 주며 함께 하는 교회였습니다. 초대교회는 이점에서 좋은 모델입니다. 우리 교회는 초대교회를 본받아 하나님께 영광돌리는 교회가 되도록 힘씁시다.

성령 충만한 교회의 모습
(4:32-37)

성경과 교회사를 연구해 보면 초대교회의 모습과 중세교회의 모습이 다릅니다. 또한 중세교회의 모습과 현대교회의 모습도 다릅니다. 그러나 어느 시대이든 사도시대 교회 성도들의 신앙생활과 그 교회 모습과 그 특징은 모두 본받을 만한 훌륭한 신앙의 본보기입니다.

一. 기도에 힘쓴 교회입니다(2:42, 4:31).
  1. 기도는 예수님께서 명하신 일이기에 복종해야 합니다.
    1) 연약함으로 시험에 들지 않도록 기도하라고 하셨습니다(마 26:41-42).
    2) 기도하여 능력받아 마귀를 물리쳐야 되기 때문입니다(막 9:29).
  2. 기도하여 성령의 감동과 지시를 복종해야 되기 때문입니다.
    1) 성령님의 인도 따라 하는 기도는 하나님과 가까워집니다.
    2) 그 기도는 능력을 받아 난관을 타개하는 열쇠가 됩니다.

二. 순결한 생활을 하는 교회입니다(2:41).
  1. 사도들의 교훈과 증거를 순수하게 받아들인 데 있습니다.
    1) 사도들은 불의와 죄를 지적하고 공격했습니다.
    2) 죄에서 돌이켜 회개하고 세례를 받으라고 했습니다(2:38).
  2. 성령님의 인도를 따라 순결하려고 했습니다.
    1) 성령님이 비둘기같이 임한다고 했습니다.
    2) 비둘기의 특징은 순결하고 직선으로 날아가고 정조관념이 강하다고 합니다.

三. 자기 자신을 부정하는 교회입니다(4:32).
  1. 예수님의 인생관을 그대로 받아들인 교회였습니다.
    1) 인간의 그릇된 욕망을 버리고 하나님의 뜻에 복종했습니다.
    2) 개인 중심이 아니라 공동 유익을 더 존중했습니다.
  2. 재물에 대한 개념을 바로 가지게 되었습니다.
    1) 소유에 대해 내가 주인이 아니라 하나님이 주인이심을 알았습니다.
    2) 소유는 주님과 교회의 유익을 위해 사용해야 된다는 것을 알았습니다.
    3) 소유는 많은 사람의 유익을 위해 사용해야 됨을 알았습니다.

* 초대 교회의 모습은 1) 기도하고 2) 순결하고 3) 자기를 부정하여 주님 중심으로 살았습니다. 그 결과 초대 교회는 그 시대에 많은 영향을 주었습니다.

성령님에 대한 죄
(5:1-9)

아나니아와 삽비라의 이야기는 성령님을 속인 죄가 얼마나 무섭고 그 결과가 얼마나 비참하다는 것을 보여주고 있습니다. 성령님에 대한 모든 죄가 보다 중한 죄라는 것을 우리는 성경을 통하여 알고도 남음이 있게 되는데 본문을 통하여 경계를 삼아야 합니다.

一. 죽음에 이르는 길입니다(1-9).
　　1. 성령님을 속이는 죄의 결과입니다.
　　2. 성령님을 시험하는 죄의 결과입니다.
　　3. 이 일로 인해 아나니아 부부는 죽었습니다.

二. 구원 얻기가 어렵게 됩니다(엡 4:30).
　　1. 이는 성령님을 근심케하는 죄의 결과입니다.
　　2. 성령님의 지배를 받지 않는 죄의 결과입니다(사 63:10).
　　3. 자기의 수단 방법, 정욕대로 살면 성령님은 근심합니다.

三. 돈과 함께 망하게 됩니다(행 8:14-24).
　　1. 술사 시몬은 돈으로 성령을 사려고 했습니다.
　　2. 성령님은 하나님의 선물로 돈으로 살 수 없습니다(행 8:20).
　　3. 이러한 죄는 결국 돈과 함께 망하게 되고 맙니다.

四. 징계받는 일이 됩니다(행 13:8-11).
　　1. 성령님을 대적하는 죄의 결과입니다.
　　2. 성령님을 거역하는 죄의 결과입니다(행 7:51).
　　3. 하나님께서 반드시 그를 징계하십니다.

五. 사하심을 받지 못하게 됩니다(마 12:31-32).
　　1. 성령 훼방죄의 결과입니다.
　　2. 은혜를 욕되게 하는 죄의 결과입니다(히 10:29).
　　3. 이 죄는 용서받을 길이 없는 것입니다.

* 성도는 성령님의 감화를 받고 성령님의 인도하심을 따라 가는 생활이 되어야 합니다. 성령님을 근심하게 하고 거역하며 감화를 소멸하고 성령님을 속이고 훼방하는 일은 무서운 죄가 됩니다. 이 죄는 사하심을 받을 수 없으니 두려움으로 주를 섬겨야 될 것입니다.

아나니아와 삽비라(Ⅰ)
(5:1-11)

하나님의 크신 은혜와 성령님의 강권적인 역사로 초대 교회는 은혜가 넘쳤고 날로 부흥 성장했습니다. 그러나 교회의 성장에 찬물을 끼얹을 정도의 큰 암초가 생겼습니다. 곧 아나니아와 삽비라 부부의 무서운 범죄 사실입니다. 이 범죄 사실을 고찰해 볼 때 우리에게도 큰 경고가 되고 있습니다.

一. 선을 가장하는 거짓의 죄입니다.
   1. 두 부부는 땅을 팔아 하나님께 다 바치는체 했습니다.
   2. 그러나 절반은 감추어 버렸습니다.
   3. 충성하지 않으면서 충성하는 체 하는 위선의 죄입니다.
   4. 이러한 죄는 결국 무서운 벌을 받고야 말았습니다.
   5. 선하지 못하면 못한 그대로가 좋습니다.
   6. 오히려 솔직하고 겸손한 자세가 아름답습니다.

二. 악의로 부부가 공모한 죄입니다.
   1. 부부 사이는 통사정이 쉬우므로 공모하는 범죄에 빠지기 쉽습니다.
   2. 이들은 의논하고 계획적으로 성령님과 사도들을 속였습니다.
   3. 공모하여 범죄하는 사실은 무서운 죄악입니다.
   4. 어느 한 사람이라도 바로 서서 충고하고 만류했어야 했습니다.
   5. 공모하여 계획적인 범죄 행위는 용서받을 수 없습니다.
   6. 그러므로 그 부부가 멸망을 받고야 말았습니다.

三. 하나님께 바치다가 범한 죄였습니다.
   1. 자기의 욕망을 채우기 위해 땅을 판 것이 아닙니다.
   2. 하나님께 바치려는 마음에서 땅을 팔았습니다.
   3. 땅을 팔아 하나님께 바치다가 시험에 빠졌습니다.
   4. 이는 선을 행하되 하나님 중심이 아니었습니다.
   5. 어디까지나 인간 중심으로 생각하다 죄를 범했습니다.
   6. 세상 중심, 자아 중심은 범죄에 빠지기 쉽습니다.

* 이스라엘 백성들이 아이성을 치다가 아간의 범죄로 패배하게 된 사실과(수 7:1-25), 가룟 유다가 스승을 파는 무서운 죄를 범한 것은(요 12:6) 모두 이와 유사한 범죄의 결과였음을 기억해야 합니다.

아나니아와 삽비라(Ⅱ)
(5:1-11)

아나니아와 삽비라 부부는 초대교회에 일고 있던 유무 상통운동에 호응하여 이들 부부도 자기들의 소유를 팔아 교회에 헌납했습니다. 그러나 땅 판 값의 일부만을 바치면서 전부라는 거짓말을 했기 때문에 부부가 한 날 둘 다 죽는 참변을 당했는데 그 죄를 생각해 봅시다.

一. 성령님을 속인 죄였습니다.
1. 거짓은 사람을 상대로 해서 범해도 안됩니다.
2. 하나님을 상대로 거짓을 행하면 이는 용납되기가 어렵습니다.
3. 이는 하나님께 대한 모독 행위입니다.
4. 주의 이름으로 하는 일은 반드시 진실해야 합니다.
5. 하나님의 사람을 속이는 죄 역시 하나님을 속이는 죄입니다.
6. 오직 하나님 앞에서 행해야 복된 삶입니다(마 6:1).

二. 부부가 악을 공모하는 죄를 범했습니다.
1. 부부가 서로 상대방의 부족을 보충해야 합니다.
2. 한 사람으로서는 부족함이 많습니다.
3. 상대방의 혈기는 인내로, 횡포는 유화로, 다변은 과묵으로
4. 나태는 근면으로 낭비는 절제로, 서로 격려해 나가야 합니다.
5. 다윗처럼 미갈의 불신앙을 충고로 하여야 합니다(삼하 6:21).
6. 아비가일처럼 나발의 미련함을 속죄하는 부부여야 합니다(삼상 25:24).

三. 끝까지 회개하지 않는 죄를 범했습니다.
1. 이 세상 모든 사람들은 다 죄인입니다.
2. 회개하므로 죄를 용서받고 하나님의 긍휼과 사랑을 입고 삽니다.
3. 회개는 죄인에게 있어서 유일한 구원의 문입니다.
4. 하나님은 은혜와 사랑과 능력이 무한하신 분이십니다.
5. 하나님께서 해결 못할 문제란 있을 수 없습니다.
6. 구속하지 못할 죄는 존재할 수 없으므로 회개의 열매 맺어야 합니다.

* 여기 아나니아와 삽비라는 하나님을 속이고 부부가 악을 공모했으며 그것도 끝까지 회개하지 않았으므로 결국 멸망당하고 말았습니다. 성도는 이 일을 거울로 삼고 경계해야 하겠습니다.

내부 청결
(5:1-16)

성령님의 역사가 강력하게 일어나고 있던 초대교회에 시험이 생겼는데 이는 아나니아 부부의 사건입니다. 이들 부부는 가난한 형제들을 구제하기 위하여 구제헌금을 하는 과정에서 거짓말을 함으로써 사도들과 하나님을 속이려했습니다. 만일 이 사건이 쉽게 용납되었거나 흐지부지 처리되면 앞으로 이보다 더 간악한 죄악이 교회 내부에 만연될 위험성이 있고 그리하면 교회는 마귀의 조롱거리로 전락될 우려가 있으므로 그들에게는 가슴 아픈 일이지만 징계를 받을 수 밖에 없었습니다.

一. 내부 청결의 내용(1-4)
  1. 아나니아 부부의 죄를 묵과하지 않았습니다.
  2. 자기들의 이름만을 나타내려고 하는 죄였습니다.
  3. 사도들을 속이려고 하는 위선의 죄였습니다.
  4. 하나님을 속이려고 하는 위선의 죄였습니다.
  5. 주님의 이름을 팔아 사욕을 채우려는 죄였습니다.

二. 내부 청결의 이유(5-11)
  1. 교회는 외부적인 박해로 망하지 않습니다.
  2. 외부적인 사탄의 방해는 더욱 신앙을 견고히 합니다.
  3. 그러나 내부적인 부패는 교회로 하여금 타락하게 만듭니다.
  4. 결국 내부적인 죄가 큰 해가 되는 것입니다.
  5. 그러므로 내부를 청결케 했던 것입니다.

三. 교회 내부 청결의 결과(11-16)
  1. 회중이 두려워하게 되었습니다(11).
  2. 일심으로 회집하게 되었습니다(12).
  3. 외인들도 두려워하게 되었습니다(13).
  4. 백성들이 칭송을 하게 되었습니다(13).
  5. 교인이 더욱 증가하게 되었습니다(14-16).

* 성령 충만함을 받아 교회를 설립한 사도들은 교회의 부흥을 위해 진력하는 한편 최초로 교회 내부를 청결히 했습니다. 그 결과 놀라운 부흥과 바른 신앙을 확립하게 되었습니다.

힘 있는 교회
(5:12-16)

"온 교회와 이 일을 들은 사람들이 다 크게 두려워하니라"(5:11)고 말씀했습니다. 이 말씀은 초대 예루살렘 교회가 얼마나 힘이 있으며 또한 얼마나 위대한 권위를 가지고 있었다는 사실을 입증해 주고 있습니다. 초대교회는 세속적인 힘이 아닌 신령한 힘 즉 하나님께 공급받는 힘이 있었습니다.

一. 마음을 같이 하여 힘써 모이는 교회였습니다(12).
　　1. 힘 있는 교회는 마음을 같이 하는 교회입니다.
　　　1) 분열은 힘 없는 교회로 전락됩니다.
　　　2) 서로 마음을 같이하여 합심 협력할 때 능력이 나타납니다.
　　2. 힘 있는 교회는 힘써 모이는 교회입니다.
　　　1) 교회의 역사와 전통이 능력 있는 교회가 되진 않습니다.
　　　2) 모이지 않는 교회는 약한 교회가 되어버리고 맙니다.

二. 백성에게 칭찬받고 하나님께 영광 돌리는 교회였습니다(13).
　　1. 힘 있는 교회는 백성들에게 칭찬받는 교회입니다.
　　　1) 이는 세상의 소금과 빛된 생활을 한 표시입니다.
　　　2) 말씀에 순종하는 생활을 했기 때문입니다.
　　2. 힘 있는 교회는 하나님께 영광 돌리는 교회입니다.
　　　1) 하나님께 온전히 예배드리며 순종하는 생활입니다.
　　　2) 하나님의 뜻을 이루어 드리는 교회가 되어야 합니다.

三. 많은 사람이 예수님을 믿어 구원 얻는 교회였습니다(14-16).
　　1. 주님께로 나와 믿는 성도가 더 많아졌습니다.
　　2. 사단에게 매인 자들이 해방을 얻어 구원을 얻게 되었습니다.
　　3. 영육의 병에서 해방을 얻어 구원을 얻게 되었습니다.
　　4. 교회는 구원선(방주)이라고 합니다.
　　5. 교회는 복음과 신앙과 성령으로 능력받고 발휘해야 합니다.
　　6. 그래서 많은 사람을 구원하는 방주의 사명을 다해야 합니다.

* 이와 같이 초대교회는 힘 있는 교회였는데 힘 있는 교회가 되려면 1) 마음을 같이 하여 힘써 모여야 하고 2) 백성들에게 칭찬을 받고 하나님께 영광 돌려야 하며 3) 많은 사람이 주님께로 나와 구원을 받아야 합니다.

참 성도의 모습
(5:17-32)

　제사장들은 교회가 부흥됨에 따라 시기하여 전도 금지령을 내렸습니다. 이 때 사도들은 제사장들의 타락상을 지적하면서 1) 당파를 가지고 있었고(17) 2) 시기가 가득했고(17) 3) 무고한 사도들을 투옥시켰고(18) 4) 공익보다 사욕만을 취하는 자들이기에 "사람보다 하나님을 순종하는 것이 마땅하니라"고 했습니다.

一. 하나님을 두려워해야 합니다.
　　1. 사람들은 권력이 두려워 불의를 행하기도 합니다.
　　2. 독재자가 무서워 양심을 버리기도 합니다.
　　3. 신실한 성도는 이들 앞에서 태연자약합니다.
　　4. 주님께서도 하나님을 두려워 하라고 했습니다(마 10:28).
　　5. 성도를 위로 하는 자가 하나님이십니다(사 51:12).
　　6. 여호와를 두려워하는 자가 되라고 했습니다(사 8:12-13).

二. 하나님을 기쁘시게 해야 합니다.
　　1. 인간 삶의 목적은 하나님을 영화롭게 해드려야 합니다.
　　2. 가끔 인간들은 일시적으로 사람을 기쁘게 하기 위해 불의를 행합니다.
　　3. 이는 성도가 해서는 안 될 일들입니다.
　　4. 무엇을 하든지 하나님께 영광을 돌려드려야 합니다(고전 10:30).
　　5. 사람만을 기쁘게 하는 것은 사람의 종입니다.
　　6. 하나님을 기쁘시게 하는 자는 하나님의 종입니다(갈 1:10).

三. 하나님께 순종을 해야 합니다(29).
　　1. 아브라함도 오직 하나님 말씀에 순종했습니다(창 12:4).
　　2. 사도들도 하나님께 순종하는 것이 당연하다고 했습니다.
　　3. 하나님의 명령에 위배되는 세상법에는 절대 복종할 수 없습니다.
　　4. 성도의 순종은 언제나 주 안에서의 순종입니다(엡 5:21).
　　5. 순종하는 자체가 복된 삶을 사는 길입니다.
　　6. 그러므로 사람보다 하나님을 순종해야 합니다.

＊ 하나님을 두려워하는 자는 인간을 존중히 여기고 하나님을 기쁘시게 해드리는 자는 인간을 유익하게 하며 사회를 복되게 하고 하나님께 순종하는 자는 법과 질서도 존중할 줄 아는 것입니다.

핍박
(5:17-41)

교회가 부흥됨에 따라 마음에 시기가 가득하게 일어난 대제사장 일파는 다시 사도들을 잡아 옥에 가두었습니다. 그러나 이번에는 천사들이 나타나 옥문을 열고 풀어 주면서 "가서 성전에서 이 생명의 말씀을 다 백성에게 말하라"고 했습니다. 대제사장 일파는 사도들을 심문하려고 사람을 옥에 보냈으나 헛되었을 뿐 아니라 성전에서 가르치고 있는 사람들을 다시 체포하였으나 어찌할 도리가 없었습니다. 그들도 이제는 묻는 말이 고작 "우리가 이 이름으로 사람을 가르치지 말라. 엄금하지 않았느냐"고 하는 정도일 뿐입니다. 그러나 사도들은 "사람보다 하나님을 순종하는 것이 마땅하니라"고 오히려 사도들이 그들을 심판하는 격이 되었습니다.

一. 핍박자들이 사도들을 핍박한 동기
  1. 대제사장과 사두개인 당파들은 시기하여 핍박했습니다(17).
    1) 시기심은 이렇게 무서운 악을 연출합니다.
    2) 예수님께서도 교권자들의 시기로 인해 잡히셨습니다(마 27:18).
  2. 예수님을 죽인 죄를 감추려 함에서입니다.
    1) 예수님을 영원히 감추어 버리길 원하였습니다(5:28).
    2) 시기와 예수님의 이름을 감추기 위해 핍박했습니다.

二. 핍박을 이긴 비결
  1. 하나님께서 친히 핍박자들과 싸우셨습니다(19-20).
    1) 핍박자들은 사도들을 옥에 가두었습니다.
    2) 하나님께서는 권능으로 그들을 옥에서 나오게 했습니다.
  2. 사람보다 하나님을 순종함이 마땅한 진리임을 확신했습니다(29).
    1) 이 확신은 핍박받는 신자들을 승리하게 한 황금 신조입니다.
    2) 그들은 복음의 증인되게 하신 대로 순종하여 증인의 일을 했습니다.
  3. 그들은 핍박받는 것을 영광으로 여겼습니다.
    1) 그들은 놓이게 되자 즉시 복음을 증거했습니다(33-42).
    2) 핍박받으면 오히려 기뻐하고 영광으로 여겼던 것입니다.

* 죄인들이 하나님의 사람들을 감히 옥에 가두거나 심문하거나 할 수 없습니다. 하나님께서 지켜보고 계시기 때문입니다.

수난자
(5:33-42)

"사도들은 그 이름을 위하여 능욕을 받은 일에 합당한 자로 여기심을 기뻐하면서 공회앞을 떠나니라"(41절)고 한 말씀을 보면 사도들은 수난받을 자로 선택함을 받았음을 믿었고 또한 예수님의 이름과 복음을 위해서는 얼마든지 수난받을 각오가 되어 있음을 보여주고 있습니다.

一. 주님을 위해 고난받기로 택함 받은 사람(행 9:15-16)
  1. 주님의 사람으로 택함받아야 합니다.
  2. 주님의 사역을 위해 등용되어야 합니다.
  3. 주님과 더불어 공동운명체가 되어야 합니다.
  4. 주님의 사람으로 성별되어야 합니다.
  5. 주님과 더불어 어떤 수난도 달게 받아야 합니다.
  6. 그리할 때 주님과 더불어 영광에 참여합니다.

二. 주님을 위해 죽을 신앙의 각오가 있어야 합니다.
  1. 내 자신은 주님의 것임을 인식한 신앙의 사람이어야 합니다.
    ● 너희는 값으로 산 것이 되었다고 했습니다(고전 6:19-20).
  2. 주님을 위해 살다 죽는 것 가장 복된 것임을 신앙하는 사람입니다.
    ● 의를 가치있고 영광스럽게 생각합니다.
  3. 주님을 위해 죽으면 주 안에서 복된 부활을 믿는 사람이어야 합니다.
    ● 앞서간 순교자들은 모두 이런 믿음으로 산 자들입니다.

三. 주님과 더불어 운명을 같이 하려는 사람이어야 합니다.
  1. 주님을 자신의 생애에서 제일 귀한 분으로 모시고 살아야 합니다.
  2. 주님 한 분만으로 만족한 삶이어야 합니다.
  3. 주님을 소유하면 가장 부한 자요 잃으면 가장 불행한 자입니다.
  4. 주님의 재림과 심판을 확신하는 삶입니다.
  5. 주님을 위해 충성할 때 생명의 면류관을 받습니다(계 2:10).
  6. 주님을 부인하면 주님께서도 우릴 부인하십니다(마 10:33).

* 현재 나 자신이 1) 주님을 위해 고난 받는 것은 주님께 속해 있다는 증거이며 2) 주님을 위해 핍박받는 것은 주안에서 경건하게 사는 증거이며 3) 주님을 위해 박해 받는 것은 신앙의 정조를 지키고 있다는 증거입니다.

복음에 대한 반응
(5:33-42)

옛날이나 지금이나 복음이 전파되는 곳에는 세 가지의 반응이 나타나는 것을 볼 수 있는데 1) 완강히 거부하는 사람이 있습니다. 2) 두고 관망하는 사람이 있습니다. 3) 기꺼이 복음을 받아 믿고 복음 안에서 복음을 위해 살아가는 복된 사람이 있는데 이에 대한 교훈을 본문에서 받고자 합니다.

一. 복음을 거부하는 사람들(33)
　1. 대제사장들과 사두개파 일당입니다.
　2. 권세를 남용하는 당국자들이었습니다.
　3. 이들은 사도들로부터 듣는 복음이 자신의 비위를 건드렸습니다.
　4. 그래서 사도들을 죽이려고 합의했습니다.
　5. 자기가 듣기 좋아하는 말만 들으려는 것은 어리석은 짓입니다.
　6. 다윗은 나단 선지자의 충고를 듣고 회개했습니다(삼하 16:7-13).

二. 복음을 방관하는 사람들(34-39)
　1. 이는 가말리엘이었습니다.
　2. 그는 산헤드린에서 영향력을 크게 구사하는 존경받는 의원입니다.
　3. 그는 역사의 심판을 기다려 보자는 심산이었습니다.
　4. 이는 몸만 사리는 기회 주의자입니다.
　5. 주님은 미지근한 자는 내 입에서 토하리라고 했습니다(계 3:15-16).
　6. 그는 상황따라 변할 인물이었습니다.

三. 복음을 신종하는 사람들(41-42)
　1. 이들은 곧 복음 위해 사는 사도들입니다.
　2. 이 생활은 가장 지혜로운 결단이요 삶입니다.
　　◉ 십자가의 도는 구원 얻는 자에게는 하나님의 능력입니다(고전 1:18).
　3. 이는 가장 복된 삶입니다.
　　◉ 신앙은 아무나 소유할 수 있는 것이 아닙니다(행 13:18).
　4. 이는 가장 힘 있는 삶의 원천이 됩니다.
　　◉ 확실한 신념과 확신은 사람으로 하여금 담대하게 합니다.

* 오늘날에도 복음을 거부하는 사람이 있는 반면에 방관하는 자도 있습니다. 우리는 오직 복음을 믿고 복음 안에서 복음을 위해 살도록 합시다.

조심하는 자
(5:33-42)

매사에 조심하는 자는 학식높은 가말리엘이었습니다. 결론적으로 말한다면 그는 아무 일도 하지 못했고 구원도 얻지 못한 무해무익한 사람이었습니다. 조심하는 것은 좋은 것 같아도 그것은 무능이며, 또한 승리의 개선가를 부르는 데에 있어서도 능력이 부족한 자입니다. 조심하는 자는 어떤 사람일까요?

一. 관례를 이용합니다.
  1. 가말리엘은 변호사처럼 멋진 말을 했습니다(35).
  2. 물론 선례들이란 종종 귀중한 자료가 될 수 있습니다.
  3. 그러나 그것은 좋은 기획에 대해서는 슬픈 방해물입니다.
  4. 관례를 좋아하는 자는 언제나 큰 고통거리입니다.
  5. 그것은 새로운 개혁을 원치 않기 때문입니다.

二. 자연력의 작용을 믿습니다.
  1. 사람들의 일의 결과를 기다려 보라고 합니다(38).
  2. 성실한 사람은 자연력을 기다리지 않습니다(시 37:3).
  3. 의로우신 하나님을 믿는 신앙으로 전진합니다.
  4. 주 하나님은 능력 주시는 전능자이시기 때문입니다(빌 4:13).

三. 시간의 결과를 의지합니다.
  1. 물론 시간은 흥분을 가라앉히기도 합니다.
  2. 그들은 시간이 그들의 편이라고 믿고 있습니다.
  3. 성실한 사람은 시간을 아낍니다.
  4. 차차로 미루는 것은 마귀의 고등 방법입니다.

四. 소동을 일으킨다든지 또는 현재를 두려워합니다.
  1. 가장 나쁜 악은 침체가 따릅니다.
  2. 특별선교와 부흥집회와 개혁운동을 싫어합니다.
  3. 모험심을 억제하는 심리를 가진 자입니다.
  4. 이런 자에게 놀라운 창조의 열매는 맺히지 않습니다.

* 하나님을 위해서 고귀한 일을 하려는 사람들은 종종 위대한 장군이 적군의 해안에 상륙해서 함선을 불태운 것처럼 할 때가 있어야 합니다. 신앙의 위대한 인물들은 모두가 그러한 사람들이었습니다.

예수는 그리스도라

(5:41-42)

예수는 그리스도(메시야)라고 하는 것이 주로 사도들의 전도 내용이었습니다. 유대인들이 구약의 예언과 약속대로 메시야가 오시기를 오랫동안 기다렸습니다. 그런데 예수라는 분이 유대땅 나사렛에서 장성하여 3년 동안 전도하시고 십자가에 못박혀 죽으셨다가 부활 승천하셨습니다. 사도들은 그의 제자들로서 이제 예수를 유대인들이 오랫동안 기다렸던 메시야라고 전도했습니다. 그러면 구약의 예언된 대로 유대인들이 기다릴 메시야가 어떤 인물이며 예수님은 왜 자신을 메시야라고 하셨는지 고찰해 봅시다.

一. 구약에 예언된 그리스도(메시야)는?
  1. 이 예언은 어떤 한 민족에게만 관계된 것이 아닙니다.
    ◉ 이 예언은 후대의 어느 민족에게나 소망을 주는 것입니다(학개 2:7).
  2. 이 예언은 사람으로 하여금 마귀와 원수되게 함으로 구원받게 합니다.
    ◉ 사망에 속하는 인류를 구하는 길은 마귀와 원수되게 하는 것입니다.
  3. 인류가 마귀로 더불어 원수되는 것은 자력으로 될 수 없습니다(창 3:15).
  4. 이 예언은 메시야의 수난에 대한 예언이 포함되어 있습니다.
    ◉ 마귀의 후손이 그 발뒷꿈치를 상하게 함입니다(창 15).
  5. 메시야의 출생 민족이 유대인에게서 남입니다(요 4:22).
    ◉ 다윗의 자손으로 출생할 것을 예언했습니다(사 11:1-5).

二. 예수님은 구약에 예언된 대로 오신 메시야입니다.
  1. 이는 예수님께서 친히 증거하셨습니다.
  2. 사도들도 이 사실을 증거했습니다.
  3. 예수님의 고난이 있은 후에라야 예언이 성취됩니다.
  4. 예수님의 부활이 있은 후에라야 그 표징이 되는 것입니다.
  5. 예수님의 고난, 부활은 메시야의 표징이었습니다.
  6. 예언대로 오셨고 예언대로 고난 받으셨습니다.
  7. 예언대로 죽으셨고 예언대로 부활하셨습니다(고전 15:4)

* 예수님의 제자들, 곧 사도들은 예수님이 가르치신 대로 예수님을 전하였습니다. 사도행전에 기록된 대로 사도들은 선교할 때에 예수는 그리스도(메시야)라고 함이 그 주요 사상이었습니다.

전도를 쉬지 않음
(5:42)

전도를 하지 못하도록 채찍질한후 사도들을 풀어 놓았으나 사도들은 오히려 주의 이름으로 능욕받는 일에 합당한 자로 여길 뿐만 아니라 기뻐하면서 마음 속에 타오르는 불길을 끌 수 없어 날마다 성전과 집에서 "예수는 그리스도라"고 가르치기와 전도하기를 계속했습니다.

一. 핍박을 감수하고 가르쳤습니다.
1. 사도들은 육신적인 사업을 다 물리쳤습니다.
2. 오직 하나님의 말씀을 가르치는 일에 열중했습니다.
3. 날마다 대중에게 성전에서 공개적으로 가르쳤습니다.
4. 집에서는 개인에게 사적으로 가르치기를 쉬지 않았습니다.
5. 성령님의 권능을 얻어 영감이 충만하게 하나님의 말씀을 가르쳤습니다.
6. 핍박자와 반대자에 대한 사명감에 불타서 담대히 가르쳤습니다.

二. 수고를 감수하고 전도했습니다.
1. 사도들은 날마다 전도에만 전념했습니다.
2. 육신의 사업과 가정사는 하나님께 맡겼습니다.
3. 날마다 전도한 것은 시간을 초월한 일입니다.
4. 성전과 집에서 즉 장소(공간)를 초월한 일입니다.
5. 그러므로 이 수고는 보통 일이 아니었습니다.
6. 주님을 위한 수고는 결코 헛되지 않습니다(고전 15:58).

三. 가르치기와 전도의 제목
1. 예수는 그리스도라고 하는 것이 제목이었습니다.
2. 그는 만민의 구주가 되시는 그리스도라고 했습니다.
3. 전도의 제목이 너무나 확실하고 분명했습니다.
4. 그 예수 그리스도의 이름으로 권능을 행했습니다.
5. 그 이름 때문에 옥에도 갇히고 매도 맞았습니다.
6. 더욱 힘차게 전하고 자랑하고 외쳤던 것입니다.

* 성도들은 사명감에 불타서 항상 쉬지 않고 가르치고 전도합시다. 쉬지말고 기도하고(살전 5:17), 쉬지말고 감사하며(살전 2:1), 쉬지말고 지키면서(딤후 1:13) 이 모든 것을 쉬지 않고 가르치고 전도하도록 힘씁시다.

집사의 직분

(6:1-6)

一. 집사 직분의 목적

  1. 필요성

    1) 제자의 수가 날로 증가하기 때문입니다.

    2) 구제에 빠지는 과부가 많아 이 일을 전담하게 하려고 합니다.

  2. 집사 직분의 명칭과 자체가 봉사, 섬기다 입니다.

    1) 하나님과 교회를 섬기는 직분입니다.

    2) 다른 사람과 사도들을 섬기도록 하기 위한 직분입니다.

  3. 그 직분은 어렵고 힘드는 직분입니다.

    1) 으뜸 되기 좋아하는 자는 실격이며 겸손한 자의 직분입니다.

    2) 교역자를 돕고 교회 사업과 살림을 꾸려가는 직분입니다.

二. 집사의 직분을 할 사람

  1. 칭찬을 듣는 사람이어야 합니다.

    ◉ 믿음과 성도의 생활에 일치를 보이는 사람입니다.

  2. 성령이 충만한 사람이어야 합니다.

    1) 영적 지도력을 가진 사람이어야 합니다.

    2) 영혼을 건지는 열심을 가진 사람이어야 합니다.

  3. 지혜가 충만한 사람이어야 합니다.

    ◉ 지식과 또한 적용할 줄 아는 지혜가 있어야 합니다.

三. 집사의 자세

  1. 그리스도를 사랑해야 합니다.

    ◉ 마음, 목숨, 뜻을 다하여 사랑해야 합니다.

  2. 교회를 사랑해야 합니다.

    1) 형제의식을 가지고 모든 교인을 내몸처럼 사랑하고

    2) 아름다운 말과 교훈을 해야 하며

    3) 비전을 가진 사람이어야 합니다.

  3. 자기 교역자를 사랑해야 합니다.

* "이와 같이 집사들도 단정하고 일구이언을 하지 아니하고 술에 인박이지 아니하
고 더러운 이를 탐하지 아니하고 깨끗한 양심에 믿음의 비밀을 가진 자라야 한다"
고 했습니다(딤전 3:8-13).

집사 선택
(6:1-6)

사도들은 직접 전도에 열중하기 위해서 따로 위원을 선거하여 인사상 사무를 담당케 했습니다. 이는 교회 조직의 제1보였습니다. 우리는 초대교회 집사 선택의 한 요건을 고찰해 봄으로 오늘의 교회 집사 선택의 기준과 비교해 보고 교훈받길 원합니다.

一. 칭찬 듣는 사람
1. 이는 모든 생활에 모범을 보이는 생활자입니다.
2. 아름다운 신앙과 덕행이 있어야 합니다(행 10:22).
3. 경건한 생활을 할 때 칭찬 듣습니다(행 22:12).
4. 외인에게 선한 증거 듣는 사람입니다(딤전 3:7).
5. 신앙에는 반드시 덕이 따라야 합니다(벧후 1:6).
6. 칭찬 듣는 자가 일할 때 하나님께 영광이 돌아갑니다.

二. 성령 충만한 사람
1. 성도는 그리스도의 영이 있어야 합니다(롬 8:9).
2. 그리스도의 영이 없으면 성도도 아니라고 했습니다.
3. 성령님은 곧 권능입니다(행 1:8).
4. 성령님은 주님 승천하시면서 약속하셨습니다.
5. 성령 충만해야 주의 일을 할 수 있습니다.
6. 성령 충만하지 않을 때 주의 일은 피곤하기만 합니다.

三. 지혜 충만한 사람
1. 이는 능력이 되는 것입니다.
2. 사물을 분별할 수 있는 능력입니다.
3. 선과 악을 분별할 수 있는 능력입니다.
4. 솔로몬은 이 지혜를 얻으려고 일천번제를 드렸습니다.
5. 마지막 때에 지혜있게 행하라고 했습니다(엡 5:15).
6. 반석 위에 집을 짓는 자가 지혜있는 자라고 했습니다(마 7:25).

* 오늘날 교회에서 직분자를 택함에 있어서 이 3대 요건을 위주한다면 교회는 날로 성장할 것이고 교회 안에 문제가 있을 수가 없지만 혹 금전이나 혹 학식만 보고 택하는 일은 속된 일임을 명심해야 됩니다.

초대교회의 부흥
(6:1-7)

초대교회는 놀랍게 부흥 성장한 교회인데 그렇게 성장하게 된 원인을 고찰함으로 교훈을 얻고자 합니다.

一. 행정에 현명했습니다.
   1. 원망을 제거하는 행정이었습니다.
     1) 구제에 제외되는 과부들이 원망했습니다.
     2) 이 일을 제거하기 위해 집사 7인을 세웠습니다.
     3) 예물드리기 전에 원망들을 일부터 제거해야 합니다(마 5:23-24).
   2. 적재 적소에서 분담하여 봉사했습니다.
     1) 인재를 적소에 쓰는 것은 단체가 잘 되는 비결입니다.
     2) 감정문제로 인재를 버리는 것은 불의한 일입니다.
     3) 집권자의 자유로 교회의 일을 좌우하는 것은 죄악입니다.
   3. 권리 행정이 아니고 공화적인 행정이었습니다.
     1) 사도들의 권한으로 인재를 인선하지 않았습니다.
     2) 회중에게 그 선택권을 주었습니다.
     3) 파벌주의와 지방 관념으로 할 때 교회는 평안이 없습니다.

二. 기도와 말씀전파를 전무하는 자들을 소유한 교회였습니다.
   1. 기도하는 일을 전무했습니다.
     1) 기도는 교회 부흥의 비결이요 밑거름 입니다.
     2) 하나님 앞에 두세 사람이라도 바로 서는 문제입니다.
     3) 단결하여 부흥이 오기를 위해서 기도해야 합니다.
     4) 전적 하나님만 의지하고 하나님께 맡기는 생활입니다.
   2. 말씀 수종 드는 일을 전무 했습니다.
     1) 하나님의 말씀은 교회를 발전시킵니다.
     2) 초대교회는 하나님의 말씀 때문에 흥왕했습니다(행 12:24).
     3) 하나님의 말씀은 바로 능력 자체입니다(렘 23:28-29).
     4) 이 말씀으로 인해 제자의 수가 더 많아졌습니다(행 6:7).

* 초대교회는 이상과 같이 행정에 현명했으며 말씀 수종드는 일에 전무했기 때문에 날로 부흥성장해 나아갔습니다.

집사의 할 일
(6:3-4)

교회에서 무슨 직분이든지 분수대로 맡기고 또한 분수대로 맡아야 합니다. 맡은 바 직분도 행치 않으면서 더 나은 직분을 원하는 것도 좋지 못합니다. 더욱이 맡은 직분은 자기가 행해야 할 일들이 무엇인지 바로 알아서 잘 순종해야 하는데 집사의 직분이 할 일이 무엇인지 생각해 봅시다.

一. 구제하는 일을 해야 합니다.
　　1. 교회에서 구제하는 일은 대단히 중요한 일입니다.
　　2. 이 일은 매우 선한 일입니다.
　　3. 중요하고 선한 일을 행함은 대단히 지혜로운 일입니다.
　　4. 구제하는 일은 집사들의 전담 사무가 됩니다.
　　5. 집사는 구제를 자기 자력으로도 해야 합니다.
　　6. 교회 재정으로 구제하는 일도 덕이 되도록 잘 해야 합니다.

二. 사무 보는 일을 해야 합니다.
　　1. 교회의 제반 사무를 고루 담당해야 합니다.
　　2. 집사(執事)란 "일을 잡은 사람"을 뜻합니다.
　　3. 즉 일군이란 뜻입니다.
　　4. 교회에서 헌금을 수납, 지출하는 책임을 져야 합니다.
　　5. 교회의 제반 살림살이를 행해야 합니다.
　　6. 특히 재정적인 사무를 잘 처리해야 합니다.

三. 전도하는 일을 해야 합니다.
　　1. 사도들은 기도하고 전도하는 일만 힘쓴다고 했습니다.
　　2. 집사들도 기도하고 전도해야 합니다.
　　3. 초대교회 스데반 집사는 전도하다가 순교했습니다.
　　4. 빌립 집사도 에디오피아의 내시에게 전도했습니다.
　　5. 그 일로 인해 그 나라의 복음화가 이룩되었습니다.
　　6. 전도하는 일은 주님의 지상명령입니다.

＊ 집사의 직분을 잘 감당하는 사람들은 아름다운 지위와 그리스도 예수 안에 있는 믿음의 큰 담력을 얻습니다(딤전 3:13). 그러므로, 집사는 할 일을 바로 알고 충성해야 합니다.

기도와 전파
(6:4)

예루살렘 초대교회에서의 열 두 사도는 성령과 지혜가 충만하며 칭찬듣는 사람 일곱을 택하여 집사로 세워 공궤하는 일을 맡기고 자신들은 기도하는 것과 말씀 전하는 것을 전무하겠다고 했습니다. 기도하는 것과 말씀 전하는 것은 매우 중요한 일이기 때문입니다.

一. 기도를 전무해야 합니다.
  1. 구제나 공궤하는 일 보다는 기도가 중요합니다.
  2. 성도가 기도하는 것은 기본 책임입니다.
  3. 사도들이 기도하는 일은 전문 책임입니다.
  4. 하나님의 사업은 매사가 기도로 시작합니다.
  5. 또한 매사가 기도로 진행이 되어야 합니다.
  6. 그리고 모든 매사가 기도로 종결되어야 합니다.
  7. 하나님은 악인은 멀리하시고 의인의 기도는 들으십니다(잠 15:29).
  8. 새벽 미명에 주께서 기도하셨습니다(막 1:35).
  9. 의심하며 기도하는 것은 하나님의 존재를 무시하는 일입니다.
  10. 이는 주님의 진실성을 불신하는 죄가 되기 때문입니다.

二. 말씀을 전하는 것을 전무해야 합니다.
  1. 말씀은 거룩하신 하나님의 음성입니다.
  2. 말씀을 가지고 말씀을 위한 사역이기 때문입니다.
  3. 이는 불신자에게 전도하는 것만이 아닙니다.
  4. 성도에게 말씀을 가르치는 일이 더욱 중요합니다.
  5. 생명의 말씀없이 심령이 뜨거워질 수 없습니다.
  6. 신령한 양식인 말씀없이 심령이 살 수 없습니다.
  7. 하나님의 말씀은 하나님을 보여주는 것입니다.
  8. 그 말씀은 중보자이신 그리스도를 나타내는 것을 목적으로 합니다.

* 사도들은 기도하는 것과 말씀 전하는 것을 전무하겠다고 하였는데 여기 "전무"라는 말의 뜻은 하던 일을 쉬거나 버리지 않고 계속하는 것을 의미하며 또는 다른 일은 아니하고 오직 그 일만 전문적으로 한다는 뜻도 있습니다. 그런고로 기도하는 것과 말씀 전하는 것 둘 다 크게 힘써야 할 일입니다.

승리의 기도
(6:4)

여기 초대교회 사도들의 구제와 공궤는 집사 일곱을 선택하여 세워 그들에게 맡긴 후 기도와 말씀 전하는 데 전무했다고 했습니다. 우리는 이 장에서 힘 있는 기도와 힘 없는 기도를 생각해 봅시다.

一. 힘 있는 승리의 기도
1. 아버지 하나님께 하는 기도입니다(요 4:23, 15:16, 16:23).
2. 그리스도를 본받는 기도입니다(마 11:25-26).
3. 하나님의 뜻을 따라 하는 기도입니다(요 9:31, 14:13).
4. 그리스도의 이름으로 하는 기도입니다(요 5:19-30, 4:14).
5. 성령으로 하는 기도입니다(롬 8:26-27, 엡 6:18).
6. 하나님께서 해 주심을 믿고 하는 기도입니다(엡 3:20).
7. 의인의 기도입니다(약 5:16).
8. 그리스도 안에서 하는 기도입니다(요 15:7).
9. 합심하여 기도하는 것입니다(마 18:19).
10. 중심으로 하는 기도입니다(막 11:24, 엡 6:18).
11. 하나님께 죄를 고백하는 기도입니다(눅 18:13, 약 5:16).
12. 믿음으로 하는 기도입니다(마 21:20, 약 1:6-7).
13. 확신의 기도입니다(마 21:13, 요 14:13-14, 요 16:23).
14. 세차게 하는 기도입니다(눅 11:5-13, 8:1-7).
15. 깨어하는 기도입니다(마 26:41, 눅 21:36).
16. 힘써 하는 기도입니다(롬 15:30, 골 4:12, 히 5:7).

二. 힘 없는 기도
1. 사람에게 보이기 위한 기도입니다(마 6:5-6).
2. 바리새인의 기도같은 것입니다(눅 18:1-12).
3. 중언 부언 뜻없이 하는 기도입니다(마 6:7-8).
4. 간구하지 않는 기도입니다(약 4:2-3, 막 10:37).
5. 마음에 가책 받으면서 하는 기도입니다(시 66:18).
6. 죄를 두고서 하는 기도입니다(약 5:16, 요 3:20).
7. 용서 없이 하는 기도입니다(마 6:12, 14-15).

집사 스데반

(6:5)

신약의 많은 인물 중에 특히 본받을 만한 이는 스데반입니다. 스데반은 집사로서 사도들 보다 먼저 순교한 자였습니다. 그에게서 여러 가지 아름다운 신앙의 모습을 찾아 볼 수 있는데 이 장에서는 스데반의 아름다운 신앙 모습을 고찰해 보려고 합니다.

一. 신앙이 독실했습니다(6:5).
1. 그는 믿음이 무엇인지 안 자입니다(히 11:1).
2. 주를 믿어도 시종 여일하게 믿었습니다.

二. 성령이 충만한 자였습니다(6:5).
1. 그는 성령을 충만히 받은 자입니다.
2. 성령님의 지배를 받고 성령님의 일을 했습니다.

三. 능력자가 되었습니다(6:8).
1. 그는 은혜와 권능을 크게 받은 자였습니다.
2. 기사와 이적을 행한 자입니다.

四. 말에 능한 자였습니다(6:10).
1. 그는 지혜 있는 웅변가였습니다.
2. 그의 말을 능히 당할 자가 없었습니다.

五. 성경에 능했습니다(7:1).
1. 모든 말씀을 성경적으로만 증거했습니다.
2. 성경에 대한 지식이 능했습니다.

六. 열심히 전도했습니다(7:1).
1. 순교의 정신으로 전도했습니다.
2. 구령의 사명을 가지고 전도했습니다.

七. 원수를 사랑했습니다(7:60).
1. 마음으로 사랑했습니다.
2. 기도로 그 사랑을 표시했습니다.
3. 주님 십자가 상에서 하신 말씀을 그대로 모방했습니다.

* 스데반 집사의 인격은 가히 바울같은 인물을 감화하였으며 그 순교로 핍박자 사울이 바울이 되는 역사가 일어났습니다.

스데반(Ⅰ)
(6:8-15)

초대교회의 일곱 집사중 스데반 집사는 "은혜와 권능이 충만하여 큰 기사와 표적을 민간에 행하는" 능력자가 되었을 뿐만 아니라 "지혜와 성령으로 말함으로 반대자들이 능히 당치 못했다"고 8, 10절에 증거하고 있습니다. 이 장에서는 은혜와 권능이 충만한 스데반 집사를 고찰해 보고자 합니다.

一. 큰 기사와 표적을 행했습니다(8).
  1. 은혜와 권능은 민간에 비범한 일을 행하는 법입니다.
  2. "기사와 표적" 이는 외부적인 이적들을 뜻합니다.
  3. 복음으로 영혼을 거듭나게 하는 것 기적중에 기적입니다.
  4. 영적으로 죽었던 자가 영적으로 살아나는 일이 기적입니다.
  5. 육신의 병은 약으로 고칠 수도 있습니다.
  6. 그러나 영혼의 병은 약으로 고칠 수가 없는 것입니다.

二. 성령으로 말했습니다(10).
  1. 성령 충만은 누구든지 받으라고 명령했습니다(엡 5:18).
    ◉ 이를 어기는 것도 죄악입니다.
  2. 성령 충만은 성도의 기업입니다(행 2:38-39).
    ◉ 거듭난 자마다 이것을 받을 권리를 가집니다.
  3. 성도는 예수 그리스도를 영화롭게 해야할 의무가 있습니다(요 16:14).
    ◉ 그러나 그것은 성령 충만함으로라야 가능합니다.

三. 선으로 악을 이겼습니다(9-15).
  1. 스데반의 지혜와 성령으로 말함을 능히 당하지 못했다고 했습니다.
  2. 이는 그의 대적들의 말입니다.
  3. 대적들은 모두가 스데반에게 달려들려고 했습니다.
  4. 그러나 스데반을 능히 당하지를 못했습니다.
  5. 심지어 스데반의 얼굴은 천사의 얼굴과 같았습니다(15).
  6. 스데반은 지혜와 성령으로 악을 이겼습니다.

* 인간들이 아무리 지혜가 많다 하여도 하나님의 지혜를 당할 수 없습니다. 우리는 성령 충만함을 받을 때 무서울 것이 없습니다. 에베소서 5:18에 "오직 성령 충만함을 받으라"고 했으니 이 일에 충실해야겠습니다.

스데반(Ⅱ)
(6:8-15)

　스데반은 기독교의 최초 순교자입니다. 그는 집사로서 이 귀한 면류관을 받았는데 우리는 이 장에서 그의 인물됨과 제사장들이 그에게 씌운 죄목에 대해 생각해 보고자 합니다.

一. 그의 인물(8-15)

　1. "스데반"의 이름의 뜻은 "면류관"입니다.

　　◉ 그는 집사의 대표자 이기도 합니다.

　2. 스데반을 묘사한 명칭들을 살펴봅시다.

　　1) 성령과 지혜가 충만하여 칭찬듣는 사람입니다(3).

　　2) 믿음과 성령이 충만한 사람입니다(5).

　　3) 은혜와 권능이 충만한 사람입니다(8).

　　4) 큰 기사와 표적을 민간에 행한 사람입니다(8).

　　5) 지혜와 성령이 충만한 사람입니다(10).

　　6) 그 얼굴이 천사의 얼굴과 같은 사람입니다(15).

　3. 그는 사랑의 실천자입니다.

　　1) 돌에 맞아 죽으면서도 원수들을 위해 기도했습니다.

　　2) 십자가 상에서 기도하신 예수님처럼(행 7:59-60) 기도했습니다.

二. 공회에 넘겨준 죄목(8-15)

　1. 스데반은 은혜와 권능이 충만하여 큰 기사를 행했습니다.

　　◉ 이에 스데반 집사와 변론을 했습니다.

　2. 지혜와 성령으로 말함으로 감당하지 못했습니다.

　　◉ 이에 공회에 고발하게 되었습니다.

　3. 공회에 넘겨진 죄목은?

　　1) 성전 모독죄라고 했습니다(12-14).

　　2) 율법을 거스린 죄라고 했습니다(12-14).

　4. 스데반 집사의 얼굴은 천사의 얼굴 같았습니다(15).

　　1) 시내산에서 내려온 모세의 얼굴처럼(출 34:29).

　　2) 변화산의 예수님 얼굴처럼

　　3) 죄없음을 증명하듯 그 얼굴은 영광이 넘친 것입니다.

증 인
(6:8-15)

초대 교회가 재덕이 겸비한 일곱 사람을 택하여 집사로 세웠는데 저들은 성령, 지혜, 믿음이 충만하여 모든 사람에게 칭찬을 받는 덕망이 높은 인재들이라고 했습니다. 그 중 스데반 집사는 논리학을 전공한 이론가도 아니고 웅변가도 아닌데 예수님의 대적들이 스데반의 증언을 당해 내질 못했습니다. 그 이유는?

一. 역사적인 사실을 증언했기 때문입니다.
   1. 그는 구약성경에 근거하여 증거했습니다.
   2. 신앙인들의 역사적인 사실을 그대로 증언했습니다.
   3. 또한 복음의 사실을 그대로 증언했습니다.
   4. 예수님의 십자가 부활, 승천, 재림을 힘있게 증거했습니다.
   5. 이는 진실하기 때문에 거부할 수 없습니다.
   6. 이는 힘이 있기 때문에 당해내지를 못했습니다.

二. 성령의 진리를 증언했기 때문입니다.
   1. 그는 하나님의 말씀을 그대로 증언했습니다.
   2. 성경의 진리를 가감없이 증거했습니다.
   3. 하나님의 말씀은 진실하므로 힘이 있습니다.
   4. 하나님의 말씀은 능력이 있으므로 아무도 당할 수 없습니다(히 4:12).
   5. 인간의 말과 학설은 능력이 없습니다.
   6. 인간의 철학이나 문학은 생명력이 없습니다.

三. 죽음을 각오한 순교적인 증언이기 때문입니다.
   1. 그는 자기 인기나 명성을 드러내고자 행치 않았습니다.
   2. 죽음을 각오하고 주님만을 높였습니다.
   3. 주님만을 자랑하고 주님만 영광받으시도록 했습니다.
   4. 그는 책임성있게 담대하게 증언했습니다.
   5. 증인이란 진실하고 공의롭고 책임성이 있어야 합니다.
   6. 스데반은 죽음을 각오하고 증인의 사명을 다했습니다.

 * 스데반은 1) 역사적인 사실을 증거하고 2) 성경의 진리를 증언하고 3) 죽음을 각오하고 주님을 증언했습니다. 이 복음 증거는 1) 성령 충만하고 2) 지혜 충만하고 3) 믿음 충만하여 증거해야 합니다.

능히 당치 못함
(6:8-15)

스데반 집사를 그 당시 대적자들이 능히 당치 못하였다고 했습니다. 그는 재벌가도 아니었고 당당한 권력층도 아니었으며 대제사장이니 서기관이니 하는 종교 귀족도 아니었으며 평범한 인간에 불과했으나 세상이 그를 당할 수 없다고 고백했으니(10절) 이를 생각해 봅시다.

一. 스데반 집사가 해놓은 일 때문입니다.
　1. 스데반 집사의 모든 일은 정당했기 때문입니다.
　　◉ 매사에 흠잡힐 만한 일을 하지 않았습니다.
　2. 스데반 집사의 모든 일은 공익 중심이기 때문입니다.
　　◉ 오직 봉사 위주였고 이기주의적인 데가 없었습니다.
　3. 그의 모든 일들은 신적인 권위로 행했기 때문입니다.
　　◉ 그는 성령 충만하여 능력 있게 일했습니다.

二. 스데반 집사의 말을 당할 수 없었습니다(10).
　1. 그는 사실을 가지고 말했기 때문입니다.
　　◉ 거짓된 말은 언젠가는 들통나기에 힘이 없습니다.
　2. 하나님의 말씀을 선포했기 때문입니다.
　　◉ 인간의 철학과 웅변은 능력이 없습니다.
　3. 그는 구령의 정열을 가지고 말했기 때문입니다.
　　◉ 그들의 영혼을 사랑하는 마음으로 증거했습니다.

三. 스데반 집사의 신앙을 당할 수 없었습니다.
　1. 스데반 집사의 얼굴이 천사얼굴 같았더라고 했습니다(15).
　2. 이는 진실의 상징입니다.
　　◉ 거짓은 얼굴이 언제나 험악해지고 사특해 집니다.
　3. 이는 경건의 상징입니다.
　　◉ 그는 주님만 높이고 증거하고 섬기려는 정신으로 가득했습니다.
　4. 이는 평화의 상징입니다.

* 오늘날의 지상교회는 숫적으로 물량적으로 넘치고 있습니다만 웬일인지 세상이 교회를 야유하고 있습니다. 이는 분명 교회가 바로 되어 있지 않다는 증거라고 하겠습니다.

예언의 성취
(7:1-6)

하나님께서는 친히 아브라함을 불러서 믿음의 조상으로 삼으시고 그와 함께 언약을 맺으셨습니다. 그 언약은 위대한 예언으로 나타나는데 하나님께서 예언하신 모든 일들은 하나도 빠짐없이 성취된 사실을 볼 수 있으니 오늘날 우리에게 주신 말씀을 굳게 붙잡아야 될 것입니다.

一. 하나님의 위대하신 예언
1. 아브라함에게 씨를 볼 것이라고 하셨습니다.
2. 그 씨가 하나의 민족을 이루리라고 예언하셨습니다.
   ◉ 이는 합리적으로 가능성이 존재하지 않을 때의 예언입니다.
3. 그 민족이 사백년간 노예 생활하리라고 예언하셨습니다.
4. 그들을 노예로 삼은 나라가 혹독한 벌을 받으리라고 예언하셨습니다.
5. 이 벌이 내려지고 나서 그들이 해방되리라고 예언하셨습니다.
6. 해방된 후 가나안 땅에서 하나님을 섬길 것을 예언하셨습니다.

二. 예언의 성취
1. 예언된 씨는 이삭이 태어남으로써 나타났습니다.
2. 야곱의 시대에 열 두 족장이 자녀 생산함으로 민족이 대두되었습니다.
3. 야곱의 가족 70인이 애굽으로 내려갔을 때 노예생활이 시작되었습니다.
4. 압제자 들에게 예고된 벌이 임하게 되었습니다.
   ◉ 이는 10가지의 무서운 재앙이 내려졌습니다.
5. 모세가 그의 동포를 그들을 종으로 부리는 애굽에서 인도해 냅니다.
   ◉ 이로 인해 민족의 해방은 실현이 되었습니다.
6. 이스라엘 백성들은 가나안 땅에 정착하게 되었습니다.
   ◉ 예고된 대로 그들은 여호와 하나님에 대한 예배는 고취되었습니다.

三. 성도에게 주는 현재의 교훈
1. 예언하시고 성취하시는 하나님의 능력을 봅니다.
2. 성령에 의한 예언의 성취로 오는 일들을 봅니다.
3. 한 번 발하신 예언(말씀)은 그대로 돌아가는 법이 없음을 봅니다.

* 우리 성도는 하나님께서 이토록 예언하시고 반드시 성취하시는 권능의 하나님이심을 믿고 그 언약대로 실천하도록 합시다.

스데반 집사의 설교
(7:1-53)

사도행전 7장은 대제사장의 심문에 대답하여 스데반이 행한 설교와 그 결과로 생긴 그의 순교 기록입니다. 스데반 집사의 설교 내용은 먼저 이스라엘의 역사를 소개하며 족장 시대에서 모세 시대까지의 이스라엘의 죄를 말하다가 급전하여 그들의 죄를 책망한 것입니다.

一. 족장 시대의 역사(1-16)
  1. 이스라엘의 족장 아브라함의 신앙 소개
    1) 하나님의 계시를 받아 인도하심 따라 어디든지 갔습니다.
    2) 하나님의 약속 믿고 어떤 경우에라도 믿음으로 행했습니다.
  2. 애굽의 총리가 된 요셉의 신앙 소개
    1) 그는 노예생활, 시험과 누명, 옥중생활을 당했습니다.
    2) 그러나 하나님의 함께 하심을 믿고 환난을 인내로 극복했습니다.

二. 모세 시대의 역사(17-43)
  1. 하나님의 특별하신 보호 속에서 바로의 궁에서 양육받았습니다.
  2. 그는 권력의 자리에서 마음껏 부귀를 누릴 수 있었습니다.
  3. 그러나 그는 모든 특권을 포기하고 좋은 조건은 분토처럼 여겼습니다.
  4. 오직 동족을 구하기 위해 동족 사랑으로 불타고 있었습니다.
  5. 모세는 하나님의 뜻대로 백성들을 지도했습니다.
  6. 백성들은 애굽을 동경하고 우상을 숭배하다가 죄중에 빠졌습니다.

三. 성막을 말하며 죄를 책망했습니다(44-53).
  1. 증거의 장막과 성전 그 자체가 중요한 것은 아닙니다.
  2. 그러나 그들은 성전의 외모, 의식이 하나님 자신인 듯 생각했습니다.
  3. 그러므로 신령적 내부의 생명을 중요시 하지 않았습니다.
  4. 이 죄를 스데반은 냉철히 책망했습니다.
  5. 마찬가지로 이 백성이 조상처럼 불순종한다고 했습니다.
  6. 그 결과 마침내 메시야를 죽였다고 했습니다.

* 스데반의 설교는 조상들의 역사를 통하여 증거를 제시했으며 예수님께서 오실 메시야 이심을 힘있게 증거했습니다. 그러나 그들은 듣고 회개는커녕 스데반을 죽이려고 했습니다.

역사와 현재
(7:1-53)

스데반 집사는 이스라엘의 역사를 통하여 그들의 과거를 냉철하게 분석하면서 동시에 그들의 현재를 예리하게 해부하고 있습니다.

一. 조상의 역사
1. 하나님께서 아브라함을 택하사 이스라엘의 역사를 이룸(1-8)
2. 요셉을 애굽에 먼저 보내어 이스라엘이 화를 면케 해주심(9-16)
3. 모세를 세워 이스라엘을 애굽의 도탄에서 구해 내심(9-16)
4. 광야 생활 40년간 하나님이 친히 인도하심(36)
5. 시내산에서 율법을 전수하여 주심(37-38)
6. 허물많은 이스라엘을 가나안에 정착시키심(39-50)
7. 계속하여 선지자를 보내시고 메시아를 보내주심(51-53)
8. 조상의 역사는 하나님의 놀라우신 사랑이 나타났습니다.

二. 조상들은 불순종했습니다.
1. 그들의 조상들은 요셉을 미워하여 애굽에 팔았습니다(9).
2. 광야 40년 동안 줄곧 원망과 불평이었습니다(27, 39).
3. 금송아지를 만들어 그에게 절했습니다(40-43).
4. 보내주신 선지자들을 핍박하고 죽이는 일을 행했습니다(51-52).
5. 메시야이신 예수 그리스도를 죽였습니다(52).
6. 율법을 지키지 않고 무시했습니다(52).
7. 한마디로 일고의 가치조차 없는 패역무도했습니다.

三. 현재와 미래에는
1. 악한 패역을 더 이상 저지를 수 없습니다(벧전 4:3).
2. 하나님은 변함없이 은혜를 베풀어 주셨습니다(히 13:8).
3. 주님께로 돌아오는 자마다 용서해 주십니다(요일 1:9).
4. 끝까지 패역하면 무서운 심판이 따릅니다(마 3:10).
5. 역사를 생각하면서 보답의 생활이 바람직합니다.
6. 지나온 모든 죄성들을 철저히 회개해야 합니다.
7. 아름다운 새역사를 창조해 나가야 합니다.

* 이것이 스데반 집사의 설교였으나 듣지 않고 스데반을 죽였습니다.

영광의 하나님
(7:2)

스데반 집사는 하나님을 "영광의 하나님"이시라고 소개하고 있습니다. 우리는 우리 하나님의 영광을 고찰해 보고자 합니다.

一. 하나님의 처소가 영광스럽습니다.
  1. 하늘의 하나님이시라 했습니다(신 26:15).
  2. 영원하신 하나님이시라 했습니다(사 57:15).
  3. 이는 거룩함과 영화로움이 거하는 처소입니다(사 63:15).
  4. 그 곳에 존귀와 위엄이 있습니다(대상 16:27).

二. 하나님의 속성이 영광스럽습니다.
  1. 하나님은 거룩하십니다(출 15:11).
  2. 하나님은 권능이 있습니다(출 15:6, 사 63:12, 살후 1:9).
  3. 하나님은 자비로우신 분이십니다(엡 1:6).
  4. 하나님의 속성이 곧 영화로우신 분이십니다(대상 29:13, 시 72:19).

三. 하나님의 사역이 영광스럽습니다.
  1. 물질 세계의 창조하심이 영광스럽습니다(시 19:1-5).
  2. 창조하신 만물을 섭리로 세상을 다스리심이 영광스럽습니다(사 63:14, 시 120:3, 145:11)
  3. 파멸된 세상을 구원하심이 영광스럽습니다(시 32:2, 사 52:10).

四. 하나님의 말씀이 영광스럽습니다.
  1. 복음이 영광의 복음이라 불리웁니다(고후 4:4, 딤전 1:11).
  2. 말씀 자체가 곧 생명입니다.
  3. 말씀 자체가 진리요, 길이 되십니다(요 14:6).

五. 하나님의 교회가 영광스럽습니다.
  1. 세상에 잔재해 있는 구속받은 사람들의 무리이며
  2. 장차 하나님 앞에 티나 주름잡힌 것이 없는 존재입니다.
  3. 이는 영광스러운 교회로 바쳐질 것입니다(엡 5:27).

六. 하나님이 최후에 나타나심이 영광스러울 것입니다.
  1. 하나님의 형상이신 예수 그리스도께서 재림하실 때
  2. 영광중에 재림하십니다(골 3:4, 딛 2:13).
  3. 심판의 주로 재림 하십니다.

아브라함의 역사
(7:2-8)

아브라함은 믿음의 조상이었으며 선민 이스라엘의 역사를 이루셨는데 우리는 여기서 아브라함에게 주신 하나님의 언약을 생각해보려고 합니다.

一. 긴급한 명령
    1. 본토와 그의 친척을 떠나 순례자가 되라는 명령입니다.
      1) 그 부르심은 곤란했으나 그는 순순히 따랐습니다.
      2) 그의 순례는 우르에서 시작하여 하란에 도달했습니다.
    2. 새로운 땅 가나안으로 가라고 명령하셨습니다.
      1) 하나님이 인도하시는 순례의 길은 항상 안전하고 불행해 질 수 없습니다.
      2) 아브라함이 이 명령에 순종했다는 것은 믿음이 훌륭한 증거입니다.

二. 은혜로운 약속
    1. 하나님의 땅을 소유로 주겠다고 하셨는데 이는 가나안 땅입니다.
      1) 넓은 토지는 항상 선망의 대상이 되는 소중한 상속 재산입니다.
      2) 땅의 최고의 주인은 오직 하나님이십니다.
    2. 대를 이을 아들을 주겠다고 약속하셨습니다.
      1) 자식은 특히 히브리인들에게는 항상 높이 평가되는 복이었습니다.
      2) 토지와 마찬가지로 자식도 하나님의 선물입니다(시 127:3).
    3. 자손에게 민족을 이루게 해 주겠다고 약속하셨습니다.
      1) 대부분의 사람들은 한 가문을 이룰 수 있으면 만족하게 여깁니다.
      2) 하나님은 아브라함에게 궁극적으로 한 민족으로 발전됨을 약속했습니다.

三. 엄숙한 언약
    1. 하나님 입에서 나오는 약속은 충분한 보장이 있습니다.
    2. 그리고 반드시 성취되고야 마는 것입니다.
    3. 노아의 경우에는 무지개를 주시며 언약하셨습니다(창 9:12-17).
    4. 아브라함의 경우에는 할례를 주시며 언약하셨습니다(창 17:10-14).
    5. 할례의 취지는 이스라엘 자손을 구별되게 하는 의미가 입니다.
    6. 정화되고 성화된 백성이 되게 하려는데 있었습니다.

* 하나님께서는 이렇게 아브라함에게 명령하시고 그 명령 준행할 때에 놀라운 언약으로 맺어 주셨습니다. 성도는 언약의 하나님을 굳게 믿고 준행해야 합니다.

아브라함의 신앙
(7:2-8)

믿음의 조상 아브라함의 신앙은 우리 모든 성도들의 모범이 되며 그의 믿음을 본받고 따라 가는 것이 매우 바람직합니다. 이 장에서는 아브라함의 믿음의 미덕과 얻은 상급을 고찰해 봅시다.

一. 아브라함이 보인 믿음의 미덕
  1. 그의 모본이 될 믿음
    1) 그는 하나님을 믿고 자기에게 주어진 계시를 신뢰했습니다.
    2) 자기에게 제공된 초대를 감사히 받아들였습니다.
    3) 믿음은 하나님의 말씀에 기초를 두어야 합니다(요 3:33).
  2. 그의 모본이 될 순종
    1) 하나님이 명하신 바를 곧 즐거이 그리고 충실히 이행했습니다.
    2) 그는 친족을 데리고 조카인 롯과 함께 우르를 떠났습니다(창 11:31).
    3) 그후 데라가 죽자 하란을 떠나 가나안을 향해 남으로 이동했습니다.
  3. 그의 모본이 될 인내
    1) 그는 가나안에 이르렀을 때 약속은 허사로 돌아가는 듯 했습니다.
    2) 그러나 그는 하나님이 하신 말씀을 말없이 신뢰했습니다(롬 4:20).
    3) 그의 자손이 400년간 노예생활할 것이라는 데에도 인내하고 기다렸습니다.
  4. 그의 모본이 될 통찰력
    1) 그는 세상적인 것에 의존치 않고 신령한 것에 초점을 맞추었습니다.
    2) 그의 씨는 지상의 모든 족속이 그 이름으로 복받을 분을 믿고(요 8:56)
    3) 이 세상 나라가 아닌 하늘나라를 바라보았습니다(히 11:10).

二. 아브라함이 얻는 상급
  1. 하나님의 약속이 이행되었습니다.
    1) 그는 아들겸 후사를 얻었습니다(이삭).
    2) 이삭은 야곱을 낳고 야곱은 열 두 조상을 낳았습니다.
    3) 그 조상이 영광의 하나님으로부터 약속받은 땅을 차지했습니다(45절).
  2. 그 자신의 뿔이 높여졌습니다.
    1) 그는 유대 민족의 조상이 되고 메시야의 선조가 되었습니다.
    2) 믿는 이의 어버이가 되고 신자들의 세계적인 귀감이 되었습니다.

아브라함의 체험
(7:2-8)

우리는 믿음의 조상 아브라함에게서 체험적인 신앙을 발견할 수 있는 데 그에게서 교훈을 얻고자 합니다.

一. 영광스러운 환상
1. 믿음의 눈으로 하나님을 보는 것은 불가능하지 않습니다.
2. 하나님은 성령님과 복음을 통해서 자신을 나타내십니다.
3. 주님의 모습, 하나님의 영광을 보는 데서 새로운 삶이 시작됩니다.

二. 어려운 명령
1. 네 고향을 떠나라고 했습니다.
2. 이는 현세적인 것으로부터의 분리, 벗어남을 의미합니다.
3. 고상한 영적 생애를 향하여 걸음을 내딛게 하는 목적에서입니다.

三. 찬란한 약속
1. 보다 좋은 땅으로 인도하시겠다고 했습니다.
2. 그와 그의 후손에게 그 땅을 주겠다고 약속하셨습니다.
3. "오는" 영혼에게 하나님은 "보여"주시는 분이십니다.

四. 위대한 믿음
1. 그는 갈대아 사람의 땅을 떠났습니다.
2. 영적인 생활은 신뢰와 복종의 인격적인 행위들로 시작됩니다.
3. 믿고 순종할 수 없는 영혼은 구속함을 받을 자격이 없습니다.

五. 쓰라린 실망
1. 그는 순종했음에도 불구하고 그 땅을 유업으로 얻지 못했습니다.
2. 하나님은 보다 좋은 것을 준비하고 계셨습니다.
3. 즉, 천국을 준비하고 계셨습니다.

六. 충분한 위안
1. 아브라함과 그의 후손에게 할례를 행하게 하셨습니다.
2. 이는 때가 이르러 얻어질 것의 언질입니다.
3. 성도에게 있는 성례는 충분한 보증이 됩니다.

* 아브라함은 영광스러운 환상을 믿음의 눈으로 보고 순종하여 끝까지 믿음으로 나아갔기에 그의 신앙은 아름답기만 합니다.

충 성
(7:5-60)

"죽도록 충성하라 그리하면 내가 생명의 면류관을 네게 주리라"(계 2:10). 이 말씀은 성도라면 한 두 번 정도는 듣고 외운 말씀이기도 합니다. 충성은 성도에게 반드시 있어야 할 불가분리의 말씀입니다. 참된 충성은 어디에 충성하며 어떻게 해야 되는 것인지 생각해 봅시다.

一. 충성은 진리를 굳게 붙잡고 주장하는 것입니다.
  1. 스데반은 하나님 말씀을 굳세게 말했습니다(1-53).
  2. 불신자들 중에도 나라를 사랑하여 성실하게 일하는 사람이 있습니다.
  3. 기독신자는 불신자보다 나라를 위해야 합니다.
  4. 그 보다도 천국의 일에 진실해야 합니다.
  5. 가장 큰 거짓은 그리스도를 믿지 않는 것입니다.
  6. 이유는 무슨 일을 하든지 그리스도 신앙으로 하지 않으면 진리가 아닙니다.
  7. 하나님께서만이 진리의 근원이십니다.
  8. 그리스도께서만이 진리이시며 하나님의 완전한 계시이십니다.
  9. 그리스도는 진리의 완성이십니다.
  10. 그리스도 밖에서는 진리가 있을 수 없습니다.
  11. 거짓말 하는 자는 예수께서 그리스도이심을 부인하는 자입니다(요일 2:22).

二. 충성은 옳은 일을 결실있게 끝까지 이루어놓는 것입니다.
  1. 스데반은 최후까지 옳은 일을 행하여 이루었습니다.
  2. 그는 순교하면서 원수를 위해 기도한 것이 그것입니다.
  3. 무슨 일 하다가 중도에 포기하는 것은 거짓된 행위입니다.
  4. 이런 자는 국가, 사회, 교회에 많은 피해를 줍니다.
  5. 성도는 옳은 것을 끝까지 하는 자입니다.
  6. "끝까지 지키리이다"라고 시편 기자는 말했습니다(시 119:33).
  7. 낙심치말고 끝까지 선을 행할 때 거둡니다(갈 6:9).
  8. 충성은 죽을 때까지 죽도록 하는 것입니다(계 2:20).
  9. 스데반은 진실되이 충성하던 자였습니다.

* 가끔 성도는 충성이란 말을 쉽게 사용할 때가 많습니다. 충성은 진리를 굳게 잡고 끝까지 하는 것인줄 믿고 진실로 충성자가 되시길 바랍니다.

요셉의 형제들

(7:9-16)

9절에 "여러 조상이"라고 한 것은 요셉을 시기하여 애굽에 팔아버린 요셉의 형제들을 의미합니다. 스데반은 요셉의 형제들의 죄악성을 지적하며 요셉의 신앙을 소개하고 있는데 우리는 여기서 요셉의 형제들을 통해 교훈을 얻고자 합니다.

一. 가증스러운 범죄자들이었습니다.
1. 그들은 동생을 애굽에 노예로 팔았습니다.
2. 이는 요셉의 아버지의 총애에 대한 시기심의 발로였습니다.
3. 이는 그들의 사악한 생활에 대한 무언의 비난입니다.
4. 질투심은 성도가 경계해야 할 대적입니다.
5. 질투심에 사로잡히면 극악한 죄를 얼마든지 범합니다.
4. 동생의 선량함에 대한 증오로 발전한 죄악이었습니다.

二. 혹독한 응보를 받은 자들이었습니다.
1. 그들은 집으로 돌아간 후 심한 기근으로 시달렸습니다.
2. 기근은 하나님의 심판의 방편이기도 합니다(삼하 24:13).
3. 그들은 곡식을 구하기 위해 애굽으로 왔습니다.
4. 그들의 자손들은 그 훗날 음흉한 대우를 받고 사악하게 다루어졌습니다.
5. 마침내 조상들이 요셉을 팔았던 땅에서 노예가 되었습니다.
6. 그들에게만이 아니라 자손들까지 응보를 받았습니다.

三. 받을 자격이 없는 자비를 받은 자들입니다.
1. 자비가 심판과 결합되지 않는 예는 거의 없습니다.
2. 요셉의 형제들은 분수에 넘치는 호의를 받았습니다.
3. 하나님께서 그들의 생명을 보존시켜주셨습니다.
4. 요셉은 복수하지 않고 관대하게 대해 주었습니다.
5. 기근이 계속되는 동안 그들의 어려움을 해결해 주었습니다.
6. 그 시신들을 가나안으로 옮겨 아브라함의 묘지에 묻어 주었습니다.

* 요셉의 형제들은 너무나 가증스러운 죄를 범하였고 거기에 대한 응보도 단단히 치루었습니다. 그러나 하나님께서는 그들에게 자비를 베푸시어 기근시에도 살게 하셨으니 하나님의 자비하심은 한이 없으십니다.

승리한 요셉

(7:9-16)

一. 효도의 승리
1. 자녀로서 부모님께 효성을 다했습니다.
2. 그의 생활은 너무나 선량했습니다.
3. 부모님을 끝까지 존경하며 섬겼습니다.

二. 충성의 승리
1. 그는 노예로 주인에게 충성함으로 승리했습니다.
2. 감옥에서도 충성하여 신임을 받았습니다.
3. 총리가 된 후에도 끝까지 충성의 본을 보였습니다.

三. 유혹에서의 승리
1. 보디발의 아내의 유혹에 넘어지지 않았습니다.
2. 물질의 유혹에서도 넘어지지 않았습니다.
3. 이는 하나님을 경외하는 신앙의 승리였습니다.

四. 경배의 승리
1. 그는 노예의 생활에서도 하나님을 경외했습니다.
2. 죄인 아닌 죄수의 몸으로도 하나님을 경외했습니다.
3. 항상 하나님을 경배하여 신앙을 지킨 요셉입니다.

五. 겸비의 승리
1. 그는 애굽의 총리대신이 되었습니다.
2. 바로의 다음 가는 막강한 권세의 소유자였습니다.
3. 그러나 그는 끝까지 겸손의 본을 보였습니다.

六. 용서의 승리
1. 형제들의 죄악을 용서해 주었습니다.
2. 그들의 자녀까지 보호해 주는 사랑의 실천자였습니다.
3. 원수까지 사랑하는 위대한 신앙의 인물입니다.

七. 애국의 승리
1. 그는 가나안인 고국을 사랑했습니다.
2. 그 고국에 묻히길 원했습니다.
3. 애굽에서의 생활을 나그네 생활로 여긴 인물입니다.

모세 시대의 역사 소개
(7:17-43)

모세는 하나님의 특별한 섭리와 보호 가운데 바로의 공주의 아들로서 왕궁에서 양육되고 물질적, 육신적인 복을 마음껏 누릴 수 있는 자리에 있었으나 그는 조국의 동포들과 하나님을 잊을 수 없었습니다. 그리고 고통당하는 동포를 구하려는 열정으로 헌신궐기하였습니다. 이 때문에 왕자의 특권도 포기하고 왕궁의 영화도 물리치고 장차 애굽의 왕위를 얻을 수 있는 좋은 조건도 분토와 같이 물리치고 동족을 구하려고 나섰습니다.

一. 히브리인 어머니의 아들
　　1. 그는 상상의 산물이나 전설적인 인물이 아니라 역사적인 실존입니다.
　　2. 그는 갈대 상자에 담겨져 나일강 하수에 버려졌습니다.

二. 애굽의 공주가 주운 아기
　　1. 하나님의 섭리로 생명 보존과 적합한 교육을 받게 된 원인이 되었습니다.
　　2. 하나님은 자신의 도구로 쓰실 때는 반드시 훈련 과정을 거치게 합니다.

三. 노예의 혈족인 사람
　　1. 인간의 마음에서 민족 감정은 쉽게 근절될 수 없습니다.
　　2. 이 감정에서 조국애, 형제의식이 자랍니다(히 11:24).

四. 자기 백성의 해방자
　　1. 억압받는 동포들을 예속의 집에서 인도해 내는 영광을 입었습니다.
　　2. 이는 하나님의 정하신 섭리의 때였습니다(히 11:27).

五. 나라의 창건자
　　1. 그를 따르는 무리를 시내 광야로 인솔한 후 하나의 백성으로 편성했습니다.
　　2. 규정에 따라 조직된 공동체를 이루게 했습니다.

六. 새로운 종교의 대변자
　　1. 그는 시내산에서 하나님께로부터 율법을 전수받았습니다.
　　2. 그는 하나님의 백성으로 알려주고 모든 법령들을 알려주었습니다.

* "믿음으로 모세는 장성하여 바로의 공주의 아들이라 칭함을 거절하고 도리어 하나님의 백성과 함께 고난 받기를 잠시 죄악의 낙을 누리는 것보다 더 좋아하고 그리스도를 위하여 받는 능욕을 애굽의 모든 보화보다 더 큰 재물로 여겼으니 이는 상주심을 바라봄이라"고 했습니다(히 11:24-26).

모세의 3기
(7:17-44)

一. 출생부터 사십세까지(20-22)
  1. 그는 좋지 않은 시절에 태어났습니다(출 1:22).
    ● 동포들이 당하는 핍박이 너무도 혹독했습니다.
  2. 그는 잔혹한 운명에 노출되었습니다(출 2:3).
    ● 갈대 상자에 담겨져 나일강 하수에 버려졌습니다.
  3. 그는 기묘한 섭리에 의해 구조되었습니다.
    ● 바로의 공주가 그를 건져내어 양자로 삼았습니다(출 2:5-10).
  4. 그는 왕의 궁정에서 교육을 받았습니다.
    ● 애굽 사람의 학술을 다 배워 말과 행사가 능했습니다(22).

二. 사십세에서 팔십세까지(23-29)
  1. 애국심의 발동 : 형제들을 찾아가려는 마음(히 11:24)
  2. 의협적인 개입 : 무자비한 노예 감독을 쳐죽임(출 2:12)
  3. 잘못된 추측 : 즉각적 해방이 아니라 40년 후였습니다.
  4. 의외의 반응 : 같은 동족끼리 싸움과 모세를 향한 위협(출 2:13)
  5. 성급한 도주 : 그는 미디안으로 도주했습니다.
  6. 미천한 생활 : 양의 목자로 40년을 광야 생활했습니다(출 2:16-22).

三. 팔십세에서 백이십세까지(30-44)
  1. 기이한 광경을 보았습니다(출 3:1-2).
    ● 호렙산 떨기나무 불꽃 가운데서 여호와께서 나타나셨습니다.
  2. 하늘의 소리를 들었습니다(행 7:32-34).
    ● 하나님의 부르심과 사명을 그에게 부어주셨습니다.
  3. 위대한 위임이 그에게 내려졌습니다(32).
    ● 이스라엘 자손의 지배자와 구원자가 되라는 것입니다.
  4. 그는 위대한 업적을 남겼습니다.
   1) 해방자로서 모세는 이스라엘 자손을 애굽에서 인도해 냈습니다.
   2) 선지자로서 메시야께서 오실 것을 예언했습니다.
   3) 입법자로서 하나님으로부터 받은 생명의 도를 주었습니다.
   4) 건축가로서 증거의 장막을 지었습니다(출 25:39-40).

이스라엘의 타락

(7:45-53)

스데반의 설교의 중점이 유대인 조상들의 죄를 공격하고 그 당시 유대인들의 죄를 공격하였기 때문에 미움을 받아 순교까지 하기에 이르렀습니다.

一. 조상들의 한 일이 무엇인가?
   1. 너희 조상들은 선지자 중에 누구를 핍박지 아니하였느냐?(52)
     1) 이는 선지자는 누구나 다 핍박을 받았다는 말입니다.
     2) 선지자를 핍박하는 것이 이스라엘 백성의 특성임을 말합니다.
   2. 조상들의 선지자들에 대한 핍박의 내용(히 11:36-38)
     1) 선지자들을 희롱하고 채찍질 했습니다.
     2) 투옥하고 돌로 치기도 했습니다.
     3) 톱으로 켜고 칼로 죽임을 당하게 했습니다.
     4) 양과 염소의 가죽을 입고 유리하며 궁핍함을 당하게 했습니다.
     5) 환난과 학대를 받아 광야와 산중과 토굴에 유린당하게 했습니다.
     6) 메시야께서 오실 것을 예언한 선지자들을 죽였습니다.

二. 너희들의 한 일은 무엇인가?
   1. 너희는 그 의인을 잡아준 자요, 살인한 자가 되었다고 했습니다.
     1) 여기 의인은 메시야이신 예수 그리스도를 의미합니다.
     2) 잡아준 자가 된 것은 가룟유다를 매수하여 이용한 일입니다.
     3) 살인자가 된 것은 불법으로 예수를 죽이기로 정죄한 일입니다.
     4) 거짓 증인과 백성들을 선동한 죄인들이었습니다.
   2. 메시야를 십자가에 못박은 죄인들이었습니다.
     1) 빌라도에게 사형 선고를 받게 한 것은 공회원들이 한 일입니다.
     2) 그들이 백성들을 미혹하고 선동했기 때문입니다.
     3) 목이 곧고 마음과 귀에 할례를 받지 못한 사람들입니다.
     4) 항상 성령을 거스려 사는 사람들입니다.

* 저희들은 스데반의 이 충격적인 설교의 결론을 듣고 마음에 찔림을 받았습니다. 이때 회개했어야 하는데 천재일우의 좋은 기회를 놓치고 도리어 발악하며 대들어 스데반을 돌로 쳐서 죽이는 데까지 이르렀습니다. 스데반은 죽었으나 그의 피는 살아서 증거하고 있으니 그것은 바로 사울이 바울이 된 일입니다.

스데반의 순교
(7:54-60)

환경이 악할수록 하나님의 충성된 종에게 대하여 하나님은 더욱 가까이 하여 주십니다. 노아 때의 세상은 극히 부패하였으므로 노아의 120년 전도에 회개한 자 한 사람도 없었으나 하나님께서는 노아와 더욱 가까이 하셨습니다(창 6:8). 여기 스데반에게도 하나님은 그와 더욱 가까이 해주셨습니다.

一. 하나님께서 스데반과 같이 하셨습니다.
  1. 성도가 하나님을 기쁘시게 하다가 핍박받는 때가 있습니다.
  2. 그때는 하나님이 은혜를 더 주시는 때입니다.
  3. 스데반은 성령이 더욱 충만해졌습니다.
  4. 그는 하나님의 영광과 주님의 영광스러운 모습을 보았습니다(55).
  5. 성도가 주의 일하다가 억울함을 당할 때가 있습니다.
  6. 그때 하나님은 성도의 심령에 깊은 위로와 힘을 주십니다.

二. 영혼을 주께 부탁드립니다(57-59).
  1. 스데반은 원수들에게 돌에 맞아 순교 직전에 있었습니다.
  2. 이것은 위기의 절정이었습니다.
  3. 이때 스데반은 은혜를 받아 영안이 열렸습니다.
  4. 육과 영의 구분선을 밝히 보게 되었습니다.
  5. 주를 모신 자는 주와 함께 영원히 살 속사람이 있는 줄 확신합니다.
  6. 거듭난 자는 자기 영혼이 몸과 구분되어 있음을 압니다.

三. 원수를 위해 기도했습니다(60).
  1. 스데반이 받은 세 번째 은혜는 원수를 위한 기도입니다.
  2. 그의 기도는 꿇어 앉아서 하는 큰 소리의 기도였습니다.
  3. 이는 전력을 기울여 함으로 그 중요성을 표시합니다.
  4. 그리스도의 심장을 가진 자는 원수를 불쌍히 여깁니다.
  5. 그는 사람에 대한 굳센 사랑을 가진 자입니다.
  6. 이 위대한 기도는 응답되지 않을 수 없었습니다.
  7. 사울의 회개는 그 가운데 하나입니다.

* 스데반은 최초의 순교자요, 가장 위대한 사랑의 승리자입니다. 어거스틴은 "스데반의 기도가 아니라면 기독교가 바울을 소유하지 못했을거라"고 했습니다.

스데반의 원수 사랑

(7:54-60)

우리는 스데반의 최후의 기도를 그냥 넘어갈 수 없습니다. 그 이유는 최후의 한 마디라는 것은 가장 중요한 것이기 때문입니다. 그가 이 기도를 하되 특별히 꿇어 앉아서 큰 소리로 하였다는 사실도 역시 그 기도에 전력을 기울여 그 중요성을 표시하고 있습니다. 사람이 그 원수를 미워하게 되는 것이 자연적인 심리입니다. 그러나 스데반은 그 원수들을 위하여 최후의 중요한 말로 힘껏 기도했습니다.

一. 원수 사랑은 주님의 교훈입니다.
　　1. 주께서 친히 원수를 사랑하라고 교훈하셨습니다(마 5:38-48).
　　2. 또한 주님 자신이 친히 모범을 보여 주셨습니다(눅 23:34).
　　3. 구약에서도 원수를 사랑할 것을 가르쳤습니다(레 19:18).
　　4. 원수를 갚지 말아야 할 것을 가르치셨습니다(출 23:4).
　　5. 그러므로 원수 사랑은 하나님의 명령이십니다.
　　6. 원수 사랑은 주님의 교훈이요 모본을 보여 주신 일입니다.

二. 스데반은 원수를 사랑했습니다.
　　1. 스데반은 자기를 죽이는 자들을 위해 기도했습니다.
　　2. 그는 하나님의 명령에 순종한 자였습니다.
　　3. 그의 마음은 넓고 큰데서 나온 행위이기도 합니다.
　　4. 이 세상 만물이 다 성도의 것입니다(고전 3:21-23).
　　5. 성도는 너무나 크고, 많은 것들을 소유하고 있습니다.
　　6. 그러므로 좁은 마음 가져야 할 이유가 없습니다.
　　7. 땅에 속한 것들 위해 투쟁할 이유가 없습니다.
　　8. 원수를 용서하지 않은 마음은 좁은 마음입니다.
　　9. 마음에 하나님이 계시면 사랑과 기쁨과 소망이 충만 합니다.
　　10. 스데반은 사랑을 실천하여 끝까지 원수를 사랑했습니다.
　　11. 넓은 마음에서 나오는 큰 사랑은 관용하는 것입니다.
　　12. 오직 원수 갚는 일은 하나님의 의중에 있습니다(롬 12:19).

＊ 스데반은 굳센 신앙을 소유한 동시에 사람에 대한 굳센 사랑을 가졌습니다. 진정으로 굳센 신앙이었습니다.

순교자 스데반
(7:54-60)

스데반 집사는 기독교 역사상 최초의 집사였고 최초의 순교자였습니다. 그는 복음을 전파하다가 유대인들의 돌에 맞아 비참한 죽임을 당했으나 그는 열린 하늘문을 보았고 하나님과 예수님을 보았을 뿐만 아니라 원수를 위해 사랑의 기도까지 한 위대한 순교자였습니다.

一. 그의 생애가 아름답습니다.
1. 그는 젊은 나이에 일찍 죽었습니다.
2. 그러나 그는 하나님의 명령에 순종하며 살았던 사람입니다.
3. 부활하신 주님께서 주님의 증인으로 임명해 주셨습니다(눅 24:48).
4. 땅끝까지 이르러 증인이 되라고 부탁하셨습니다(행 1:8).
5. 그는 주님께 받은 사명대로 주님의 증인으로 충성했습니다.
6. 동족의 영혼 구원을 위해 복음을 전하다가 죽임을 당했습니다.

二. 그의 죽음이 아름답습니다.
1. 그의 죽음은 순교의 죽음이기 때문입니다.
1) 죽음 중에 최상의 죽음이 주님을 위해 순교하는 죽음입니다.
2) 그는 하나님의 말씀을 선포하다가 순교했습니다.
2. 주께 열납된 죽음이었습니다.
1) 모든 봉헌은 열납으로 그 목적이 달성됩니다.
2) 스데반이 운명할 때 하늘이 열린 것은 이를 입증합니다(56).

三. 그의 유산이 아름답습니다.
1. 충성스러운 집사 상을 남겼습니다.
● 하나님의 명령에 순종하며 교회를 섬긴 충성스러운 집사 상을 남겼습니다.
2. 아름다운 전도자 상을 남겼습니다.
● 영혼에 대한 긍휼과 사랑으로 불붙는 전도자 상을 남겼습니다.
3. 경건한 순교자 상을 남겼습니다.
● 그는 주님 위해 죽으면서 주님처럼 죽었습니다.

* "우리가 살아도 주를 위해 살고 죽어도 주를 위해 죽나니 그러므로 사나 죽으나 우리가 주의 것이로다"(롬 14:8)고 말씀하셨습니다. 아름답다! 스데반의 생애, 죽음, 유산은 영원히 남을 것입니다.

사울이라는 청년
(7:58)

스데반이 순교할 때 사울이라는 청년이 그 자리에 있었고 또한 돌을 치는 자들의 옷을 지켜주는 일도 하였습니다. 그가 기독교의 위대한 사도 바울이 되었고 하나님의 큰 일을 한 인물이었으니 그를 생각해 봅시다.

一. 그의 초기의 생애
　　1. 출생지는 길리기아의 다소입니다(9:11, 21:39, 22:3).
　　2. 직업은 장막을 만드는 것을 업으로 하는 사람의 아들입니다(18:3).
　　3. 시민권은 나면서부터 로마 시민이었습니다(16:37, 22:28).
　　4. 종교는 바리새인이며 바리새인의 아들이었습니다(22:3, 23:6, 26:5).
　　5. 민족은 히브리인이며 베냐민 지파에 속합니다(고후 11:22, 빌 3:5).
　　6. 교육은 가말리엘 문하에서 자랐습니다(22:3, 26).

二. 역사상의 그의 첫 등장
　　1. 살인의 공범자로 등장했습니다.
　　　● 증인들이 옷을 벗어 그의 발 앞에 두었다고 했습니다.
　　2. 지극히 사나운 박해자로 등장했습니다.
　　　● 그가 교회를 잔멸할새 라고 했습니다(8:3).
　　3. 위촉받은 암살자로 등장했습니다.
　　　● 대제사장에게 기독교도를 잡을 수 있는 공문을 받았습니다(9:1).

三. 그의 놀라운 개종(9:1-9)
　　1. 그는 다메섹으로 여행했습니다(기독교인을 잡으려고).
　　2. 그는 그리스도의 환상과 말씀을 들었습니다.
　　3. 그는 즉시 항복하고 말씀에 순종했습니다.

四. 그의 차후 생애
　　1. 그는 세 차례에 걸쳐 전도 여행을 했습니다(13-14장, 16-21장).
　　2. 그는 소아시아와 유럽에서 교회를 창설하였습니다.
　　3. 그는 성경의 저자로서 로마서, 고린도전후서, 갈라디아서를 기록했으며
　　4. 또한 가능성이 있는 책은 에베소서, 빌립보서, 골로새서, 데살로니가전후서, 디모데전후서, 디도서이며
　　5. 히브리서도 그의 저술일 가능성이 있습니다.
　　6. 최후에 그는 순교의 제물로 생애를 끝맺었습니다.

스데반의 장사
(8:1-3)

모세의 시체는 하나님이 장사하셨고(신 34:6, 유 6), 예수님의 시체도 그의 제자들이 돌볼 수 없었던 지경이었으나 평소에 주를 정식으로 따르지 않던 아리마데 요셉이 장사하였습니다(막 15:43). 그런데 여기 스데반의 장사는 기독교 신자들이 아닌 경건한 유대인들이 했습니다.

一. 스데반의 시신
1. 착한 사람이었습니다.
2. 웅변이 뛰어난 설교가였습니다.
3. 신실한 증거자였습니다.
4. 고상한 순교자였습니다.
5. 그의 얼굴이 천사의 얼굴과 같았습니다.

二. 경건한 조객들
1. 그들은 경건한 유대인들이라고 했습니다(2).
2. 믿음 깊은 사람들이었습니다.
3. 그들은 스데반의 순결함을 굳게 믿었던 사람들일 것입니다.
4. 아마도 형제들 또는 제자들이라 불리운 사람들일 것입니다.
5. 그들 자신들은 분명히 선한 사람들이었을 것입니다.

三. 엄숙한 매장
1. 불필요하게 시간을 끌지 않고 서둘러 진행되었을 것입니다.
2. 겉치레나 과시를 하지 않고 소박하게 진행되었을 것입니다.
3. 경건하게 진행되었을 것입니다.
4. 성도의 시체를 매장하는데 있어서 당연한 것입니다.
5. 영광스러운 부활의 기대와 소망을 갖고 진행되었을 것입니다.

四. 슬픔에 찬 통곡(2)
1. 위하여 크게 울었다고 했습니다(2).
2. 스데반의 죽음을 아쉬워 했던 증거입니다.
3. 의인을 추모하는 한 모습이기도 합니다.

* 이는 하나님이 친히 하신 역사입니다. 하나님께 가장 가까운 자들은 자기들의 시체까지도 하나님께서 친히 돌아보시는 사랑과 섭리의 일면입니다.

활발해진 전도
(8:1-7)

　사도행전은 1장에서 7장까지는 예루살렘을 중심으로 한 전도 활동이고, 8장에서 12장까지는 사마리아 지방을 중심으로 한 전도 활동이며, 13장에서 28장까지는 땅끝까지 퍼져나가는 전도 활동인데 특이한 것은 한 부분에서 다음 부분으로 옮길 때마다 반드시 박해와 함께 순교자가 생겼습니다. 첫 부분은 스데반의 순교, 두 번째 부분은 사도 야고보의 순교, 셋째 부분은 바울 사도가 체포되어 로마로 호송되는 내용이 기록되어 있습니다. 그러므로 박해는 교회 성장의 비료가 되므로 박해를 두려워하지 말아야 합니다.

一. 비난 보다는 핍박 받는 교회가 되어야 합니다.
　　1. 비난은 내가 남에게 욕을 당하는 것입니다.
　　　◉ 그러나 그것은 자신의 불신앙, 반사회적인 비행 때문입니다.
　　2. 핍박도 내가 남에게 욕을 당하는 것입니다.
　　　◉ 그러나 그것은 그리스도 때문에 당하는 곤욕을 말합니다.
　　3. 핍박을 당하는 교회는 밝은 내일을 기약할 수 있습니다.

二. 후퇴보다는 전진하는 교회가 되어야 합니다.
　　1. 스데반이 순교한후 무서운 박해가 일어났습니다.
　　2. 성도들의 생명에 큰 위협을 느끼게 되었습니다.
　　3. 이때 모두가 산산이 도망갔다면 교회 성장은 없었습니다.
　　4. 이런 박해 때 교회는 더욱더 복음전파에 힘을 썼습니다.
　　5. 그러므로 복음은 예루살렘이 아니라 더 멀리 확산되어 갔습니다.

三. 잡음보다는 복음 중심의 교회가 되어야 합니다.
　　1. 위대한 순교자 스데반이 찬양의 중점이 될 수 있습니다.
　　2. 박해자들을 얼마든지 비난할 수도 있을 것입니다.
　　3. 대제사장 서기관들의 사생활을 들추어 낼 수도 있을 것입니다.
　　4. 그러나 그들은 오직 예수 그리스도만을 증거했습니다.
　　5. 자랑은 오직 주 안에서 주님의 십자가만 자랑해야 합니다(고전 1:26-31).

* 사람은 내일의 소망 속에서 사는데 내일은 오늘보다 밝아야 합니다. 오늘이 어제의 결실이라면 내일을 위하여 오늘 아름답고 좋은 것을 심어 내일은 아름다운 열매를 거둘 수 있는 지혜자가 됩시다.

사마리아의 전도
(8:5-13)

　여기 나오는 빌립은 열두 사도들 중 하나인 빌립이 아니고 일곱 집사 중 하나입니다. 그는 일곱 집사 명단에 스데반 다음으로 나오는 사람이며 헬라파 사람인만큼 히브리파 사람보다 외지 사마리아 전도에 적합한 인물입니다. 그들은 물질, 사업 중심이 아니라 심령에 가득찬 것은 그리스도 뿐이었습니다.

一. 사마리아에서 복음 전파
　　1. 그때 당시 사도들은 예루살렘에 머물러 있었습니다.
　　2. 그러나 집사이며 전도자인 빌립이 사마리아로 내려갔습니다.
　　3. 그는 순교한 동료 스데반을 대신하여 그의 임무를 계속했습니다.
　　4. 주님의 종은 죽어도 결코 후계자는 끊어지지 않습니다.
　　5. 그는 외지인 사마리아에 가서 복음을 전파했습니다.

二. 청중은 사마리아 수가성 주민들이었습니다.
　　1. 그들은 수가 많아지므로 무리라고 묘사되고 있습니다(6).
　　2. 청중들은 고통받는 백성이므로 병든 자와 귀신들린 자들이 있었습니다.
　　3. 그 당시 그들은 시몬의 마술에 미혹된 백성들이었습니다.
　　4. 그러나 그들은 열심이 있었습니다.
　　5. 빌립이 말하는 것에 열심히 주의를 기울였습니다.

三. 빌립의 메시지
　　1. 메시지의 중심은 오직 예수 그리스도였습니다.
　　2. 십자가에서 고난 받으신 그리스도를 증거했습니다.
　　3. 무덤에서 부활하시고 승천하신 그분을 선포했습니다.
　　4. 예수님이 메시아 되심을 확고하게 선포했습니다.

四. 전도의 결과
　　1. 그 성에 기쁜 소식이 전해졌습니다.
　　　◉ 다시 사신 예수님이 우리의 구원을 완성시키심을 선포했기에
　　2. 놀라운 해방이 그곳 주민들에게 찾아왔습니다.
　　　◉ 복음은 모든 병을 치료하고 영혼을 사탄의 권세에서 해방시킵니다.

* 설교자의 진정한 일은 예수 그리스도를 선포하는 것입니다. 나라와 민족의 진정한 번영은 그 안에 복음이 널리 보급되는 것입니다.

큰 기쁨
(8:7)

집사 빌립이 전도한 사마리아 성에는 큰 기쁨이 넘쳤습니다. 이 기쁨은 어떠한 기쁨이기에 이렇게 큰 기쁨이라고 했을까요? 이는 중요하고도 광범위한 것이므로 생각해 보도록 합시다.

一. 육신의 건강을 기뻐했습니다.
    1. 많은 중풍병자와 앉은뱅이가 나았다고 했습니다.
    2. 의학의 치료를 받고 나아도 기쁩니다.
    3. 하물며 성령님의 은사로 낳았으니 하나님의 은혜가 얼마나 큽니까?
    4. 건강은 보배보다 귀합니다.
    5. 누구든지 건강을 돈 주고 살수만 있다면 돈을 아끼지 않을 것입니다.
    6. 아무리 가난해도 자신의 건강을 돈 받고 팔 사람은 없습니다.
    7. 질병에서 고침을 받고 건강하게 될 때 기쁨은 한량없이 큰 것입니다.

二. 건전한 정신을 기뻐했습니다.
    1. 더러운 귀신들이 소리를 지르고 나갔다고 했습니다.
    2. 사마리아 성에는 미신과 우상이 가득하여 귀신들린 자가 많았습니다.
    3. 제 정신을 옳게 가지지 못하고 미친 자는 불행합니다.
    4. 사람이 마귀에게 잡히면 정신이상자가 됩니다.
    5. 빌립을 통하여 귀신이 쫓겨나고 온전한 정신을 찾았습니다.
    6. 이젠 하나님의 사람이 되었으니 큰 기쁨이 아닐 수 없었습니다.
    7. 이는 당사자와 가족과 이웃사람들도 같이 기뻐할 큰 기쁨이었습니다.

三. 심령의 평강을 기뻐했습니다.
    1. 범죄한 심령들은 늘 불안하고 공포에 떨게 됩니다.
    2. 이는 죄를 진자마다 죄의 종이 되기 때문입니다.
    3. 그들이 복음을 듣고 지은 죄를 회개하고 예수님을 믿게 되었습니다.
    4. 심령은 평강을 찾게 되었고 기쁨이 넘쳤던 것입니다.
    5. 이는 예수 안에서 구원받은 참 기쁨들입니다.
    6. 주의 기쁨이 우리 안에 충만케 되는 기쁨입니다(요 15:11).

* 예수 그리스도를 믿음으로 얻는 기쁨은 체험한 자만이 아는 큰 기쁨입니다. 그러나 이 기쁨은 자기만의 소유는 아닙니다.

빌립과 시몬
(8:8-25)

신자들 중에는 바른 신앙을 가지고 바른 길을 걷는 자가 있는 반면에 그릇된 신앙을 가지고 그릇된 길을 가는 자가 또한 있습니다. 성도는 그릇된 신앙을 멀리하고 올바른 신앙을 가지고 올바른 길을 걷는 사람을 본받고 따라가야 합니다. 시몬은 그릇된 신앙의 대표자요, 빌립은 바른 신앙의 표본이 될 만한 사람입니다.

一. 시몬의 신앙
  1. 피상적인 신앙인이었습니다.
    1) 그는 주로 믿되 호기심을 가지고 믿을 뿐이었습니다(13).
    2) 주님만 믿고 좋아하고 따르며 사랑하는 신앙이어야 합니다.
  2. 배금적인 신앙인이었습니다.
    1) 그는 돈이면 모든 것을 다할 수 있는 줄 알았습니다.
    2) 그래서 돈으로 성령의 권능까지 사려고 했습니다.
  3. 무속적인 신앙인이었습니다.
    1) 돈으로 흥정하다가 무서운 저주를 받았습니다.
    2) 이때 그는 회개하지 않고 재앙과 심판만 피하려고 한 사람입니다.

二. 빌립의 신앙
  1. 생사를 초월한 용감한 신앙인이었습니다.
    1) 스데반이 순교한 위험한 지경에서 그는 전도했습니다.
    2) 생명보다 더 귀한 것이 하나님이 주신 사명입니다.
  2. 국경을 초월한 위대한 신앙인이었습니다.
    1) 사마리아는 유대인들과는 상종도 하지 않는 적대 감정을 가지고 있습니다.
    2) 빌립은 그런 상황 속에서도 사마리아로 가서 전도했습니다.
  3. 이해를 초월한 희생적인 신앙인이었습니다.
    1) 전도를 하는데 사람들은 명분과 실리를 생각합니다.
    2) 교회 봉사 전도 사업에 이해 득실과 타산주의자가 많습니다.

* 시몬 그는 본받아서는 안될 사람이고 빌립 그는 마음껏 본받고 따를 만한 모범적인 신앙인이었습니다. 빌립 집사를 본받아 아름다운 신앙을 소유하여 하나님을 기쁘시게 해드립시다.

마술사 시몬
(8:9-13)

빌립 집사가 사마리아 성에서 전도하는 중 특히 마술사 시몬이 주님을 믿게 되었습니다. 그러나 그는 외형적으로는 세례받고 믿는 것처럼 행했지만 속 마음은 거짓이 가득차 있었습니다. 하나님은 사람을 외모로 보시지 않으시고 속 마음을 보시는 하나님이십니다.

一. 마술이란 교묘한 거짓입니다.
1. 세계적으로 제일 유명한 마술사는 후디니라는 사람입니다.
2. 그는 30여년간 마술을 통해 돈도 벌었으며 인기도 대단했습니다.
3. 그는 "마술이란 결국 사람을 속이는 것뿐"이라고 고백했습니다.
4. 문명한 현대인들 중에서도 여러 가지 마술에 미쳐 버린 자가 있습니다.
5. 여기 시몬도 거짓을 행하는 마술사였습니다.
6. 마술을 믿고 따르는 자는 한심하기 그지 없습니다.

二. 거짓은 진실 앞에 항복하고야 맙니다.
1. 마술사 시몬은 자기의 마술이 거짓이라고 자인했습니다.
2. 빌립이 행하는 표적은 참인줄 확신했습니다.
3. 그러므로 자기의 마술을 포기했습니다.
4. 빌립의 표적을 믿고 세례까지 받았습니다.
5. 누구의 권면이나 강요도 없었는데 시몬 스스로 항복한 셈입니다.
6. 모든 거짓은 진실 앞에 언제든지 항복을 하고야 맙니다.

三. 참된 항복이 아니면 탄로나고야 맙니다.
1. 시몬은 빌립의 전도에 항복하고 믿고 세례까지 받았습니다.
2. 그러나 성령님을 돈으로 사려고 했습니다.
3. 그러다가 무서운 저주와 책망을 듣게 되었습니다.
4. 하나님의 선물은 돈 주고 사는 것이 아닙니다.
5. 믿음으로 값없이 받는 은혜입니다.
6. 다시 놀란 시몬은 저주가 임하지 않도록 기도해 달라고 했습니다.

* 성도들의 가장 중요한 사실은 하나님 앞에 언제나 진실해야 하고 참된 마음 자세를 가져야 한다는 사실입니다. 거짓은 언젠가는 드러나고 맙니다. 성도는 진실해야 합니다.

가치 있는 생활
(8:26-35)

이 세상에는 가치 있게 사는 사람도 있고 가치 없게 사는 사람도 있습니다. 어떤 이는 먹을 것만 있으면 살겠다고 하고 혹은 거처할 집만 있으면 살겠다고 합니다. 그러나 의식주로 사는 것보다는 신령한 생활을 할 때 진정 가치 있는 생활을 할 수 있습니다.

一. 예배 드리는 생활입니다.
 1. 구스 내시는 먼 길에도 불구하고 예배드리기 위해 왔습니다.
 2. 그는 일이 많은 중에서도 예배드리기 위해 왔습니다.
 3. 예배드리는 생활은 하나님께 헌신하는 생활입니다.
 4. 예배를 제치고는 참된 헌신, 봉사, 희생은 있을 수 없습니다.
 5. 예배드리는 그 생활은 하나님을 기쁘시게 해 드리는 생활입니다.
 6. 멀고 바빠도 예배드리는 데 온 정성을 기울입시다.

二. 신령한 공부하는 생활입니다.
 1. 구스 내시는 여행길에서 성경을 읽었습니다.
 2. 성경의 진리를 알려고 연구했습니다.
 3. 성경 문답을 하면서 알려고 힘썼습니다.
 4. 성경 말씀 자체가 생명입니다.
 5. 이 말씀이 우리로 하여금 지혜롭게 하고 바른 길을 가게 합니다(시 19편).
 6. 말씀안에 살 때 무너지지 않습니다(마 7:24).

三. 신령한 교제를 나누는 생활입니다.
 1. 구스 내시는 권세가였고 행렬도 대단했습니다.
 2. 빌립은 초대교회 집사였고, 외형적으로 대단치 못했습니다.
 3. 그러나 그는 빌립을 병거에로 영접했습니다.
 4. 스승으로 가르침을 받게 되었습니다.
 5. 그 결과 예수 그리스도를 깨닫게 되었습니다.
 6. 믿는 성도와의 교제는 가치 있는 생활입니다.

* 여기 구스 여왕 간다게의 모든 국고를 총괄하는 권세를 가진 내시의 신앙의 한 모습을 볼 수 있는데 그는 신령한 생활을 통하여 길을 흔연히 가게 되었습니다. 우리도 이 신령한 생활에 힘쓰도록 합시다.

이상적인 성도
(8:26-40)

우리는 오늘 본문 속에서 이상적인 사역자와 이상적인 교인들을 만납니다. 이상적인 교회가 되려고 하면 이상적인 사역자가 있는 반면에 이상적인 교인이 있어야 됩니다. 이상적인 교회는 질서가 있고, 평화가 있고, 부흥이 있게 되는데 본문을 고찰해 봅시다.

一. 이상적인 사역자 빌립
  1. 하나님의 지시만 따라 사역했습니다(26).
    1) 그는 자기의 생각도 의지도 주관도 다 포기했습니다.
    2) 환난과 핍박이 있을지 모르는 광야를 따라 순종한 사역자입니다.
  2. 예수 그리스도만을 가르치고 증거했습니다(35).
    1) 그는 예수님의 십자가, 부활, 재림을 증거했습니다.
    2) 예수님만 드러내고 자랑하고 높이며 자신은 소개하지도 않았습니다.
  3. 내시에게 세례를 주어 참 신자가 되게 했습니다(38).
    1) 세례는 죄사함 받고 주와 연합하여 구원받았다는 증거입니다.
    2) 큰 일보다는 한 사람에게 복음을 바로 증거하는 일이 중요합니다.

二. 이상적인 성도 구스 내시
  1. 예배를 존중히 여긴 교인입니다(27).
    1) 국가 공직에 있는 사람이 7천리 길이나 되는 예루살렘에 왔습니다.
    2) 예배가 얼마나 귀중하고 가치 있음을 인식한 사람입니다.
  2. 성경을 알기 원하는 겸손한 교인입니다(31).
    1) 그는 여행 중에서도 성경을 읽었다고 했습니다.
    2) 성경을 사모하고 사랑한 증거요, 은혜를 갈망한 자입니다.
  3. 예수님을 위해 헌신 봉사하려는 교인입니다(36).
    1) 그는 세례 받길 원했습니다.
    2) 이는 주님께 헌신하고 봉사하고자 하는 증거입니다.
    3) 전설에 그는 자기 나라에 교회를 설립했다고 합니다.

* 이상적인 교회는 이상적인 교역자와 교인이 있어야 합니다. 빌립처럼 성령님의 지시를 따르고 주님을 바로 증거하는 교역자와 구스 내시처럼 예배와 말씀과 교회를 존중히 여기는 성도가 있어야 겠습니다.

전도자 빌립
(8:26-40)

빌립은 초대교회 집사로서 그는 성령님의 지시대로 전도하여 사마리아의 대중전도에 성공한 사람이었으며 또한 구스 내시에게 개인 전도하여 아름다운 전도의 열매를 맺은 사람입니다. 그는 오직 성령님의 지시대로 순종하여 전도에 힘쓴 사람입니다.

一. 성령님께서(주의 사자) 전도지를 지정하셨습니다(26).
　1. 성령님께서 빌립에게 직접 지시하셨습니다.
　2. 지정된 전도지는 가사였습니다.
　3. 가사로 가는 일은 광야길입니다.
　4. 가사는 우상의 도시입니다(다곤의 신전이 있었습니다).
　5. 역사가 깊은 도시입니다(노아때부터 있었습니다(창 10:19)).
　6. 블레셋 5대 도시 중의 하나입니다(애굽행의 대표적인 통로입니다).

二. 성령님이 전도 대상자를 선정하셨습니다(27-33).
　1. 전도의 대상자는 에디오피아의 국고를 맡은 구스 내시였습니다.
　2. 전도 대상자였던 구스 내시의 인품은?
　　1) 먼 거리에 예배하러 왔다가는 열심있는 사람입니다.
　　2) 병거타고 성경을 읽으며 여행하는 근실한 사람입니다.
　　3) 성경의 진리를 배우고자 은혜를 사모하는 사람입니다.
　　4) 빌립을 만나 선생으로 영접하는 겸손한 사람입니다.
　　5) 진리를 배우고 깨달아 세례를 받은 진실한 사람입니다.

三. 성령님께서 전도 방법을 가르쳐 주셨습니다(34-40).
　1. 성경을 풀어 그리스도를 소개했습니다.
　2. 예수 그리스도만을 소개하고 증거하게 했습니다.
　3. 확고히 믿게된 후 세례를 베풀었습니다.
　4. 즉시 헤어지고 다른 전도지로 떠났습니다.
　5. 성령님의 인도대로 순종하여 실천하고 떠났습니다.

* 성령님의 지시대로만 전도하면 언제나 성공합니다. 에디오피아는 구스 내시의 전도로 기독교 국가가 되었습니다. 그러므로 우리는 성령님의 지시와 명령에 따라가는 생활이어야 하겠습니다.

내시의 신앙
(8:26-40)

본문에서 구스 내시의 아름다운 신앙의 한 일면을 볼 수 있는데 그는 전설에 의하면 빌립을 통하여 예수 그리스도를 믿어 에디오피아에 교회를 설립한 인물이라고 합니다. 어쨌던 구스 내시의 신앙은 매우 아름답고 기꺼이 본받을 수 있는 믿음의 소유자라고 할 수 있으니 그의 믿음을 고찰해 봅시다.

一. 열렬한 종교심의 소유자입니다(27).
  1. 예배드리려고 예루살렘까지 왔다 가는 중입니다.
  2. 주님을 사모하는 심령임을 증거하고 있습니다(마 7:7, 13:44).
  3. 그는 예배의 중요성을 인지한 사람입니다.

二. 성경 연구에 열중한 사람입니다(28).
  1. 그는 이사야의 글을 읽더라고 했습니다.
  2. 그는 여행길에도 성경을 보았으니 대단한 독서가였습니다.
  3. 구원의 대도를 가르치신 성경을 그는 탐독했습니다(딤후 3:14, 17).

三. 전도자를 영접했습니다(31).
  1. 그는 전도자 빌립을 영접하여 병거에 타게 했습니다.
  2. 그는 전도자의 가르침을 받으려고 했습니다.

四. 겸손의 모본을 보였습니다(34).
  ◉ 빌립을 스승으로 영접한 사실로 보아 알 수 있습니다.

五. 신앙 고백을 했습니다(37).
  ◉ 예수 그리스도가 하나님의 아들 되심을 믿고 증거했습니다.

六. 세례를 받았습니다(38).
  1. 믿고 확신을 가진 후 세례받길 원했습니다.
  2. 믿고 세례 받는 자는 구원을 얻습니다(막 16:16).

七. 기뻐했습니다(39).
  1. 흔연히 길을 갔다고 했습니다(39).
  2. 이것은 기쁨이 넘쳤다는 의미입니다.

복 받은 구스 내시

(8:26-40)

一. 구스 내시가 받은 복의 내용
  1. 하나님이 보내신 훌륭한 사자 빌립을 만나게 되었습니다.
    1) 그는 성령님의 지시를 따라 행동하는 전도자입니다(26).
    2) 성경을 익숙히 알고 성경을 바로 가르치는 전도자입니다(30).
    3) 예수님만 소개하고 증거하는 전도자였습니다(35).
  2. 예수님을 영접하여 구원의 길을 가게 되었습니다.
    1) 예수님을 바로 인식했습니다(34).
    2) 예수님을 바로 영접하고 믿었습니다(36).
    3) 예수님과 연합하여 일치가 되었습니다(39).
  3. 흔연히 길을 갈 수 있게 되었다고 했습니다(39).
    1) 죄의 무거운 짐을 벗어 버리고 기쁨으로 길을 간 증거입니다.
    2) 하늘의 소망을 가지고 기쁨으로 길을 간 증거입니다.
    3) 참 영생을 얻은고로 기쁨으로 길을 갈 수 있었습니다.

二. 이 복을 받게 된 비결
  1. 예배드리러 왔다가 이 복을 받았습니다.
    1) 에디오피아에서 예루살렘까지는 6-7천리 길입니다.
    2) 먼 거리를 병거 타고 예배드리기 위해 왔다가 가는 길입니다.
    3) 이는 예배를 존중히 여겼다는 증거입니다.
    4) 예배는 하나님의 요청이요 성도의 본분입니다.
  2. 성경을 읽다가 복을 받았습니다.
    1) 성경은 믿음으로 구원에 이르게 하는 책입니다.
    2) 바르고 의롭게 살게 하는 책입니다.
    3) 선한 일을 온전하게 하는 책입니다(딤후 3:15-16).
    4) 성경은 우리들에게 복을 주시는 하나님의 계시입니다.
  3. 하나님의 사자를 영접하므로 이 복을 받았습니다.
    1) 하나님의 종들을 바로 영접하는 것이 복입니다.
    2) 기생 라합도 수넴 여자도 바로 영접했기에 복을 받았습니다.
    3) 하나님의 사자는 하나님의 일을 대행하는 자입니다.

빌립과 구스 내시
(8:26-40)

一. 복음 증거자 빌립(26)
  1. 그는 초대교회 집사입니다(행 6:5).
  2. 그는 그리스도를 전하는 방법을 알았습니다(행 8:5).
  3. 그는 구원을 얻게 하는 말씀을 가졌습니다(행 8:6-12).

二. 에디오피아 사람 구스 내시(27-31)
  1. 그는 예배드리고 집으로 가는 자였습니다(27).
  2. 그는 하나님의 말씀을 읽고 있었습니다(30).
  3. 그는 하나님의 말씀을 이해하는데 도움이 필요했습니다(31).

三. 주님의 영(29)
  1. 성령님은 말씀하십니다(29, 행 13:2).
  2. 성령님은 인도하십니다(요 16:13).
  3. 성령님은 죄를 책망하십니다(요 16:7-8).

四. 하나님의 말씀(30-31)
  1. 말씀은 하나님의 능력이 있습니다(32, 롬 1:16).
  2. 말씀은 마음을 감찰하십니다(히 4:12).
  3. 말씀은 중생을 가져오게 하십니다(약 1:18).

五. 예수 그리스도(32-35)
  1. 그는 하나님의 어린 양입니다(32, 사 53:7).
  2. 그는 죄인을 위해 죽으셨습니다(33, 사 53:8).
  3. 그는 우리를 부요케 하시려 가난한 자가 되셨습니다(고후 8:9).

六. 세례(36-38)
  1. 세례는 구원에 따라 옵니다(37, 행 16:14-15).
  2. 세례는 하나님 앞에서 성도에게 깨끗한 양심을 줍니다(벧전 3:21).
  3. 세례는 구원에 대한 증거입니다(롬 6:3-5).

七. 즐거움(39)
  1. 즐거움은 하나님의 능력을 앎으로 옵니다(시 106:8).
  2. 즐거움은 죄의 용서를 앎으로 옵니다(시 32:1-2).
  3. 즐거움은 하나님과 교제함으로 옵니다(요1 1:3).

세 사람

(8:26-40)

一. 에디오피아 사람 구스 내시

　1. 그는 부자였습니다.

　　1) 그는 큰 권세가 있는 사람입니다.

　　2) 에디오피아의 모든 국고를 맡은 사람입니다.

　　3) 높은 지위에 있는 사람이었습니다.

　2. 그는 신앙인이었습니다.

　　1) 그는 예루살렘에 올라오던 자입니다.

　　2) 예루살렘은 예배의 처소요, 희생을 드리는 곳입니다.

　　3) 그는 돌아가는 길에 병거 안에서 성경을 읽고 있었습니다.

　3. 그는 진지한 사람이었습니다.

　　1) 그는 지도하는 사람을 원하고 있었습니다.

　　2) 그는 하나님 말씀의 진정한 의미를 알고 싶어 하였습니다.

　　3) 그는 누군가 자기를 도와 줄 사람을 필요로 하고 있었습니다.

二. 집사 빌립

　1. 그는 구원의 확신을 가지고 있었습니다.

　　1) 성령으로 인치심을 받아 구원을 얻었습니다(고후 1:22).

　　2) 성령님을 마음에 모시고 교회를 위하여 섬기고 있었습니다.

　2. 그는 성령님의 지시대로 행하였습니다.

　　1) 그는 성령님이 말씀하시는 대로 내시에게로 나아갔습니다.

　　2) 성령님의 가르치심에 따라 성경을 풀어 복음을 가르쳤습니다.

　　3) 성령님의 이끌림을 받아 다른 곳으로 떠나갔습니다.

三. 예수 그리스도 구주

　1. 예수 그리스도는 우리가 사모해야 할 대상자이십니다.

　2. 그는 전파해야할 대상자 이십니다(고전 1:17, 2:2).

　3. 그는 굳게 믿어야 할 대상자이십니다(행 4:12, 요 6:5).

　4. 존귀와 영광을 돌려야 할 대상자이십니다.

　5. 그는 자랑하고 증거해야 할 대상자이십니다.

　6. 누구든지 주의 이름 부르는 자는 구원을 얻습니다(롬 10:13).

속죄의 구주

(8:32-35)

속죄란 내 죄값을 담당하고 나를 구원하심을 의미합니다. 이 세상에 종교들이 많이 있으나 속죄를 말하여 주는 종교는 기독교밖에 없습니다. 성경은 속죄해 주시는 구주 예수님을 알려주는 책입니다. 본문은 구스 내시가 빌립의 전도를 받고 구원을 얻게 될 때에 성경에 가르친 대로 속죄자 예수님임을 알고 믿어서 구원을 받았는데 그때 보게 된 성경은 이사야 53:7 이하의 말씀입니다(행 8:32-33 참조).

一. 죄인 대신 죄값으로 고난과 죽으심을 예언하였습니다.
   1. 진정한 구세주는 지극히 의로우신 분이십니다.
   2. 의로우신 분은 이 세상에서 부패와 죄악으로 더불어 충돌됩니다.
   3. 구약의 예언은 장차 오실 구주는 고난받을 사람으로 예표되어 있습니다.
   4. 구약의 속죄제를 드릴 때 양의 피를 흘려 바쳤습니다.
   5. 이는 오실 구주의 피흘려 죽을 것을 예표합니다.
   6. 신약과 오신 구주의 받은 고난에 대하여 정화히 예언하고 있습니다.

二. 구주 예수님이 받으신 고난은?
   1. 그는 양과 같은 자로 죽음의 고난을 받으셨습니다.
   2. 그는 무죄자로서 모든 죄인 대신하여 죽음의 고난을 당하셨습니다.
   3. 인간은 모두다 죄인입니다.
   4. 그러나 예수님은 무죄하시며 구주의 자격을 갖추신 분이십니다.
   5. 죄인 자신이 죄인을 구원하지 못합니다.

三. 자신이 죄인임을 알 때 속죄의 구주를 알게 됩니다.
   1. 바울은 자기 자신이 무서운 죄인임을 깨달았습니다(롬 7장).
   2. 죄가 그를 속인다고 했습니다(롬 7:11).
   3. 죄가 그를 죽인다고 했습니다(롬 7:11).
   4. 자기가 죄 아래 팔리운다고 했습니다(롬 7:14).
   5. 죄가 원하는 것은 못하고 원치 않는 것은 한다고 했습니다(롬 7:15).
   6. 죄가 그의 속에 거한다고 했습니다(롬 7:17).
   7. 그는 자기 죄 때문에 자기를 사망의 몸이라고 했습니다(롬 7:24).
   8. 자신의 죄를 깨달았을 때 구원의 소망이 주님께 있음을 확신했습니다
      (롬 7:25).

구원의 체험
(9:1-9)

사도 바울의 구원 체험은 성경에 세 차례 기록되어 있습니다. 이 사건은 사도 바울의 생애를 완전히 바꾸어 놓게 되었는데 이 생애의 전환점을 기준으로 하여 우리 모두가 스스로 물어볼 필요가 있습니다.

一. 구원 받기 전의 나의 위치는?
1. 나는 주님의 원수였습니다(행 22:4-5, 딤전 1:12-13).
2. 나는 진리의 반역자였습니다(행 26:9-11).
3. 나는 외식적인 신자였습니다(갈 1:14).
4. 나는 용서받을 수 없는 죄인이었습니다(딤전 1:15).
5. 나는 조건적인 사람이었습니다(행 22:3).

二. 구원의 필요성을 깨우쳐 주신 분은?
1. 나는 내가 핍박하던 분과 마주쳤습니다(행 9:4).
2. 주님의 음성을 듣게 되었습니다(행 9:4).
3. 나는 나의 잘못을 깨닫게 되었습니다(빌 3:4-7).
4. 나는 확신하게 되었습니다(엡 3:8).

三. 어떻게 그리스도를 영접하게 되었나?
1. 주님의 부르심을 받았습니다(갈 1:12).
2. 모든 죄악을 회개함으로써 영접했습니다(행 26:2, 갈 2:16).
3. 전적 주님을 믿음으로였습니다(갈 3:26, 행 26:19).
4. 거듭남으로였습니다(갈 1:24).

四. 주님이 나에게 베푸신 은혜와 관계는?
1. 나의 죄를 대신 지신 구주이십니다(갈 1:4).
2. 나의 중보자이십니다(딤전 2:5).
3. 나의 구속자이십니다(갈 6:14, 엡 2:13).
4. 길 안내자이십니다(요 14:6).
5. 그분이 곧 나의 생명이시며 진리이십니다(요 14:6).

* 사도 바울은 그날 다메섹 도상에서 예수 그리스도를 체험하였습니다. 그의 체험은 진정한 것이었으며 복된 것이었습니다. 주님을 믿는 성도는 진정한 체험이 필요합니다.

사울의 회심

(9:1-9)

다메섹 도상에서 부활하신 주님을 만난 사울의 회심은 우리 기독교 역사상에 큰 영향을 주었던 중대한 사건인 동시에 세계사에도 위대한 영향을 주었던 놀라운 사건이라고 역사가들이 증거합니다. 사울의 회심된 내용은 1) 반기독교자가 예수님의 사도가 되었고 2) 율법주의자가 복음주의자가 되었으며 3) 교회 핍박자가 교회 건설자로 변했습니다. 그로 말미암아 기독교의 신학이 형성되었고, 그가 남겨놓은 신약의 서신과 교회들은 기독교 역사에 큰 영향을 남겼습니다.

一. 사울의 회심 동기
  1. 주님의 부활을 믿게 됨으로였습니다.
   1) 주님이 십자가에서 영원히 죽은 것이 아니라 분명히 살아 계심을 체험했습니다.
   2) 그후 그는 부활의 주님을 증거하는 복음의 증인이 되었습니다.
  2. 부활의 주님이 하나님의 아들이심을 믿음으로였습니다.
   ◉ 그는 주가 하나님의 아들이심을 체험하고 믿었습니다.
  3. 주님을 핍박한 사실을 깨닫게 됨으로 였습니다.
   ◉ 교회를 핍박함이 주님을 핍박하는 것이 되는 줄 깨달았습니다.

二. 사울의 회심의 결과
  1. 그의 인생관이 바뀌었습니다.
   1) 전통적인 유대교인이 독실한 기독교인으로 개종되었습니다.
   2) 율법에 정통한 율법주의자가 복음의 사신으로 전환하게 되었습니다.
   3) 유대교를 옹호하고 기독교를 박해하던 자가 정반대가 되었습니다.
  2. 그의 가치관이 바뀌었습니다.
   1) 이 세상 학문과 지식보다 주님을 아는 지식을 귀중히 여겼습니다.
   2) 이 세상 부귀영화보다 주님을 더욱 존귀히 여겼습니다.
   3) 이 세상 지위 명예보다 주님의 복음과 십자가를 더 중히 여겼습니다.
  3. 그의 사명관이 바뀌었습니다.
   1) 가말리엘의 제자가 그리스도의 제자가 되었습니다.
   2) 율법주의를 대항하여 복음 진리를 전파하였습니다.
   3) 유대교를 대항하여 기독교를 변호하며, 건설하는 사명을 수행했습니다.

* 이렇게 기독교는 사람을 회심케하는 생명의 종교인 것입니다.

주여 뉘시오니이까?
(9:1-9)

사울은 길리기야 다소에서 성장하여 가말리엘 문하에서 율법을 배우고 열심히 하나님을 섬겼습니다(행 23:3). 베냐민 지파요 바리새인인 그는 엄격한 율법주의자로 독실한 자가 되어 열심히 기독교인들을 핍박했습니다. 사도행전 7장에서는 스데반을 살해하고, 이제 9장에서는 더욱 살기 등등하게 다메섹으로 가다가 도중에서 주를 뵈옵고 회개했습니다. 이때 그는 깊이 깨달은 바가 있는데 이를 사울의 7대 각성이라고 합니다.

一. 부활의 주님을 깨달았습니다.
  ◉ 십자가에서 죽으신 예수님이 살아 계심을 깨달았습니다.

二. 예수님은 영광중에 계심을 깨달았습니다.
  ◉ 하나님 우편에 계심을 깨달았습니다.

三. 성도는 주님의 지체임을 깨달았습니다.
  ◉ 신자를 핍박함이 곧 예수님을 핍박하는 일임을 깨달았습니다.

四. 죄는 예수님을 아프게 하는 것임을 깨달았습니다.
  ◉ 주님은 의로우시고 거룩하신 분이시기 때문입니다.

五. 예수님의 사랑을 깨달았습니다.
  ◉ 핍박자인 자신을 사랑하시는 주님이심을 깨달았습니다.

六. 참된 의를 깨달았습니다.
  1) 자신이 엄격히 지켜 오던 율법으로 의롭게 되는 줄 알았습니다.
  2) 그러나 그것은 주님 앞에 의가 되지 못함을 깨달았습니다.

七. 하나님의 절대 주권을 깨달았습니다.
  1) 하나님의 예정은 어길 수 없는 일들입니다.
  2) 주님 주시는 사명 역시 어길 수 없음을 깨달았습니다.

* 사울은 앞서 스데반의 순교를 통하여 그 경건하고 장엄한 죽음의 모습을 목격하고 어떤 깊은 인상을 받은 것으로 생각되는데 그러면서도 회개하기는 고사하고 핍박자의 수령으로 국외인 다메섹까지 쫓아가다가 주님을 만나 뵙고 회개하기에 이르렀습니다. 그후 그는 이상의 일곱 가지 사실을 깨달아 위대한 주님의 사도가 되었던 것입니다.

인생의 3시기
(9:1-19)

인생이 이 세상을 살아가는 동안 적어도 세 가지의 과정을 거쳐 인생길을 걸어가는 실존입니다. 기독교의 역사상에 대 사도요 대 전도자요 대 신학자였던 사도 바울 역시 이러한 세 가지의 과정을 거쳤다는 사실을 본문에서 살펴볼 수 있는데 고찰해 보면서 은혜받길 원합니다.

一. 자만의 시기
  1. 자기 자신을 지나치게 믿고 자기라는 것을 남발하는 시기입니다.
  2. 자기의 건강한 체구나 뛰어난 재질 때문에 과신합니다.
  3. 자신의 화려한 문벌이나 찬란한 학벌도 자기로 부풀어 있는 자입니다.
  4. 사회적 지위나 명망 때문에 자기를 남발합니다.
  5. 사업의 번창이나 소득의 증대 때문에 안하무인격이 되기도 합니다.
  6. 그래서 사람들은 모든 일에 자기 위주가 되어갑니다.

二. 자신의 겸손과 포기의 시기
  1. 하나님의 심판으로 옵니다.
    1) 사울은 하나님의 심판으로 거꾸러졌습니다.
    2) 교만한 자는 하나님께서 반드시 대적하십니다(약 4:6).
  2. 하나님의 사랑의 징계로 옵니다.
    1) 하나님께서 사울을 쓰시려고 겸손케 만드셨습니다.
    2) 주님께서는 사랑하는 자를 반드시 징계하십니다(히 12:6).

三. 새로운 삶의 시기
  1. 옛 사람이 죽어집니다.
    1) 중생이전의 삶은 무가치한 것입니다.
    2) 하나님 앞에서 자기 일체를 부정하는 삶입니다.
  2. 새로운 피조물로 거듭납니다.
    1) 성령안에서 그리스도의 생명으로 다시 나는 중생을 뜻합니다.
    2) 예수안에서 모든 것을 할 수 있는 새로운 생을 의미합니다.

* 인간에게 제1단계인 자만의 시기는 실패와 무가치한 삶의 시기입니다. 차라리 겸손히 낮아지는 삶이 훨씬 좋습니다. 성도는 새로운 삶 속에서 주님께로 날마다 나아가야 합니다.

택한 나의 그릇
(9:15)

다메섹에 사는 아나니아는 회개하는 사울에게 안수기도를 하도록 주께로부터 명령을 받았습니다. 그리고 사울의 앞일을 예고하신 주님의 말씀은 "이 사람은 내 이름을 이방인과 임금들과 이스라엘 자손들 앞에 전하기 위하여 택한 나의 그릇"이라고 했습니다.

一. 그릇은 주님께서 선택하십니다.
   1. 그릇은 인격을 상징하는 것입니다(롬 9:21-23, 딤후 2:20-21).
     1) 택한 그릇이란 주님의 종으로 쓰시려고 예정됨을 뜻합니다.
     2) 사울을 회개시켜 전도자 바울로 쓰신 것은 큰 인격의 발굴입니다.
   2. 선택의 교리는 하나님의 주권을 강조하는 것입니다.
     1) 창세 전에 그리스도 안에서 우리를 택하셨습니다(엡 1:4-9).
     2) 하나님께서 구원받을 자를 예정하십니다.
     3) 때가 이르러 불러 내십니다.

二. 하나님의 택하신 그릇
   1. 이방인에게 전도할 그릇으로 택하셨습니다.
     ● 그는 안디옥을 기점으로 이방인의 선교사로 대 전도자가 됐습니다.
   2. 임금들에게 전도할 그릇으로 택하셨습니다.
     1) 가이사랴에서 아그립바에게 전하였습니다(행 26:1-32).
     2) 로마에서는 가이사 황제에게 전했습니다(딤후 4:16-17).
     3) 그는 귀족 고관들에게 전도했습니다.
   3. 이스라엘 자손들에게 전도할 그릇으로 택하셨습니다.
     ● 그는 어느 성에 들어가든 먼저 유대인에게 우선적으로 전도했습니다.
   4. 주님의 이름으로 해를 많이 받을 그릇으로 택하셨습니다.
     ● 그는 여러번 죽을 고비를 넘긴 사도였습니다(고후 11:23-27).
   5. 주님의 이름으로 순교할 귀한 그릇으로 택하셨습니다.
     ● 그는 땅끝(서바나)까지 전도하고 로마에서 순교하였습니다.

* 전도자는 주님의 그릇입니다. 주님께서 택하시고 주님께서 쓰십니다. 괴로운 일을 시켜도 달게 순종하고 위험한 곳에 가라해도 죽음을 각오하고 가야합니다. 바울은 결박과 환난이 기다려도 전도자의 사명완수 위해 일사각오했습니다 (행 20:21-24).

바울의 충성

(9:19-25)

다메섹에서 예수 그리스도를 만난 후 그는 생의 완전한 전환이 있었습니다. 그는 핍박자 사울이 아니라 복음을 증거하는 하나님의 택한 귀한 그릇의 바울로 하나님께 충성했던 위대한 사도입니다. 그는 전도자가 되어 그리스도를 증거하여 충성을 다했습니다.

一. 전도자로서의 바울
  1. 그는 다메섹에서 전도했습니다.
    1) 다메섹에 온 이유는 그리스도인들을 핍박하기 위해서입니다.
    2) 이는 전도하기 가장 어려운 난 지역임에도 전도했습니다.
  2. 즉시 전도했습니다.
    1) 그는 시일을 미룬다든지 상황을 봐서 전도하지 않았습니다.
    2) 예수가 그리스도라고 깨닫는 즉시 증거한 전도자였습니다.

二. 유대인들의 반응
  1. 모두가 놀랐습니다(21).
    ● 살아 있는 교회와 성도라면 사람들을 놀라게 합니다.
  2. 사람들을 굴복시켰습니다(22).
    ● 확고한 신앙 앞에서 세상과 사람은 굴복하고 맙니다.
  3. 사울을 죽이려고 했습니다(23).
    ● 이 세상은 의인을 용납하리만큼 성결치 못하기 때문입니다(히 11:38).

三. 변화된 바울
  1. 그리스도인이 된 사울입니다.
    ● 그는 교회 핍박자였으나 이젠 그리스도인이 되었습니다.
  2. 그는 그리스도를 증거하는 전도자가 되었습니다.
    ● 스데반을 죽일 때 앞장선 자가 오히려 스데반처럼 증인이 되었습니다.
  3. 그리스도를 위해 수난자가 되었습니다.
    ● 핍박자 사울이 예수님 때문에 미움과 핍박받는 수난자로 변했습니다.

* 참된 성도는 변화가 따르게 마련입니다. 이젠 우리 성도들도 바울이 된 사울처럼 완전한 그리스도인 전도자로 변화되어 사나 죽으나 오직 주님의 영광 위해 충성하는 진정한 그리스도인으로 변화됩시다.

바울의 전도
(9:20-30)

바울의 전도법은 성도들에게 큰 교훈을 줍니다. 전도해야 될 줄 알면서도 어떻게 전도할지를 알지 못해 잘 전도 못하는 이들이 많습니다. 바울의 전도는 그 초기부터 목표가 정확했습니다. 전도하면서도 목표가 바르지 못하면 오히려 역효과가 나타나는데 바울의 전도를 생각해 봅시다.

一. 예수님이 하나님의 아들이심을 전파했습니다(20).
  1. 예수 믿으면 세상 복이나 많이 받는다고 하지 않았습니다.
  2. 예수 믿으면 아들 딸 낳고 잘 되리라고 전하지 않았습니다.
  3. 예수 믿으면 세상에서 번창, 창성하리라고 전하지 않았습니다.
  4. 그는 예수님에 대해서 바로 증거했습니다.
  5. 예수님을 이 세상의 어떤 성현으로 소개하지 않았습니다.
  6. 오직 하나님의 아들이심을 확고히 증거했습니다.

二. 예수님이 그리스도라고 증거했습니다(22).
  1. 그리스도란 말은 기름부음 받은 자란 뜻입니다.
  2. 구약에 왕 제사장 선지자에게 기름을 부어 세웠습니다.
  3. 즉 메시야 구세주란 뜻입니다.
  4. 그리스도는 죄와 사망에서 건지시는 구세주 이십니다.
  5. 그는 사탄의 세력을 멸하시고 건지시는 구세주 이십니다.
  6. 예수 그 분이 그리스도라고 증거했습니다.

三. 사랑의 전도자였습니다(20:19).
  1. 하찮은 사람은 하찮은 일에 눈물을 보입니다.
  2. 위대한 사람은 전도에 애정을 보입니다.
  3. 전도는 영혼을 구원하는 일이기 때문입니다.
  4. 영혼을 불쌍히 여기는 마음의 자세입니다.
  5. 그는 눈물을 흘리면서 애정으로 전도했습니다.
  6. 눈물의 전도는 거짓과 위선이 있을 수 없으며 영혼을 사랑하는 결과입니다.

* 사도 바울의 전도는 이렇게 분명하게 전파했습니다. 그러므로 우리들도 바울처럼 예수님은 하나님의 아들이심을 증거하고 예수님은 그리스도라고 증거하되 영혼을 사랑하는 마음으로 눈물로 전파하는 자가 됩시다.

모범적인 신자 바나바

(9:26-27)

바나바는 레위인이며 구브로에서 출생한 사람입니다. 그는 청년 때 예수 그리스도를 믿어 신자가 된 후 권면을 잘하고 안위를 잘 주었으므로 그의 본명은 요셉이었습니다. 바나바(권위자)로 개칭되었으나 모범이 될만한 그의 신앙은 한두 가지가 아니었으며 참으로 그리스도인의 아름다운 덕을 발휘한 신앙의 덕망자였습니다.

一. 구제 사업에 진력한 자입니다(행 4:36-37).
　　1. 그는 성령 충만함을 받은 자였습니다.
　　2. 그는 토지를 팔아 사도에게 바쳐 구제 사업에 쓰게 했습니다.

二. 바울을 변호해 준 사람입니다(행 9:27, 11:25-26).
　　1. 사울이 회개하고 증인이 되었어도 사람들은 그를 무서워했습니다.
　　2. 위선자로 착각을 하여 도무지 그를 만나주는 사람이 없었습니다.
　　3. 이때 바나바는 사울의 재능, 진실성을 소개했습니다.
　　4. 그는 지혜, 사랑, 용서심, 관용성을 구비한 그리스도의 종입니다.
　　5. 그는 자기 자신을 얼마든지 나타낼 수 있는 자였습니다.
　　6. 자기를 영웅시하지 않고 그리스도의 종으로서 미덕을 나타낸 자입니다.

三. 교회의 심부름꾼이었습니다(행 11:20).
　　1. 예루살렘에서 안디옥 교회가 왕성하다는 소식을 들었습니다.
　　2. 그때 바나바를 보내어 시찰하게 했습니다.
　　3. 그는 교회의 심부름꾼으로 충성한 인물입니다.

四. 전도에 힘쓴 인물입니다(행 11:25-26, 13:2-14).
　　1. 바울과 함께 전도한 신앙인이었습니다.
　　2. 안디옥에 가서 바울과 함께 1년간 동거하며 전도했습니다.
　　3. 그는 안디옥 교회에서 선교사로 바울과 함께 선정되었습니다.
　　4. 그후 그는 구브로와 소아시아 등지에서 3년간 전도했습니다.

* 뿐만 아니라 바울이 마가의 문제로 나뉠 때가 있었습니다. 그때도 마가를 데리고 구브로에 가서 전도했습니다(행 15:36-41). 그러면서도 한번의 문제를 일으키거나 자기를 내세워 권리를 주장한 일도 그에게서 찾아볼 수 없습니다. 실로 교회에 바나바와 같은 인물이 많다면 얼마나 좋겠습니까?

새 피조물 바울
(9:26-31)

바울은 다메섹에서 힘찬 복음을 전파하다가 예루살렘으로 돌아왔습니다. 다메섹으로 갈 때 그는 그리스도인들을 핍박하기 위해 대제사장의 증명서를 들고 갔지만 다메섹에서 부활하신 예수 그리스도를 만난 후 그는 그리스도인이 되어 복음 증거자로서 예루살렘으로 돌아오게 되었습니다.

一. 세상을 초월한 신앙인이었습니다.
1. 그는 옛친구, 바리새인, 제사장급 인사들로부터 냉대를 받았습니다.
  ◉ 이유는 바울이 기독교인이 되어 돌아왔기 때문입니다.
2. 예루살렘 교회에서도 바울을 탐탁하게 여기지 않았습니다.
  ◉ 기독교인 박해자가 돌아섰다고 해도 그의 신임이 두터워질 수 없었습니다.
3. 바울은 세상과 사람에게 비위를 맞추려 하지 않았습니다.
  ◉ 그는 뒤돌아 보지도 않고 예수님만 바라보고 전진했습니다.

二. 복음 전파에 최선을 다한 신앙인이었습니다.
1. 그는 자기 자신을 자랑하려고 하지도 않았습니다.
2. 기회나 보고 기웃거리지도 않았습니다.
3. 예루살렘에 돌아오자 마자 즉시 복음 전파에 최선을 다했습니다.
4. 새 사람은 복음 전파에 대담해집니다.
5. 복음 이상 더 귀한 것 없고 더 급한 것도 없기 때문입니다.
6. 복음만이 유일의 진리요 생명이요 구원이기 때문입니다.

三. 구령의 열정에 불탄 신앙인이었습니다.
1. 새 사람은 사람을 두려워하지 않습니다(마 10:28).
  ◉ 몸과 영혼을 능히 지옥에 멸하시는 하나님만 두려워 합니다.
2. 새 사람은 사람을 부러워하지 않습니다(잠 24:1).
  ◉ 이 세상 모든 것은 무가치한 것들이기 때문입니다(잠 23:5).
3. 새 사람은 사람의 영혼을 긍휼히 여깁니다(마 11:).
  ◉ 죄로 말미암아 공의로운 심판을 받게 되기 때문입니다(마 3:10).

* 바울은 사람의 비위나 맞추려고 아부한 사람이 아니며 오직 복음 전파에 최선을 다한 사람입니다. 다른 사람의 영혼을 긍휼히 여겼으므로 구령의 열정에 불탄 신앙인으로 매우 아름답습니다.

교회성장 I
(9:31)

　교회는 생명의 집단으로 성장하도록 되었는데 만약 교회가 성장하지 못하고 쇠퇴한다면 그 어딘가 병들어 있다는 증거입니다. 교회가 정상적으로 지도되고 관리되고 운영이 될 때 반드시 성장하게 마련입니다. 그렇다면 본문을 통하여 성장하는 교회의 양상을 살펴봅시다.

一. 평안하여 든든히 서가는 교회
　　1. 외부적인 평안함이 있습니다.
　　　1) 이는 예배, 집회, 선교의 자유가 보장된 상태입니다.
　　　2) 박해자 사울이 회개하고 기독교로 개종한 연유이기도 합니다.
　　2. 내부적인 평안함이 있습니다.
　　　1) 교회 안에 죄와 인본주의를 용납지 않아야 합니다.
　　　2) 교회 안에 파벌주의를 용납하지 말아야 합니다.

二. 성령님의 위로로 진행하는 교회
　　1. 성령님의 위로로 진행하는 교회는 성장합니다.
　　2. 그러나 인간의 방법으로 진행하는 교회는 쇠퇴하고 맙니다.
　　3. 성령님의 감화와 감동에 움직이는 교회입니다.
　　4. 성령님의 능력에 의해서 전진하는 교회입니다.
　　5. 이 교회는 기도와 말씀대로 움직이는 교회입니다.
　　6. 성령님의 은혜를 사모하고 갈망하는 교회였습니다.

三. 신자의 수가 더 많아지는 교회
　　1. 외부적으로 확장 확대해 나가는 교회였습니다.
　　2. 내부적으로 힘이 있는 교회였습니다.
　　3. 질적으로 향상되는 교회였습니다.
　　4. 그 결과 하나님의 은혜가 풍성했습니다.
　　5. 교회로서의 사명을 다하게 되었습니다.
　　6. 교회가 일치 단합되어 나갔습니다.

＊ 교회는 반드시 성장해야 합니다. 교회의 성장은 1) 하나님의 소원이며 주님의 요청이십니다. 2) 많은 영혼들이 구원을 받는 방편입니다. 3) 국가와 민족이 복을 받는 원인이 됩니다.

교회성장 Ⅱ
(9:31)

교회성장은 우리 개인의 신앙 성장을 의미합니다. 교회는 하나님의 백성들의 생명의 집단으로서 말씀과 신앙의 결합체입니다. 특히 하나님께서는 이 교회를 통해서 말씀을 선포하시며 영혼들을 구원하며 인류들에게 복을 내려주시는 기관으로서 가장 아끼시고 존귀하게 여기십니다. 그러므로 교회는 날로 성장하여 지상 사명을 다해야 하는데 성장하려면 어떻게 해야 하는지 생각해 봅시다.

一. 하나님의 섭리적인 은총이 있어야 합니다.
  1. 복음전파는 성령님이 임하시면 예루살렘, 유다, 사마리아 땅끝까지 입니다.
  2. 이는 교회가 설립되고 발전할 지역적 서열이 예고되었습니다(행 1:8).
  3. 본문은 사마리아의 교회 성장을 말하고 있습니다.
  4. 이곳은 이미 예수님이 복음의 씨를 뿌려놓으셨습니다.
    ◉ 이는 교회성장의 기초작업을 완성해 놓았다는 의미입니다.
  5. 사도들이 빌립 집사를 파송하여 복음을 전파했습니다(행 8:4).
    ◉ 이때는 예루살렘교회가 큰 환난과 핍박받을 때였습니다.
  6. 예루살렘 신자들의 집결과 협력이 있었습니다(행 8:1).
    1) 피난 온 예루살렘 교회 신자들이었습니다.
    2) 자신들의 죄를 철저히 회개한 자였습니다.
    3) 교회를 위해 모든 것 다 바치고 유무 상통한 신자들이었습니다.
    4) 주 위해 세상 모든 것 초개처럼 여긴 신자들이었습니다.

二. 교회 성장의 삼대 은총(9:31)
  1. 평안하여 든든히 서가는 은혜입니다.
    ◉ 이는 사랑과 양보와 겸손의 미덕입니다.
  2. 주를 경외하는 은혜였습니다.
    ◉ 주를 경외하는 성도는 성결하여 충성하게 됩니다.
  3. 성령님의 위로로 진행하는 은혜였습니다.
    ◉ 이는 힘과 소망을 주어 하나님께 영광을 돌리게 합니다.

* 교회성장을 위해 하나님께서는 은혜와 복음을 주셨고 전도자를 파송하셨으며 신앙을 주셨습니다. 이로 인해 설립되고 성장하는 교회가 되려면 1) 평안해야 하고 2) 순결해야 되며 3) 성령님의 인도를 받아야 합니다.

교회성장 Ⅲ
(9:31)

사마리아 교회는 날로 부흥성장하던 교회였는데 오늘날 성장하지 못하는 교회들도 이 지상에는 많이 존재하고 있습니다. 성장하는 교회는 바람직한 교회상이며 지상의 모든 교회가 본받고 따라가야 할 모범적인 교회라 할 수 있습니다.

一. 율법으로 죽은 자신을 알 때 성경을 사모하게 됩니다.
  1. 교회란 하나님이 불러 모으신 생명의 집단체입니다.
  2. 많은 사람 중에 하나님의 자녀로 택한 생명 집단입니다.
  3. 죄악과 사망에서 독생자의 피로 구속해 내신 생명집단입니다.
  4. 불의, 죄악에서 말씀과 성령으로 성별해 내신 생명 집단입니다.
  5. 개인적으로는 믿음의 조상 아브라함에게서 볼 수 있습니다.
  6. 집단적으로는 애굽에서 해방된 이스라엘 민족을 들 수 있습니다.

二. 주님 주신 사명을 다한 교회였습니다.
  1. 하나님께 예배와 영광을 돌리는 교회이어야 합니다.
  2. 하나님의 경륜과 말씀을 바로 선포하는 교회이어야 합니다.
  3. 하나님의 백성들을 천국으로 바로 인도하는 교회이어야 합니다.
  4. 이러기 위해서는 말씀 순종과 말씀 중심의 교회가 되어야 합니다.
  5. 신앙 중심에서 선교하는 교회가 되어야 합니다.
  6. 은혜 중심에서 봉사하는 교회가 되어야 합니다.

三. 주님의 은혜로 성장하는 교회였습니다.
  1. 평안하여 든든히 서 가는 은혜입니다.
    ◉ 질서, 화목, 일치의 교회입니다.
  2. 주를 경외하는 교회입니다.
    ◉ 세속화 되지 않고 신령한 교회상입니다.
  3. 성령님의 위로로 진행하는 은혜입니다.
    ◉ 새 힘과 용기와 의욕을 주어 새 출발하는 은혜입니다.

* 사마리아 교회는 주님이 설립하셨고 그 교회는 주님이 주신 사명을 다했을 뿐만 아니라 주님의 은혜 중에서 날로 성장하는 교회였기에 오늘날의 교회도 이렇게 성장하는 교회가 되어야겠습니다.

베드로의 생활
(9:32-35)

우리는 본문 말씀 속에서 사도 베드로의 생활을 찾아볼 수 있는데 그는 언제 어디서나 아름답고 복된 생활을 하고 있음을 볼 수 있습니다. 사람들은 형편과 환경 때문에 복된 생활을 할 수 없다고 변명을 합니다. 우리는 베드로의 생활 속에서 교훈을 얻을 수 있습니다.

一. 항상 일했습니다.
1. 베드로는 쉴 사이 없을 정도로 항상 일거리가 가득 찾습니다.
2. 일을 하기 위해서 열심히 여행을 계속 했습니다(32).
3. 그를 기다리는 일들이 어디가나 산적해 있었습니다.
4. 남이 만들어 놓은 자리에서 겨우 일하는 사람이 있습니다.
5. 사명감이 있는 사람에게는 사명에 일감이 가득합니다(요 4:35).
6. 할 일 없는 자는 사명감이 없다는 증거입니다.

二. 항상 능력이 나타났습니다.
1. 환경과 여건에 따라서 일의 능률과 효과가 나타날 때 있습니다.
2. 그렇다고 그것이 침체의 원인이라고 말할 수는 없습니다.
3. 베드로가 일한 시기는 적합한 환경도 여건도 아니었습니다.
4. 능력이 있다면 어디서나 역사가 나타납니다.
5. 주님의 장중에 붙잡히기만 하면 역사가 나타납니다.
6. 그러므로 침체의 원인은 나 자신에게 있는 것입니다.

三. 항상 열매가 맺히었습니다.
1. 베드로는 항상 성도의 모습을 바로 보여주었습니다.
2. 그 결과 전도 열매가 즉시 맺혔습니다.
3. 누구 때문에 열매가 맺히지 않는다는 것은 핑계입니다.
4. 주님의 택한 백성은 어디든지 산재해 있습니다.
5. 이런 점에서 우리들의 책임은 크지 않을 수 없습니다.
6. 남을 정죄하지 말고 나의 자신을 돌아보는 지혜자가 됩시다.

* 사도 베드로는 어디를 가나 항상 일했으며, 일할 때 능력의 역사가 나타났을 뿐만 아니라 아름다운 열매가 맺혔다고 했습니다. 우리들도 이런 놀라운 역사가 일어나도록 일어섭시다.

다비다의 생활
(9:36-43)

다비다라는 말은 아람 나라 말이며 헬라어로는 도르가라고 합니다. 본문에 나오는 다비다는 죽은 후 많은 사람들이 슬퍼했으며 베드로를 통하여 다시 제 2의 삶을 산 사람이 되었습니다.

一. 다비다의 업적
1. 선행을 심히 많이 한 사람이었습니다(36).
2. 구제하는 일을 심히 많이 했다고 했습니다(36).
3. 그는 희생과 봉사정신으로만 산 사람이었습니다.

二. 다비다의 죽음
1. 그는 선한 일을 하다가 죽었습니다.
 ◉ 악한 일의 결과로 죽는 자도 있는데 다비다는 아름다운 죽음입니다.
2. 하나님께 부름받은 죽음이었습니다.
 ◉ 아간, 고라, 가룟유다의 죽음은 하나님께 부름받은 죽음은 아닙니다.
3. 주위에서 애통하는 죽음이었습니다(39).
 ◉ 많은 사람들이 진정한 눈물을 흘리며 애석해 했습니다.

三. 다비다가 남긴 유산
1. 속옷과 겉옷들이 있었습니다.
 ◉ 불행하고 가난한 자 위해 준비해 놓은 옷들이었습니다.
2. 다비다가 돌보던 사람들이 있었습니다.
 ◉ 하나님과 사람 위해 쓰여질 때 가장 복된 유산이 됩니다.

四. 다시 산 다비다의 삶
1. 하나님과 이웃의 필요에 의해 사는 삶이었습니다.
 ◉ 그는 하나님과 이웃이 필요로 하는 인물이기에 복된 삶입니다.
2. 덤이라는 감격 속에서 사는 삶이었습니다.
 ◉ 그는 뜨거운 감격으로 은혜에 보답하려는 삶이었을 것입니다.
3. 증인으로서 사는 삶이었습니다.
 ◉ 그를 통하여 많은 사람들이 주님께로 돌아왔습니다.

* 짧은 인생을 걸어가는 우리들이 천년 만년 살 것처럼 살지 말고 다비다처럼 복되게 살다가 복되게 죽는 신앙인이 되시길 바랍니다.

베드로의 기도
(9:36-43)

　　본장 40절에 "베드로가 사람을 다 내어 보내고 무릎을 꿇고 기도하고 돌이켜 시체를 향하여 가로되 다비다야 일어나라 하니 그가 눈을 떠 베드로를 보고 일어나 앉은지라"고 했습니다. 여기 베드로의 기도는 확신에 찬 기도요 응답됐다고 하는 믿음의 기도였습니다. 따라서 베드로의 기도는 능력의 기도라고 합니다. 그의 기도를 통해 은혜받길 원합니다.

一. 고요히 기도했습니다.
　　1. 모든 힘을 집중시키기 위해 모든 사람을 다 내어 보냈습니다.
　　2. 고요히 자기 정신을 하나님께 집중하려는 자세입니다.
　　3. 히스기야가 병들어 하나님을 향한 모습입니다(왕하 20:2).
　　4. 얍복 강가에 기도하던 야곱의 모습입니다(창 32:23-24).
　　5. 정신 집중은 기도생활에 절대 중요한 것입니다.
　　6. 하나님은 영이시므로 심령으로만 교제할 수 있습니다.
　　7. 베드로는 근신하며 기도할 것을 가르쳤습니다(벧전 4:7).
　　8. 베드로의 기도는 과연 특이할 만한 기도였습니다.

二. 무릎을 꿇고 기도했습니다.
　　1. 이는 하나님께 자신을 바치는 표입니다(행 9:4).
　　2. 베드로는 자신을 하나님께 전적으로 드려 기도했습니다.
　　3. 이는 기도의 간절성을 나타내고 있습니다.
　　4. 기도의 간절성, 이는 기도의 생명입니다.
　　5. 간절히 끝까지 간청하라고 주님께서 가르쳤습니다(11:8, 18:10).
　　6. 주님께서 더욱 간절히 기도하셨습니다(겟세마네)(눅 22:44).
　　7. 간절성은 불과 같은 것입니다(약 3:3).
　　8. 사랑의 불에 터지는 기도라야 진정한 기도입니다.
　　9. 그것은 타지는 향연이요 제물이 됩니다.
　　10. 간절한 기도는 결국 하나님의 응답을 받습니다.
　　11. 기도자의 마음 속에 확신이 생겨지는 것입니다.

* 이런 기도를 하던 베드로는 응답받고 확신이 생겨져 다비다에게 일어나라고 했고 응답되어 다비다는 살아났던 것입니다.

경 외
(10:1-2)

　　하나님을 경외한다는 의미는 하나님을 공경한다는 허례가 아니라 실질적으로 하나님을 두려워함을 의미합니다(전 5:7). "꿈이 많으면 헛된 것이 많고 말이 많아도 그러하니 너는 여호와를 경외 할찌니라"라고 했습니다. 사람은 가장 두려워하는 것이 무엇인지에 따라서 그 모든 행동 원리가 결정되며 그 행복 여부도 결정됩니다. 두려워 하지 않을 것을 두려워할 때에 비진리의 생활이 나타나고 비진리는 모든 불행을 가져옵니다. 그러면 우리가 하나님을 경외해야 할 이유는 무엇입니까?

一. 하나님의 계약이 영원하기 때문입니다.
　　1. 신과 인간 계약 관계는 영원에 대한 관계를 취급합니다.
　　2. 모든 계약들은 영원을 목표하였고 영원으로 성취됩니다.
　　3. 계약은 영원한 성질이 있는 진리입니다.
　　4. 이 진리는 우리와의 관계입니다.
　　5. 그러므로 하나님 앞에서 우리는 절대 신뢰할 것이며 두려워해야 합니다.

二. 신과 인간의 계약이 하나님을 우리에게 알려 주기 때문입니다.
　　1. 계약으로 인하여 하나님을 신자에게 잘 알려짐이 되셨습니다.
　　2. 모세에게 조상의 하나님이라고 알려 주셨습니다(출 3:15).
　　3. 이는 역대적인 계약의 하나님을 의미합니다.
　　4. 택한 백성에게 알려진 하나님이란 뜻입니다.
　　5. 신, 구약 성경은 하나님이 택하신 백성을 찾아 계약하십니다.
　　6. 또한 그 계약대로 이루시는 것을 가르칩니다.
　　7. 하나님의 성품은 엄위와 인자이십니다.
　　8. 이는 우리가 그를 마음껏 경외하게 하는 성품입니다.
　　9. 우리는 두려워 떨므로 구원을 이루어 가야 됩니다(빌 2:12).

* 계약의 구원 운동으로 은혜를 받았어도 그 앞에서 두려움과 감사가 없는 심령에겐 그 나타난 은혜가 바로 그 시간에 엄위로 나타나기 때문입니다. 우리는 하나님의 인자가 동시에 엄위로 나타나기 때문입니다. 우리는 하나님의 인자가 동시에 엄위라는 것을 기억해야 되는 것입니다. 고넬료의 가정은 진정 하나님을 경외하여 하나님께 인정 받고, 은혜와 성령 충만함을 받게 되었습니다.

고넬료의 가정
(10:1-8)

성령강림 후 초대교회는 영적 부흥운동이 일어나 많은 사람들이 회개하고 입교하는 중, 8장에서는 구스 내시가 회개하고 입교했으며, 9장에서는 사울이 회개하고 기독교로 개종하게 되었고, 10장에서는 고넬료가 회개하고 입교한 후 가정적으로 성령충만함을 받게 되었습니다.

우리는 이 장에서 고넬료의 가정을 통하여 성령이 충만해야 할 필요성과 성령충만함을 받는 비결에 대해 생각해 보려고 합니다.

一. 성령 충만의 필요성
  1. 신앙 생활을 바르고 힘있게 하기 위해서입니다.
    ● 신앙 생활을 끝까지 힘있게 하려면 성령 충만이 절대 필요합니다.
  2. 영적 전쟁에서 승리하기 위해서입니다.
    ● 정욕과 세상과 마귀와 싸워 이기기 위해서입니다.
  3. 주님의 나라 확장하기 위해서입니다.
    ● 이 세상에서 복음을 증거하고 진리 안에서 살기 위해서입니다.
  4. 날마다 새롭게 전진하기 위해서입니다.

二. 성령 충만함을 받는 비결
  1. 하나님이 허락해 주셔야 합니다.
    ● 사람을 통해서가 아니라 하나님이 허락해 주셔야 합니다.
  2. 베드로를 청하여 복음을 듣고 기도했기 때문입니다.
    ● 복음의 말씀을 바로 청취하여 순종함으로 받았습니다.
  3. 간절한 기대와 갈망함이 있어야 합니다.
    ● 회개, 믿음, 기도, 순종함으로 받았습니다.
  4. 가정적으로 경건한 생활을 했습니다.
  5. 저들은 하나님을 바로 경외했습니다.
  6. 백성들을 많이 구제했습니다.
  7. 항상 기도생활을 힘썼으므로 성령 충만함을 받았습니다.

* 성령충만한 결과로 1) 가정의 환희가 충만했으며 2) 가정이 화평스러웠고 3) 가정이 신앙으로 새 힘을 얻어 부흥이 되었던 것입니다.

모범이 될 고넬료의 신앙

(10:1-8)

一. 이방 사람이 유대인의 하나님을 경외했습니다.
   1. 고넬료는 가이사랴에 주둔하고 있는 로마 군대 백부장입니다.
   2. 그는 하나님을 경외하는 일이 어려운 처지였습니다.
    1) 로마의 백부장이라는 우월감 때문입니다.
    2) 이교 문화권 영향 아래 성장한 이방인이기 때문입니다.
    3) 약소 민족의 신을 섬기는 것은 용이한 일이 아니었습니다.
   3. 그러나 그는 온 집으로 더불어 하나님을 경외했습니다.

二. 유대민족들에게는 구제에 힘썼습니다.
   1. 얼마든지 그는 유대인들에게 약탈할 수 있었습니다.
   2. 현지 주민들에게 포악과 잔인한 짓을 할 수 있는 처지입니다.
   3. 그러나 그는 현지 주민들을 많이 구제했습니다.
   4. 그는 선량한 사람임에 틀림없습니다.
   5. 신앙의 연조는 깊어도 선량치 못한 사람이 있습니다.
   6. 고넬료는 약탈 대신에 구제를 잘하는 선량한 사람이었습니다.

三. 기도에 힘쓴 사람이었습니다.
   1. 그는 유대인의 기도 시간대로 세 시간마다 기도했습니다.
   2. 그는 이방 사람이면서도 기도를 생활화했습니다.
   3. 군인으로서 하기 어려운 상황임에도 기도했습니다.
   4. 신앙이 곧 그의 매일의 삶이 되었습니다.

四. 그는 은혜를 갈망한 사람이었습니다.
   1. 그는 어려운 형편에 산 사람이 아닙니다.
    1) 사회적으로 안정된 생활을 했습니다(백부장).
    2) 단란한 가정을 가지고 있었습니다.
    3) 도덕적으로 무흠했으며 종교적으로 경건했습니다.
   2. 겸손과 갈망을 가지고 있다는 증거입니다.
    1) 매일 계속되는 그의 기도생활이 이를 입증했습니다.
    2) 천사의 지시에 즉각 순종했다는 사실이 입증했습니다.
    3) 베드로를 영접하는 태도가 입증했습니다.

합심 기도
(10:1-11)

기도는 영혼의 호흡이며, 성도로서는 반드시 해야 할 본분이요 의무입니다. 기도하는 자는 신령과 진정으로 하나님께 기도하기 때문에 하나님 중심의 기도자들의 기도가 서로 일치할 때가 많습니다. 본문에서 고넬료와 베드로의 기도가 하나되는 것을 볼 수 있습니다.

一. 고넬료의 규칙적인 기도
  1. 고넬료는 이탈리아대라 하는 군대의 백부장입니다.
  2. 군인은 항상 규칙적인 생활을 합니다.
  3. 그는 기도생활도 규칙적으로 했습니다(9시 기도 시간을 정해 놓고).
  4. 항상 기도생활을 했습니다.
  5. 그의 기도는 진실되고 간절하므로 하나님께 상달되었습니다.
  6. 그의 생활에 구제에 힘쓰는 것은 매우 귀한 신앙입니다.

二. 베드로의 생활화한 기도
  1. 제 6시는 유대인들의 고정된 기도 시간이었습니다.
  2. 그는 식사 시간 전에 기도를 했습니다.
  3. 시간을 선용하여 잠시도 쉬지 않고 기도했습니다.
  4. 기도를 호흡과 같이 중요하게 여긴 일입니다.
  5. 이는 기도의 생활화요 생활화한 기도입니다.
  6. 기도 쉬는 것은 죄라고 사무엘이 증거했습니다.

三. 두 사람의 기도 합류
  1. 고넬료는 은사를 사모하며 주의 사자를 기다리는 기도를 했습니다.
  2. 베드로는 이방인을 경외시하던 때의 기도였습니다.
  3. 두 사람의 기도가 하나되어 하나님께 상달되었습니다.
  4. 그러므로 고넬료는 베드로를 초청하게 되었습니다.
  5. 베드로는 초청받아 고넬료를 방문케 되었습니다.
  6. 성령님의 강림 역사는 언제나 기도와 동반했습니다(행 2:1-4).

* 기도는 서로 모르는 사람들끼리도 일치시키는 역사를 하며 심지어 서로 의견이 대립되는 자라 하더라도 합류시키는 역사를 나타냅니다. 베드로와 고넬료의 생각은 거리가 멀었지만 기도 중에 가까워지고 서로 일치되었습니다.

고넬료의 신앙(Ⅰ)
(10:1-8)

고넬료는 백부장입니다. 대단한 권세가요, 재산도 부요한 자 였으며 온 가족으로 더불어 하나님을 잘 섬긴 신앙의 아름다운 모범적인 가정입니다. 대체로 보면 부인들이 잘 믿고 남편이 잘 믿지 않는 경우가 많은데 여기 본문에 나오는 고넬료는 그렇지 않았습니다.

一. 직무에 충실하고 경건한 자였습니다(1-2).
　　1. 그의 직업은 로마의 군대 장교로서 백부장이었습니다.
　　2. 그의 사회적인 지위는 훌륭했으나 신앙생활에 지장이 될 수 있습니다.
　　3. 그러나 그는 경건한 인물로 평가됐습니다.
　　4. 직무에도 충실하고 진실한 사람이었습니다.

二. 하나님을 경외하며 기도생활에 힘썼습니다(2-4).
　　1. 그는 하나님을 경외하며 가정을 신앙의 분위기로 이끌어 갔습니다.
　　2. 더욱이 항상 기도에 힘쓴 인물이었습니다.
　　3. 그는 만사를 신앙 중심으로 생활한 사람이었습니다.

三. 가족을 신앙으로 통솔하고 인도했습니다(24).
　　1. 부모는 자녀들을 신앙으로 키우지 못하면 이는 실패입니다.
　　2. 자녀에게 세상 교육하는 것으로 다 된 줄 알면 큰 잘못입니다.
　　3. 신앙 교육은 절대 필요한 것입니다.

四. 구제하는 일을 많이 했습니다(24).
　　1. 백성 중에 빈민들을 많이 구제했습니다.
　　2. 가까운 친구들을 은혜의 자리에 동참시켰습니다.
　　3. 그는 하나님이 주신 복을 독점하지 않았습니다.
　　4. 경제적으로나 영적으로 나눠 주기를 힘썼습니다.

五. 하나님의 종인 베드로를 존경하며 영접했습니다(25).
　　1. 계시에 의하여 베드로를 초청했습니다.
　　2. 하나님의 종을 맞이할 때 발 앞에 엎드려 절했습니다.
　　3. 그의 말씀을 듣고 성령 충만함을 받고 세례를 받았습니다.

* 고넬료는 이방 사람이며 신앙 생활하기에 가장 힘든 환경임에도 불구하고 아름다운 신앙의 본을 보인 훌륭한 신앙 인물입니다.

고넬료의 신앙(Ⅱ)
(10:1-43)

이방인이며 크게 알려지지도 않은 고넬료가 하나님을 잘 섬겨 성령 충만함을 받은 가정에 대하여 성경은 한 장 전체를 그의 가정에 대하여 자세히 소개하고 있습니다. 우리는 그의 신앙을 통해 그의 신앙을 본받아 성령 충만한 가정이 되게 합시다.

一. 경건한 생활을 했습니다.
　　1. 경건의 연습은 금생과 내생에 유익하다고 했습니다(딤전 4:8).
　　2. 경건은 세속에 물들지 않고 자기를 절제하는 것입니다(약 1:26-27).
二. 철저히 가정 예배를 드렸습니다(1).
　●그는 온 집으로 더불어 하나님을 경외했습니다(1).
三. 백성을 많이 구제 했습니다(2).
　●그는 천국에 많은 것을 저금했습니다(마 19:21).
四. 항상 기도했습니다(2).
　●이는 예수님이 우리에게 명하신 것입니다(눅 18:1).
五. 주님의 명령에 복종 했습니다(7).
　●계시로 지시받은 대로 행했습니다.
六. 개인 전도를 행했습니다(24).
　●그는 일가와 가까운 친구를 모아놓고 말씀 들으려고 했습니다.
七. 사도 베드로를 환영하며 영접했습니다(24).
　●그는 베드로를 환영할 뿐 아니라 기쁨으로 영접했습니다.
八. 그의 겸손을 뚜렷이 보여 줍니다(25).
　　1. 그는 로마제국 백부장으로서 당당한 권세가였습니다.
　　2. 그러나 그는 식민지 백성이며 천한 지위에 있는 베드로에게 절했습니다.
九. 신령한 생활을 했습니다(33).
　●하나님 앞에서 살려고 했습니다.
十. 말씀을 들었습니다(33).
　●그는 겸손히 베드로의 말이지만 하나님의 말씀으로 들으려고 했습니다.
　●그는 외식적인 바리새인이 부끄러워할 만큼 아름다운 신앙생활을 했습니다. 그의 신앙을 본받아 제2의 고넬료가 되어 봅시다.

베드로가 본 환상
(10:9-22)

사도 베드로는 계속적인 기도를 드리다가 하나님이 보여주시는 환상을 보게 되었는데 하늘로부터 내려오는 그릇의 환상을 보았습니다. 이는 베드로 자신뿐만 아니라 교회에게 큰 의미를 주는 복된 사건이므로 고찰해 보며 은혜받길 원합니다.

一. 환상의 시기
1. 제6시에 보았다고 했습니다(9).
2. 제6시는 유대인의 기도 시간입니다.
3. 그들의 기도시간은 제3시, 6시, 9시로 정해져 있습니다.
4. 그러므로 그는 계속적인 기도 시간을 가졌었습니다.
5. 기도 시간에 하나님께서 그에게 환상을 보여주셨습니다.
6. 분주복잡한 시간일지라도 기도에 최선을 다해야겠습니다.

二. 환상의 내용
1. 하늘에서 직접 그릇과 그 안에 짐승이 담겨져 있었습니다.
   ◉ 하늘로부터 내려 왔으므로 인간이 감히 속되다고 할 수 없습니다.
2. 그릇의 네 귀퉁이를 끈으로 매어 땅에 드리었습니다.
   ◉ 이는 하나님께서 그것을 소중하게 다루심을 뜻합니다.
3. 그릇이 하늘에서 내려온 것처럼 다시 하늘로 올라갔습니다.
4. 하나님이 깨끗하게 하신 것이니 잡아먹으라고 하셨습니다.

三. 환상의 의미
1. 사람이 하나님 이상이 될 생각을 하지 말라는 것입니다.
2. 인간은 그 누구도 하나님 이상일 수가 없다는 것입니다.
3. 외식적인 경건이 종교인의 함정이 되고 맙니다.
4. 이것 때문에 서기관 바리새인이 예수님을 배척했습니다.
5. 이 때 고넬료가 보낸 종들이 도달했습니다.
6. 하나님께서 베드로에게 가라고 하셨습니다.

* 성도는 속되고 부정한 것들을 배격하고 깨끗하고 거룩한 것을 힘써 추구해야 마땅하나 속된 것과 거룩한 것을 분별하는 기준이 바로 되어야 합니다. 자칫하면 하나님이 깨끗하게 하신 것을 속된 것으로 단정하는 잘못을 범하게 됩니다.

나도 사람이다
(10:33-26)

고넬료는 자신이 초청하여 찾아온 베드로를 너무 높여 엎드려 절했습니다. 그러므로 베드로는 그런 존경받기를 거절하여 나도 사람이라고 했습니다. 사람을 경외하다시피 너무 존경하는 것은 큰 잘못입니다.

一. 이방 종교의 대부분은 인물 숭배입니다.
　　1. 교조들의 특이한 생활이나 공적을 숭배합니다.
　　2. 우상으로 만들어서 숭배하기도 합니다.
　　3. 산 사람을 숭배하는 것도 산 우상 숭배입니다.
　　4. 인간은 천하만인이 다 형제격입니다(마 23:8).
　　5. 사람은 숭배할 것도 숭배 받을 것도 아닙니다.

二. 사람을 숭배함은 노예적 사상입니다.
　　1. 사람 위에 사람 없고 사람 밑에 사람 없습니다.
　　2. 사람 숭배는 야비, 아첨, 굴종의 부도덕입니다.
　　3. 사람은 마귀의 노예도 사람의 노예도 아닙니다.
　　4. 사람을 숭배하는 것은 하나님이 주신 사람의 특권을 포기하므로 죄입니다.

三. 사람을 숭배함은 하나님을 멸시하는 태도입니다.
　　1. 하나님의 형상으로 지음받은 특별 은총을 행사해야 합니다.
　　2. 하나님께 돌릴 영광을 사람에게 돌리는 것은 부당합니다.
　　3. 사람의 성공하는 것도 하나님께서 주시는 복입니다.
　　4. 숭배를 받는 사람은 하나님의 영광을 가로채는 것입니다.

四. 가톨릭은 인물 숭배하므로 비성경적입니다.
　　1. 마리아를 숭배하고 있습니다.
　　2. 베드로를 숭배하고 있습니다.
　　3. 천사들을 숭배하고 있습니다.
　　4. 요셉을 수호신으로 숭배하고 있습니다.
　　5. 교황을 숭배하는 망동을 저지르고 있습니다.
　　6. 이들은 기독교가 아닌 적그리스도요, 이단 종파입니다.

* 베드로는 고넬료의 지나친 존경을 거절하면서 "나도 사람"이라고 했습니다. 이 세상의 모든 사람은 하나님이 만드신 사람일 뿐임을 기억해야겠습니다.

성령의 역사는

(10:23-48)

베드로를 맞이한 고넬료의 가정에서 주님의 놀라운 은혜로 기적이 일어나고 있었습니다. 멀리 가이사랴에 주둔하고 있는 일개 로마 군인인 고넬료의 가정에 이토록 놀라운 성령님의 역사가 일어난 이유를 생각해 봅시다.

一. 준비가 있었기 때문입니다.
    1. 고넬료는 가족들과 하인들과 친구들까지 불러 모아 놓았습니다.
    2. 즉 베드로가 오기를 준비하고 기다리고 있었습니다(24, 27).
    3. 베드로를 통해 내려주실 은혜를 받아들일 준비를 갖추고 있었습니다.
    4. 성령님의 역사는 그를 위한 준비에 정비례합니다.
    5. 120명의 성도가 성령 충만함을 받은 것도 열흘 동안 기도로 준비한 후였습니다.

二. 겸손한 생활이었기 때문입니다.
    1. 신앙의 길에 필수 요건은 첫째도 둘째도 셋째도 겸손입니다.
    2. 여기 고넬료는 베드로 앞에서 겸손히 절하며 영접했습니다.
    3. 고넬료의 신분은 막강한 점령군 장교였습니다.
    4. 베드로는 로마의 통치 아래 있는 일개 무명 인사였습니다.
    5. 또한 베드로는 나도 사람이라고 하는 겸손을 보여 주었습니다.

三. 갈망이 있었기 때문입니다.
    1. 고넬료는 모든 면에서 풍족한 사람이었습니다.
    2. 구제를 했으니 경제적인 면으로 어려움이 없었습니다.
    3. 백부장이기에 권세로도 명예로도 대단했습니다.
    4. 그러나 그는 하나님 앞에서 말씀을 기다렸습니다(33).
    5. 갈망이 있는 사람에게는 항상 감사할 일들이 넘칩니다.

四. 화합이 있었기 때문입니다.
    1. 고넬료는 지도를 받는 입장에서 기도로 준비했습니다.
    2. 베드로도 기도하던 중에 하나님의 지시를 받고 갔습니다.
    3. 즉 둘 사이는 기도로 맺어진 사이였습니다.
    4. 또한 가족과 하인 친구까지 함께 기다렸습니다.
    5. 온 가족과 친지들이 하나됨을 엿볼 수 있습니다.

* 준비, 겸손, 갈망, 화합 이것들은 아름다운 역사를 창조하는 힘이 됩니다.

은 혜
(10:24-33)

가이사랴의 고넬료는 이탈리아대의 군대 백부장으로서 그는 가족과 함께 하나님을 경외하며 백성을 많이 구제했으며, 무엇보다 항상 기도 생활을 힘씀으로 하나님께서 사도 베드로를 특별히 그 가정에 파송하여 은혜와 성령을 충만히 받도록 하셨습니다. 고넬료는 이때 자기 개인은 물론이거니와 일가와 가까운 친구들까지 불러 모아놓고 은혜를 사모하여 주의 사자를 기다리고 있었습니다. 그러므로 이 장에서는 고넬료를 통하여 성도의 한 모습을 본받으려 합니다.

一. 은혜는 독점해서는 안됩니다.
1. 세상의 물질은 나누면 나눌수록 적어집니다.
2. 은혜는 나눌수록 반비례 되는 것입니다.
3. 하나님이 주시는 은혜는 나눈다고 적어지는 법이 없습니다.
4. 은혜는 독점할 필요도 없고, 독점해서도 아니됩니다.
5. 나눌수록 기쁨이요, 유익이 오는 것입니다.
6. 은혜는 나눌수록 많아지고 남에게도 은혜를 끼치게 됩니다.
7. 고넬료는 자기 혼자 은혜를 받지 않고 일가와 친구들을 청했습니다.
8. 모두 함께 풍성한 은혜를 받게 되었습니다.

二. 남에게도 은혜를 베풀려는 간절한 심정이 귀합니다.
1. 남들도 은혜를 받도록 원하는 것은 하나님 보시기에도 귀한 일입니다.
2. 은혜를 사모하는 간절하고 불타는 심정일 것입니다.
3. 은혜가 귀한 줄 모르는 자는 은혜를 못 받습니다.
4. 보배의 가치를 모르는 자에게는 보배가 필요 없습니다.
5. 주님께서는 거룩한 것을 개에게 주지 말라고 하셨습니다.
6. 진주를 돼지 앞에 던지지 말라고 하셨습니다(마 7:6).
7. 고넬료는 자신도 은혜를 사모했습니다.
8. 그리고 다른 이도 은혜의 필요를 알고 받게 하려고 힘썼습니다.

* 이방 사람이며 신앙생활 하기에 좋지 못한 위치에 있었던 고넬료는 결국 자기 자신은 말할 것도 없고 말씀을 듣는 모든 사람에게 성령이 임하게 되어 풍성한 은혜를 받았던 것입니다(10:44).

은혜 사모
(10:24-33)

　　고넬료는 사도 베드로를 청하여 은혜를 받으려고 일가와 가까운 친구들을 불러모은 후 기다리고 있었습니다. 이것은 자기뿐만이 아니라 남들로 하여금 은혜받게 하려는 불타는 마음에서 한 일입니다(10:14). 그 뿐만이 아니라 베드로가 그의 집을 찾아 왔을 때에 그는 대답하기를 "우리는 주께서 당신에게 명하신 모든 것을 듣고자 하여 하나님 앞에 있나이다"라고 겸손히 말했습니다. 본문을 통해 그의 은혜 사모하는 모습을 생각해 봅시다.

一. 남들로 하여금 은혜받도록 힘쓰는 노력을 했습니다.
　　1. 고넬료는 자기만 은혜 받으려고 하지 않았습니다.
　　2. 다른 사람들까지 은혜를 받게 하려고 간절히 사모했습니다.
　　3. 하나님은 이런 사람에게 은혜 주시기를 기뻐하십니다.
　　4. 이는 중풍병자를 네 사람이 메고 예수님께 온 것과 같습니다.
　　5. 그들은 지붕을 뚫고 병자를 예수님께 내려 놓았습니다.
　　6. 그 결과 고침을 받고 칭찬 받은 일이 있습니다(막 2:1-12).
　　7. 자신의 영혼이 귀하듯 남의 영혼도 귀한 것입니다.
　　8. 이런 자세는 은혜를 사모하는 불타는 간절성이라 할 수 있습니다.

二. 하나님의 종의 말씀을 하나님 말씀으로 여겼습니다.
　　1. '고넬료는 우리가 다 하나님 앞에 있나이다'라고 했습니다(10:33).
　　2. 이는 베드로의 말을 하나님 말씀처럼 여기는 심리 표현입니다.
　　3. 베드로는 하나님의 말씀을 하는 것 같이 하라고 했습니다(벧전 4:11).
　　4. 예수님도 바리새인의 교훈은 들으라고 했습니다(마 23:2-3).
　　5. 하나님은 자기의 종들의 입을 통하여 말씀하십니다.
　　6. 하나님의 종들을 멸시하는 것은 하나님의 말씀을 멸시하는 것과 같습니다.
　　7. 전도자는 하나님이 세운 사람들입니다.
　　8. 그러므로 그 말을 들을 때 하나님 말씀 듣듯이 행해야 합니다.
　　9. 말씀 전하는 전도자는 두려움으로 진리를 전해야 합니다.

* 하나님 앞에서 진정한 사명을 받은 전도자가 그 두려운 소명감을 가지고 외치는 설교는 하나님의 말씀을 나타냅니다. 그러므로 그런 말씀을 듣는 자들은 하나님 앞에서 말씀 들으려는 마음을 가져야 됩니다.

오셨으니 잘 하였나이다
(10:33)

가이사랴의 백부장 고넬료가 하나님의 뜻을 따라 사도 베드로를 초청하여 맞을 때 환영하는 말이 곧 "오셨으니 잘 하였나이다"라고 했습니다. 이는 유명한 환영사라고 할 수 있겠습니다. 그 이상의 훌륭한 환영사가 있을 수 있겠습니까? 그 뜻을 생각해 봅시다.

一. 청한 대로 오셨으니 잘 하였나이다.
　　1. 누구든지 요청을 들어줄 때처럼 흐뭇하고 감격스런 일은 없습니다.
　　2. 고넬료는 이미 은혜를 사모하여 하나님과 영적 교제의 생활을 했습니다.
　　3. 그러나 말씀을 듣고 더 잘 믿으려는 심정으로 계시를 받고 초청했습니다.
　　4. 베드로는 오기 힘든 여건이 개재해 있었습니다.
　　5. 그는 거부권을 행사하려고 했으나 계시를 받고 순종했습니다.
　　6. 이는 고넬료의 기도의 힘에 이끌림을 받았다는 증거이기도 합니다.

二. 하나님의 사자가 오셨으니 잘 하였나이다.
　　1. 베드로는 개인의 자격으로 온 것이 아니고 하나님의 사자로 왔습니다.
　　2. 베드로는 이방인인 고넬료의 집에 오는 것을 꺼려했습니다.
　　3. 그러나 그는 하나님의 보내심을 받고 왔던 것입니다.
　　4. 특히 이방인에게 구원의 문을 여는 하나님의 사자로 보냄을 받았습니다.
　　5. 고넬료는 하나님의 사자로 믿고 절하여 그를 영접했습니다.
　　6. 이는 예수님 자신을 영접하는 일이기 때문입니다(마 25:40).

三. 복을 받게 되었으니 잘 하였나이다.
　　1. 고넬료 자신과 가족들은 하나님의 특별한 은혜를 갈망했습니다.
　　2. 목마른 사슴이 시냇물 찾듯이 갈급한 심령 위에 은혜가 임합니다.
　　3. 하나님은 강제로 은혜를 주시진 않습니다.
　　4. 억지로 은혜와 복을 베푸시는 법이 없습니다.
　　5. 구하고 찾고 두드리는 이에게 내려주십니다.

* 고넬료는 베드로가 찾아 왔을 때는 대답하기를 "우리는 주께서 당신에게 명하신 모든 것을 듣고자 하여 하나님 앞에 있나이다"라고 했습니다. 이는 하나님의 종의 설교는 하나님의 말씀으로 여긴다는 심리적 표현입니다. 이런 심정으로 은혜를 사모하고 갈망하면 놀라운 성령의 충만함을 받을 수 있습니다.

주가 되신 예수 그리스도
(10:36-48)

로마의 귀족 출신 군인 고넬료의 청함을 받은 사도 베드로는 이방인 전도의 필요를 느껴 기도하던 중 고넬료의 집으로 갔습니다. 기도하는 자에게는 지각에 뛰어난 일들이 곧 잘 일어납니다(빌 4:6-7). 고넬료의 집에 가서 베드로가 설교한 제목은 주 되신 예수 그리스도였는데 이방인을 위한 설교로서 매우 좋은 제목이었습니다.

그 내용도 역시 주 예수 그리스도에 대한 증거였으니 생각해 봅시다.

一. 전도하신 주 예수 그리스도(37-38)
　　1. 성령 충만함을 입으신 예수 그리스도
　　2. 이 세상 계실 때 선을 행하신 예수 그리스도
　　3. 놀라운 이적을 행하신 예수 그리스도
　　4. 하나님이 늘 함께 하신 예수 그리스도 이십니다.

二. 십자가에 죽으신 주 예수 그리스도(39)
　　1. 죽인 자는 "저희들" 즉 유대인과 로마인들이었습니다.
　　2. 증거자는 "우리"이며 사도들이라고 했습니다.

三. 삼일만에 부활하신 주 예수 그리스도(40-41)
　　1. 모든 백성에게 보이지 아니하심은 신앙이 없기 때문입니다.
　　2. 미리 택한 증거자들에게 나타나 보이심(12차나)
　　3. 사도들과 동식하셨습니다(요 51:13).

四. 심판자가 되신 주 예수 그리스도(42)
　　1. 먼저 전파하신 후에 심판하십니다.
　　2. 하나님의 작정대로 심판하십니다.
　　3. 산 자와 죽은 자를 모두 심판하십니다.

五. 믿는 자에게 사죄하시려는 주 예수 그리스도(43)
　　1. 선지자의 증거 곧 성경대로(렘 31:34, 시 51편)
　　2. 고넬료는 의인이라고 했습니다(22).
　　3. 그러나 그도 예수의 피를 믿어야 사죄함을 받는다고 했습니다.

* 베드로는 고넬료의 가정에 초청받아 주가 되신 예수 그리스도를 증거하였고, 고넬료는 믿음으로 성령을 충만히 받았습니다.

교회의 논쟁
(11:1-18)

베드로가 이방인 고넬료의 집에 초대되어 가서 설교한 사실 때문에 예루살렘에 있던 할례자들(의식에 치우친 교권자들)은 오히려 트집을 잡아 사도 베드로를 힐난했습니다. 이때에 베드로는 성실한 해명과 설득으로 그들을 감동시켜 아름다운 결론을 내리게 되었습니다(18).

一. 교회의 문제는 하찮은 문제로부터 발생합니다.
   1. 본질적인 것 보다는 비본질적인 것에 관해 일어났습니다.
   2. 내적인 사상과 성품보다는 외적인 형식과 의식에 관해서였습니다.
   3. 영적 신앙 문제가 아닌 신체의 의식에 관한 것이었습니다.
   4. 고넬료의 믿음보다는 할례를 가지고 문제 삼았습니다.
   5. 베드로가 신앙을 시험해 보지도 않고 가입시켰다는 것입니다.
   6. 이러한 사소한 것들이 문제를 일으켰습니다.

二. 문제 해결의 과정
   1. 문제 해결을 위해 자칫 하면 다툼과 분노를 일으키게 됩니다.
   2. 그러나 양측에서 듣고 이해함으로 해결 되었습니다.
   3. 베드로는 그가 한 일들을 솔직하게 이야기 했습니다.
   4. 하나님의 인도하심에 따라 이야기했습니다.
   5. 그러므로 오해를 제거하고 의심을 풀어 주셨습니다.
   6. 형제들도 온화한 기질로 받아들여 빨리 해결되었습니다.

三. 베드로의 온유함을 볼 수 있습니다.
   1. 그는 자신의 권위를 주장하지 않았습니다.
   2. 형제들의 권위에 대해 자신의 권위로 맞서지 않았습니다.
   3. 많은 깨달음을 가지고 있다고 뽐내지도 않았습니다.
   4. 상세하게 자신의 일들을 설명하고 해명했습니다.
   5. 하나님의 뜻을 찾고 따르고자 하는 열망이 있었습니다.
   6. 불화를 막고자 하는 마음이 있었기 때문입니다.

* 그들은 그들의 기초에 맞는 견해만을 더 이상 고집하지 않았고 오히려 하나님께서 간섭하셔서 결정하신다면 모든 논쟁은 끝이 난다는 것과 또 끝이 나야만 한다는 것을 느끼면서 겸손하게 순종하는 자세로 그 하나님의 결정을 받아들였습니다.

하나님을 향하여
(11:1-18)

베드로 사도가 고넬료의 가정에서 말씀을 증거하므로 문제가 이야기 되었으나 베드로의 설명을 들은 후 서로가 이해를 하고 하나님께 크게 영광을 돌린 이후에 모든 성도가 하나님을 향하여 전진하게 되었습니다. 그러므로 오늘날의 교회도 모든 사람이 오직 하나님만을 목표로 하고 전진해야 합니다.

一. 종족 간에 차별없이 전진
  1. 유대인의 율례에 의하면 유대인과 이방인과의 교류는 금지 사항입니다.
  2. 함께 방문하거나 식사와 사업을 함께 할 수 없는 금기 조항입니다.
  3. 이방인이 유대교로 개종하려면 반드시 할례를 받아야만 합니다.
  4. 그러므로 양측은 항상 적대 감정을 가지고 있었습니다.
  5. 베드로와 고넬료는 모두 하나님의 명령에 순종했습니다.
  6. 그 결과 성령 충만함을 받았으므로 종족의 차이는 있을 수 없습니다.

二. 계층간에 구별없이 전진
  1. 베드로가 고넬료의 집 방문 전도를 맹렬히 힐난했었습니다.
  2. 이는 율법 조항의 위반이며 신성모독이라고 했습니다.
  3. 그러나 주님은 땅끝까지 복음 증거하라고 하셨습니다.
  4. 베드로가 고넬료의 집 방문 전도는 하나님의 명령이었습니다.
  5. 그 결과 가이사랴에 믿는 무리가 생겨 복음의 영역이 확장됐습니다.
  6. 계층간에 대립은 금물이며 이해와 협력으로 전진해야 합니다.

三. 교회간에 갈등없이 전진
  1. 교회와 교회 사이 의견과 주장의 차이가 있을 수 있습니다.
  2. 쌍방이 하나님께 목표를 두고 나아가야 합니다.
  3. 예루살렘, 가이사랴 교회는 마음을 같이 했습니다.
  4. 한국에는 교파도 많고 교회도 많습니다.
  5. 교세 확장과 인기 획득을 위해 나아가면 잘못입니다.
  6. 교인 쟁탈전은 배격하고 하나님께로 나아가야 됩니다.

* 이렇게 종족간에, 계층간에, 교회간에 모두가 하나님을 향해 전진할 때 1) 성령님이 임하십니다. 2) 총화가 이룩됩니다. 3) 전진이 실현됩니다. 4) 기쁨이 충만케 됩니다. 그러므로 하나님께 목표를 두고 계속 전진합시다.

베드로의 설교
(11:4-18)

"베드로가 저희에게 이 일을 차례로 설명하여 가로되"라고 했습니다. 이는 베드로의 설교 내용의 특이성을 찾아볼 수 있는데 이 말씀 속에서 베드로의 독특한 설교를 생각해 보도록 합시다.

一. 질서 정연하고 조직적이었습니다.
  1. 말씀은 질서 정연해야 합니다.
  2. 논리적인 연관성을 가지고 전해야 합니다.
  3. 적절한 비율로 제지해야 합니다.
  4. 계시의 내용들을 차례대로 전개시켜나가야 합니다.

二. 명료하고 단호하게 전했습니다.
  1. 그가 말하는 주제를 충분하게 이해하고 있어야 합니다.
  2. 자신의 사상에 통달한 사람이어야 합니다.
  3. 주제와 사상을 명쾌하고 힘있게 표현할 수 있어야 합니다.

三. 알기 쉽고 상세하게 말했습니다.
  1. 단편적이거나 사소한 것에 치우쳐서는 안됩니다.
  2. 또한 큰 공백을 남겨 두어서는 안됩니다.
  3. 설교의 전체 내용을 통해 하나의 논지가 제시되도록 해야 합니다.
  4. 좀더 중요한 부분에 대해서 특별히 부각시켜야 합니다.

四. 체험적이고 감동적으로 말했습니다.
  1. 청취자와의 관계없이 전달되어서는 안됩니다.
  2. 객관적인 진리인 것처럼 이야기해서도 안됩니다.
  3. 내적인 생활에 적용이 되어야 합니다.
  4. 또한 그렇게 인식하고 있는 것처럼 전달되어야 합니다.

五. 인격적이고 실제적으로 전했습니다.
  1. 회개를 목적으로 전해야 합니다.
  2. 심령을 바꾸어 놓는 목적으로 전해야 합니다.
  3. 감정에만 치우치게 해서는 안됩니다.

* 오늘날의 설교자들은 무수히 많은 설교들을 하고 있습니다. 그러나 진정한 설교는 생명력이 있는 설교이어야 합니다.

구원 얻을 말씀

(11:14-16)

하나님의 말씀은 구원을 필요로 하는 사람들에게 구원을 얻게 하는 능력의 말씀입니다. 구원의 말씀을 생각해 봅시다.

一. 구원의 말씀
  1. 구원의 성격과 필요성
    1) 성격 : 죄의 저주와 사망 권세의 오염에서 건짐을 받는 것입니다.
    2) 필요성 : (1) 모든 사람이 죄로 말미암아 정죄 아래 있으므로
              (2) 죄의 도덕적인 오염으로 더러워져 있으므로
  2. 구원의 근거와 방법
    1) 근거 : 성육신하신 하나님의 아들 예수 그리스도 이십니다.
    2) 방법 : 예수 그리스도의 사죄를 믿는 것입니다.
  3. 구원을 받는 사람들
    1) 신자들 : 그리스도를 신뢰하는 믿음으로 구원을 받습니다.
    2) 그들의 가족들은 믿음의 똑같은 조건을 따름으로 구원을 받습니다.

二. 구원의 말씀을 기억해야 합니다.
  1. 이는 신앙인의 아름다운 훈련이 됩니다.
    1) 주의 말씀이 천천 금은보다 귀함을 아는 사람들입니다.
    2) 신앙적이고 헌신적인 사람들의 훈련입니다(시 119:32).
    3) 주의 증거는 나의 기쁨이라고 했습니다(시 119:24).
    4) 주의 말씀이 나의 모사라고 했습니다(시 119:24).
    5) 그러므로 이 말씀 기억하는 것은 영적인 훈련입니다.
  2. 기억하는 것은 유익하게 사용될 수 있습니다.
    1) 성도들을 실수와 죄를 범하는 데서 구해 줍니다(마 26:75, 요 2:22).
    2) 절망과 고통의 때에 주의 백성을 위로해 줍니다(눅 24:8).
    3) 믿음의 역사와 사랑의 수고를 하도록 격려해 줍니다.
    4) 기도의 응답을 보장하여 줍니다(요 15:7).
    5) 주님의 제자로서의 성실성을 증거해 줍니다(시 8:31).
    6) 말씀 기억하는 것은 엄청난 성도의 유익입니다.

* 구원의 말씀을 기억하고 전하는 데 전력을 기울입시다.

내가 누구관대
(11:17)

고넬료가 하나님께 기도하던 중 주의 사자를 통하여 시몬 피장의 집에 우거하는 베드로를 청하여 말씀을 들으라 하여 그대로 순종해서 베드로를 초청했습니다. 이에 베드로가 고넬료의 가정에 가서 말씀을 증거하므로 성령님이 임하였는데 이 일에 대하여 반론하는 제자들이 있으므로 "내가 누구관대 하나님을 능히 막겠느냐"고 했습니다.

一. 그는 단지 약한 피조물이었습니다.
  1. 하나님은 전능하신 창조주이십니다(단 4:35).
  2. 하나님은 뜻대로 하실 수 있는 권리를 가지신 분이십니다(사 45:9).
  3. 인간은 하나님의 피조물입니다.
  4. 하나님이 하라는 대로 할 수 밖에 없는 약한 피조물입니다.
  5. 하나님의 뜻을 거스릴 수 없는 약한 피조물입니다.

二. 그는 단지 보냄을 받은 종에 불과하였습니다.
  1. 하나님은 종들을 보내는 주권자이십니다.
  2. 하나님의 목적이 있어서 종들을 파송하십니다.
  3. 종들은 하나님의 목적을 깨달아야 합니다.
  4. 개인적인 소원보다는 하나님의 뜻에 복종해야 합니다.
  5. 인간은 오직 하나님의 종일 뿐입니다.

三. 그는 단지 은혜를 받은 자에 불과하였습니다.
  1. 하나님은 은혜를 베푸시는 분이십니다.
  2. 은혜를 누구에게 주어야 할 권리는 하나님께 있습니다.
  3. 베드로는 다만 주시는 하나님의 은혜를 받을 뿐이었습니다.

四. 그는 단지 교회의 일원일 뿐이었습니다.
  1. 교회의 머리는 주님이십니다.
  2. 교회 가입에 관한 문제를 정할 권리는 주님께만 있습니다.
  3. 그는 다만 교회의 한 지체일 뿐입니다.

* 오늘날 이단 종파에서는 베드로를 우상화하여 교황 제도를 만들어 놓고 숭배하는 적그리스도가 있습니다. 인간은 오직 피조물이요 하나님의 종일 뿐 그 이상이 될 수도 없고 되게 만들어서도 안됩니다.

생명 있는 회개
(11:18)

기독교에서 사랑, 회개라는 단어를 많이 사용해 옵니다. 우리는 오늘 본문에서 생명을 얻는 회개란 어떤 회개인지를 고찰해 보므로 은혜를 받고자 합니다. 생명 얻는 회개란?

一. 회개의 성격
1. 한 영혼이 자신의 자아와 죄악에서부터 떠나는 것입니다.
2. 떠날 뿐만 아니라 그리스도와 거룩함으로 돌아오는 것을 뜻합니다.
3. 즉 이기적이고 세속적이며, 비종교적인 데에서
4. 비도덕적이고 우상숭배적인 옛 생활에서 진실한 마음으로
5. 옛 것을 부인하는 동시에 주께서 명령하신 대로
6. 믿음, 경건, 순종, 사랑의 새 생활로 진지하게 출발함입니다.

二. 회개의 근원
1. 생명 얻는 회개는 은혜로 말미암아 됩니다.
2. 어떤 자연적인 과정에 의해서 이루어지는 것이 아닙니다.
3. 오직 성령님의 역사로만 이루어집니다.
4. 이는 영혼의 질적 변화는 하늘로부터 오는 선물입니다.

三. 회개의 필요성
1. 회개는 이방인이나, 유대인이나 구분이 없습니다.
2. 회개는 무한한 은혜의 선물입니다.
3. 그러므로 누구에게나 똑같이 필요로 하고 있습니다.
4. 어느 누구도 회개해야 할 의무에서 면제될 수 없습니다.

四. 회개의 결과
1. 그 결과는 구원과 영생입니다.
2. 그러므로 그것은 심판에서 면제되는 은혜입니다.
3. 참된 회개를 한 영혼은 정죄에서 벗어납니다.
4. 그는 영광의 상속자가 되어집니다.

* 주님께서 일찍이 회개하라 천국이 가까웠느니라고 하셨습니다. 참된 회개자 베드로는 수제자로서 사명을 다했지만 불회개자 가룟 유다는 비참한 결과를 맞이하고야 말았던 것입니다.

선 교
(11:19-26)

　본문 29절에는 구브로와 구레네의 출신인 몇 사람이 안디옥에 가서 헬라인에게 전도했다고 했으며 22절에는 예루살렘 교회가 바나바를 안디옥에 보내어 선교하였다는 사실이 기록되어 있습니다. 우리는 외국인들에게 선교사를 보내되 본국인에게 전도하는 것만큼 힘써야 됩니다. 그렇게 해야할 이유는 많이 있지만 두 가지만 고찰해 보므로 선교의 중요성을 인식해 보려고 합니다.

　一. 선교 사업은 주님이 명령하셨기 때문입니다.
　　1. 모든 족속으로 제자를 삼으라고 하셨습니다(마 28:19).
　　2. 삼위 하나님의 이름으로 세례를 주라고 했습니다.
　　3. 분부한 말씀을 가르쳐 지키게 하라고 했습니다(마 28:19).
　　4. 땅끝까지 이르러 증인이 되라고 했습니다(행 1:8).
　　5. 주님께서 세상 끝까지 항상 함께 계십니다.
　　6. 그러므로 주님의 명령에 순종하여 선교사업에 충성해야 합니다.

　二. 주는 것이 받는 것보다 복이 있기 때문입니다.
　　1. 주님께서 친히 본을 보이시고 가르치셨습니다(행 20:35).
　　2. 약소 민족에게 물질로 돕는 것도 좋습니다.
　　3. 그러나 그것보다는 선교로 돕는 것이 제일 큰 도움입니다.
　　4. 이렇게 도울 때 유익한 점이 많습니다.
　　1) 다른 민족에게 가장 선한 것을 수출하는 민족이 됩니다.
　　2) 선교하는 민족은 강한 민족임을 뜻합니다.
　　3) 선교하면 타민족에게 신용과 호의를 사게 됩니다.
　　4) 민족과 민족 사이에 화목도 이루어집니다.
　　5) 선교사를 보내는 교회는 또한 강한 교회가 됩니다.
　　6) 교회 자체가 선교 사업으로 인해 강해집니다.
　　7) 선교할 때 분쟁이 없어집니다.
　　8) 즉 교역자들끼리, 교인들끼리의 분쟁도 어느 정도 막습니다.

　* 선교는 주님의 지상 명령이며 성령님께서 오신 목적이기도 합니다. 또한 선교하는 국가와 교회는 강해지며 놀라운 복을 받습니다.

이름대로 산 바나바
(11:19-26)

이름대로 산 사람을 본문에서 볼 수 있는데 그는 "구브로"에서 태어난 레위 사람 "바나바"라고 했습니다. 사도행전 4:36에서 "바나바"의 본 이름은 요셉이라 했는데 사도들이 개명해서 "바나바"라고 호칭을 하였습니다. 그 이름의 뜻을 분석해 보면 히브리식의 이름으로서 "바"는 아들이라는 뜻이고, "나바"는 예언자라는 뜻입니다. 바나바가 그 이름대로 산 내용을 고찰해 봅시다.

一. 개인적으로 지닌 이름대로 살았습니다.
  1. 이름대로 하나님의 말씀을 전파하면서 살았습니다.
    1) 그는 전도자가 아니었으나 은혜 받고 전도자가 되었습니다.
    2) 복음전파는 주님의 지상명령입니다(딤후 4:2, 겔 3:18-19).
  2. 이름대로 약한 사람을 권면하면서 살았습니다.
    1) 권면의 대상은 믿음이 약하여 흔들려 넘어져 상처입은 자들입니다.
    2) 권면의 방법은 주님께 붙어 있으라고 했습니다(23).
  3. 이름대로 고독한 자를 위로하면서 살았습니다.
    1) 회개한 바울을 위로해 주었습니다.
    2) 실패하고 돌아온 마가 요한을 위로해서 새 출발케 했습니다.

二. 공통적으로 지닌 이름대로 살았습니다.
  1. 그리스도인이라 일컬음을 받았습니다.
    1) 이는 예수님께 속해 있다는 뜻입니다.
    2) 또한 예수님을 믿는 자란 뜻입니다.
    3) 나아가서 예수님만 위해 봉사한다는 뜻입니다.
  2. 오늘날 성도(그리스도인)의 생활은?
    1) 예수님과 영적으로 깊이 연합된 생활이어야 합니다.
    2) 예수님의 속죄, 부활, 승천, 천국을 믿어야 합니다.
    3) 주님을 위해 살고 죽어야 합니다(롬 14:7-8).

* 마태복음 1:21에 예수님의 이름의 뜻은 구원입니다. 예수님은 이름대로 우리를 구원하기 위해 십자가를 지셨습니다. 우리들도 1) 신자라는 이름을 가졌으니 믿음으로 살아가야 하고 2) 성도라는 이름대로 깨끗하게 살아야 하고 3) 천국 시민으로서 이름대로 구별되이 살아야 하겠습니다.

안디옥 교회

(11:19-30)

안디옥 교회는 초대교회 당시에도 모범적인 교회였으며 오늘과 미래에 이르기까지 모범적인 교회이므로 우리 교회는 안디옥 교회를 모범하여 하나님을 기쁘시게 하며 말세 교회의 모본이 되고 세계 교회의 부흥을 위한 초석이 되어야겠습니다. 안디옥 교회의 하나님이 우리의 하나님이시니 우리도 주 하나님의 권능을 힘입어 안디옥 교회처럼 역사합시다.

一. 하나님께 영광을 돌린 교회입니다.
  1. 교역자는 열심히 목회했습니다.
  2. 많은 교인들이 모여 들어 날로 부흥되었습니다.
  3. 아름다운 소문이 널리 퍼져나간 교회였습니다.

二. 사랑하며 협동하는 교회였습니다.
  1. 모든 성도들이 계급차별이 없었습니다.
  2. 먼저 믿는 자와 나중 믿는 자가 서로 협력했습니다.
  3. 힘껏 봉사하며 충성했습니다.

三. 신령하고 은혜로운 교회였습니다.
  1. 성령과 믿음이 충만했습니다(24).
  2. 모든 사람이 굳은 마음으로 주께 붙어 있었습니다(23).
  3. 그리스도인이라 일컬음을 받았습니다(26).
  4. 날마다 그리스도를 전파했습니다(20).

四. 사회를 위해 공헌하는 교회였습니다.
  1. 지역사회의 큰 무리를 가르쳤습니다.
  2. 다른 민족의 빈곤함을 위해 구제했습니다.
  3. 이 일에 인색함이 없이 힘껏 행했습니다.

五. 세계를 향해 전도하는 교회였습니다.
  1. 지역 사회에서도 열심히 전도했습니다.
  2. 세계를 향해 선교사를 파송했습니다.

* 안디옥 교회는 세계 교회에 공헌한 교회이기도 합니다. 우리 교회도 내부적으로 질과 양이 부흥되고 외부적으로 지역사회와 내 조국과 세계를 향해 전도하는 교회가 되어 주님께 영광을 돌리도록 합시다.

교역자 바나바

(11:19-30)

一. 바나바는 하나님의 은혜를 보고 기뻐하였습니다(23).
1. 기독신자는 하나님의 은혜로 기뻐할 수 있습니다.
2. 이유는 그 은혜로 성도가 살기 때문입니다.
3. 또한 은혜 받는 심령은 기쁨이 충만케 됩니다.
4. 그는 이 기쁨으로 맡겨진 사명에 충실할 수 있습니다.

二. 신자를 자신에게 붙이지 않고 주님께 붙도록 했습니다(23).
1. 인생은 주님께만 붙어야 삽니다.
2. 그리하여야만이 특별히 그의 영혼이 살 수 있습니다.
3. 오늘날의 많은 교역자는 자기의 양처럼 취급합니다.
4. 자기 자신들을 지지하도록 하려고 애쓰고 있습니다.

三. 그는 착한 사람이었습니다(24).
1. 교역자가 착하지 않으면 사람낚는 어부로서 부족합니다.
2. 착함은 사람들을 이끌어 모으는데 필요한 성질입니다.
3. 성경은 그를 향하여 착한 사람이라고 했습니다.
4. 선한 사람은 하나님께 영광을 돌리며 사람에게도 칭찬을 받습니다.

四. 성령과 믿음이 충만했습니다(24).
1. 교역자는 은혜의 충만한 지경에 들어가야 합니다.
2. 충만한 자가 되지 않으면 도리어 받은 바 은혜를 헛되이 사용합니다.
3. 하나님께 영광을 돌리지 못하고 자신을 기쁘게 하는 데 사용합니다.
4. 그럴 때 은혜를 범죄하는데 악용하는 자가 됩니다.

五. 동역자를 사랑했습니다(25, 26).
1. 바울은 위대한 사역자였습니다.
2. 바울과 함께 동역했습니다.
3. 교역자는 자기보다 우수한 자를 싫어합니다.
4. 우수한 자와 동역하기 싫어하는 습성이 있습니다.
5. 이는 악한 마음이며 범죄하기 쉬운 일들입니다.
6. 교역자는 흔히 시기하는 죄를 범합니다.
7. 이는 교회를 자기 중심의 기관으로 만들려는 무서운 죄악입니다.

바나바의 업적

(11:22-26)

바나바는 구브로 출신인 레위인으로 그의 본명은 요셉이었으나, 구제와 격려를 잘 하기 때문에 사도들이 그에게 바나바라는 이름을 붙여 주었습니다. 바나바의 이름의 뜻은 위로의 아들이란 뜻입니다. 그는 타고난 천성도 선한데다가 성령과 믿음까지 충만한 사람이었습니다.

一. 그는 세계 선교를 위한 새 중심지를 구축했습니다.
  1. 안디옥을 세계 선교를 위한 새로운 중심지로 구축했습니다.
  2. 안디옥은 로마제국 내에서 제삼위의 도시였습니다.
  3. 동서 무역로가 맞닿는 중요한 지역입니다.
  4. 로마인과 헬라인이 섞여 사는 국제 도시였습니다.
  5. 유대교의 핍박에서 벗어날 수 있는 먼 지방이기 때문입니다.
  6. 기독교 선교사상 최초로 선교사를 파송한 교회입니다.

二. 그는 세계 선교를 위한 새 일꾼을 등용했습니다.
  1. 바울을 추천한 사람이 바나바였습니다.
  2. 물론 바울은 바나바보다 능력이 있는 사도입니다.
  3. 바울의 인기가 상승하게 될 것은 너무나 뚜렷했습니다.
  4. 그렇게 되면 바나바는 제3의 인물로 밀려나게 됩니다.
  5. 그러나 그 일 때문에 대사를 그르치지는 않았습니다.
  6. 시기는 하나님의 일을 그르치는 사단의 무기입니다.

三. 그는 세계 선교를 위한 새 힘을 비축했습니다.
  1. 양적 증가가 있었습니다(24).
  ● 큰 무리가 주께 돌아오며 수가 증거하는 교회로 성장해 갔습니다.
  2. 사울을 찾아 왔습니다(25).
  ● 잘 훈련된 자는 큰 힘이 되는 법입니다.
  3. 좋은 평판을 들었습니다(26).
  ● 신앙을 생활화하는 데 주력했습니다.

* 촛불은 어디서나 빛을 밝히고 백합은 어디서나 향기를 날리는 것처럼, 하나님의 사람은 어디서나 교회와 사회를 위해 좋은 업적을 쌓아야 합니다. 바나바는 예루살렘에 있을 때에나 안디옥에 있을 때에나 빛을 밝히고 향기를 발산하였습니다.

주께 붙어 있으라(Ⅰ)
(11:23)

"굳은 마음으로 주께 붙어 있으라"는 말은 "마음에 바른 목적을 세워 주와 더불어 머무르라"는 뜻입니다. 이것은 일시적인 것만이 아니라 계속하여 주와 함께 머무르는 생활을 의미합니다. 그렇다면 주께 붙어 있되 어떻게 붙어 있어야 하는지 생각해 봅시다.

一. 주님께 밀착된 생활을 뜻합니다.
　　1. 붙어 있다는 말은 밀착된 상태를 뜻합니다.
　　2. 포도나무에 가지가 붙어 있듯이(요 15:4).
　　3. 가지가 원줄기에 붙어 있어야 진액을 공급받아 살고 열매를 맺습니다
　　4. 붙어 있지 않는 나뭇가지는 그 생명 자체가 죽은 것입니다.
　　5. 거기에는 생산적인 것도 없습니다.
　　6. 주님께 밀착된 생활만이 사는 길입니다.

二. 예수님 안에서 살라는 뜻입니다.
　　1. 붙어 있으라는 것은 예수님 안에서 살라는 뜻입니다.
　　2. 저가 내 안에 내가 저 안에 있을 때 과실을 맺습니다(요 15:4-6).
　　3. 예수님을 떠나서 독립적으로는 살 수가 없습니다.
　　4. 결국 불에 던져지는 신세, 죽음이 있을 뿐입니다.
　　5. 물을 떠난 고기가 살 수 없듯이
　　6. 예수님을 떠난 심령은 살 수 없음을 절감해야 합니다.

三. 계속 동거하라는 뜻입니다.
　　1. 이는 예수님과 함께 머무르는 생활을 뜻합니다.
　　2. 계속 동거하려면 계속적으로 신앙하고 애모해야 합니다.
　　3. 계속적으로 말씀에 순종하고 계명을 준수해야 합니다.
　　4. 말씀을 순종하는 자만이 그 안에 살 수 있습니다.
　　5. 계명을 지켜 예수님의 사랑 안에 거할 때 안전합니다(요 15:11).
　　6. 이는 영생하는 자리까지 이를 것입니다.

＊ 성도는 주님께 붙어 있는 자입니다. 붙어 있는 생활은 주님과 교제하는 기쁨의 생활이요, 주님과 상의하고 주님께 의지하여 주님의 명령을 받는 순종의 생활입니다. 이것이 승리의 생활입니다.

주께 붙어 있으라(Ⅱ)

(11:23)

"주께 붙어 있으라"는 이 권면은 현대를 살아가는 그리스도인들에게 절대 필요한 권면이므로 여러 의미로 나누어 생각해 봅시다.

一. 주님의 사역에 붙어 있어야 합니다.
　　1. 주님의 사역은 용서와 구원의 유일하고 충분한 기초가 됩니다.
　　2. 주님에 의해 이루어진 십자가에서 완성된 사역입니다.
　　3. 그것은 오직 인간을 위한 사역이었습니다.
　　4. 주님의 이 놀라운 대속과 피의 살리시는 사역에 붙어 있어야 합니다.

二. 주님의 인격에 붙어 있어야 합니다.
　　1. 주님의 인격은 영적인 생활의 유일한 근원이 됩니다.
　　2. 주님의 인격과 합하는 것이 가장 확실한 제자로서의 표시입니다.
　　3. 주님의 십자가, 부활, 승천하신 영광의 주님이십니다.
　　4. 주님만이 믿는 이의 생명의 근원이시며 사랑의 대상입니다.

三. 주님의 책에 붙어 있어야 합니다.
　　1. 주님의 책은 신앙과 실천을 위한 가장 좋은 지침서입니다.
　　2. 주님의 책은 가장 고상한 진리의 요지입니다.
　　3. 가장 안전한 의무의 지침으로 탁월하게 뛰어난 책입니다.
　　4. 주님의 책만이 인생의 모든 문제의 유일한 답을 줍니다.

四. 주님의 백성들에게 붙어 있어야 합니다.
　　1. 주님의 백성은 천국을 향해 여행하는 좋은 동반자입니다.
　　2. 비록 지혜, 부, 권력 사회적인 명성들을 소유치 않더라도
　　3. 사실 이상의 것이 주님을 따르는 데 조건이 되는 것은 아닙니다.
　　4. 그들은 항상 선한 감화력을 수반하는 거룩함을 지니고 있습니다.
　　5. 그들은 영적 통찰력을 지니고 좋은 삶을 사는데 귀중한 주의 비밀을 가지고 있습니다.

五. 주님의 천국에 붙어 있어야 합니다.
　　1. 주님의 천국은 장차 돌아갈 고향입니다.
　　2. 많은 현대인들은 부활, 영생도 없다고 부인합니다.
　　3. 그러므로 천국에 대한 믿음을 잘 허물어 뜨리고 있습니다.
　　4. 그러나 성도의 소망은 천국이며 이 소망에 붙어 있어야 합니다.

승리한 교회 모습
(11:27-30)

지상교회는 전투하는 교회이므로 항상 전쟁에 대비하고 있어야 합니다. 안디옥 교회는 어려운 재난 가운데에서도 이를 잘 극복해 나아가 승리한 아름다운 모범을 보여준 교회입니다.

一. 받은 대로 증거했습니다(28).
   1. 선지자란 하나님 앞에서 말하는 사람입니다.
   2. 장차 되어질 일을 미리 앞서 말하는 사람입니다.
   3. 선지자에게는 진실과 용기가 생명입니다.
   4. 하나님께로부터 받은 말씀 그대로 전해야 합니다.
   5. 아가보 선지자는 하나님께 받은 대로 증거했습니다.

二. 아는 즉시 실천했습니다(29).
   1. 알고도 행치 않는 것은 죄입니다(약 4:17).
   2. 듣고도 행치 않는 것은 모래 위에 집을 짓는 것과 같습니다(마 7:26).
   3. 바리새인과 서기관은 말과 행실에 일치되지 않았습니다(마 23:3).
   4. 행함이 없는 믿음은 죽은 믿음입니다(약 2:26).
   5. 안디옥 교회는 즉시 구제에 힘썼습니다.

三. 힘대로 도왔습니다(29).
   1. 가지고 있는 대로 도왔다는 뜻입니다.
   2. 능력만큼 도왔다는 뜻입니다.
   3. 가능한 범위 안에서만 도왔습니다.
   4. 힘대로 봉사하는 것은 하나님이 기뻐하시는 일입니다.
   5. 안디옥 교회는 힘대로 재난당한 형제를 도왔습니다.

四. 받기보다 주기를 힘썼습니다.
   1. 안디옥 교회는 받아야할 처지에서 주었습니다.
   2. 똑같이 어려운 처지에서 남을 도왔습니다.
   3. 예루살렘 교회는 모교회요, 안디옥 교회는 지교회였습니다.
   4. 지교회에서 모교회를 도왔던 것입니다.
   5. 남에게 먼저 대접하는 것이 율법이요 선지자의 강령입니다(마 7:12).

* 안디옥 교회는 재난으로 어려운 때에 이 일로 모본을 보였습니다.

모범적인 구제
(11:29-30)

一. 구제의 목적
1. 예루살렘에 있는 가난한 성도들을 돕기 위함입니다.
2. 큰 흉년으로 인해 어려움 당한 형제를 돕기 위함입니다.
3. 이는 성도의 필수적인 요건으로 부과된 의무입니다(마 5:42).

二. 구제의 성격
1. 그들은 자원하는 마음으로 내어 놓았습니다.
2. 자선행위는 언제나 자원하는 마음이어야 합니다(롬 12:8).
3. 강요되는 기부행위는 어떤 것이든 신앙적인 가치가 없습니다.

三. 구제의 보편성
1. 모든 사람이 의심없이 참여했습니다.
2. 모금에 자발적으로 참여했습니다.
3. 자발적인 기부가 바람직합니다.

四. 구제의 자유로움
1. 각 사람이 자유롭게 모금에 임했습니다.
2. 하나님께서 복 주신 만큼 능력에 따라 임했습니다.
3. 각각 힘대로 했습니다(고전 16:2, 고후 9:7).

五. 구제의 신속성
1. 그들은 지체하거나 머뭇거리지 않았습니다.
2. 이해타산을 따지지 않았습니다.
3. 관대한 마음의 충동에 따라 즉시 결정하고 행동했습니다(고후 8:11).

六. 구제의 전달
1. 모여지는 즉시 전달했습니다.
2. 전달할 대상을 찾아 즉시 보냈습니다.
3. 상황에 따라 움직이지 않았습니다.

七. 구제의 사용
1. 모금은 예루살렘 장로들의 손에 맡겨졌습니다.
2. 그 모금은 목적으로 했던 사람들에게 나뉘어졌을 것입니다.
3. 이 일들은 모든 교회가 본받아야 할 일입니다.

야고보의 죽음(Ⅰ)
(12:1-2)

一. 젊어서 죽었습니다.
1. 예수님 승천하신 지 약 10년 후에 죽었습니다.
2. 예수님의 열 두 제자 중 한 분으로 맨 처음 순교했습니다.
3. 그것은 은혜 가운데서 성숙했다는 증거입니다.

二. 무참하게 죽었습니다.
1. 아마도 참수를 당한 듯 합니다.
2. 이는 예수님의 예언의 성취입니다.

三. 갑자기 죽었습니다.
1. 그는 옥고를 치른 후에 죽은 것도 아닙니다.
2. 재판 절차를 밟은 후에 죽은 것도 아닙니다.

四. 외롭게 죽었습니다.
1. 그는 하나님의 위로와 격려는 받았을 것입니다.
2. 그러나 다른 어떤 친구도 처형장에 있어 주지 않았습니다.
3. 외로이 혼자서 처형당했을 것입니다.

五. 하나님의 뜻에 순종하여 죽었습니다.
1. 그는 아무 말도 없이 처형당했습니다.
2. 전설에 따르면 그는 형장으로 갈 때 의연함을 보여 호송하던 자가 개종했다고
   합니다.

六. 승리의 죽음을 죽었습니다.
1. 하나님의 은총을 받은 자라야 사형집행인에게 넘어갑니다.
2. 하나님께서는 그에게 놀라운 은총을 베풀어 주셨습니다.

七. 사람들은 그의 죽음을 슬퍼했습니다.
1. 그는 신실한 형제들의 손에 장사되었을 것입니다.
2. 그로 인해 교회는 더욱 기도하게 되었습니다.
3. 교회는 더욱 성장하게 되었던 것입니다.

八. 그는 망각되지 않고 있습니다.
1. 그의 유해는 어디에 묻혔는지는 모릅니다.
2. 그러나 성경은 그의 죽음을 말하고 있습니다.
3. 많은 성도들이 그의 순교를 자랑하며 기억하고 있습니다.

야고보의 죽음(Ⅱ)

(12:1-2)

클레맨스와 유세비우스는 야고보가 순교할 때 감동적인 일이 있었다고 기록하고 있습니다. 야고보를 처형장으로 경호해 가던 관원(야고보에 의해 위증을 했던 자라는 설도 있는)이 그의 의연한 태도에 감동되어 회개하고 예수를 믿겠다고 고백한 후 사도와 함께 처형되었다. 그는 처형장으로 가던 길에 야고보에게 용서를 빌었고 곧 용서를 받았다. 야고보는 발을 멈추고 사랑하는 눈길로 그를 바라본 후 "네게 평안이 있을 지어다"하며 그를 포옹하고 그에게 입맞추었다라고 기록했습니다.

一. 그의 가정은 명예로운 가정이었습니다.
  1. 부친 세베대는 갈릴리 해변의 유족한 어부였습니다(마 4:21).
  2. 어머니 살로메는 주의 죽음을 지켜본 경건한 부인입니다(마27:56).
  3. 형제 요한은 주의 품에 의지하던 주의 사랑을 받던 제자였습니다(요 13:23).

二. 그의 직분은 더욱 명예로왔습니다.
  1. 그는 사도의 직분을 받은 자입니다.
  2. 그는 예수님의 친구로 인정을 받았습니다(요 15:15).
  3. 주를 위해 봉사할 수 있는 활동 무대가 넓었습니다(요 15:16).
  4. 주께로부터 귀한 특권을 받았습니다(눅 5:10, 막 1:29).
  5. 주님과 늘 가까이 있었습니다(마 17:1, 26:37).

三. 순교로 가장 큰 영광을 받았습니다.
  1. 그의 봉사 기간은 짧았습니다.
    ◉ 베드로 요한보다 훨씬 빨리 하나님의 보상을 받았습니다.
  2. 큰 고통을 받지 않고 순교했습니다.
    1) 스데반은 돌에 맞아 순교했습니다.
    2) 그러나 그는 단칼에 목 베임을 당했습니다.
  3. 순교를 통해 면류관 받은 자입니다.
    1) 생명과 의의 면류관 받은 자입니다(딤후 4:8).
    2) 그는 영광의 면류관을 받았을 것입니다(벧전 5:4).

* 그의 순교 내역은 단 한 절에 불과하지만 그는 아름다운 사도의 본을 보여주었고 아름다운 이름을 후세에 남긴 사도입니다.

야고보의 죽음(Ⅲ)
(12:1-2)

여기 야고보는 세배대의 아들 야고보로 예수님의 가장 가까운 제자 중 한 사람이었습니다. 사도들의 순교 사건에 관해서는 오직 야고보만이 성경에 기록되어 있습니다. 칼로 죽이는 것은 수치스러운 형벌이라고 합니다. 유대인들이 야고보의 순교를 보고 기뻐한 것은 예수님의 복음을 미워하는 이 세상 사람들의 근성에서 그러한 것입니다(계 11:9-10).

一. 야고보의 죽음은 사람이 보기에 비참했습니다.
    1. 그는 잔인한 박해자의 칼에 의해 죽었습니다.
    2. 그는 일찍 죽으므로 주님의 일을 많이 하지 못하였습니다.
    3. 그는 사람들에게 널리 알리지 못한 채로 죽었습니다.

二. 그는 하나님 보시기에 귀한 죽음이었습니다(시 116:15).
    1. 그의 죽음은 하나님의 부르심에 순종한 것입니다.
      1) 오래 사는 것만이 하나님을 기쁘시게 하는 것은 아닙니다.
      2) 어떻게 살았느냐에 달려 있습니다.
    2. 그의 피는 하나님 말씀 증거와 함께 영구히 증거의 역할을 하고 있습니다.
      1) 그의 피가 하나님 말씀을 믿는 그의 확신의 표현입니다.
      2) 순교의 피로서 진리 확신의 영구성있는 증거를 대대로 전해줍니다.
    3. 그는 하늘 영광을 다른 사도들보다 먼저 받았습니다.
      1) 스데반 보다는 늦습니다.
      2) 그러나 다른 사도보다 훨씬 빠릅니다.
    4. 온유하고 겸비한 순교 정신을 남겼습니다.
      1) 그가 훌륭한 사업을 못했을지라도
      2) 그것은 주님께서 귀히 여기시는 일입니다.
    5. 그는 복된 자리를 확보했습니다.
      1) 비록 그의 순교의 기록은 영웅적으로 남지 않았습니다.
      2) 그의 순교 기록은 오직 한절에 불과하였습니다.
    6. 그는 천계의 높은 생활을 위해 조숙하였습니다.
    7. 그는 이 세상의 고통을 일찍이 면하였습니다.

* 야고보는 오직 진리를 위해 살다 순교한 위대한 첫 순교자였습니다.

힘
(12:1-19)

강력한 힘이 있을 때 그는 승리로운 생애를 살아갈 수 있는데 힘이 없으면 승리할 수도 맡겨진 사명도 감당할 수 없습니다. 현재 내가 보유하고 있는 힘은 어떤 힘이며 앞으로 추구해야 할 힘 또한 궁극적으로 승리할 수 있는 힘이란 어떤 힘인지 생각해 봅시다.

一. 현재 내가 소유하고 있는 힘은?
  1. 헤롯이 소유한 불의의 힘
    1) 그는 즉흥적인 기분대로 마구 일을 처리했습니다.
    2) 불의의 흉기를 들어 야고보 사도를 죽였습니다.
    3) 백성의 환심을 사기 위해 베드로를 또 잡아 가두었습니다.
  2. 베드로의 신앙의 힘(잠을 잤습니다)(7).
    1) 신앙은 생에 대한 염려를 물리칩니다.
    2) 죽음에 대한 공포를 물리칩니다.
    3) 적에 대한 두려움을 물리칩니다.
  3. 초대교회가 가지고 있었던 기도의 힘
    1) 그들은 베드로가 투옥되자 권력자를 찾아가지 않았습니다.
    2) 불의와 타협한다든지 낙심하지도 않았습니다.
    3) 그들은 함께 기도하여 기적을 체험하게 되었습니다.

二. 궁극적으로 승리할 수 있는 힘
  1. 가룟유다는 은 30개로 스승을 배신했습니다.
  2. 데마는 세상을 따르기 위해 주님과 바울을 배신했습니다.
  3. 육체는 풀이요 영광은 풀의 꽃과 같은 것입니다(벧전 1:24-25).
  4. 이 세상 것을 사랑치 말라고 다 지나가리라고 했습니다(요일 2:15, 17).
  5. 세상과 사탄과 정욕을 이길 수 있는 강한 힘은?
    1) 강한 신앙의 힘입니다.
    2) 주를 의지하며 구하는 기도의 힘입니다.
    3) 모든 것을 되게 하는 성령님의 힘입니다.
    4) 말씀으로 무장하는 힘입니다(엡 6:10-11).

* 성도는 세속적인 것이 아니라 신령한 힘을 얻어 승리자가 됩시다.

기도의 모임
(12:3-12)

야고보를 죽이고 유대인들이 기뻐하는 것을 본 헤롯은 핍박할 용기를 더욱 얻어 베드로를 잡아 옥에 가두고 내일이면 사형집행을 하려고 했을 때 베드로는 깊은 잠에 빠졌고 성도들은 합심하여 기도에 힘썼습니다. 이 모임을 오늘날 그리스도인들의 모임과 비교해 보는 것이 좋을 것입니다.

一. 많이 모였습니다.
  1. 모이기를 폐하지 않는 것은 주님의 교훈입니다(히 10:25).
  2. 이는 경건생활의 건전한 풍조였습니다.
  3. 오늘날에는 모이는 것이 매우 소홀해졌습니다.
  4. 예배에 참석하여 주님께 영광돌리는 것은 성도의 의무입니다.

二. 열심히 기도했습니다.
  1. 제자들은 기도하고 있었습니다.
  2. 기도는 공중 예배의 전부는 아니지만 중요한 일부분입니다.
  3. 지혜롭고 엄숙하며 진지하게 행해져야 합니다.

三. 놀라며 기뻐했습니다.
  1. 베드로가 그들 가운데 나타난 것을 보고 놀라며 기뻐했습니다.
  2. 베드로가 돌아오게 됨은 그들의 기도에 대한 응답이었습니다.
  3. 기도는 놀라운 체험을 하게 됩니다(마 18:19, 요 14:13, 약 1:5).

四. 놀라운 교훈을 받았습니다.
  1. 주님께서 자기를 이끌어 옥에서 나오게 됨을 증언했습니다.
  2. 자신의 신령한 체험을 회중에게 들려주었습니다(벧전 4:11).
  3. 베드로의 증언은 제자들에게 큰 교훈을 주었습니다.

五. 베드로는 그 곳을 즉시 떠나갔습니다.
  1. 베드로는 그들을 떠나 다른 곳으로 갔습니다.
  2. 그는 신비한 체험 속에서 황홀경에 빠져 있으면 안되므로(마 17:1).
  3. 그는 전도자의 길을 또다시 출발했던 것입니다.

* 베드로는 성도들의 기도로 놀라운 체험을 하게 되었으며 한곳에 연연하지 않고 즉시 복음 증거자로서 재출발했던 것입니다. 어려운 환경속에서 모여 기도하던 제자들을 본받아 기도에 힘쓰도록 합시다.

하나님의 섭리
(12:5-12)

一. 하나님은 그의 모든 자녀들을 알고 계십니다.
   1. 제자들은 베드로의 체포 외에는 몰랐습니다.
   2. 로마의 감옥 속의 비밀은 잘 지켜져 있었습니다.
   3. 그러나 하나님은 베드로를 살피셨습니다.
   4. 베드로를 구하기 위해 천사를 보내셨습니다.
   5. 이를 믿은 베드로는 고독하거나 버림받았다고 생각하지 않았습니다.
   6. 하나님은 한순간도 눈을 돌리지를 않으십니다.

二. 하나님은 자기 백성들을 돕기 위해 모든 형편을 살피십니다.
   1. 하나님이 살피시는 것은 우연도 호기심에 의한 것도 아닙니다.
   2. 위급할 때 우리를 구하기 위해 살피십니다.
   3. 적당한 때 베드로를 구하기 위해 계속 그를 살피셨습니다.
   4. 구원의 손을 펴시기 전에 미리 살피고 준비하는 것은 하나님의 뜻입니다.
   5. 우리는 하나님의 은혜로운 방법을 모르기 때문에 불안해 합니다.
   6. 하나님은 우리의 피난처가 되십니다(시 46:7).

三. 하나님은 자기 백성을 도우실 때 그들이 스스로 돕기를 기대하십니다.
   1. 하나님은 베드로를 구하는 일은 간단히 하실 수 있었습니다.
   2. 그러나 그렇게 하는 것은 하나님의 방법이 아닙니다.
   3. 베드로의 할 일은 급히 일어나는 것입니다(명령).
   4. 신을 들메고 겉옷을 입고 천사를 따라 가는 것입니다.
   5. 베드로가 할 수 없는 일은 하나님이 하셨습니다.
   6. 그가 할 수 있는 일은 스스로 하게 했던 것입니다.

四. 하나님이 그의 자녀에게 일하실 때 아무도 방해하지 못합니다.
   1. 인간의 판단으로는 베드로의 구원은 어려운 난관이 너무 많았습니다.
   2. 그가 갇혀 있는 감옥은 아무도 침범할 수 없는 견고한 요새였습니다.
   3. 어떤 군중도 그 거대한 문을 부술 수는 없습니다.
   4. 파수꾼들을 매수 할 수도 위협하여 굴복시킬 수도 없었습니다.
   5. 그들은 각각 자기 생명을 걸고 죄수를 지켜야 했습니다.
   6. 그러나 하나님이 일하실 때 그들은 어쩔 수 없이 잠들고 말았습니다.

합심 기도

(12:12)

야고보 사도는 순교하고 베드로 사도는 옥에 갇히는 대수난의 때에 교인들은 배후에서 열심히 기도에 힘썼습니다. 그래서 순교도 영광스러웠으며 탈옥도 이루어져 매사에 하나님께 영광을 돌리게 되었으니 오늘날의 모든 성도들도 합심하여 드리는 기도의 본을 본받도록 합시다.

一. 합심하여 기도했습니다.
   1. "여러 사람이 모여 기도하더라"고 했습니다.
   2. 한 두 사람의 기도가 아니라 여러 사람의 합심 기도입니다.
   3. 사도급이나 집사급인 지도자들만 모인 것이 아닙니다.
   4. 로데와 같은 계집 아이도 모여 기도 했습니다.
   5. 여러 사람이 합심하여 하는 기도는 위대한 힘이 있습니다.
   6. 이는 완전한 기도라 할 수 있습니다.

二. 집합하여 기도하였습니다.
   1. 한 자리에 모여 기도하였습니다.
   2. 모인 곳은 마가라고 하는 요한의 어머니 마리아의 집이었습니다.
   3. 이 집은 주님과 더불어 제자들이 같이 모인 곳입니다(마 26:18, 막 14:15).
   4. 오순절에 모여 기도하다 성령 받은 곳도 다락방입니다(행 1:12-14).
   5. 이 집은 곧 초대 교회의 집합 장소요 예배당이 된 것입니다.

三. 간절하게 기도했습니다.
   1. "간절히 하나님께 빌더라"고 했습니다(5).
   2. 주의 사자를 위해 간절히 기도했습니다.
   3. 주의 사자의 수난을 위한 기도였으니 매우 적절한 기도입니다.
   4. 그 내용은 베드로의 석방을 위한 기도입니다.
   5. 베드로가 믿음으로 하나님께 영광 돌리길 기도했습니다.
   6. 기적적인 역사로 이 수난을 이기게 해달라는 기도였습니다.
   7. 과연 성도의 기도의 힘은 놀라운 힘을 동반합니다.

* 우리는 교회의 모든 일들을 감행할 때에 기도로 시작하고, 기도로 진행하고, 기도로 이루어나가야 합니다. 더구나 많은 사람들이 함께 모여 간절히 기도할 때 불가능이란 있을 수 없습니다.

하인 로데

(12:13)

一. 노예이면서 그리스도인이었습니다.
　　1. 주를 믿는 자는 인종 차이가 없습니다.
　　2. 또한 계급 차이도 없습니다.
　　3. 연령의 차이도 있을 수 없습니다.
　　4. 로데는 계집 아이이면서 노예였습니다.
　　5. 그러므로 어떤 계층의 사람이라도 예수님을 믿을 수 있습니다.
　　6. 주 안에서 모두가 한 형제인 것입니다.

二. 종이면서도 기도회에 참석했습니다.
　　1. 모든 예배에는 모든 사람이 참여해야 합니다.
　　2. 기도회에는 누구나 참석할 수 있습니다.
　　3. 연령의 차이없이 기도회에 참석합니다.
　　4. 한가한 계층의 사람만이 하는 기도회가 아닙니다.
　　5. 종이면서 아이이면서도 로데는 기도회에 참여했습니다.
　　6. 위급한 성도의 기도회엔 누구나 다 참여해야 할 것입니다.

三. 미천한 사람이었지만 기쁜 소식을 전했습니다.
　　1. 중요한 것은 통신 매체가 아니라 통신의 내용입니다.
　　2. 인간의 생명을 구하는 것은 설교자가 아닙니다.
　　3. 그가 전하는 복음인 것입니다.
　　4. 복음의 기쁜 소식 전하는데는 큰 재간이 필요치 않습니다.
　　5. 하찮은 인간도 환희의 나팔을 불 수 있습니다.
　　6. 로데라는 계집 아이는 가장 기쁜 소식을 전했습니다.

四. 연약한 여자였으나 교회 위해 중요한 봉사를 할 수 있습니다.
　　1. 나아만 장군 위해 크게 공헌한 자 누구인가?
　　2. 포로로 잡혀간 계집 아이였습니다(왕하 5:2-3).
　　3. 교회의 포도원에서는 아무리 미천한 자도 일할 수 있습니다.
　　4. 많은 숭고한 행위가 연약한 사람들에 의해 행해졌습니다.
　　5. 주의 사랑에 거하면 어떤 자라도 고귀한 일을 할 수 있습니다(요 12:3).
　　6. 그러므로 교회는 인간의 계급 차별을 두는 곳이 아닙니다.

세 명의 야고보
(12:17)

성경에는 야고보라는 이름을 가진 사람이 세 명이 나오는데 똑같은 시대에 똑같은 이름을 가진 사람들이었지만 모두가 각기 다르고 특이한 일들을 한 사람들입니다. 이들은 예수 그리스도를 위한 세 가지 유형의 봉사를 가르쳐주고 있습니다.

一. 요한의 형제 야고보
   1. 사도들 중에서 맨 처음에 순교한 자입니다.
   2. 그는 박해에 굴하지 않고 신앙을 가진 대표적인 성도입니다.
   3. 고난을 받으면서 그리스도를 섬긴 전형적인 성도입니다.
   4. 그의 순교 기록도 단 한절로 매듭 짓고 있습니다.
   5. 주를 위해 충성하다가 영광스럽게 죽은 자입니다.
   6. 이같은 영광을 받은 사람은 많지 않습니다.

二. 알패오의 아들 야고보
   1. 그는 열두 제자 중의 소위 작은 야고보로 알려져 있습니다.
   2. 그의 생애와 수고는 전연 알려져 있지 않습니다.
   3. 그는 교회에서 보잘 것 없고 눈에 띄지 않는 일들을 하고 간 사람입니다.
   4. 다른 사람의 주목을 끌거나 칭찬받기를 바라지 않은 자입니다.
   5. 오직 그리스도를 위해 봉사하는 전형적인 인물입니다.
   6. 진정 빛도 없이 이름도 없이 충성한 자를 대표합니다.

三. 예수님의 형제 야고보
   1. 그는 예루살렘 교회의 회당장으로서
   2. 교회의 직분을 맡도록 부름받은 대표적인 인물입니다.
   3. 그는 성도들을 인도하며 지도하는 자였습니다.
   4. 이런 직분은 대개 특별한 재능을 가진 자에게 주어집니다.
   5. 그는 지도자로서 예수님을 섬긴 전형적인 인물입니다.
   6. 교회는 일할 모든 종류의 일꾼들이 필요합니다.

* 야고보! 그 이름을 가진 이상의 세 가지의 일들을 하고간 일꾼들! 그들은 성도들의 모본이 될만한 신앙 인물들입니다. 그들을 본받아 우리들도 충성 봉사하는 성도가 되도록 힘씁시다.

헤롯의 죄와 벌

(12:20-25)

　헤롯은 베드로를 죽이려 하였지만 베드로는 천사에 의하여 기적적으로 구출받았고 오히려 헤롯이 얼마 안되어 천사가 쳐 죽인바 되었습니다. 그는 교만 때문에 죽은 것입니다. 헤롯이 하나님께 영광을 돌리지 아니하고 자기가 그 영광을 차지한고로 천사가 쳐서 충이 먹어 죽었습니다. 하나님을 능욕한 산헤립이 그렇게 죽었고(왕하 6:37), 대 헤롯의 죽음이 그러하고 여기 아그립바도 벌을 받아 죽었습니다. 이렇게 하나님의 영광을 도적질 하는 자는 저주를 받는다는 사실이 증명되었으며, 하나님께 순종하는 신자는 어떤 경우도 안전하나 하나님께 거역하면 아무리 권력이 있어도 벌받아 죽기 마련입니다.

一. 유대인을 기쁘게 하려고 야고보를 죽이고 베드로를 옥에 가두었습니다(4).
　　1. 이는 인심을 얻기 위해 하나님의 종들을 박해하는 것입니다.
　　2. 이는 하나님보다 사람들을 존중히 하되 자신을 위한 것입니다.
　　3. 그가 행한 일들은 실상 자기 자신을 위한 것입니다.

二. 헤롯은 잔인하였습니다(19).
　　1. 그는 사람의 생명 죽이기를 아주 사소한 일로 여겼습니다.
　　2. 그는 의인 베드로가 옥에서 나가게한 책임이 파수꾼에게 있다고 했습니다.
　　3. 그러므로 그 책임을 물어 파수꾼을 죽이도록 명령했습니다.

三. 자기가 받을 수 없는 영광을 받았습니다(23).
　　1. 신의 소리라고 할 때 그는 그 영광을 그냥 받았습니다.
　　2. 하나님은 폭군을 벌하실 때 대군을 동원하시지 않습니다.
　　3. 미미한 벌레 하나로 강포한 자들을 벌하십니다.

＊ "헤롯은 죽었고 하나님의 말씀은 흥왕하여 더 하더라"고 하였습니다. 야고보가 죽어 하나님의 교회는 부흥되었고 베드로는 투옥되고 피난을 하였으나 신자의 수는 날마다 증가 되었습니다. 하나님은 살아 계시므로 율법주의, 교권 장악자들이 박해하고 헤롯같은 정권 장악자들이 핍박해도 하나님의 말씀은 반 비례로 흥왕해 지기만 하고 사도들이 죽든지 가든지 하나님의 도는 흥왕하고 증가하는 것이 하나님의 하시는 일일진대 성도는 어떠한 환난과 핍박이 온다해도 신앙으로 무장하여 굳세게 서서 신앙 정조를 지킵시다.

지도자
(13:1-3)

  바람직한 지도자상에 대해서 옛날 안디옥 교회 선지자들과 교사들을 중심하여 몇 가지 교훈을 받고자 합니다. 바람직한 지도자라는 말은 하나님이 바라고 마음에 합한 지도자 또는 오늘날 교회가 바라고 요구하는 지도자상을 의미하는 데 이를 생각해 봅시다.

一. 하나님이 불러 세운 지도자인데 이들은?
　　1. 주님을 바로 믿고 봉사하는 자입니다(행 15:25-26).
　　　1) 그들의 신앙 자세가 바르다고 했습니다.
　　　2) 봉사의 자세가 바릅니다. 목숨을 걸고 주님을 섬긴다고 했습니다.
　　2. 복음 전하는 일에 생명을 바쳐 충성하는 자입니다(행 20:24).
　　　1) 그들은 복음 전파에 전념을 했습니다.
　　　2) 사명을 다하기 위해 목숨도 아끼지 아니했습니다.

二. 하나님께 자신을 깨끗이 헌신한 지도자입니다.
　　1. 자신을 쳐서 복종시킨다고 했습니다(고전 9:27).
　　　1) 자기가 자기를 때려서 정복시켰습니다.
　　　2) 깨끗하고 진실한 몸과 마음으로 하나님의 사역에 최선을 다했습니다.
　　2. 의의 병기로 하나님께 드린다고 했습니다(롬 6:13).
　　　1) 전에는 불의의 병기가 되어 죄의 도구가 되었으나
　　　2) 이제는 의의 병기가 되어 깨끗한 몸으로 하나님께 사용된다는 말입니다.

三. 하나님의 양들을 거짓없이 사랑하는 지도자입니다.
　　1. 피지도자들을 아끼고 귀중히 여긴다고 했습니다(마 19:4).
　　　1) 어린이 하나를 안아주고 귀중히 여기는 자세가 필요합니다.
　　　2) 성도 하나 하나를 귀중히 여기고 축복해 주었습니다.
　　2. 피지도자들을 위해서 희생을 합니다.
　　　1) 그들을 위해 어떤 노력도 인색하지 않습니다.
　　　2) 여러 가지 고난을 감수하고 희생하며 나아갔습니다.

* 참된 지도자는 이상과 같이 1) 하나님이 불러 세우고 2) 자신을 깨끗하게 헌신하며 3) 피지도자들을 사랑하는 지도자가 교회와 사회에 유익을 주고 존경을 받는 바람직한 지도자입니다.

교회의 과제

(13:1-3)

주님께서 세상에 오셔서 피흘려 몸된 교회를 설립하셨는데 그 설립의 목적은 1) 하나님의 뜻과 예언을 성취하시기 위해서이고 2) 선민들에게 은혜를 주시기 위해서이고 3) 많은 생명을 구원하시기 위해서입니다. 그러므로 이 세상 나라들은 때가 되면 심판받아 망하지만 교회만은 영원히 보존되고 구원을 받는 것입니다. 그러므로 교회는 하나님의 뜻과 요청에 적응하여 교회로서의 과제와 사명을 바로 수행해야 되는데 안디옥교회를 중심하여 현대 교회의 과제가 무엇인지 생각해 봅시다.

一. 교회의 통일
  1. 안디옥 교회는 일치와 통일을 이루었습니다(1).
    1) 이것은 하나님의 소원이요 요청입니다(요 11:11).
    2) 온 교우들의 소원이요 요청이기도 합니다.
    3) 현대 사회의 소원이요 요청이기도 합니다.
  2. 교회 통일의 비결이 무엇입니까?(엡 4:1-3).
    1) 마음을 같이 하고 겸손해야 됩니다.
    2) 행동을 일치하여 서로 관용해야 됩니다.
    3) 봉사의 책임을 바로 수행하면서 사랑해야 합니다.

二. 복음 선교
  1. 선교해야 할 이유가 분명합니다.
    1) 주님의 지상 명령입니다(행 1:8).
    2) 천하보다 귀한 생명을 구원하는 일입니다.
    3) 전파하지 아니하면 화를 받는다고 했습니다(고전 9:16).
  2. 선교할 수 있는 비결은 무엇입니까?
    1) 나 자신이 복음을 전하는 전도인이 되는 길이 있습니다.
    2) 나 대신 선교사를 세워서 선교하는 방법도 있습니다.
    3) 선교 사업을 위해서 선교비를 투자할 수도 있습니다.

* 현대교회의 과업은 1) 교회의 연합이요 2) 선교 사업입니다. 이 중대한 과업을 수행하는 비결은 1) 주님을 바로 경외하는 신앙과 2) 비장한 기도운동과 3) 성령의 충만함과 그 지시를 받는 길입니다.

실력있는 안디옥 교회
(13:1-3)

성경에 안디옥이 두 곳이 있는데 하나는 본장에 나타난 수리아 안디옥으로 B.C 300년에 수리아 왕 셀고스니가돌이 건설하여 수도로 삼았는데 그 화려함이 세계 제일이었으며 또다른 하나는 비시디아 안디옥입니다(행 13:14). 본장에 나타난 안디옥 교회는 실력있는 교회였는데 그 특색을 살펴보면 다음과 같습니다.

一. 은혜가 풍성했습니다.
    1. 안디옥 교회에서 수다한 사람이 믿고 주께로 돌아왔습니다.
    2. 바나바가 파송받고 와서 하나님의 은혜를 보고 기뻐했습니다.
    3. 안디옥 교회는 은혜가 풍성하며 눈에 보일 만큼 현저했습니다.
    4. 내게 넘치는 은혜가 풍성해야 남에게 나눠줄 수 있습니다,
    5. 은혜가 메마르고 부족한 교회는 믿는 자가 줄어듭니다.
    6. 실력있는 교회는 은혜가 풍성합니다.

二. 재정이 넘쳤습니다.
    1. 은혜가 풍성하면 재정도 넘치는 여유가 있게 됩니다.
    2. 안디옥 교회는 재정실력이 흉년에도 감당할 수 있었습니다.
    3. 예루살렘 모교회가 어려울 때 구제에 힘썼습니다(행 11:29).
    4. 재정적 어려움이 있다는 것은 은혜가 없다는 증거입니다.
    5. 어려운 교회 재정적인 뒷받침도 은혜가 있어야 합니다.
    6. 이는 영적 구제 운동이기 때문입니다.

三. 인물이 구비되었습니다.
    1. 안디옥 교회의 선지자들과 교사가 있었다고 했습니다.
    2. 선지자란 영감 본위의 지도자입니다.
    3. 교사란 이 지역의 지도자입니다.
    4. 바나바는 대선배요 대표적인 지도자입니다.
    5. 마나엔은 사회적으로 훌륭한 명사였습니다.
    6. 사울은 신진 열혈 청년입니다.
    7. 장점들이 갖추어진 인물들로서 합심하여 헌신 봉사했습니다.

* 안디옥 교회는 이방 선교의 중심지요 근거지입니다. 많은 교회를 설립하는 어머니 교회로서의 역할을 잘 하였습니다. 우리 교회도 실력있는 교회가 됩시다.

이상적인 교사
(13:1-3)

일반적인 교사 개념은 1) 모든 학술과 기술을 가르치는 사람 2) 윤리와 도덕을 지도하는 사람 3) 인격과 생활의 사표가 되는 사람입니다. 그러나 성경적으로 1) 하나님의 말씀인 복음을 전파하는 사람 2) 하나님의 자녀들과 백성들을 지도하는 사람 3) 교회를 세우고 성장시켜 나가는 사람입니다.

一. 하나님이 선택하여 세운 교사
1. 이는 하나님의 마음에 합당한 자입니다.
2. 하나님이 많은 사람 중에서 성별하셨다는 뜻입니다.
3. 하나님의 뜻을 이루게 할 사람이란 뜻입니다.
4. 이는 하나님을 바로 섬기는 신앙의 사람입니다.
5. 하나님의 뜻대로 살기 위하여 최선을 다하는 사람입니다.
6. 하나님이 분부하신 사명에 충성을 다하는 사람입니다.

二. 하나님께 자신을 깨끗이 헌신하는 교사입니다.
1. 자신의 죄를 깨달아 통회 자복하며 금식 기도 했습니다.
2. 큰 환난을 만나 위기에 직면하였을 때에 금식기도 했습니다.
3. 자신의 사명이 중대함을 인식하였을 때 금식기도 했습니다.
4. 이는 자신을 먼저 쳐서 하나님께 복종시키는 자세입니다(고전 9:27).
5. 자기 자신을 죽이고 하나님의 뜻이라면 복종하는 자세입니다(고전 15:31).
6. 하나님의 의의 병기로 사용되어진다는 자세입니다(롬 6:13).

三. 하나님의 사람들을 진심으로 사랑하는 교사입니다.
1. 오늘날 마지못해 억지로 교사 노릇하는 이가 있습니다.
2. 성의 없이 되는 대로 교사 노릇하는 이도 있습니다.
3. 진심으로 영혼을 사랑하는 마음으로 교사의 역할을 하는 이가 있습니다.
4. 이는 인간의 존엄성을 인식하고 귀중히 여기는 자입니다.
5. 그 영혼을 사랑하여 자기 자신을 희생하게 됩니다.
6. 한 생명 구원을 위해 자기 십자가 바로 지고 갑니다.

* 이와같이 이상적인 교사란 1) 하나님이 택하여 세우시고 2) 하나님께 자신을 깨끗이 헌신하며 3) 하나님의 자녀들을 아끼고 사랑하는 교사이어야 합니다. 안디옥교회의 교사는 이런 교사상을 보여 주었습니다.

안디옥 교회의 자산
(13:1-3)

안디옥 교회는 스데반의 순교로 점화된 핍박 중에 생긴 이방 교회로서 교회 역사상 가장 큰 공헌을 할 수 있었던 영광스러운 교회가 되었습니다. 안디옥 교회는,

一. 유력한 인물들이 있었습니다.
    1. 교회의 자산은 조직이나 건물이 아닙니다.
    2. 존경받는 지도자 바나바가 있었습니다.
    3. 니게르라 하는 시므온은 구레네 시몬이란 설도 있습니다.
    4. 루기오는 유능한 교사요 마나엔은 귀족 출신 신자였습니다.

二. 일치가 있는 교회였습니다.
    1. 교회는 일치를 생명으로 합니다.
    2. 안디옥 교회는 일치가 잘 되어 있었습니다.
    3. 지역 감정이나 민족 장벽도 없었습니다.
    4. 계급 투쟁이나 자리 다툼도 없었습니다.

三. 갈망과 정열이 있었습니다(2).
    1. 금식까지 해가면서 예배에 전념한 교회였습니다.
    2. 기준을 잃고 덤비는 광신적인 교회는 좋지 않습니다.
    3. 생명을 잃고 굳어지는 냉랭한 교회도 좋지 않습니다.
    4. 하나님께서는 준비한 그릇만큼 채워 주십니다.

四. 계시가 있었습니다.
    1. 내 하고 싶은 대로 하려고 몸부림치는 교회는 잘못된 것입니다.
    2. 하나님의 뜻을 이루어 드리려는 교회이어야 합니다.
    3. 하나님은 복음을 널리 전파하라고 계시하셨습니다.
    4. 계시가 없으면 사람은 방자하게 마련입니다.

五. 선교하는 교회였습니다.
    1. 선교는 사회에 대한 봉사, 참여, 적선 중에 단연 최고입니다.
    2. 예루살렘 교회보다 먼저 선교한 교회였습니다.
    3. 개교회의 비대화에만 집착하면 실상은 작은 교회입니다.
    4. 선교를 통해 복음을 확장해 가는 교회가 큰 교회인 것입니다.

* 안디옥 교회는 아름답고 튼튼한 자산을 갖춘 실력 있는 교회였습니다.

안디옥 교회(Ⅰ)

(13:1-3)

본방 유대의 선교 센터는 예루살렘이었습니다(행 1-12장). 이방 선교 센터는 수리아의 안디옥이었습니다(행 13-28장). 안디옥이란 "병거"란 뜻인데 과연 안디옥 교회는 신령한 의의 병거의 센터로서 세계 선교의 산실 역할을 했습니다. 이것은 아름답고 복된 산실이라고 하겠습니다.

一. 신령한 인물들이 많았던 교회입니다.
    1. 바나바는 예루살렘에서 파송받았던 사람입니다(행 11:22-24).
    2. 니게르는 구레네 시몬이란 설도 있습니다(눅 23:6).
    3. 루기오는 안디옥 교회의 선지자요 교사였습니다.
    4. 마나엔은 안디옥 교회의 지도자에 속했습니다.
    5. 사울 그는 나중에 사도행전의 주역이 되었습니다.

二. 주님을 위해 충성한 교회였습니다(13:2).
    1. 삶의 주체가 예수 그리스도였습니다.
      ● 주를 믿는 믿음 안에서 사는 삶이었습니다(갈 2:20).
    2. 예수님의 종으로 살았습니다(2).
      ● 살아도 죽어도 오직 주를 위함이었습니다(롬 14:8).
    3. 주만을 기쁘시게 하는 삶이었습니다(빌 1:20-21).

三. 성령님이 주도하는 대로 움직인 교회였습니다(13:2).
    1. 선교의 사명을 명하였습니다(2).
      ● 선교사를 파송하여 보내기도 했습니다(13:4).
    2. 선교사를 직접 지명하였습니다.
      ● 이들은 강한 은혜 체험의 인물들이었습니다.
    3. 성별하라고 명했습니다.
      ● 신자와 교사, 지도자 중에서 구별되었습니다.

四. 주는 교회, 보내는 교회였습니다(13:3).
    1. 금식하였습니다(주님께서 공생애에 들어가실 때처럼).
    2. 기도했습니다(금식과 기도는 병행했습니다).
    3. 임직(안수) 하였습니다(합법적인 증인 자격을 갖춤).

* 안디옥 교회는 이렇게 실력을 갖추고 일한 모범적인 복음의 센터였습니다.

안디옥 교회(Ⅱ)
(13:1-7)

안디옥 교회는 훌륭한 인물들이 많았으며 선지자와 교사 영적인 신자와 지적인 신자가 서로 협력하며 지방적으로는 아프리카인(구레네)까지 포함되어 단합하였고 마나엔과 같은 귀족과 바나바와 바울과 같은 선배 후배가 연합되어 일치 단결된 교회였습니다.

一. 단결된 교회였습니다.
　　1. 단결된 교회는 힘있게 역사하는 교회입니다.
　　2. 성령의 충만한 역사가 있습니다(행 2:3-4).
　　3. 승리의 역사가 일어납니다(왕하 7:3-8).
　　4. 기적적인 역사가 일어납니다(마 9:1-8).

二. 성령 충만한 교회였습니다(2).
　　1. 성령 충만함을 받을 수 있는 성경적인 교훈을 보면
　　2. 기도하는 교회일 때였습니다(행 2:42).
　　3. 죄사함을 받을 때입니다(행 2:38).
　　4. 하나님의 말씀을 사모하고 받아들일 때입니다(2-3).

三. 선교사를 파송한 교회였습니다(2-3).
　　1. 일곱 집사 중 니골라를 파송했습니다(행 6:5-6).
　　2. 아가보를 또한 파송했습니다(행 11:28).
　　3. 바울과 바나바를 파송했습니다.
　　4. 복음 전파는 하나님이 기뻐하시는 일입니다.

四. 헌금과 구제하는 교회였습니다(행 11:29-30).
　　1. 온 정성을 다해 헌금을 드렸습니다.
　　2. 구제에 힘쓴 교회였습니다.
　　3. 시기를 기다리지 않고 즉시 실행한 교회였습니다.
　　4. 많이 심는 자는 많이 거둔다고 했습니다(고후 9:6-13).

＊ 안디옥 교회는 이방에 세워진 교회였지만 모범적인 교회였습니다. 저들이 금식 기도할 때에 성령을 받아 바나바와 바울을 세워 이방 선교의 일군으로 안수 기도했습니다. 저들은 모여서 기도할 때 성령님의 지시를 받았고 순종하여 이방선교의 대사업이 정식으로 시작된 것입니다.

선교의 과제
(13:4-12)

이방 선교의 첫 시행지는 구브로 섬입니다. 이곳은 선교사 바나바의 고향이기에 첫 선교지로 삼은 듯 합니다. 구브로의 지방 총독 서기오 바울은 복음을 듣고자 했으나 유대인의 마술사인 거짓 선지자 박수(엘루마)가 총독으로 믿지 못하게 하려다가 성령이 충만한 바울에게 책망을 받아 일시 소경이 되는 벌을 받음으로 총독이 믿게 되었습니다. 언제나 선교 도상에는 이같은 사단의 방해 공작이 따르나 구브로에서는 초전 승리를 거둔 셈입니다.

一. 선교의 시급성
1. 구브로는 로마 제국의 영토입니다.
2. 그러므로 로마 황제가 총독을 파견하여 총독 정치를 실시한 곳입니다.
3. 서기오 바울은 선량한 집정관이며 진지한 구도자였습니다.
4. 그는 바나바와 바울을 청하여 하나님 말씀을 듣고자 간청했습니다.
5. 그러나 그때 당시 그곳에는 마술사 엘루마가 사람들을 현혹시켰습니다.
6. 그가 바나바 일행을 못 만났다면 어찌 되었을까?

二. 선교의 전투성
1. 바나바 일행은 서기오 바울을 놓고 구원하려고 했습니다.
2. 반면에 엘루마는 엘루마 대로 안간힘을 쏟고 있습니다.
3. 즉 하나님의 종과 마귀의 종의 대결이기도 합니다.
4. 그러므로 선교는 치열한 싸움이라 하겠습니다.
5. 한 생명이 사느냐 죽느냐의 절박한 싸움인 것입니다.

三. 선교의 순수성
1. 박수 엘루마는 서기오 바울로 하여금 예수를 믿지 못하게 했습니다.
2. 그것은 어디까지나 엘루마 자신을 위한 것이었습니다.
3. 서기오 바울은 자기에게 예속시켜 부유한 생활과 유력한 지위를 지속시켰습니다.
4. 그러나 바나바와 바울은 동기가 지극히 순수했습니다.
5. 바울이 엘루마를 꾸짖을 때 벌이 내려져서 소경이 되었습니다.
6. 하나님의 일은 어떤 일을 막론하고 순수성을 잃지 말아야 합니다.
7. 빈자리나 채우고 대교회 형성을 위하는 것은 잘못입니다.
8. 오직 상대방의 회개와 구원만을 위하는 심정으로 해야 됩니다.

구주 예수
(13:13-41)

비시디아 안디옥은 갈라디아 주요 수도이며 요새인데 바울은 여기서 이스라엘 사람과 하나님을 경외하는 사람 즉 유대교에 입교한 이방인들에게 설교했습니다. 이 설교는 오순절 베드로의 설교와 스데반의 설교 그리고 바울의 이 설교와 함께 초대 교회의 삼대 설교로 알려지는 것으로서 제목은 23절에 있는 대로 구주는 예수라는 것입니다.

一. 역사적인 사실을 들어 설교했습니다.
1. 아브라함과 다윗의 자손 예수님이시라고 했습니다(17-23).
2. 출애굽도 예수님이 오시기 위한 사건이었습니다.
3. 이스라엘도 예수님이 오시기 위한 사건이었습니다.
4. 다윗도 예수님이 오시기 위한 사건이었다고 했습니다.

二. 십자가에서 죽으신 예수님(24-29).
1. 세례요한이 증거한 예수님이십니다.
2. 무지한 유대인이 죽인 예수님이십니다.
3. 이방인 빌라도가 죽인 예수님이십니다.
4. 성경의 예언대로 죽으신 예수님이십니다.
5. 무덤에 내려가신 예수님으로서 확실히 죽으신 예수님이십니다.

三. 부활하신 예수님(30-37)
1. 하나님이 부활케 하신 예수님이시니 무소불능하신 이로 말미암아
2. 예루살렘에 나타나신 예수님께서 11차례나 나타나셨습니다.
3. 본 자가 증거한 예수님으로서 사도들과 제자들이 보고 증거했습니다.
4. 성경의 예언대로 부활하신 예수님으로서 다윗의 예언대로입니다.

四. 속죄주 예수님(38-39)
1. 부활하심으로서 사죄권이 있습니다(롬 4:25).
2. 율법으로 사죄함을 받지 못한다고 했습니다.
3. 오직 예수님을 믿음으로만이 사죄함을 받게 됩니다.

* 믿지 않으면 망하리라(40-41)(합 1:5 참조). 바울의 이 설교 결과로 믿는 신자가 많이 일어났지만 핍박도 대단히 많이 일어남을 볼 수 있습니다. 설교는 항상 이렇게 두 가지 결론이 나타나게 마련입니다.

바울의 설교

(13:13-47)

본문 말씀은 선교 여행을 출발한 바울 사도가 비시디아 안디옥에 이르러 어느 안식일에 유대인 회당에서 행한 그의 최초의 설교문이며 주제는 예수님은 우리의 구세주란 것입니다.

一. 다윗에게 약속하신 아들이 곧 예수님이십니다(23).
  1. 다윗은 이스라엘의 제2대 왕으로서 하나님께 사랑받던 자입니다.
  2. 하나님은 다윗에게 "네 자손이 영원히 네 위에 앉으리라"고 했습니다(삼하 24:17).
  3. 이새의 줄기에서 한 싹이 태어날 것을 약속했습니다(사 9:7).
  4. 이스라엘 백성은 예언의 메시야 강림을 기다려 왔습니다.
  5. 그런데 그분이 곧 예수님이시라고 증거했습니다.

二. 세례 요한이 증거한 그분이 예수님이시었습니다(25).
  1. 말라기 선지자 이후 400년 동안은 이스라엘 역사의 암흑기입니다.
  2. 하나님의 말씀이 단절된 적막기였습니다.
  3. 이스라엘 민족은 하나님의 백성입니다.
  4. 그러므로 그들은 책망이든 칭찬이든 말씀을 들어야 삽니다.
  5. 그런데 400년 후 세례요한이 예수님을 증거했던 것입니다.

三. 유대인의 관원들이 십자가에 달아 죽인 예수님이 메시야였습니다(27-28).
  1. 예수님은 갈릴리 나사렛 태생이었습니다.
  2. 그는 병든 자를 고쳐주시고 천국 복음을 증거하셨습니다.
  3. 그의 인기도가 상승하고 있었습니다.
  4. 음흉한 교권주의자들은 마침내 각본대로 주를 죽였습니다.
  5. 바로 십자가에 달려 죽은 분이 메시야라고 했습니다.

四. 죄를 사하시고 의롭게 하실 그 분이 곧 예수님이셨습니다(38-39).
  1. 인간은 그 어떤 노력과 공적으로도 자신의 죄를 씻지 못합니다(욥 9:30).
  2. 율법이나 어떤 종교로도 인간의 죄를 속할 수 없습니다(롬 3:20).
  3. 죄는 오직 피로써만 씻을 수 있습니다(히 9:22).
  4. 이 세상에 의인은 한 사람도 존재하지 않습니다(롬 3:10).
  5. 의인의 피흘림의 주인공이 예수님이십니다.

* 우리는 바울처럼 담대히 예수님이 나의 구세주라고 굳게 믿고 증거합시다.

마음에 합한 자
(13:21-23)

다윗은 하나님 마음에 합한 자가 되더니 위대한 성군이 되었으며 수많은 복을 받아 그 이름이 후세에 아름답게 전해지고 있습니다. 원인 없는 결과는 있을 수 없는데 양치던 소년 다윗이 무엇을 어떻게 하며 살았기에 하나님의 마음에 들어서 그토록 승리로운 생활을 했는지 생각해 봅시다.

一. 첫 것을 하나님께 바치는 생활
   1. 첫 열매를 드렸습니다.
   2. 첫 수입을 하나님께 드렸습니다.
   3. 양의 첫 새끼를 하나님께 드리는 생활을 했습니다.
   4. 청지기의 사명자 답게 산 자였습니다.

二. 사울 왕을 해하지 않는 생활
   1. 하나님의 종으로 기름부음 받은 자였습니다.
   2. 원수를 위해 기도하는 생활이었습니다.
   3. 원수를 사랑하는 생활이었습니다.
   4. 그 손에서 죽더라도 해하지 않았습니다.

三. 성전을 지어 바칠 마음으로 살았습니다.
   1. 왕궁과 성전을 대조해 보았습니다.
   2. 언제나 죄송한 마음으로 살았습니다.
   3. 성전을 지으려 했으나 하나님이 허락하지 않았습니다.
   4. 평생토록 그는 성전 자재를 준비했습니다.

四. 기도하는 생활
   1. 그는 위태할 때 기도했습니다.
   2. 중대한 문제 놓고도 기도했습니다.
   3. 기도는 기적을 동원합니다.
   4. 기도는 주님께서 하라고 명령하셨습니다.

* 어린 소년 목동 다윗이 이토록 왕이된 이후에도 아름다운 신앙생활을 가졌으니 하나님의 마음에 합한 자가 되었습니다. 그 결과 그는 상상할 수 없는 복을 받게 되었으니 우리들도 언제나 하나님의 마음에 합한 자가 되도록 노력하고 충성하여 이 놀라운 은혜와 복을 받도록 합시다.

구원을 받자

(13:38-39)

一. 구원은 계시되었습니다. "너희가 알 것"
   1. 구원은 구약 성도들에 의해 계시되었습니다(눅 16:31).
   2. 구원은 그리스도에 의해 계시되었습니다(히 1:2, 요 3:17).
   3. 구원은 신약 성도들에 의해 계시되었습니다(행 4:10-12).

二. 구원은 누구로 말미 않습니까? "이 사람을 힘입어"
   1. 그리스도로 말미암아 천국문이 열립니다(요 14:6).
   2. 하나님과의 교제는 그리스도로 말미암아 됩니다(요 10:9).
   3. 그리스도로 말미암아 지옥문이 닫힙니다(요 3:18-36).

三. 구원에 이르는 메시지를 "전하는"
   1. 세례 요한은 회개하라고 하였습니다(마 3:1-2).
   2. 바울은 그리스도의 죽음과 부활을 전했습니다.
   3. 빌립은 그리스도로 말미암아 구원에 이른다고 전했습니다(행 8:35-37).

四. 구원의 소식 들을 자 "너희들"
   1. 믿음으로 듣는 자들입니다(롬 10:17).
   2. 성령님의 능력을 힘입어 듣는 자들입니다(살전 1:5).
   3. 구원의 방법을 아는 자들이 듣습니다(요 14:8-11).

五. 구원이란 "사죄"
   1. 죄에서 구원받는 것입니다(마 1:21).
   2. 예수님의 피흘림은 죄를 속하심입니다(마 26:28).
   3. 예수님은 죄를 사하는 권세를 가지셨습니다(막 2:5).

六. 구원 받은 자 "모든 믿는 자"
   1. 예수님을 믿는 자는 구원을 받습니다(롬 3:26).
   2. 죄를 회개하는 모든 자입니다(사 55:6-7).
   3. 중생을 한 모든 자입니다(마 18:3).

七. 구원 받는 자의 복 "모든 일에 의롭다 하심을 받음"
   1. 모든 일에 자유를 얻게 됨(롬 8:33-34).
   2. 하나님과 더불어 평강을 얻음(롬 5:1).
   3. 하나님 앞에서 새로운 피조물이 됨(딛 3:7).

190

작정된 자는 다 믿더라(Ⅰ)
(13:42-52)

신앙이란 결코 내 재량에 의해서 임의로 할 수 있는 성질의 것이 아니라 하나님의 뜻대로 되어지는 하나님의 사건입니다. "영생을 얻도록 작정된 자는 다 믿는다"고 사도들이 고백했고 증거했으니 이 신앙을 우리가 소유하고 증거하도록 합시다. 이 신앙은?

一. 소망을 갖게 합니다.
    1. 주님은 외식의 도성 예루살렘을 위해 슬피 우셨습니다(눅 13:34).
    2. 바울은 우상의 도시 아덴을 보고 분노한 일이 있습니다(행 17:16).
    3. 예수님은 예루살렘에서 가르치시고 밤에는 감람산에서 기도하셨습니다.
    4. 바울은 아덴에서 전도를 포기하지 않고 계속 증거했습니다.
    5. 이유는 그 도성에 영생을 얻도록 작정된 자가 있으리라는 소망 때문입니다.
    6. 사람들의 소행을 볼 때 전도를 포기할 생각도 있지만

二. 확신을 줍니다.
    1. 바울과 바나바는 담대히 증거했습니다.
    2. 사실을 증거했습니다(예수 그리스도를).
    3. 주님의 명령따라 전했습니다.
    4. 뜨거운 사랑으로 전했습니다.
    5. 예의를 지켜가며 전했습니다.
    6. 작정된 자는 어떤 일이 있어도 결국 다 믿게 되기 때문입니다.

三. 절박한 사명감을 가집니다.
    1. 작정된 자가 없다면 전해도 헛수고입니다.
    2. 그러나 작정된 자가 있는 한 전하기만 하면 됩니다.
    3. 그들은 갈급하게 복음을 들으려고 기다리고 있기 때문입니다.
    4. 이곳에 전도자로 보내심은 작정된 자가 있기 때문입니다.
    5. 작정된 자에게 전하기 위해 핍박을 각오해야 합니다.
    6. 충성된 종들은 절박한 사명감을 갖고 전합니다.

* 내 가족, 이웃, 친척 중에 극렬히 반대하는 믿지 않는 자가 있습니까? 영생을 얻도록 작정된 자는 다 믿습니다. 확신을 가지고 담대히 서서 소망을 가지고 기도하며 사명감을 가지고 전도해 봅시다. 영생을 얻도록 작정된 자는 다 믿습니다.

작정된 자는 다 믿더라(Ⅱ)

(13:48)

하나님의 예정과 전도자의 전도 활동과 당사자의 신앙이 오묘하게 연결되어 구원에 이르게 하는데 이 뜻을 잘 모르면 오해하기 쉽습니다.

一. 작정된 자는 하나님의 예정자입니다.
  1. 창세 전에 그리스도 안에서 우리를 택하셨습니다(엡 1:4).
  2. 그 기쁘신 뜻대로 우리를 예정하셨습니다(엡 1:5).
  3. 하나님의 선택은 무조건적입니다.
  4. 신비에 속한 일이므로 누가 예정에 속한 자인지 모릅니다.
  5. 하나님은 미련한 것, 약한 것, 멸시 받는 것, 없는 것을 택하사
  6. 지혜있고 강한 것들을 부끄럽게 폐하신다고 했습니다(고전 1:27-28).
  7. 하나님의 선택은 그의 주권적 행사입니다.

二. 작정된 자에게 전도가 필요할까?
  1. 하나님이 작정해 놓으시고 때가 되어 불러 믿게 하십니다.
  2. 그러므로 전도해야 할 이유가 없다고 말하는 이도 있습니다.
  3. 그러나 하나님의 복음 역사는 모든 신자를 통하여 역사하십니다.
  4. 그 뜻을 바로 알아 순종하는 것이 신자의 믿음이요 충성입니다.
  5. 주님께서 주신 사명 중 제1은 전도의 사명입니다.
  6. 주님 자신도 전도하셨으며 우리에게 분부하셨습니다(마 28:19-20).

三. 우리는 전도할 것 뿐입니다.
  1. 에스겔 선지자도 악인에게 전도할 책임이 있다고 했습니다.
  2. 전도하지 않으면 그 죄값을 우리에게서 찾겠다고 했습니다(겔 3:17-19).
  3. 이는 무섭고도 절대적인 전도의 책임, 사명입니다.
  4. 때를 얻든 못 얻든 전하라고 했습니다(딤후 4:2).
  5. 만일 전하지 않으면 화를 받는다고 했습니다(고전 9:16).
  6. 성령님이 오신 목적도 전도입니다(행 1:8).
  7. 그러므로 전도하는 일은 성도의 의무요 본분입니다.

* 하나님께서는 창세 전에 이미 구원 받을 자를 예택 작정하였으니 우리들은 만민에게 전도할 것뿐입니다. 또 누구든지 저를 믿는 자마다 영생을 얻는다(요 3:16)고 하셨으니 복음을 듣는 자들이 믿을 것입니다.

핍박에 대한 전도자의 자세
(14:1-6)

사도 바울과 바나바는 이고니온(소 아시아 지방) 전도에서 성령님의 강한 역사로 크게 성공을 했습니다. 두 사도의 전도가 성공을 하게 되자 유대인의 강한 핍박이 일어나게 되었습니다. 우리는 여기서 두 사도가 핍박에 대하여 취했던 태도를 두 가지 방면으로 찾아 고찰하므로 교훈을 얻고자 합니다.

一. 오래 있어 응전한 것입니다(3).
    1. 핍박하는 곳에서 오래 있었습니다.
    2. 이는 교회를 견고케 하기 위해서입니다.
    3. 오래 있었다는 것은 2, 3개월 간으로 짐작합니다.
    4. 주님을 힘입어 강경히 말했습니다.
    5. 친히 은혜 베푸는 말씀을 증거했습니다.
    6. 강경 전도, 이적 기사, 증거 이것은 핍박에 대한 응전입니다.
    7. 참 전도에는 친히 이적을 나타내시어 이기게 하십니다.

二. 도망한 것입니다(6).
    1. 전도에 성공하자 유대인들이 돌로 치고자 했습니다.
    2. 사도들은 이를 알고 도망했다고 전했습니다.
    3. 이는 겁도 아닙니다.
    4. 이는 패주도 아닙니다.
    5. 형제들의 신앙이 이미 견고해 졌기 때문입니다.
    6. 새 전도지에 전진한 것입니다.
    7. 돌격만이 전술은 아닙니다.
    8. 진퇴의 지혜도 있어야 합니다(마 10:23).
    9. 공격할 용기와 적을 피할 지혜도 있어야 합니다.

* 우리 주님이 가르치신 대로 바울과 바나바는 적을 공격할 용기와 적을 피할 지혜를 겸한 선견자입니다. 우리 전도자들도 이 일들을 깊이 생각하여 지혜로운 전도자가 되어야 하겠습니다.

전도자의 길
(14:1-7)

　바울과 바나바가 말씀 증거하여 부흥될 때 유대인들이 경건한 귀부인들과 유력자들을 선동하여 핍박하게 하므로 두 사람이 저희를 향하여 발에 티끌을 떨어버리고 이고니온으로 갔습니다(행 13:50-51). 이고니온에서의 바울과 바나바의 전도 활동은 전도자로서의 품위를 잘 보여주고 있습니다.

一. 항상 도리를 지켜 행했습니다.
　1. 바울은 이방인을 위해 부름을 받은 이방인의 사도입니다.
　2. 그러나 결코 동족인 유대인을 등한시 한 적이 없습니다.
　3. 항상 먼저 그곳에 거주하는 유대인을 찾아 보았습니다.
　4. 또한 안식일엔 반드시 회당예배에 참석하고 전도했습니다.
　5. 바울과 바나바는 어디서나 전도자의 도리를 다했습니다.

二. 항상 은혜의 말씀을 전했습니다.
　1. 하나님의 말씀을 담대히 증거했습니다.
　2. 하나님의 말씀을 은혜의 말씀이라고 했습니다. 이것은
　　1) 은혜로우신 하나님의 말씀이기 때문입니다.
　　2) 죄인을 위한 구원의 말씀이기 때문입니다.
　　3) 사죄와 구원은 은혜의 선물이기 때문입니다.

三. 항상 찬, 반이 있었습니다.
　1. 은혜의 말씀을 증거해도 항상 두 가지 반응으로 나타났습니다.
　2. 반은 받아 믿고 반은 오히려 핍박했는데, 이는
　　1) 전도자들로 하여금 겸손하게 만듭니다.
　　2) 전도자로 하여금 용기를 갖게도 합니다.
　　3) 작정된 자만 믿게 되니 더욱 감사하게 합니다(행 13:48).

四. 항상 전진했습니다.
　1. 전도를 듣고 유대인과 헬라인 중에 허다한 무리가 주께 돌아왔습니다.
　2. 그러나 말씀을 비방하는 반대파도 생겨 사도들을 죽이려 했습니다.
　3. 복음 선포는 마귀에 대한 개선 선언입니다.
　4. 주님의 명령은 땅끝까지 나가라는 것입니다.
　5. 박해를 구실로 하여 후퇴하는 것은 마귀의 승리일 뿐입니다.

하나님 말씀의 위력
(14:1-10)

본문에 바울이 한번 말하매 "유대와 헬라의 허다한 무리가 믿더라"고 했으며(14:1) "두 사도가 오래 있어서 주를 힘입어 담대히 말하니 주께서 저희 손으로 표적과 기사를 행하게 하여 주사 자기 은혜의 말씀을 증거하시니라"고 하였습니다(14:3). 그뿐 아니라 루스드라의 앉은뱅이가 바울의 말하는 것을 들었을 때의 "구원 받을 만한 믿음이" 그에게 있었다고 했습니다. 이 말씀을 보면 사도행전 14장은 특히 하나님의 말씀의 위력을 지적하고 있습니다.

一. 하나님의 말씀이 능력이 있다고 한 이유
  1. 말씀 자체가 능력이 있습니다.
    1) 말씀은 살았고 운동력이 있어 좌우에 날선 검과 같습니다.
    2) 혼과 영과 관절과 골수를 찔러 쪼개기까지 합니다(히 4:12).
    3) 말씀이 영이요, 생명입니다(요 6:63).
    4) 말씀이 죄로 물든 자를 깨끗이 합니다(요 15:3).
    5) 말씀이 구원에 이르도록 자라게 합니다(벧전 2:2).
  2. 말씀에게 지배되므로 그 말하는 자의 말에서 능력이 나타납니다.
    1) 바울이 말씀에 붙잡혀 복음을 증거했습니다(행 18:5).
    2) 예레미야도 말씀이 불붙는 듯 중심이 골수에 사무쳤다고 했습니다.
    3) 바울은 말씀에 붙잡혀 능력있게 증거했습니다(행 9:20).
    4) 마틴 루터는 로마 미신을 따라 다니다가 말씀에 붙잡혀 개혁을 했습니다.
    5) 주님께서는 시대를 따라 종들을 말씀으로 붙잡고 능력있게 쓰십니다.

二. 하나님 말씀 위력의 결과
  1. 말씀을 듣는 자는 믿음을 얻습니다.
  2. 믿음은 들음에서 나고 들음은 그리스도의 말씀이십니다(롬 10:17).
  3. 루디아는 말씀을 듣고 은혜를 받았습니다(행 16:14).
  4. 고넬료는 말씀을 들을 때 성령님이 임하셨습니다(행 10:44).
  5. 말씀을 듣는 자가 곧 구원을 얻는 믿음을 갖게 됩니다.

* 하나님의 말씀은 그 위력이 대단합니다. 그 말씀은 믿음을 일으키고 구원을 얻게 하고 회개에 이르게 합니다.

선교의 사명
(14:8-18)

교회의 사명은 한마디로 선교라고 할 수 있습니다. 그 이유는 선교는 주님의 지상 명령이고(마 28:19-20) 성령님께서 강림하신 목적도 선교인 것입니다(행 1:8). 그러므로 선교는 교회의 중대한 의무요 본분입니다. 그렇다면 선교를 사명으로 하는 것은 무엇인지 생각해 봅시다.

一. 인간으로 인간이 되게 하는 것입니다.
    1. 인간의 신격화를 배격해야 합니다(행 12:22-23).
      1) 헤롯이 신인 체 하는 망동을 하나님은 단호히 징벌하셨습니다.
      2) 이는 하나님께서 가장 진노하시는 죄악입니다.
    2. 인간의 동물화를 배격해야 합니다.
      1) 비인간화의 자리에서 그를 구해주어야 합니다.
      2) 인간이 제외된 곳에 선교가 있을 수 없습니다.

二. 신으로 신이 되게 하는 것입니다.
    1. 신에 대하여 느끼지 못하는 자가 있습니다.
      1) 신을 인정하지도 필요를 느끼지 않는 자가 있습니다.
      2) 이는 무신론 자나 다를 바 없습니다.
    2. 신에 대하여 다신화하는 자가 있습니다.
      1) 이것도 저것도 다 신이라고 느끼는 자가 있습니다.
      2) 하나님을 바로 알아 섬기도록 하는 것이 선교입니다.

三. 물질로 물질이 되게 하는 것입니다.
    1. 하나님은 하나님의 형상대로 인간을 창조하였습니다.
    2. 인간을 위해 물질을 만드셨습니다.
    3. 인간은 물질의 보호자요 관리자 입니다.
    4. 그러므로 물질의 노예가 되지 말아야 합니다.
    5. 인간은 만물의 관리자요, 통치자이어야 합니다(창 1:28).
    6. 피조물이 신처럼 떠 받들리면 안됩니다.

* 우상숭배를 버리고 하나님께로 돌아와야 하고 물질을 신격화하지 말고 물질은 물질이 되게 하여 오직 하나님만 섬기고 하나님을 바로 알고 경외하게 하는 것이 선교의 사명인 것입니다.

전도자가 받는 시험
(14:8-28)

　바울과 바나바는 루스드라에서 앉은뱅이를 고치고 복음을 증거하므로 크게 전도에 성공을 했는데 여기에 두 가지 큰 시험이 생겼습니다. 그 중에 하나는 전도자를 신(神)으로 숭배하는 일이었고, 다른 하나는 돌로 치는 무서운 핍박이었습니다. 언제나 전도자에게는 이러한 두 가지의 시험이 따르게 되는데 이를 생각해 보면서 은혜받길 원합니다.

一. 신격화 하는 시험(15)
　　1. 하나님의 사자가 하나님의 말씀을 담대히 대언할 때
　　2. 하나님의 권능을 나타내게 될 때에
　　3. 사람들은 그를 하나님처럼 숭배합니다.
　　4. 이런 경우 전도자는 군중의 숭배심을 그대로 받아들여서
　　5. 자기 대접을 받는데 이용하려는 유혹을 받게 됩니다.
　　6. 그러나 바울은 이런 시험에 지지 않았습니다.
　　7. 바울은 살아 계신 하나님께로 돌아오라고 가르쳤습니다.
　　8. 하나님은 창조자시요 풍년 주신 이심을 가르쳤습니다.
　　9. 권력의 박해나 숭배의 시험 모두 이기기 힘든 시험입니다.
　　10. 그러나 숭배의 시험에 떨어진 전도자가 더 많습니다.

二. 박해의 시험(19)
　　1. 첫째 시험에 이긴 전도자에게 둘째 시험이 닥쳐왔습니다.
　　2. 박해자들은 3, 4백리 밖 안디옥에서 왔습니다.
　　3. 1백여리 밖에 있는 이고니온에서 뒤쫓아 왔습니다.
　　4. 바울의 전도도 열렬하였지만 박해도 맹렬했습니다.
　　5. 바울은 돌에 맞아 죽은 것 같이 되어 성밖으로 끌려 나갔습니다.
　　6. 그러나 박해는 전도를 막지 못했습니다.
　　7. 죽음이 생명의 도를 막지 못한 것입니다.
　　8. 이 시험에서도 바울은 낙심치 않고 승리했던 것입니다.

＊ 전도자에게는 안일과 평안만이 있는 것이 아닙니다. 항상 시험이 있다는 사실을 기억하고 깨어 경성해야 할 것입니다.

용 기
(14:19-22)

사도 바울은 그리스도의 흔적을 가지고 있었다고 담대히 말한 적이 있는데 성도라면 성도다운 면이 있어야 되는 것입니다. 하나님의 자녀라면 자녀로서 가져야 할 자세가 있어야 하듯 전능하신 하나님을 믿는 성도는 험난한 세상길 걸어갈 때 용기있게 신앙의 용기로 전진해서 승리해야 합니다.

一. 용기있던 신앙
  1. 사도 바울이었습니다.
    1) 낙담하지 않고 왕 앞에서도 담대히 증거했습니다.
    2) 죽음도 두려워 하지 않고 주를 증거했습니다.
  2. 갈렙과 여호수아였습니다(민 14:4-10).
    1) 두려움 없이 정탐꾼의 사명을 완수했습니다.
    2) 하나님편에 서서 좌절하지 않고 신앙으로 굳게 섰습니다.

二. 용기가 필요한 곳
  1. 교회 생활에서 필요합니다.
    1) 말씀에 순종하는 생활을 하기 위해서입니다.
    2) 십자가를 짊어지고 가기 위해서입니다.
  2. 참된 삶을 유지하기 위해서입니다.
    1) 성공적인 삶을 유지하기 위해서입니다.
    2) 끝까지 전진하여 목적을 달성하기 위해서입니다.

三. 용기를 얻을 수 있는 비결
  1. 임마누엘의 하나님을 믿을 때입니다.
    1) 주님이 나와 함께 하시며 대신 싸워 주심을 믿을 때
    2) 합력하여 선을 이루게 하심을 믿을 때 입니다(롬 8:28).
  2. 소망을 가짐으로써 얻을 수 있습니다.
    1) 소망이 있을 때 참고 견딜 수 있습니다.
    2) 소망이 있을 때 감사와 즐거움의 생활을 할 수 있습니다.

* 성도에게는 용기가 있어야 합니다. 용기가 없을 때 아무일도 할 수 없으며 사명의 짐도 짊어지고 갈 수 없습니다. 신앙의 선진들은 모두가 신앙의 용기로 승리한 자들입니다(히 11:23-40).

하나님 나라
(14:19-22)

오직 하나님의 부름을 받고 복음을 위해 살던 사도바울에게 어려운 시련이 닥쳐 왔는데 그것은 유대인들에 의해 돌에 맞아 죽을뻔 했었습니다. 이 일이 있은 후에 제자들의 마음을 굳게 하면서 부탁한 말씀이 "우리가 하나님 나라에 들어가려면 많은 환난을 겪어야 할 것이다"라고 한 것입니다.

一. 우리의 신앙 노정 목표는 하나님 나라입니다.
   1. 성도들이 걸어야 하는 신앙 생활의 노정은 험하고 멉니다.
   2. 그러나 그 마지막 도달점은 하나님 나라입니다.
   3. 예수님은 이곳을 예비하시려고 먼저 가셨습니다(요 14:1-3).
   4. 성도는 오직 주님 가신 그 길을 따라가야 됩니다.
   5. 그 길만이 옳은 길, 생명길, 은혜의 길입니다.
   6. 신앙생활의 노정은 오직 하나님 나라 뿐입니다.

二. 하나님 나라에 들어가려는 노력이 있어야 합니다.
   1. 천국은 침노하는 자가 빼앗는다고 했습니다(마 11:12).
   2. 이는 확고한 믿음으로 들어가는 것입니다.
   3. 끝까지 믿음 지키고 믿음을 잃지 않는 길입니다.
   4. 믿음만 있으면 들어가 차지할 수 있음을 뜻합니다.
   5. 물론 그리스도의 속죄 공로이기도 합니다.
   6. 그러므로 믿음의 정조 굳게 지켜 들어가도록 합시다.

三. 많은 환난을 겪어야 합니다.
   1. 하나님 뜻으로 허락된 수난은 기쁨으로 당합시다.
   2. 이는 하나님과 동행하게 될것이기 때문입니다.
   3. 성도가 환난당하는 것은 천국가는 길에 의례히 당하는 일입니다.
   4. 환난을 이기게 하는 힘은 성령님을 통하여 또한 주십니다.
   5. 그러므로 환난을 감당하게 되는 것은 다 은혜로운 일입니다.
   6. 환난의 길을 통하여 영광의 상급을 얻게 됩니다.
   7. 그러나 환난은 공로가 아니라 주님의 보혈로 됩니다.

* 그러므로 성도들이 세상에서 환난을 당하는 자체를 이상히 여기거나 의심할 필요는 없고 오직 환난을 이길 수 있도록 싸워야 합니다.

복된 결말
(14:19-28)

일이란 무슨 일이나 마무리가 잘 되어야 합니다. 시작이 좋았어도 마무리가 부실하면 용두사미가 되고 말며 시작은 어설펐어도 마무리가 잘 되면 지난 흠은 덮이기 때문입니다. 이런 점에서 바울의 제1차 전도 여행은 성공적이었다고 평가할 수 있는데 이유는 결말이 참으로 훌륭했기 때문이다.

一. 끝까지 진리를 고수했습니다(19).
  1. 전도자가 지나친 영광을 받는 것은 하나님을 향한 배신 행위입니다.
  2. 인간을 신격화 하는 것은 하나님께 대한 도전 행위입니다.
  3. 우상 숭배는 하나님이 가장 미워하는 죄악입니다.
  4. 바울은 환대와 적극적인 지지도 거부했습니다.
  5. 오직 진리만을 고수하며 사도의 사명을 감당했습니다.

二. 더베로 또 나아갔습니다(20).
  1. 폭도들에게 돌에 맞아 거반 죽어 성 밖에 버리워졌습니다.
  2. 그러나 기적적으로 바울은 살아났습니다.
  3. 그는 아픈 다리를 끌면서 더베를 향해 전도하러 갔습니다.
  4. 그는 전도를 포기하지 않고 후회하지 않고 낙심치도 않고 또 나아갔습니다.

三. 전도지를 다시 찾았습니다(21-26).
  1. 원수를 기억하지 않았습니다.
    ◉ 핍박받던 루스드라, 이고니온, 비시디아 안디옥 버가 등지를 재차 방문했습니다.
  2. 믿는 형제를 잊지 않았습니다.
    ◉ 그는 일일이 방문하여 위로해 주고 축복해 주었습니다.

四. 감동적인 보고를 했습니다(27-28).
  1. 두 사도는 예의와 책임감과 신실성으로 보고를 했습니다.
  2. 모든 일을 보고한 것을 볼 때 성의가 있습니다.
  3. 정직하게 보고를 했습니다.
  4. 모든 기적도 하나님이 행하셨다고 했습니다.

* 결말이 좋아야 합니다. 출발은 찬란했어도 결말이 좋지 않으면 성공이 수포로 돌아가고, 시작은 미흡했어도 결말이 훌륭하면 실수는 다 없어지게 마련입니다.

하나님의 은혜로

참된 기독신자는 자기가 하나님 앞에 죽어 마땅한 죄인인 줄 아는 사람으로서, 성령님의 은혜로만 자기가 예수님을 믿게 되었고 또한 영생할 줄 아는 사람입니다. 아직 신앙이 연약하여 이 사실을 잘 모르는 수도 있습니다. 우리는 하나님의 은혜를 깊이 알아야 은혜를 더욱 더 많이 받는 것입니다.

一. 자신이 죄인임을 알아야 합니다(롬 7:24, 고전 15:55-56).
　　1. 자기 죄악에 대해 인식하지 못하는 자는 교만한 자입니다.
　　2. 그는 원망과 불평이나 하는 사람입니다.
　　3. 그는 늘 마음에 평안이 없을 것입니다.
　　4. 그는 가장 불쌍한 소경입니다.
　　5. 그는 독약보다 위험한 죄악이 그곳에 있음을 보지 못합니다.
　　6. 인간은 오직 죄악으로 인하여 영혼이 망하며 영원히 망합니다.

二. 유효한 은총을 믿어야 합니다.
　　1. 이는 만세 전에 예정하여 택한 자를 중생케 하는 은혜입니다.
　　　1) 중생의 은혜를 주시지 않으면 그 택함이 헛되어집니다.
　　　2) 택한 자들은 반드시 중생시키십니다.
　　2. 택함받은 증거는 예수님을 믿는 마음입니다(고전 8:3, 13:3).
　　　1) 중생한 증거는 예수님을 믿는 마음입니다.
　　　2) 영원 전에 선택된 증거도 예수님을 믿는 마음입니다.

三. 궁극적인 구원을 믿어야 합니다.
　　1. 택한 성도를 중생시킨 후 영원토록 버리지 않으십니다.
　　2. 부르신 후 의롭게 하시고 그 후 영화롭게 하십니다(롬 8:29-30).
　　3. 영생을 주기로 작정한 자를 누구도 하나님의 손에서 빼앗지 못합니다
　　　(요 10:28).
　　4. 보혜사를 보내주시어 영원토록 함께 하십니다(요 14:16).
　　5. 그 안에서 인치심을 받았습니다(엡 1:13-14).
　　6. 하나님의 사랑과 그리스도의 인내에 들어가게 하십니다(살후 3:5).

* 성도는 하나님의 놀라우신 은혜로 선택을 받고 중생케 되었을뿐만 아니라, 하나님의 놀라우신 사랑으로 영원히 버리지 않으시고 구원해 주심을 확고히 믿고 감사함으로 하나님을 섬겨야 합니다.

종교 회의
(15:1-21)

　　15장은 예루살렘에서 열린 제1차 종교 회의의 내용입니다. 이것은 그 후 여러 세기에 걸쳐 교회의 기본문제와 교리들을 논의하기 위하여 모인 교회 회의의 시범이 되었습니다. 회의의 내용은 이방인들이 믿고 교회에 들어온 일에 대한 기본적인 대책을 세운 것입니다.

一. 율법주의자들의 새로운 시험(1-5)
　　1. 예수님을 믿어도 할례를 받아야 한다고 했습니다.
　　2. 또한 모세의 율법을 지켜야 구원을 얻는다고 했습니다.
　　3. 예수님의 속죄 공로로만 구원을 얻는가?
　　4. 모세의 율법까지 지킴으로 구원을 얻는가?
　　5. 이는 신앙상 중요한 문제였던 것입니다.
　　6. 바울과 바나바는 예루살렘에 와서 이방전도의 상황을 보고했습니다.

二. 베드로의 변론과 증언(6-11)
　　1. 베드로는 고넬료의 집에 갔었던 것을 경험 삼아 변론을 했습니다.
　　2. 이방인에게도 차별 없이 성령을 주시는 일을 증언했습니다.
　　3. 할례 없이 믿음으로 마음이 깨끗해질 수 있다고 증언했습니다.
　　4. 은혜로 구원 받는 것은 피차 일반이라는 것을 보았기 때문입니다.
　　5. 고넬료의 가정에 성령님이 임하는 것을 보았기 때문입니다.
　　6. 고넬료의 기도를 하나님이 들으심을 보고 깨달았기 때문입니다.

三. 야고보 의장의 제안과 결의(12-21)
　　1. 예수님의 동생인 야고보는 그 당시 교회 대표자였습니다.
　　2. 그는 보고와 토론을 다 듣고 난 후 제안을 내었습니다.
　　3. 그리고 그것은 첫 종교 회의에서 결의가 되었습니다.
　　4. 우상의 더러운 것을 금하는 것입니다.
　　5. 음행을 피하는 것입니다.
　　6. 목매어 죽인 것과 피를 멀리하는 것입니다.

＊ 바울과 바나바의 전도로 인하여 이방인 교회가 크게 부흥됨으로 자연히 이에 따르는 문제가 야기 되었지만 교회의 지도자들이 모여 지혜롭게 잘 처리해 나갔던 것을 볼 수 있습니다.

문 제
(15:12-29)

안디옥 교회에 중대한 문제가 생겼는데 그것은 구원은 믿음으로만 얻는다는 바울의 전도에 대해서 할례를 받지 아니하면 구원을 얻지 못한다고 정면으로 도전하고 나선 교사들이 등장했기 때문이다. 그렇다면 초대교회는 이 문제를 어떤 방법으로 해결했는지 생각해 봅시다.

一. 충분한 토의를 했습니다.
  1. 골고루 발언토록 해야 됩니다.
  2. 질서 있게 발언토록 해야 됩니다.
  3. 자기 의사를 표시하는 발언만 하도록 해야 합니다.
    1) 반대파를 대표한 바리새파 형제들의 발언이 있었습니다(5).
    2) 사도를 대표한 베드로의 발언이 있었습니다(7-11).
    3) 안디옥에서 올라온 바울과 바나바의 발언이 있었습니다(12).
    4) 예루살렘 교회를 대표한 야고보의 발언이 있습니다(13-21).

二. 원만한 합의를 했습니다.
  1. 여론이 반영되어야 합니다.
    ◉ 교회 공의회는 교인의 여론과 배치되는 결정을 해서는 안됩니다.
  2. 법적으로 저촉되지 않아야 합니다.
    ◉ 사회법이나 교회법에 배치되는 처사를 삼가야 합니다.
  3. 성경적인 근거가 있어야 합니다.
    ◉ 성경의 가르침에 위배되는 결정은 삼가야 합니다.

三. 분명한 뒷처리가 필요합니다.
  1. 결정만으로 일이 끝나는 것은 아닙니다.
  2. 후속 조치가 잘 되어야 합니다.
  3. 거짓 교사들은 예루살렘 교회가 모르는 사람임을 해명했습니다.
  4. 구원은 믿음으로 얻는다는 구원의 도리를 재확인했습니다.
  5. 건덕상 금지조항은 지키도록 했습니다.

* 사회란 나 혼자 사는 곳이 아니고 교회도 나 혼자 운영하는 기관이 아닙니다. 여러 사람이 모인 곳에 문제가 생기는 것은 이상한 일이기 보다는 오히려 당연한 일입니다. 그러므로 문제를 잘 해결해 나가도록 해야 합니다.

일치된 가결

(15:26)

안디옥 교회의 문제가 발생했을 때 격론이 생겼습니다. 이 때에 예루살렘 종교 회의가 그 결과를 일치가결로 폐회하였으니 과연 은혜스러운 회의이며 모든 회의의 귀감이 됩니다. 그렇다면 일치가결 시킬 수 있었던 비결이 무엇인지 생각해 봅시다.

一. 자유스러운 토론이 필요합니다.
1. 유대 율법주의자들의 맹렬한 반대와 냉정한 비판이 있었습니다.
◉ 이는 충격적이었으나 문제를 표면화하여 해결하는 동기가 되었습니다.
2. 바울과 바나바의 성실한 보고가 있었습니다.
◉ 진상대로 밝혔기에 좋은 자료가 되었습니다.
3. 베드로의 체험적인 간증도 무시할 수 없었습니다.
◉ 이렇게 자유스러운 토론 끝에 일치가결했던 것입니다.

二. 은혜로운 지도자의 권면이 필요합니다.
1. 야고보 의장의 권면이 진효했습니다.
2. 그는 예수님의 동생으로 주님의 부활을 경험했습니다(고전 15:7).
3. 그는 교회의 기둥이었습니다(갈 1:19).
4. 그는 기도에 전념하여 그의 무릎이 낙타의 무릎처럼 되었다고 합니다.
5. 그는 "형제들아 내 말을 들으라"고 했습니다(행 15:13).
6. 윗사람을 존경하고 은혜와 권위에 복종할 줄 알아야 합니다.

三. 성경의 원리와 법규의 기본권과 대중의 좋은 뜻을 따름이 필요합니다.
1. 자유스러운 토론을 전개해도 법규의 기본권을 넘을 수 없습니다.
2. 법을 무시하거나 어기면서 회의를 할 수는 없습니다.
3. 권위 있는 지도자라도 성경의 원리를 초월할 수 없습니다.
4. 성경의 권위를 거스려 하는 회의는 그 자체가 불법입니다.
5. 대립과 상치될 때는 소수가 복종하여 수용할 줄 알아야 합니다.
6. 이 때의 결의야말로 원만하여 휴유증이 없을 것입니다.

* 교회의 회의에서 일치가결을 못한다면 세상 어느 회의에서 할 수 있겠습니까? 그러기 위하여는 무엇보다 주님이 표준이 되어야 하며 주님을 중심한 회의가 될 때 일치가결이 될 수 있는 것입니다.

바울의 마음
(15:30-41)

소돔과 고모라에는 죄악이 가득차 있었고 베다니의 가정에는 나드 향기가 가득차 있었다고 합니다(요 12:3). 그렇다면 나의 마음 속이나 내 가정에는 무엇으로 가득차 있는지 생각해 보고 바울의 마음 속을 생각해 보고자 합니다.

一. 전도 열로 가득차 있었습니다(36).
  1. 바울의 일정은 항상 분망했습니다.
  2. 전도하고 싶다는 전도 열도 바울의 속에 가득차 있었습니다.
  3. 사람은 생각 여하에 따라 행동합니다.
  4. 그는 "복음을 전하지 않으면 화가 있으리라"고 했습니다(고전 9:16).
  5. 그는 몇몇 사람이라도 더 구원코자 힘써 전도했습니다.

二. 교회 사랑으로 가득차 있었습니다(36하).
  1. 형제들과 설립한 교회를 위하는 생각으로 가득차 있었습니다.
  2. 그는 교회를 사랑하는 마음으로 초만원을 이루고 있었습니다.
  3. 그리스도의 교회와 믿는 형제를 위해 기도했습니다(빌 1:3-4).
  4. 주님의 교회와 믿음의 형제를 생각하는 마음으로 가득차면 좋겠습니다.

三. 그리스도로 가득차 있었습니다(37-38).
  1. 마가는 밤빌리아 버가에서 탈락했던 자입니다.
  2. 바나바는 그래도 마가를 데려가자고 했습니다.
  3. 바울은 이를 거절하고 갈라섰다고 했습니다.
  4. 마가를 데려갔다가 전도에 차질이 생길까 염려해서였습니다.
  5. 그는 그리스도만으로 가득차 있어서 인정도 끊을 수 있었습니다.

四. 화평주의로 가득차 있었습니다(39-41).
  1. 그는 바나바와 마가가 간 곳은 가지를 않았습니다.
  2. 또한 그들을 비판하거나 훼방을 놓지도 않았습니다.
  3. 그는 화평심으로 가득차 있었기 때문입니다.
  4. 한 교회에서 불화하는 것보다 나뉘어 화평하는 것이 낫습니다.
  5. 바울과 바나바의 갈라짐은 비판적으로 볼 것이 아니라 긍정적으로 보아야겠습니다.

* 여기 바울은 전도 열로 가득차 있었고 교회를 사랑하는 마음과 그리스도로 가득차 있었으며 화평주의로 가득차 있었던 분입니다.

재 기
(15:36-41)

마가는 바울과의 전도여행에 수행원으로 따라 나섰다가 밤빌리아 버가에서 탈락하여 도중에서 후퇴하므로 연약한 자리에 빠졌었지만 다시 힘을 얻고 일어나서 재기봉공한 일꾼이었습니다.

一. 첫 열심에서 **후퇴했습니다**(행 13:13).
    1. 마가는 예루살렘 다락방 주인인 마리아의 아들입니다.
    2. 본래 부자 집에서 고생 없이 자라난 청년입니다.
    3. 어려서부터 어머니의 신앙을 외모로만 본받고 성장했습니다.
    4. 자기 집에서 모이는 예배집회에 의식적으로 참예했습니다.
    5. 전도사업을 명예롭게만 여겼던 마가였습니다.
    6. 구브로 전도에 고생을 맛보고 괴로움을 견디지 못했습니다.
    7. 버가에서 전도단을 이탈하여 부끄러운 후퇴를 했습니다.

二. 재기봉공하게 된 마가였습니다.
    1. 어머니의 간곡한 권고와 기도가 있었습니다.
     1) 중간에 후퇴하고 돌아왔을 때 마리아는 엄한 책망을 했습니다.
     2) 눈물 어린 간곡한 충고와 철야 금식의 기도가 있었습니다.
     3) 격려해 주므로 다시 힘을 얻게 했습니다.
    2. 동역자들의 승리적인 전도보고를 들었습니다.
     1) 제1차 전도여행의 성공적인 보고를 듣게 되었습니다.
     2) 이 때 부끄럽기도 했고 부럽기도 했습니다.
     3) 그는 다시 일어나 실패를 만회하려고 했습니다.
     4) 그래서 제2차 전도여행에 지원했던 것입니다.
    3. 철두철미한 회개와 재헌신이 있었습니다.
     1) 어머니의 충고와 동역자들의 성공의 보고를 들었습니다.
     2) 지난 날의 경솔한 일들을 후회했습니다.
     3) 사명감에 투철치 못했음을 철두철미하게 회개했습니다.
     4) 그 결과 다시 용기를 얻고 나섰던 것입니다.

* 전설에 의하면 마가는 아프리카 알렉산드리아에 교회를 설립하고 전도하다가 순교의 제물이 되었다고 합니다.

바나바와 바울의 다툼

(15:36-41)

대사도인 바나바와 바울이 하나님의 거룩한 사업인 선교 문제를 가지고 심히 다투어 피차 갈라서게 되었으니 유감스럽고 민망한 일입니다. 그러나 그 참뜻을 살펴보므로 신앙의 교훈을 얻고자 합니다. 깊이 생각해 보면서 은혜받길 원합니다. 바울과 바나바의 갈라섬은?

一. 성경의 진실성을 보여줍니다.
　　1. 세상의 일반서적은 위인들의 장점만 소개하고 단점은 숨깁니다.
　　2. 역사의 기록은 좋은 것만 쓰고 나쁜 것은 빼 버리는 것이 보통 상례입니다.
　　3. 성경은 역사적 사실을 그대로 솔직하게 기록했습니다.
　　4. 그러므로 더욱 진실성을 보여 줍니다.
　　5. 아무리 사도들이라도 사람이므로 허물과 실수와 단점이 있습니다.
　　6. 바나바와 바울이 심히 다툼은 부끄러운 일이기도 합니다.

二. 성격상 차이는 죄가 되지 않습니다.
　　1. 바나바는 모성적이며 부드럽고 관용성이 있는 분입니다.
　　2. 바울은 부성적이어서 강직하고 엄격성이 있었습니다.
　　3. 그러므로 선교 여행 도중 중퇴하고 돌아온 마가에 대해 달리 대했습니다.
　　4. 바나바는 마가를 관용하고 재등용하자고 했습니다.
　　5. 바울은 단호히 단절하자고 하여 성격의 차이가 있었습니다.
　　6. 성격의 차이, 그 자체가 죄가 될 것은 없다고 봅니다.

三. 두 사도의 분립은 나쁠 것이 없습니다.
　　1. 그들의 주장이 각각 일리가 있었으니 어찌 합할 수 있겠습니까?
　　2. 서로 갈라서도 선교사업을 방해하거나 원수로 여기지 않았습니다.
　　3. 그 후에도 바울은 바나바를 칭찬했고 마가를 좋게 여겼습니다(골 4:10).
　　4. 갈라졌다고 하여 원수로 여기지 말고 도와 주도록 해야 합니다.
　　5. 억지로 한 단체에 억압하여 두면 분쟁만 많아집니다.
　　6. 후에 갈라설 때는 미워함이 더욱 심하여질 것입니다.

＊ 오늘날 교파나 교회가 분리되는 일이 있어도 무조건 정죄하는 일은 삼가해야 합니다. 교파가 갈린다고 그리스도의 몸이 쪼갬이 되는 것이 아닙니다. 부득이 한 경우에는 갈리게 하여 서로 미워하지 않게 함이 좋습니다.

심은 대로 거둔다
(16:1-5)

"스스로 속이지 말라 하나님은 만홀히 여김을 받지 아니하시나니 사람이 무엇으로 심든지 그대로 거두리라"(갈 6:7). 과연 사람은 무엇으로 심든지 심은 대로 추수하게 마련입니다. 오늘 본문 말씀 속에서 아름다운 것을 심은 후 가장 보람된 것을 거두는 모습을 찾아볼 수 있습니다.

一. 바울이 심은 것과 거둔 것
1. 바울이 지난 번에 루스드라에서 전도했습니다.
2. 그 때 그는 하나님만을 높이고 자랑했음을 볼 수 있습니다.
3. 그는 이 곳에서 위대한 교역자 디모데를 얻었습니다.
4. 디모데는 기초(바탕)가 좋은 인물이었습니다.
5. 디모데는 가슴 속에 뿌리박힌 깊은 신앙을 간직한 사람입니다(딤후 1:5).
6. 디모데는 신앙과 인격에 훈련이 잘되어 있는 사람이었습니다.

二. 디모데의 심은 것과 거둔 것
1. 디모데는 바울에게 선교 동역자로 발탁된 인물입니다.
2. 이는 큰 자랑과 영광입니다. 그렇다고 우연도 아닙니다.
3. 그는 이를 거두기 위해 좋은 씨를 뿌린 자입니다.
4. 그는 어머님의 가르침을 받아 유일신 하나님을 잘 섬겼습니다.
5. 그는 어려서부터 성경을 배우며 자란 자입니다.
6. 그는 평소에 주위 사람들로부터 칭찬을 들었습니다(2).

三. 유니게의 심은 것과 거둔 것
1. 그의 아들 디모데는 선교사로 발탁됨을 얻었습니다.
2. 부모로서 이보다 더 큰 영광이 어디에 있겠습니까?
3. 그러나 그는 오늘을 위해 성실히 씨를 뿌려 왔었습니다.
4. 그는 기도의 어머니였습니다.
5. 신앙의 어머니로서 디모데에게 성경을 가르쳤습니다.

* 이 세상에 되어지는 모든 범사는 우연이란 있을 수 없습니다. 오늘은 어제의 열매요 내일은 오늘의 열매일 것입니다. 내일을 위해 오늘 아름다운 신앙과 희생을 정성껏 심도록 합시다.

올바른 선택
(16:1-10)

디모데는 사도바울의 훌륭한 조수요 믿음이 독실하여 바울로 하여금 기쁨을 주는 동역자이기도 했습니다(딤후 1:3-5). 그 디모데가 바른 선택을 하여 모본을 보이고 있으니 그의 선택이 무엇인가를 고찰해 보므로 그의 선택을 본받기를 원합니다. 그는 칭찬받는 자였으니(2).

一. 믿음을 택한 사람이었습니다.
   1. 신앙은 인본주의가 아닌 신본주의입니다(고전 10:31).
   2. 물질적인 것이 아니라 정신적인 것입니다(엡 1:3).
   3. 다신적인 것이 아니라 유일신을 섬기는 것입니다(출 20:3).
   4. 그는 외조모와 모친의 신앙을 계승한 자입니다(딤후 1:3-5).
   5. 바울에게 기쁨을 주는 믿음을 가진 자였습니다(딤후 1:3).
   6. 젊은이로서 아름다운 신앙을 선택한 자였습니다.

二. 아름다운 덕을 택한 사람이었습니다.
   1. 덕은 아름다운 행위입니다(마 5:16-17).
   2. 그러므로 그는 칭찬을 듣는 사람이었습니다(행 16:2).
   3. 믿음에는 반드시 덕을 지녀야 합니다(벧후 1:5-8).
   4. 덕은 주는 것입니다(행 3:4-5).
   5. 덕은 칭찬을 듣고 모본을 보이는 것입니다(행 2:47).
   6. 디모데의 아름다운 덕은 하나님께 영광을 돌렸던 것입니다.

三. 희생을 택한 사람이었습니다.
   1. 바울이 그를 선택하여 선교사업에 함께 동참시켰습니다(3).
   2. 바울이 그에게 할례를 행하게 했습니다(3).
   3. 디모데는 모든 것을 감수하고 하나님을 섬기는 바울을 따랐습니다.
   4. 험난한 선교 여행길에 참여했습니다.
   5. 모세는 영화를 버리고 희생을 선택했습니다(히 11:24-26).
   6. 신앙의 선진들은 모두가 희생을 선택한 사람들입니다.

* 디모데는 과연 아름다운 신앙의 모본을 보인 사람입니다. 확고한 믿음을 선택하여 아름다운 덕을 나타내 보이므로 많은 사람의 칭찬을 받고 끝까지 희생을 한 신앙이었습니다.

성령님의 인도
(16:6-10)

바울은 아시아에서 전도하는 중 성령님의 인도를 받았습니다. 이것은 사람이 자기의 사욕대로 살며 열중하는 때에는 받기 어려운 은혜입니다. 그렇다면 어떤 사역자가 성령님의 인도를 받는지 고찰해 봅시다.

一. 깨끗한 사역자가 성령님의 인도를 받습니다.
   1. 은혜 중에 "깨끗함" 받은 은혜가 그 선도자입니다.
   2. 바울은 은혜의 종목을 쓸 때 "청결"을 선두에 썼습니다.
   3. 청결은 모든 은혜가 내리게 하는 그릇과 같습니다.
   4. 불결한 데는 하나님의 일을 할 수 있는 능력이 안 내립니다.
   5. 하나님은 일꾼을 불결한데도 그대로 그를 귀히 사용치 않으십니다.
   6. 깨끗해야 주인이 쓰시기에 합당한 것입니다(딤후 2:21).
   7. 오직 위로부터 난 지혜는 첫째 성결하다고 했습니다(약 3:17).

二. 다른 것에 인도받지 않은 때 성령님의 인도를 받습니다.
   1. 그는 처지와 환경에 지배되지 않았습니다.
   2. 영광에게 매수되지 않았습니다.
   3. 또한 그는 욕을 먹어도 위축당하지도 않았습니다.
   4. 오직 하나님의 복음만을 전했습니다.
   5. 칭찬을 원하지도, 욕을 무서워 하지도 말아야 합니다.
   6. 그 이유는 그것이 전도자가 받을 것이 아니기 때문입니다.
   7. 욕하는 자들이 예수님만 욕하지 않으면 되는 것입니다.

三. "참"에서 움직이는 자가 성령님의 인도를 받습니다.
   1. 그는 이면 주의에서 살았습니다.
   2. 이 세상 사람들은 외면에서 나타나는 것으로 만족하고 삽니다.
   3. 바울은 외면에는 관심이 없고 이면의 참을 위해 살았습니다.
   4. 그는 세상에서 알아보기 어려운 영계에서 살고 있었습니다.

* 바울은 복음을 전하는 노정을 정함에 있어서 언제나 하나님의 뜻을 따라, 성령님의 인도하심을 따라 정했습니다. 선교 노정 결정에 있어서 계단적으로 되었는데 매사에 신중을 기하고 주님의 뜻을 기다린 모습이었습니다. 그 결과 그는 하나님의 섭리와 뜻을 깨닫고 마게도냐 전도를 결행하게 되었던 것입니다.

환 상
(16:6-10)

　바울은 앞으로의 전도활동에 대한 주님의 뜻을 기다리며 기도하던 중에 그날 밤 한 환상을 보게 되었습니다. 한 마게도냐 사람이 나타나서 빨리 마게도냐 대륙으로 건너와서 자기들을 구원해 달라고 애절하게 부르짖는 모습을 보았습니다. 이 드로아의 환상이 가지고 있는 의미와 교훈을 고찰해 봅시다.

一. 선교는 시대에 따라 방향을 달리 할 수 있음을 보여줍니다.
　1. 그 때 당시 바울의 선교 무대는 주로 소아시아 지방이었습니다.
　2. 그것은 그것대로 필요하며 의미도 있는 것이었습니다.
　3. 그렇다고 그 선교방법이 항상 그대로 계속 되어서 좋은 것은 아닙니다.
　4. 주님께서는 아시아의 전도 문을 막고 제2의 대륙 유럽으로 향하게 했습니다.
　5. 선교는 그 시대에 따라 그 방향이 달라져야 합니다.
　6. 현실에 맞는 새로운 선교 정책이 모색되어야 합니다.

二. 피선교지 국민의 필요에 의해 수행되어야 합니다.
　1. 선교 사업이 선교국과 선교사 자신의 필요에 의해 전개되지 않아야 합니다.
　2. 그러나 예나 지금이나 이렇게 잘못된 선교가 선행되는 경우가 있습니다.
　3. 선교는 피선교지역의 주민들에 의해 계속되고 추진되어야 합니다.
　4. 바울 자신도 마게도냐로 가야 할 이유가 없었습니다.
　5. 안디옥 교회 역시 유럽 선교의 필요성을 느끼지 못했을지 모릅니다.
　6. 성령님께서 바울을 유럽으로 몰아넣으셨던 것입니다.

三. 선교는 환상을 보는 자만이 할 수 있습니다.
　1. 마게도냐 지방의 사정이 그토록 절박해 있었다면
　2. 바울이 왜 일찍 마게도냐로 가지 않았겠는가?
　3. 그것은 환상을 보지 못했기 때문입니다.
　4. 환상을 보지 못하고는 아무도 마게도냐 선교를 시작할 수 없습니다.
　5. 선교란 돈 자랑, 업적 자랑, 모방, 경쟁이 아닙니다.
　6. 환상을 보고 거기에 끌려야만 하는 것입니다.

＊ 바울은 드로아의 환상을 본 다음날 즉시 마게도냐로 향했습니다. 하나님의 뜻을 알게 된 이상 주저해야 할 까닭이 없기 때문입니다. 성령님의 인도를 따라 선교활동을 펴 가는 곳에는 승리와 결실이 있을 것입니다.

선 교
(16:6-15)

   성경 본문에 복음이 아세아에서 유럽 지방으로 이동해 가는 역사적인 중대사건이 기록되어 있습니다. 이는 1) 지리적인 면에서 동쪽 아세아에서 지중해를 건너 유럽으로 이동해 가고 2) 인종적인 면에서 황인종의 세계에서 백인종의 세계로 3) 문화적인 면에서 동방 문화권에서 서방 문화권으로 이동해 가는 하나님의 섭리가 수반되고 있다는 사실을 주목하여 보면 이는 1) 하나님의 언약의 성취요(창 9:27) 2) 복음전파의 확장이며 3) 세계복음전파를 위한 하나님의 섭리로 볼 수 있습니다.

一. 성령님의 인도를 따라 전파되었습니다.
   1. 바울은 아세아에서 전하려고 했으나 성령님의 인도를 받아서
   2. 유럽 지방으로 건너가게 되었다고 했습니다(6-7).
   3. 선교운동의 확장은 성령님이 원동력이 됩니다.
   4. 복음전파는 성령의 충만함을 받아야 합니다.
     1) 아버지의 약속하신 것을 기다리라 했습니다(행 1:4).
     2) 성령님이 임할 때 땅끝까지 증인이 되리라고 했습니다(행 1:8).
   5. 복음전파는 성령님의 지도를 받아야 합니다.
   6. 선교의 확장은 성령님과 함께 행해야 합니다(고전 3:9).

二. 전도의 대상을 바로 찾아 전파했습니다.
   1. 복음을 받아야 할 지역을 선택해야 합니다.
   2. 복음을 기다리는 심령을 찾아 전파해야 합니다.
   3. 하나님의 잃어버린 양을 찾아가라고 했습니다(마 10:6).
     ● 믿다가 낙심한 자, 심령이 기갈중에 있는 자를 뜻합니다.
   4. 이 길은 아무리 멀고 험해도 가야 합니다.
     ● 바울은 아세아에서 유럽까지 위험과 핍박 환난을 극복하며 갔습니다.
   5. 이 길은 주님의 지상명령입니다.
     ● 이 복음을 전하지 아니하면 화가 있습니다(고전 9:16).

* 복음 전파의 결과로 1) 빌립보에 교회가 건설되었습니다. 2) 마귀의 권세가 파괴되었습니다. 3) 로마의 옥사장이 주님을 믿고 회개하여 구원을 받았습니다.

교회 부흥의 원리
(16:6-15)

바울은 아시아에서 계속 전도 사업을 전개하려고 애를 썼지만 성령님이 강권적으로 아시아에서 유럽으로 바울을 이끌어 가셨다고 했습니다. 이것이 유럽을 복음화하는 첫 작업인 동시에 빌립보에 처음으로 교회가 창설되고 부흥되었던 중대한 사건이기도 합니다. 고찰해 봅시다.

一. 교회 부흥은 성령님의 역사에 있습니다(6-7).
   1. 성령님께서 유럽 전도를 허락하신 역사적인 의미를 보면
   2. 하나님의 언약의 성취로 봅니다(창 9:27).
     ◉ 백인종에게 복음이 전파되어 복받게 하는 것은 하나님의 언약입니다.
   3. 선교운동을 활발하고 힘있게 하시기 위해서입니다.
     ◉ 유럽 교회 부흥은 세계 복음화의 지름길이 되기 때문입니다.
   4. 로마가 세계적인 중심도시였기 때문입니다.

二. 교회 부흥은 충성된 전도자의 역사에 있습니다.
   1. 성령님께 붙들려서 사역하는 전도자였습니다.
     ◉ 바울은 일거수 일투족을 성령님께 붙들려 활동하였습니다.
   2. 힘써 기도하는 전도자였습니다(11-13).
     ◉ 바울과 전도단 일행은 기도할 처소를 찾아 힘써 기도했습니다(행 6:4).
   3. 애원하는 영혼을 찾아 구원하는 전도자였습니다(9).
     ◉ 환상의 대상지를 찾아가 선교했습니다.

三. 성도들의 열정적인 봉사에 있었습니다(14-16).
   1. 전도자들을 중심으로 아끼고 사랑하고 존경하고 봉사했습니다.
     ◉ 이러한 신자들의 교회가 크게 성장하게 됩니다.
   2. 자신의 신앙생활과 교회생활을 성실하게 한 신자였습니다.
     ◉ 말씀을 받아들이고 십일조 생활, 교회봉사도 착실히 행했습니다.
   3. 열심히 복음을 전파한 신자였습니다.
     ◉ 먼저 자기 가족에게, 친구에게, 이웃에게 열심히 전했습니다.

* 복음전파의 결과로 교회가 창설되고 크게 성장됨에 따라 1) 마귀에게서 해방 받아 자유인이 되었고 2) 불의한 세상 권세에서 해방 받아 신앙인이 되었고 3) 천하보다 귀한 영혼이 구원을 받았습니다.

루디아의 신앙
(16:11-15)

바울이 제2차 전도여행 길에서 마게도냐 지경 첫 성인 빌립보에서 얻은 첫 열매인 루디아는 보잘 것 없는 행상 여인이었습니다. 그러나 그 여인의 신앙은 대단히 열정적이었습니다. 그의 열정적인 신앙을 깊이 고찰해 보도록 합시다.

一. 말씀 듣는 데 열정적이었습니다(14).
1. 바울의 전도하는 말씀을 청종했습니다.
2. 그 말씀을 하나님의 말씀으로 청종했습니다.
3. 말씀을 청종하는 자가 은혜와 복을 받습니다.
4. 고넬료의 가정도 말씀을 듣고자 기다렸습니다(행 10:33).
5. 마리아는 주님의 발 앞에서 말씀을 들었습니다(눅 10:39).
6. 귀 있는 자들은 성령님의 말씀을 들어야 합니다(계 2:7).

二. 가족 구원에 열정적이었습니다(15).
1. 루디아와 그 집 식구가 다 세례를 받았습니다.
2. 믿는 즉시 가족의 구원문제를 심각히 생각했습니다.
3. 간수도 자기와 그 권속이 다 세례를 받았습니다(행 16:34).
4. 고넬료도 일가, 친구와 함께 은혜를 받았습니다(행 10:24).
5. 가족을 돌보지 않으면 불신자보다 악합니다(딤전 5:8).
6. 자기 집을 잘 다스려야 교회에 충실할 수 있습니다(딤전 3:4-5).

三. 주님의 종을 접대하는 일에 열정적이었습니다(15).
1. 바울을 간청하여 자기 집에 모시고 숙식을 제공하였습니다.
2. 믿는 즉시 주님의 종을 접대하는 데 열정적이었습니다.
3. 마르다는 예수님을 대접하므로 기적을 체험했습니다(요 12:2).
4. 주님의 종들을 예수님을 영접하듯 영접해야 합니다(마 10:40-42).
5. 소자를 대접하는 것이 곧 주님께 하는 것입니다(마 25:40).
6. 천사와 예수님처럼 바울을 영접한 갈라디아인을 봅니다(갈 4:14).

* 루디아의 가정을 위시하여 점치는 여인, 간수의 가족과 더불어 세 가정이 중심이 되어 빌립보 교회가 설립되었습니다. 열정적인 신자 루디아의 신앙을 본받도록 합시다.

루디아의 믿음
(16:11-15)

바울 사도는 성령님께서 아시아 전도를 불허하심을 알자 유럽으로 복음 전도의 발길을 옮겨 빌립보에 이르렀습니다. 여기서 바울은 유럽 최초의 여신도 루디아를 구원의 길로 인도했으니 큰 경사가 아닐 수 없습니다. 그는 자주 장사를 직업으로 했고 유대교에 입교한 여자였는데 그의 신앙을 살펴봅시다.

一. 예수님을 구주로 맞아들였습니다.
   1. 루디아는 건강하고 집안이 평안하고 사업이 번창한 듯 합니다.
   2. 도덕적으로도 흠잡을만한 하자가 없는 무흠한 사람인 듯 합니다.
   3. 그럼에도 불구하고 루디아는 예수님을 구주로 맞아들였습니다.
   4. 이는 주님께서 그의 마음 문을 열어 주셨기 때문입니다.
   5. 그는 자만하거나 방관자도 아니었습니다.
   6. 가정의 구주로 맞아 들이는 데에 최선을 다한 자였습니다.

二. 믿는 대로 행동에 옮겼습니다.
   1. 믿는 즉시 세례를 받았습니다.
     ◉ 세례는 믿음으로 의롭다 하심을 얻은 인증입니다.
   2. 가족들도 다 믿도록 했습니다.
     ◉ 참으로 믿는 자는 가족이 멸망하도록 버려두지 않습니다.
   3. 바울을 강권하여 자기 집에 유하게 했습니다.
     ◉ 그는 주님의 종들을 사랑하고 존경했기 때문입니다.

三. 받은대로 봉사했습니다.
   1. 복음을 받고 독점하지 않았습니다.
     1) 복음은 받았으니 다시 나누어 주는 것이 마땅합니다.
     2) 남에게 나눠주는 일에 신속하고 민첩했습니다.
   2. 물질에 있어서도 마찬가지입니다.
     1) 자신의 집을 예배 처소로 내어 놓았습니다.
     2) 사도들의 필요를 따라 헌신했습니다.

* 루디아의 아름다운 신앙을 본받아 주님오시는 날 어엿이 주님앞에 설 수 있는 성도가 됩시다.

참된 감사 생활
(16:19-25)

　구약의 욥은 "내가 모태에서 적신이 나왔사온즉 또한 적신이 그리로 돌아가올지라 주신 자도 여호와시요 취하신 자도 여호와시오니 여호와의 이름이 찬송을 받으실지니이다"(욥 1:21). 신약의 바울사도는 "범사에 감사하라 이는 예수 그리스도 안에서 너희를 향하신 하나님의 뜻이니라"(살전 5:18)라고 하셨습니다. 참된 감사생활이란 무슨 일에나 감사하는 생활을 의미합니다. 형통할 때는 물론 실패하고 곤고한 날에도 감사할 수 있는 사람이 참된 신앙인이라고 할 수 있겠습니다. 이런 성도는

一. 내 모든 것은 하나님이 주신 줄 믿는 사람입니다.
　1. 모든 은총과 복의 근원이 하나님인 것을 믿는 신앙입니다.
　　1) 내가 먹고 입고 쓰고 남는 모든 소유는 내 덕이 아님을 알고
　　2) 나의 재능과 조상의 덕도 아님을 믿고
　　3) 오직 하나님의 은혜요 복임을 믿는 신앙입니다.
　2. 모든 소유가 내 것이 아니요 하나님의 소유로 믿는 신앙입니다.
　　● 다만 우리는 하나님의 것을 관리하는 청지기임을 믿는 신앙입니다.
　3. 모든 소유는 나 위해 쓰지 않고 하나님을 위해 사용할 줄 아는 신앙입니다.
　　1) 나 자신만 위해 사용하는 것은 큰 과오입니다.
　　2) 자신을 위해 쌓아 두는 것은 어리석은 자입니다(눅 12:21).

二. 나의 모든 사건과 문제는 하나님이 주관하심을 믿는 신앙입니다.
　1. 하나님은 내 모든 일들을 합동하여 선을 이루시는 줄 믿는 것입니다.
　　1) 모든 일에 합력하여 선을 이루신다고 했습니다(롬 8:28).
　　2) 역경, 순경, 형통, 실패 등을 통해서 유익을 준다는 믿음입니다.
　2. 나의 생사화복은 하나님의 손에 달린 줄 믿는 신앙입니다.
　　● 하나님만이 나를 주관하시는 줄로 믿는 신앙입니다.
　3. 나를 통해서 하나님이 영광 받으시려는 줄로 믿는 신앙입니다.
　　● 소경에게서 하나님이 하시는 일을 나타내셨습니다(요 9:3).

* 이런 신앙은 장성한 신앙이요 튼튼한 신앙관입니다. 이러한 참 감사의 신앙생활은 1) 하나님의 소원이요, 명령입니다. 2) 우리 성도의 본분이요, 의무입니다. 3) 하나님이 영광을 받으시고 우리가 복받는 비결이 됩니다.

무엇에 사로 잡혀 사는가

(16:19-34)

영국의 철학자 프렌시스 베이콘은 세 종류의 사람이 있는데, 첫째는 거미 같은 사람으로서 남에게 해를 끼치고서라도 자기의 욕심을 채우는 이기주의 인간과 둘째는 개미 같은 사람으로서 남에게 해도, 이익도 주지 아니하고 자기 일만 하는 있으나 마나한 사람, 그리고 꿀벌과 같은 인생이 있는데 이는 자기도 살고 남도 살리는 꼭 있어야 하며 없어서는 안될 인간이 있다고 했는데 본문을 생각해 봅시다.

一. 점치고 사는 여종(18)(사단에게 사로잡혀 사는 자)

　1. 사탄에게 사로잡혀 사는 가룟 유다와 같습니다(눅 22:3).

　　◉ 이는 구주 예수 그리스도를 팔게 되었습니다.

　2. 인류의 조상 아담과 하와(창 3:1-8)

　　◉ 이는 사탄의 말을 듣고 범죄했습니다.

　3. 사탄에게 붙잡혀 사는 사울 왕이 있습니다(삼상 16:14).

　　◉ 마지막에 그는 버림을 당하고 말았습니다.

二. 여종의 주인(19)

　1. 돈에 매여 사는 사람이었습니다.

　　◉ 돈을 사랑함이 일만 악의 뿌리가 됩니다(딤전 6:10).

　2. 이기적인 사람이었습니다.

　　◉ 자신만을 위하고 남이야 죽든 살든 상관치 않는 자입니다(마 26:14-16).

　3. 진리를 대적한 사람입니다.

　　◉ 불의를 행하는 자는 진리를 막는 자입니다(롬 1:18).

三. 하나님의 사람 바울(25)

　1. 주의 사랑에 매인 사람이 있습니다(고후 5:13-14).

　　◉ 그리스도의 사랑이 강권하는 대로 산 사람입니다.

　2. 주님의 말씀에 매인 사람이었습니다(롬 14:8, 행 18:5).

　　◉ 그는 말씀에 붙잡혀 항상 말씀 증거자로서 살았습니다.

　3. 사명에 매인 사람이었습니다(행 20:24).

　　◉ 그 사명을 감당하기 위해 생명을 조금도 귀하게 여기지 않았습니다.

* 우리는 날마다 주님의 사랑, 그리고 그가 맡기신 사명에 매여 이 땅에 그리스도의 나라를 이룩하는 십자가의 군병이 되어야 하겠습니다.

밤중의 노래
(16:25)

신자는 기쁨이 있어야 합니다. 현대 교회의 약점은 구원의 즐거움이 빈약한 점입니다. 우리가 많은 번민과 고통에 빠지는 원인은 구원의 즐거움에 머물지 않고 사업주의에 흐르기 때문입니다. 바울과 실라는 "밤중쯤 되어 기도하고 하나님을 찬미하매 죄수들이 들었다"고 했습니다(25).

一. 밤의 의미
   1. 밤은 위태한 때입니다(시 91:5-6).
   2. 밤은 죄악, 환난, 무지를 비유합니다.
   3. 밤은 이 세상을 비유하기에 적당합니다.
   4. 이 세상은 하나님을 모르게 하므로 밤과 같습니다.
   5. 이 세상은 인생을 해하는 모든 도둑들과 강도로 가득찼습니다.
   6. 밤은 시험, 실패, 가난, 괴로움 등을 뜻하기도 합니다.

二. 왜 밤에 노래합니까?
   1. 과거를 생각하며 찬송해야 합니다.
    1) 과거는 고생스럽고 고통스러운 과거였습니다.
    2) 그러나 거기서 구원하신 것을 생각하여 찬송해야 합니다.
    3) 과거에 범한 죄악이 무척이나 많은 과거였습니다.
    4) 죄대로 갚았으면 우리는 이 세상에 있지도 못할 것입니다.
    5) 죄대로 갚지 않은 것을 생각하여 감사하고 찬송해야 합니다.
   2. 현재를 위하여 노래 불러야 합니다.
    1) 현재 내가 지옥에 가지 않도록 되어 있음을 믿기 때문입니다.
    2) 사죄받은 줄 확신할 때 밤중에 찬송할 수 있습니다.
    3) 사죄, 구원을 확실히 아는 이상 불평할 수 없습니다.
   3. 미래를 생각하고 찬송해야 합니다.
    1) 하나님은 전지전능하신 우리의 왕이십니다.
    2) 성도에게는 앞을 내어다 보는 전문가가 필요치 않습니다.
    3) 미래가 어두운 것이 오히려 성도에게는 유익합니다.
    4) 그럴 때 하나님을 믿기 때문입니다.
    5) 모든 것이 합력하여 선을 이루시는 하나님이십니다(롬 8:28).

최악에서 최선으로

(16:25-34)

사람들 중에는 자기가 처해 있는 처지나 현실을 보다 좋게 호전시켜 가면서 그 인생을 사는 사람이 있는 반면에 점점 더 악화시키면서 사는 사람도 있습니다. 파괴적인 사람은 천국을 지옥으로 복을 저주로 악화시켜 가면서 삽니다. 그러나 창조적인 사람은 지옥을 천국으로 저주를 복으로 호전시켜 가면서 삽니다.

一. 바울은 최악의 시간을 최선의 시간으로 살았습니다.
   1. 그는 귀신들린 한 여종을 고쳐 주었습니다.
   2. 그 일 때문에 주인에게 모욕을 당하며 고발을 당했습니다.
   3. 재판관의 일방적인 판단으로 곤장형을 받고 투옥까지 되었습니다.
   4. 그날 밤 그는 매맞은 상처로 인한 통증을 견디기가 어려웠습니다.
   5. 까닭없이 당한 봉변으로 인한 수모감을 견디기 어려웠을 것입니다.
   6. 그러나 그는 견디기 어려운 고통 중에서도 찬송과 기도를 했습니다.

二. 바울은 최악의 장소를 최선의 장소로 바꾸었습니다.
   1. 바울은 죄 아닌 죄목 때문에 투옥 당했습니다.
   2. 감옥이란 고통스러운 곳입니다.
   3. 그의 거처는 최악의 장소임에 틀림이 없었습니다.
   4. 그러나 그는 그 곳을 전도의 장소로 삼았습니다.
   5. 간수와 그의 가족들을 구해내는 구원의 장소로 삼았습니다.
   6. 바울처럼 최악의 장소를 최선의 장소로 바꾸면서 살아갑시다.

三. 바울은 최악의 사건을 최선의 사건으로 바꾸었습니다.
   1. 바울의 투옥사건은 최악의 사건이라 아니할 수 없습니다.
   2. 병자를 고쳐주고도 치하는커녕 욕먹고 투옥까지 되었으니 말입니다.
   3. 그러나 바울은 간수와 그 가족을 구원시키는 사건을 만들었습니다.
   4. 이는 옛 성도들의 생활철학이요 승리의 비결이었습니다.
   5. 요셉과 다니엘의 경우도 그러했습니다.
   6. 현재 내가 당한 최악의 사건을 최선의 사건으로 바꾸면서 살아갑시다.

* 우리 그리스도인들은 시간과 장소의 사건 속에서 항상 최악일지라도 최선으로 바꾸어 살아갈 수 있는 성도가 되었으면 합니다. 그것이야 말로 아름다운 성도의 바른 길일 것입니다.

간수의 체험

(16:25-34)

바울과 실라는 빌립보 감옥에 갇혀 있었습니다. 밤중쯤 되어 바울과 실라가 기도하고 하나님을 찬미하매 죄수들이 들었습니다. 그런데 이때 이름 모를 한 간수에게 놀라운 일이 일어나게 되었는데 이 한밤중에 이 간수는 그의 생애를 뒤바꾸어 놓는 체험을 하게 되었습니다. 그의 체험을 살펴보겠습니다.

一. 그의 자각
   1. 그는 죄 중에 잠들어 있었습니다(롬 3:10).
   2. 그의 영혼이 깨어났습니다. 1) 지진으로 2) 성령님을 통하여
   3. 그는 자기 자신이 처해 있는 죄의 상태를 바라보았습니다.
   4. 그는 두려움에 사로 잡혔습니다(바울과 실라 앞에 부복했습니다).
    1) 성령님께서는 모든 죄를 밝히 드러내어 깨닫게 하십니다.
    2) 성령님께서는 모든 진리 가운데로 인도하십시오.

二. 그의 회개
   1. 그의 질문:"내가 어찌하여야 구원을 얻으리이까?'
   2. 바울의 대답:"주 예수를 믿으라"
   3. 주 예수 그리스도는?
    1) 구원을 얻을 유일한 이름 입니다.
    2) 믿음과 경배의 대상 입니다.

三. 그의 신앙의 확증
   1. 책임을 지는 신앙:"밤 2시에 간수가 저희를 데려다가"
   2. 돌보았습니다. "그 맞은 자리를 씻기고"
   3. 실천하는 믿음 "자기와 그 권속이 다 세례를 받은 후"
   4. 봉사하는 믿음 "저희를 데리고 자기 집에 올라가서 음식을 차려주고"

四. 그의 헌신
   1. 자기 집을 제공하였습니다.
   2. 음식을 제공하였습니다.
   3. 교제를 나누었습니다.
   4. 시간을 제공하였습니다.

* 그리스도를 구주로 모시고 거기서 그치지 않고 그리스도로 더불어 새 생활을 실제로 출발할 때 이와 같은 체험을 할 수가 있습니다.

주 예수를 믿으라

(16:31)

빌립보 옥중의 바울과 실라는 밤중에 기도하고 찬미하다 홀연히 큰 지진이 나고 옥터가 움직이고 옥문이 다 열리고 매인 것이 벗겨졌으나 탈옥하지 않고 그대로 있었습니다. 자다가 놀래서 깬 간수가 무서워 떨며 어떻게 하여야 구원을 얻겠느냐로 부르짖는 간수에게 "주 예수를 믿으라"고 전도했습니다.

一. 전도자의 바른 증언은?
　　1. 전도자는 다른 말이 필요없고 오직 "주 예수를 믿으라"입니다.
　　2. 이는 지극히 간단하면서도 매우 중요한 증언입니다.
　　3. 못난 전도자들은 헛된 말로 사람을 미혹되게 하기 쉽습니다.
　　4. 바울은 언제나 예수님만을 전하였습니다.
　　5. 그는 예수님과 그의 십자가만 알고 전하고 자랑했습니다(고전 2:2).
　　6. "주 예수를 믿으라" 이것만이 전도자의 전도입니다.

二. 예수님을 믿어야 할 인간
　　1. 인간은 누구나 예수님을 믿어야 할 존재들입니다.
　　2. "예수"님의 뜻은 "자기 백성을 저희 죄에서 구원할 자이심이라"(마 1:21).
　　3. 구원을 바라는 인간은 누구나 예수님을 믿어야 합니다.
　　4. 인간들 스스로는 자신을 도저히 구원할 수 없는 죄인들입니다.
　　5. 사신 우상이나 미신종교를 믿는 것은 참으로 미련한 일입니다.
　　6. 여호와를 버리고 우상 섬기던 많은 자들이 결국 패망하고 말았습니다.

三. 예수님을 믿으면 구원을 얻습니다.
　　1. "예수님을 믿으라 그리하면 너와 네 집이 구원을 얻으리라"고 했습니다.
　　2. 구원을 바라는 인간은 오직 주님을 믿을 것뿐입니다.
　　3. 또 믿기만 하면 구원은 반드시 얻게 되어 있습니다.
　　4. 믿는 자 멸망치 않고 영생을 얻습니다(요 3:16).
　　5. 이는 성경의 중심되는 요절이며 기독교 신앙의 열쇠가 됩니다.
　　6. 간수장의 믿음으로 그와 그의 가족이 구원을 얻었습니다.

* 빌립보 옥을 지키던 간수는 바울의 전도를 잘 받아들임으로 저와 그 가족까지도 구원을 얻었습니다. 우리는 믿음의 단순성을 간직하여 주 예수님만 바라보고 그만 믿고, 그만 자랑하고, 그만 전합시다.

참 승리자

(16:35-40)

귀신에게 사로잡혀 사는 여종을 치료해 주었다는 죄 아닌 죄 때문에 억울하게 매를 맞고 옥에 갇히게 되었을 때 고발자는 개선장군 같고 바울은 패전병과 같았으나 그 다음날 사태는 전혀 달라졌음을 볼 수 있습니다. 사도바울이 죄인이 아님을 알고 오히려 상관이 바울 앞에 두려워 떠나기를 간절히 바랐습니다.

一. 무법이 합법을 이길 수 없습니다.
1. 속담에 법은 멀고 주먹은 가깝다는 말이 있습니다.
2. 합법 대 무법의 대결에서 우선은 무법이 우세하다는 뜻입니다.
3. 그러나 결국 무법은 패하고야 맙니다.
4. 여기 바울의 상대방들은 무법하기 이를 데 없었습니다.
5. 도덕도 모르고 피고에게 해명의 기회도 주지를 않습니다.
6. 그러나 무법은 절대로 합법을 이겨낼 수는 없습니다.

二. 미움이 사랑을 이길 수는 없습니다.
1. 바울의 가슴 속에서는 사랑으로 가득차 있었습니다.
2. 귀신들린 여종에게 귀신을 쫓아내고 그를 고쳐준 사랑입니다.
3. 그런데 바울의 상대방은 미움으로 충만해 있었습니다.
4. 주인은 복채로 들어오던 수입원이 끊어진 것이 분하여 바울을 고발했을 것입니다.
5. 재판관은 무조건 바울을 멸시하여 사람대접을 아니했습니다.
6. 그러나 바울이 최후 승리했으므로 사랑이 승리한 것입니다.

三. 허세가 영력을 이길 수 없습니다.
1. 허세는 실력을 이길 수는 없습니다.
2. 실력 앞에 허세는 통하지 않습니다.
3. 적은 힘은 큰 힘을 이길 수는 없습니다.
4. 속된 힘은 영력을 꺾을 수는 없습니다.
5. 속된 힘은 사람의 힘이요 영력은 하나님의 힘입니다.
6. 하나님의 힘을 구하고 그 힘에 붙잡히는 자는 승리합니다.

* 정의는 불의 앞에 무기력해 보이고 사랑은 미움에게 조롱을 당하기 쉬운 것이 이 세상의 양심입니다. 그러나 하나님의 사람 앞에서 양심에 거리낌이 없이 살기를 힘쓰며 나아갈 때 궁극적인 승리는 바로 이런 자의 것이 되는 것입니다.

주님의 죽으심과 다시 사심

(17:1-4)

그리스도께서 죽었다가 다시 살으셨다는 것은 기독교 전도의 중심 사상입니다. 누구든지 예수 그리스도의 다른 일들을 다 전했을지라도 주님의 부활을 전하지 않았다면 기독교를 전한 것이 아닙니다. 바울은 "내가 너희 중에서 예수 그리스도와 그의 십자가에 못박히신 것 외에는 아무 것도 알지 아니하기로 작정하였음이라"고 하였고(고전 2:2). "그리스도께서 만일 다시 살지 못하셨으면 우리의 전파한 것도 헛것이요 또 너희 믿음도 헛것이며"라고 하였습니다(고전 15:14).

一. 그리스도께서 죽었다가 다시 살으신 것은 성경적 진리입니다.
  1. 성경적 진리란 참인 동시에 사랑에 속하는 진리입니다.
  2. 성경적 진리는 인생이 역사적 연구로도 알 수 있는 것입니다.
  3. 인간이 영원토록 속지 않을 길은 오직 성경 말씀을 믿는 데 있습니다.
  4. 성경 그 자체가 거짓으로 더불어 싸우는 사명을 가지고 있습니다.
  5. 성경이 글로 기록된 목적도 인간의 거짓과 싸우려는 것입니다.
  6. 바울은 하나님 말씀을 가리켜 "진리의 사랑"이라 했습니다(살후 2:10).
  7. 그 성경이 주님의 죽으심을 증거했습니다(고전 15:3).
  8. 그 성경이 주님의 살으심을 증거했습니다(고전 15:3).
  9. 주님께서도 죽으심과 살으심을 증거했습니다(눅 24:26-27).

二. 그리스도께서 죽었다가 다시 살으신 사실과 나 자신
  1. 주님의 죽으심은 모든 사람을 대신하여 죽으신 것입니다(고후 5:14).
  2. 그리스도께서 죽으신 것은 나 자신을 대신하여 죽으신 것입니다.
  3. 그러므로 나 자신은 그리스도의 사랑받은 자로 알아 늘 찬송해야 합니다.
  4. 이 세상 사랑은 거짓되고 나를 속이는 것에 불과합니다.
  5. 나 자신을 진정 사랑한 분은 오직 예수 그리스도뿐이십니다.
  6. 그분은 나 자신을 대신하여 죽으신 분이십니다.
  7. 이를 생각할 때 우리는 낙심치 않고 큰 소망을 가지고 살 수 있습니다.
  8. 그뿐 아니라 주님은 나를 위하여 다시 살아나셨습니다.
  9. 그리하여 그는 영원토록 나를 위하신 구주가 되십니다.
  10. 그러므로 우리는 주님의 것이 됩니다(롬 14:8).
  11. 그분이 나와 함께 하시며 승리케 해주시는 구주이십니다.

223

전도자
(17:1-9)

기독교 역사상에 있어서 가장 이상적이고 전형적이고 모범적이고 위대한 전도자를 손꼽으라면 아마도 그는 사도 바울이라 할것입니다. 우리는 본문을 통하여 바울의 위대한 전도자로서의 한 면을 배우고자 합니다.

一. 용기있는 전도자였습니다.
　1. 바울은 외형적으로는 건강이 약한 사람으로 전해지고 있습니다.
　2. 그러나 용기는 대단한 사람이었음을 알 수 있습니다.
　3. 그는 위험을 무릅쓰고 점점 오지로 깊숙이 들어가며 전도했습니다.
　4. 전도를 하되 교통, 문화 신변의 위협을 느끼지 않을 곳을 택하였습니다.
　5. 그는 임마누엘의 신앙으로 용기있게 더욱 힘있게 전도했습니다.

二. 슬기있는 전도자였습니다.
　1. 용기가 슬기를 동반하지 못하면 만용이 되기가 쉽습니다.
　2. 그러므로 순결하기는 비둘기같고 지혜는 뱀같으라고 했습니다(마 10:16).
　3. 지혜 없는 자처럼 말고 지혜 있는 자처럼 처신하라고 했습니다(엡 5:15).
　4. 슬기를 얻으려면 마음을 넓혀야 합니다.
　5. 폐쇄적인 사고방식은 버리고 넓게 살피고 멀리 보아야 합니다.

三. 목적이 분명한 전도자였습니다.
　1. 사람이 무슨 일을 하든지 먼저 목적이 분명해야 합니다.
　2. 그는 전도를 하는 일에 있어서도 목적이 분명했습니다.
　3. 그는 오직 그리스도의 죽으심과 살으심만을 증거하려고 했습니다.
　4. 그는 학식이나 경험을 전하려고 하지 않았습니다.
　5. 오직 나사렛 예수가 그리스도라는 사실을 증명했습니다.

四. 능력있는 전도자였습니다.
　1. 바울은 권력은 없는 사람이었습니다.
　2. 그러나 그에게는 능력이 있는 사람이었습니다.
　3. 바울의 전도에는 반드시 반대 운동이 거세게 일어났습니다.
　4. 미지근한 말에는 감동받을 사람도 반대할 사람도 생기지 않습니다.
　5. 그러므로 바울의 전도는 능력이 있다는 것을 증거하고도 남습니다.
　6. 그가 능력자가 된 것은 오직 하나님께만 성실했기 때문입니다.

천하를 어지럽게 한 사람
(17:1-9)

여기 데살로니가에서는 기독교에 대하여 좀 색다른 평을 하였습니다. 사도 바울이 그리스도를 전파하는 일이 활발했기 때문에 어느 곳에서나 사람이 조용할 수가 없었습니다. 그런데 왜 사람들은 사도 바울 일행을 가리켜서 "천하를 어지럽게 하던 사람들"이라고 하였는지 생각해 봅시다.

一. 그의 교회
1. 그리스도께서는 고난을 받으셔야만 했습니다.
   ● 선지자의 예언도 주님께서도 예언하셨습니다(행 3:18).
2. 그리스도께서는 우리의 죄를 위하여 죽으셨습니다.
   ● 인간은 모두 죄인이며 주님은 그 죄 위해 십자가에서 못박히셨습니다.
3. 그리스도께서는 사망 권세를 이기고 부활하셨습니다.
   ● 참 소망과 승리가 부활임을 증거했습니다.

二. 그의 사도의식
1. 그는 사랑의 사도였습니다.
   ● 주님을 사랑하고 사람들의 영혼을 사랑했습니다.
2. 그의 행실은 "규례대로 실행했습니다"
   ● 주님을 신앙하고 주님을 경배하는 일에 총력을 기울였습니다.
3. 그의 신앙의 대상은 오직 하나님이셨습니다.
   ● 하나님의 영광을 위해 산 사도였습니다.

三. 그의 의무
1. 그의 자랑은 오직 십자가였습니다.
   ● 자신을 자랑치 않고 그리스도의 십자가만 증거하고 섬겼습니다.
2. 하나님 나라를 위하여 일하였습니다.
   ● 바울은 그의 나라와 그의 의를 구하는 데 최선을 다했습니다.
3. 성도를 섬기는 일을 행했습니다.
   ● 예루살렘으로 성도를 섬기러 간다고 했습니다(롬 15:25).

* 그는 로마서 1:16에 증거하길 "내가 복음을 부끄러워 하지 아니하노니 이 복음은 모든 믿는 자에게 구원을 주시는 하나님의 능력이 됨이라. 첫째는 유대인에게요 또한 헬라인에게로다"고 했습니다.

베뢰아 사람들의 신앙(Ⅰ)
(17:10-15)

사도행전 17장에는 사도바울이 세 지방을 순회하면서 복음을 전파하여 교회를 설립한 내용이 기록되어 있습니다. 그 세 지방은 데살로니가와 베뢰아와 아테네 지방입니다. 그런데 본문에 나오는 베뢰아 사람들의 신앙을 소개하고 있는 중 그들의 신앙 상태에서 본받을 만한 모습을 볼 수 있습니다.

一. 신사적이었습니다.
1. 신사적이란 신앙생활이 고상했다는 것입니다.
 ◉ 차원이 높고 무게가 있는 신앙생활이었습니다.
2. 신사적이란 신앙생활이 선량했다는 것입니다.
 ◉ 이는 깨끗한 생활을 보여주었다는 것입니다.
3. 신사적이란 신앙생활이 예의가 있었다는 것입니다.
 ◉ 말씀에 입각하여 예의 도덕적이었다는 것입니다.

二. 간절한 마음으로 말씀을 받았습니다.
1. 이는 말씀을 사모하여 충분히 준비된 상태로 받았다는 것입니다.
 ◉ 청종하는 자세로 받아들여야 되는 것입니다.
2. 말씀의 귀중성을 인정하고 가치 있게 받아들였다는 말입니다.
 ◉ 말씀이 귀한줄 알 때 온 정성 다해 받아들이는 것입니다.
3. 말씀을 열심히 받아들이는 마음의 상태를 말합니다.
 ◉ 말씀을 너무 사모하므로 열심을 내어 받아들인 상태입니다.

三. 성경을 날마다 상고하였습니다.
1. 성경을 매일같이 규칙적으로 읽는 상태입니다.
 ◉ 성경은 우리들의 영혼의 양식이기 때문입니다.
2. 성경의 참뜻을 알아야 합니다.
 ◉ 이는 인생의 구원 문제를 지시하여 주신 귀한 책이기 때문입니다.
3. 성경 말씀을 실천하고 생활하기 위해서 상고했습니다.
 ◉ 말씀을 읽고 듣고 지키는 자가 복이 있습니다(계 1:3).

* 교회 발전과 부흥의 비결은 교인들이 1) 신자다운 교인 2) 말씀 사모하는 교인 3) 성경 중심의 교인이 되는 데 있습니다. 이런 신앙을 소유한 교회는 1) 모든 이에게 칭찬 듣고 2) 강하고 담대히 복음을 증거하고 3) 놀라운 역사가 나타나는 것입니다.

베뢰아 사람들의 신앙(Ⅱ)
(17:10-15)

본문에 등장하는 사람들 중에서 같은 유대인이면서도 대조적인 인간상을 보게 되는데 데살로니가에 살고 있는 유대인은 완악하고 선동적이고 폭도적인데 반하여 베뢰아에 거주하는 유대인들은 선량하고 온전하고 진지하고 신사적이어서 바울의 전도에 대한 반응이 매우 좋았습니다.

一. 간절한 마음으로 말씀을 받았습니다.
  1. 예수님 당시 주를 따르는 자들 중 기적을 보고 흥미를 느낀 자들과
  2. 바울의 주변에도 이런 부류의 사람들도 적지 않았을 것입니다.
  3. 그러나 베뢰아 사람들은 기적보다는 말씀에 치중하였습니다.
  4. 그러므로 간절한 마음으로 말씀을 받았으니 복된 사람들입니다.
  5. 복된 말씀이라도 중심으로 받아들이지 못하면 소용이 없습니다.
  6. 사모하고 그리워하는 심령 속에 은혜와 복이 임하는 법입니다.

二. 날마다 성경말씀을 상고했습니다.
  1. 바울의 말을 못 믿어서가 아니라 성경적인 근거를 확인키 위해서입니다.
  2. 그만큼 저들은 성경적인 근거를 중요시했던 것입니다.
  3. 성경을 잘못 가르칠 때 무조건 믿사오니는 미신과 이단에 빠지기 쉽습니다.
  4. 그들은 의심이 생기지 않도록 날마다 성경을 깊이 상고했습니다.
  5. 그들의 진리 탐구에 열중한 점을 배워야 하겠습니다.
  6. 여기에서 믿음이 자라고 체험을 얻어 더욱 굳어지게 되는 것입니다.

三. 성경 말씀을 확신하였습니다.
  1. 힘써 듣고 읽고 배워서 지식을 얻으려는 목적이 아닙니다.
  2. 예수님 당시 서기관들은 아는 것으로 만족해 했습니다.
  3. 그들은 깨닫고 알아서 성경을 그대로 믿었습니다.
  4. 알고 행치 아니하는 것은 자신을 속이는 자입니다(약 1:22).
  5. 배우고 받고 듣고 본 바를 행하는 자가 되어야 합니다(빌 4:9).
  6. 말씀이 아무리 훌륭해도 믿지 않으면 일개 경전에 불과합니다.

* 교회마다 특성이 있는데 베뢰아 교인은 더욱 귀하기만 합니다. 그러므로 교인은 모름지기 간절히 사모하고 열심히 상고하고 그리고 하나님의 말씀대로 확실히 믿고 단호하게 행동하는 베뢰아형 신앙인이 되기를 힘써야 하겠습니다.

유일신에 대한 바울의 설교
(17:14-34)

바울은 학문의 도시 아덴의 북쪽 산상 노천 재판소인 아레오바고에서 설교했습니다. 헬라 사람들의 종교심을 칭찬하는 한편 미신을 깨우쳐 참신 하나님을 찾으라고 했습니다(22-23). 본문 중 24-31절은 특히 그 설교 내용을 찾아 볼 수 있는데 유일신에 대한 그의 설교를 고찰해 보도록 합시다.

一. 만물 창조의 신이라고 했습니다(24).
   1) 우주와 만물을 창조하신 하나님이십니다(24).
   2) 말씀으로 창조하신 하나님이십니다(창 1:1).

二. 우주를 주장하시는 유일신이십니다(24).
   ● 만물을 창조하실 뿐만 아니라 주관하시고 섭리하십니다.

三. 만물의 소유자이신 하나님이십니다(25).
   1) 삼림의 짐승 천산의 생축이 주님의 것입니다(시 50:10).
   2) 세계와 거기 충만한 것이 다 주님의 것입니다(시 50:12).

四. 전 인류의 아버지 되시는 신이십니다(26).
   ● 각 나라 백성을 한 혈맥으로 지으신 신이십니다.

五. 생명의 신이신 하나님이십니다(25).
   ● 생명과 호흡과 만물을 주시는 하나님이십니다(26).

六. 역사를 주관하시는 하나님이십니다(26).
   1) 인생의 연대를 정하신 하나님이십니다.
   2) 온 땅에 거하게 하신 하나님이십니다(26).

七. 영토를 주관하시는 하나님이십니다(26).
   ● 거주의 경계를 정하신 하나님이십니다.

八. 회개를 명하시는 하나님이십니다(30).
   ● 사람에게서 멀리 떠나 계시지 않으시고 가까이 계십니다.

九. 심판하시는 하나님이십니다(31).
   ● 심판할 날을 작정하시고 집행하시는 하나님이십니다.

* 이 설교를 요약하면 우주를 창조하시고 소유하시고 통치하시는 신을 말한 후에 예수님의 십자가와 부활을 보여서 구원을 알게 했습니다. 그러므로 범신사상, 숙명론 등을 타파하여 만유상에 계시고 만유에 계신 참신을 말합니다.

아덴에서(Ⅰ)
(17:16-21)

　데살로니가에서 전도하다가 극성스러운 유대인들의 훼방을 받아 베뢰아로 옮겨와서 전도하던 바울은 베뢰아에까지 쫓아와서 훼방하는 데살로니가 출신 유대인들의 등살로 베뢰아를 떠나 다시 아덴으로 옮겨 오기에 이르렀습니다. 아덴은 옛날 소크라테스가 살던 고장으로서 특히 철학과 문학과 예술에 있어서 유명한 당시 세계 제일의 문화 도시였던 곳인데 바울은?

一. 신앙적인 관찰을 했습니다.
　　1. 매사를 외형적 물량적인 관찰은 정확성이 없습니다.
　　2. 성도는 모든 것을 신앙적인 안목으로 보아야 옳습니다.
　　3. 하나님 곁에서 모든 것을 관찰하고 평가해야 되는 것입니다.
　　4. 직장, 배우자 등을 선택할 때도 반드시 신앙적인 안목이 있어야 합니다.
　　5. 그렇지 않으면 피상적인 관찰로서 판단을 그르치게 됩니다.
　　6. 바울은 아덴을 신앙적인 안목으로 관찰했습니다.

二. 바울의 격분
　　1. 세계 제일의 문화 도시 아덴을 본 바울은 감탄도 부러워하지도 않았습니다.
　　2. 바울로 하여금 격분을 일으키게 했습니다.
　　3. 그 이유는 거리마다 우상으로 가득차 있었기 때문입니다.
　　4. 세계 제일의 문화도시지만 이는 인간의 무지를 보여줍니다.
　　5. 유대인이 그곳에서 영향력을 행하지 못했으므로 인간의 무능을 보여줍니다.
　　6. 아덴에는 역사를 새롭게 해보려는 꿈이 없는 도시였습니다.

三. 선교적인 정열이 있었습니다.
　　1. 아덴은 당시 세계 제일의 문화 도시였으나 우상의 도시였습니다.
　　2. 이 도시가 우상화할 때 다른 사람에게 주는 해독이 막대한 것입니다.
　　3. 그들을 유일신 하나님 품 안으로 정착시키는 일이 급했습니다.
　　4. 저들의 영혼은 하나님을 찾지 못하고 방황하고 있었습니다.
　　5. 또한 저들의 불안이 극도에 달해 있었습니다.
　　6. 이유는 우상 숭배는 마음에 평안이 깃들이지 않기 때문입니다.

　* 바울은 아덴에서 신앙적인 안목으로 관찰한 후 격분하게 되었으며 즉시 선교의 정열에 불타올라 힘차게 복음전하는 데 최선을 다했습니다.

아덴에서(Ⅱ)

(17:16-34)

아덴은 옛날부터 철학의 도시이며 우상의 도시입니다. 우상은 신화의 종교적 표현인 동시에 철학은 지적 표현에 불과합니다. 그러므로 양자는 서로 자매 관계입니다. 우상 종교를 없이 하는 능력은 계시 종교 곧 기독교 뿐입니다. 아덴에서의 바울의 전도는?

一. 우상이 가득한 아덴의 거리(16-21)
　　1. 바울은 이 성에 우상이 가득함을 보고 분노했습니다.
　　2. 이는 우상의 거짓된 것에 대해 분노였습니다.
　　3. 만민의 아버지가 되시는 참 하나님을 찾으라 했습니다(25-26).
　　4. 각 사람에게 항상 가까이 계신 신(27-29)
　　5. 심판주가 되시는 참 하나님을 찾으라 했습니다(30-31).
　　6. 부활하신 신을 찾아 섬기라고 했습니다(31).

二. 아덴에서의 바울의 설교(22-31)
　　1. 참신 하나님을 찾으라고 외쳤습니다.
　　2. 천지만물과 인간을 창조하신 신을(24)
　　3. 만민의 아버지가 되시는 참 하나님을(25:26)
　　4. 각 사람에게 항상 가까이 계신 하나님을(27:29)
　　5. 심판주가 되시는 참 하나님을(30-31)
　　6. 부활하신 신을 찾아 섬기라고 했습니다(31).

三. 설교의 결과로 나타난 반응(32-34)
　　1. 바울은 참신 하나님의 속성을 증거했습니다.
　　2. 기독교의 중심 교리인 부활을 증거하려고 했습니다.
　　3. 그 때 청중의 반대와 조소 때문에 설교는 중단이 되었습니다.
　　4. 이 때 어떤 이는 비웃고 희롱했습니다.
　　5. 어떤 이는 네 말을 다시 들으리라고 결심을 연기했습니다.
　　6. 어떤 이는 듣고 믿었습니다.
　　7. 설교에는 항상 이러한 결과가 나타납니다.

* 결국 아덴의 큰 도회지에서 소수의 구도자를 얻게 되었습니다. 이 도성에서의 전도는 큰 성공은 아니었어도 뜻깊은 전도였습니다.

아덴에서(Ⅲ)

(17:16-34)

아덴에서의 바울은 신앙적인 관찰로 인하여 분노했습니다. 거리마다 우상이 가득찬 세계 제일의 문화 도시를 보고도 격분하지 않았다면 그는 하나님의 종이 아닐 것입니다. 주님과 함께 노할 줄을 모르면 주님과 함께 기뻐할 줄도 모르게 될 것입니다.

一. 알지 못하는 신
1. 많은 신상들 중에 "알지 못하는 신에게"란 신단이 있었습니다.
2. 이는 그들의 풍부한 종교성을 말해주는 하나의 실증입니다.
3. 종교성이 풍부하기 때문에 도리어 우상 숭상에 더 열중이었습니다.
4. 이것이 결국 우상 문화를 빚어내고 말았습니다.
5. 그들은 종교적인 면에서는 방황을 거듭하고 있었습니다.
6. 그러므로 종교의 수준으로 문화를 측정해야 옳습니다.

二. 바울의 전도
1. 지식의 광장에 아레오바고에 당대의 지성인들이 가득 메웠습니다.
2. 이 곳에서 그 알지 못하는 신을 알게 해주겠다고 했습니다.
3. 여기서 바울의 대담성과 확신을 볼 수 있습니다.
4. 바울은 하나님 한 분만이 참 신이심을 확신했습니다.
5. 예수 그리스도만이 유일한 구주시라는 확신이 있었습니다.
6. 바울은 대담하게 그 신을 소개하며 가르쳤습니다.

三. 이제라도 회개하라
1. 이는 인간의 죄악이 관영하다는 뜻입니다.
   ◉ 죄악이 팽창하여 폭발 직전에 처해 있다는 위험신호입니다.
2. 이는 이제까지의 잘못은 문제삼지 않으시겠다는 뜻입니다.
   ◉ 지난날의 허물로 인해 절망과 비탄에 빠질 필요가 없습니다.
3. 이는 회개하지 않으면 하나님의 진노가 배나 더 준엄하리라는 뜻입니다.
   ◉ 하나님의 심판이 엄중할 것은 자명한 것입니다.

* 우상의 도시인 아덴에서 바울은 알지 못하는 신에 대하여 하나님을 소개하며 담대히 증거한 후 회개할 것을 가르쳤습니다. 이는 전도자로서의 가져야 할 마음의 자세임을 보여주고 있습니다.

바른 신을 섬기라
(17:16-34)

하나님의 형상대로 지음을 받은 인간은 누구나 다 종교심을 소유하고 있습니다. 그 중에도 특히 아덴 사람들은 종교심이 많다고 자부하고 있었지만 바른 신을 섬기지 못하고 있었습니다. 아덴은 옛날부터 철학의 도시인 동시에 우상의 도시입니다. 철학은 우상을 없애지 못합니다. 그 이유는 철학 자체가 역시 우상 종교와 마찬가지로 하나의 인본주의의 산물이기 때문입니다.

一. 종교심의 발로(신을 찾아 섬기려고 함)(22-23)
　1. 범신론자들이 이 땅에는 많이 있습니다(汎神論者).
　　● 이는 아무 신이나 분별 없이 섬기는 자들입니다.
　2. 우상론자들이 많이 있습니다(偶像論夫子).
　　● 이는 사람의 기술과 고안으로 만들어 섬기는 자들입니다.
　3. 불가지론자들이 또한 있습니다(不可知論者).
　　● 이는 알지 못하는 신들을 섬기는 자들입니다.

二. 바른 신을 소개함(알지 못하는 신을)(23-27)
　1. 우주와 그 가운데 있는 만유를 지으신 창조의 신(24)
　2. 천지의 주재시니 부족한 것이 없으신 만물의 주인(25)
　3. 만인에게 생명과 호흡과 만물을 주시는 복의 근원(25)
　4. 인류의 모든 족속을 한 혈통으로 만드신 아버지(26)
　5. 연대를 정하심(역사의 흥망성쇠를 좌우하심)(26)
　6. 지경을 한 하심(세계 지도를 제조변경하심)(26)

三. 종교심의 바른 탐구(하나님을 찾을 것)(28-34)
　1. 모든 인간은 하나님의 소생입니다(28)
　2. 그의 소생이면 하나님 아버지를 섬겨야 합니다(28-29).
　3. 우상을 섬기면 하나님의 심판을 받게 됩니다(30).
　4. 우상은 금, 은, 돌에다 사람의 기술과 고안으로 만듭니다.
　5. 인간이 만든 우상은 모두가 헛것입니다.

* 고대에 알지 못하던 때에는 허물치 않았으나 지금은 회개해야 산다고 했습니다. 복음을 훼방하는 자도 있었으나(32-34) 믿는 자는 구원을 받았다고 했으니 온전히 주님만을 섬기는 자가 되시기 바랍니다.

한 혈통으로
(17:26)

이 세계에는 많은 사람들이 살고 있으며 인종적으로나 지역적으로나 역사적으로 각계 각층의 사람들이 국가와 민족사회를 이룩하고 살아갑니다. 그러나 이 모든 인류는 본래 한 혈통으로 지음을 받았습니다. 그러므로 다시 하나로 통일되어야 합니다.

一. 한 혈통으로 지음받은 인간
1. 태초에 하나님께서 만물을 창조하시고 곧 사람을 창조하셨습니다.
2. 아담과 하와 이들로 인해 생육하고 번성되었습니다.
3. 중시조 노아의 세 아들은 삼대 인종으로 분류됩니다.
4. 셈의 후손은 아세아의 황색 인종입니다.
5. 함의 후손은 아프리카의 흑색 인종입니다.
6. 야벳의 후손은 유럽의 백색 인종으로 분류되어 삽니다.

二. 예수님의 피는 한 몸을 이룹니다.
1. 인간의 범죄는 마귀의 더러운 꼬임에 오염된 것에서 비롯됩니다.
2. 어떤 종파에서는 모두가 한 혈통이기에 구원 받는다고 합니다.
3. 즉 만인 구원설을 주장합니다마는 이는 엄연한 거짓입니다.
4. 너희는 너희 아비 마귀에게서 났다고 했습니다(요 8:44).
5. 예수님의 피를 믿지 않는 자는 마귀의 자식이 될 것입니다.
6. 예수님의 피로 거룩함을 입은 자들만이 구원에 참여하게 됩니다.

三. 지음받은 인간의 의무
1. 지음받은 인간은 조물주의 인간창조의 목적에 부합하게 살아야 합니다.
2. 범죄한 인간은 하나님을 떠나서 거역하면서 살고 있습니다.
3. 거역하며 사는 것은 결국 마귀를 순종하여 사는 것입니다.
4. 이는 멸망을 자초하는 미련한 짓입니다.
5. 인간은 조물주 하나님을 공경하고 섬기며 살아야 합니다.
6. 이는 인간의 절대 의무인 것입니다.

* 이 세계에는 많은 사람이 살고 있으며 한 혈통이라지만 참 형제 자매는 그리스도 예수님의 보혈을 믿는 믿음 안에서 만민은 하나입니다. 그러므로 하나님을 바로 섬기며 그리스도 안에서의 사랑을 실천합시다.

고린도에서
(18:1-11)

　　아덴을 떠나서 고린도에 도착한 당시의 바울의 심경은 그리 상쾌하지 못했습니다. 바울은 후일 고린도 교회에 보낸 그의 서신에서 이때의 심경을 표현하길(고전 2:3) "내가 너희 가운데 거할 때에 약하며 두려워하며 심히 떨었노라"고 했습니다. 그 이유는 1) 아덴 전도의 성과가 저조한 때문일 수 있으며 2) 고린도 전도의 전망 역시 밝지가 못했기 때문이었고 3) 때마침 바울이 곤고한 형편에 처해 있었기 때문일 수도 있습니다. 그러나 이러한 바울을 하나님께서는 새 힘으로 충전 시켜주었습니다.

一. 아굴라 부부를 만나게 되었습니다.
   1. 아굴라 부부는 유대인으로 바울과 동족입니다.
   2. 또한 예수 그리스도를 믿고 있는 신앙 동지였습니다.
   3. 더욱이 바울과 같은 장막 제조업자였던 것입니다.
   4. 그후 그 부부는 직접, 간접으로 바울을 많이 도와준 동역자가 되었습니다.
   5. 바울이 그 부부를 만난 것은 그 일생에 있어서 큰 복이었습니다.

二. 그리스보를 얻었습니다.
   1. 전도는 하나님의 명령이요 만민을 구원하는 일입니다.
   2. 이 일은 마땅히 칭찬과 지지와 호응을 받아야 합니다.
   3. 그러나 바울을 반대하고 비난하는 자가 그의 가까운 동지였으며 유대인입니다.
   4. 이때에 그리스보를 얻게 되었는데 그는 회당장직에 있는 자였습니다.
   5. 바울은 여기서 큰 격려와 위로를 받게 되었던 것입니다.

三. 환상을 보았습니다.
   1. 이상의 두 가지 선물로도 바울에게는 큰 힘이었습니다.
   2. 불안한 밤에 환상을 보여주었던 것입니다.
   3. 그것은 두려워 하지 말라는 것이었습니다.
   4. 고린도 성중에는 하나님의 백성이 많다고 했습니다.
   5. 이는 열 개 사단의 응원군 보다 사기를 더 앙양시켜 주었습니다.

* 전도자는 주님을 위해서 당하는 것이라면 어떤 고난도 두려워할 것은 없습니다. 하나님은 반드시 고린도의 밤에 고린도의 위로도 더해 주시기를 잊지 않고 계시기 때문입니다.

바울의 고린도 전도
(18:1-17)

　　상업 도시 고린도에서의 바울의 전도는 특색이 있는 전도였습니다. 바울은 학문의 사람인 동시에 지혜의 사람이어서 때와 장소를 잘 분별하여 전도했습니다. 고린도는 헬라의 삼대 도시중 하나인데 학문의 도시 아덴, 상업의 도시 고린도, 무역의 도시 스팔타로 유명한 곳입니다(武邑).

一. 바울은 노동전도를 했습니다(1-4).
　　1. 아굴라 부부와 바울은 이역에 고객된 점에서 처지가 같고 생업이 같았습니다.
　　2. 그보다 동일한 주님 예수를 믿는 점이었습니다.
　　3. 그들은 이점에서 생사를 같이했습니다.
　　4. 장막을 만드는 것은 가죽이나 염소털로 짠 천으로 장막을 만드는 업입니다.
　　5. 이 장막은 사람이 가지고 다니며 사용할 수 있는 종류입니다.
　　6. 같은 생업을 행하면서 전도를 했습니다.

二. 하나님의 말씀에 붙잡혀 한 전도였습니다(5-8).
　　1. 실라는 베뢰아에서 왔습니다(행 17:14).
　　2. 디모데는 데살로니가에서 고린도에 왔습니다(살전 3:2-5).
　　3. 하나님의 말씀에 붙잡혀 성령님의 강권을 받아서입니다.
　　4. 유대인을 떠나 이방인에게 전도했습니다(6).
　　5. 이는 바울, 실라, 디모데 모두가 말씀에 붙잡혀 전도함을 보여줍니다.
　　6. 그 결과 많은 사람이 세례를 받았습니다(8).

三. 주의 계시로 전도했습니다.
　　1. 바울은 고린도의 여러 가지 형편에서 몸서리쳤습니다.
　　　1) 죄악이 많은 것과 2) 핍박을 생각해서였습니다.
　　2. 이 때에 그는 계시를 받았습니다.
　　　1) 두려워 말고 말하라 — 세상권세 두려워 말고 십자가를 전해야 합니다.
　　　2) 내가 너와 함께 간다 — 하나님이 함께 하시니 두려움이 없습니다.
　　　3) 이 성중에 하나님의 백성이 많다고 했습니다.
　　　4) 1년 6개월이나 머물면서 전도한 것은 계시에 대한 순종입니다.

　* 바울에게는 같은 동지요, 가까운 유대인에게 무서운 박해를 받아가면서(12-17) 계시대로 전함으로 교회는 왕성했던 것입니다.

고린도에서 받은 바울의 위로
(18:1-17)

고린도는 아덴에서 50마일쯤 떨어진 곳인데 이 도시는 B.C. 146년만에 반 로마운 동을 격멸하기 위한 멈미우스(L. Mummius) 대장으로 인하여 괴멸되어 1세기 동안 폐허로 있었습니다. 그러나 B.C. 46년에 율리우스 씨가(Julius Caesar) 이를 재건했습니다. 아덴은 우상이 가득한 도시인 반면에 고린도는 도덕적 부패로 이름났습니다. 전도자는 부패한 도시에도 찾아가서 부패를 막는 복음을 전했는데 이러한 도시에서 바울은 크나큰 위로를 받았습니다.

一. 아굴라 부처를 만나서 그 집에 동거했습니다(1-4).
　　1. 아굴라와 브리스길라도 망명객들인 것입니다.
　　2. 그들의 업이 바울과 같았습니다(장막짜는 일).
　　3. 그들은 바울을 위하여 목숨이라도 내놓았던 사람입니다(롬 16:3-4).
　　4. 바울과 동거동락할 처지로 큰 위로가 되었습니다.

二. 실라와 디모데가 마게도냐로부터 내려 왔습니다(5).
　　1. 사랑하는 동역자(동지, 친구)들과 함께 일하게 되었습니다.
　　2. 이는 더욱 큰 영력을 받는 일이 되었습니다.
　　3. 바울은 이때 하나님의 말씀에 붙잡혔습니다.

三. 회당장이 온 가족과 함께 예수님을 믿었습니다.
　　1. 회당장 그리스보를 얻게 되었습니다.
　　2. 그 가족이 예수님을 믿고 세례를 받았습니다.
　　3. 핍박 중에 빠진 바울에게 이는 크나큰 위로였습니다(6-8).

四. 밤에 주님께서 환상 가운데 바울에게 나타나셨습니다(9).
　　1. 이는 바울의 신변의 안전을 보장해 주셨습니다.
　　2. 두려워말고 잠잠치 말고 전파하라고 하셨습니다.
　　3. 이것이 그에게는 무엇보다도 큰 위로였습니다(9-10).

五. 갈리오 총독이 바울의 보호의 일익을 맡았습니다.
　　1. 갈리오는 성질이 온화하고 친절한 사람이었습니다.
　　2. 그에게 유대인들이(핍박자) 핍박할 것을 요구했습니다.
　　3. 그러나 그들의 요구를 들어 주지 않고 바울을 보호했습니다.

바울과 아굴라 부부
(18:1-17)

바울은 아굴라와 브리스길라를 만나서 그들의 집에 동거했으며(1-4) 아굴라 부부도 망명객들인 만큼 고객인 바울을 많이 동정했을 것입니다. 그들의 업이 바울의 것과 같은 것 만큼 그들은 바울과 동고동락할 처지였습니다. 그들은 바울을 위하여 목숨이라도 내어 놓았던 사람이었으니(롬 16:3, 4) 그들 부부가 바울에게 있어서 커다란 위로가 되었던 것입니다.

一. 아굴라와 브리스길라
  1. 남편과 아내, 결혼으로 인한 연합의 아름다운 본보기 입니다.
  2. 직업에 있어서 협력하는 일꾼이었습니다.
    ● 개인의 자립과 가족 협동의 행복한 실례입니다.
  3. 바울을 기꺼이 환대한 사람들이었습니다.
    ● 성도의 환대와 친절이 뚜렷한 실례를 보여줍니다.
  4. 그리스도 안에서 믿음의 친구였습니다.
    ● 바울을 만나기 이전에도 진실한 그리스도인의 모습입니다.
  5. 아볼로의 진실한 스승들입니다(26).

二. 아굴라의 작업장에 있는 바울
  1. 꿋꿋한 자립의 본보기를 보여줍니다.
    ● 다른 자에게 의존하기 보다는 자신의 생계를 위해 일했습니다(살전 4:11).
  2. 그리스도인의 겸손의 미덕을 모범으로 보여줍니다.
    ● 그는 사도였지만 자기 손으로 노동하므로 노동을 경멸치 않음(살후 3:12).
  3. 사람 앞에서도 선한 일을 행했습니다(고후 8:21).
  4. 신앙적인 열심으로 주를 섬겼습니다(롬 12:11).

三. 바울과 아굴라
  1. 낯선 도시에 서로 호감을 갖고 친근히 지냈습니다.
  2. 주님안에서 주님의 도우심으로 상면하기도 했습니다.
  3. 일상적으로 상호간의 도움을 베풀고 지냈습니다.
  4. 서운하지만 주님안에서 헤어지기도 했습니다(19).

* 바울과 아굴라 부부는 과연 아름답고 본받을 만한 신앙과 생활을 모범으로 보여 주고 있으므로 우리도 본받는 자가 됩시다.

하나님 말씀에 붙잡혀서
(18:5)

"하나님 말씀에 붙잡혀"란 무엇을 의미합니까? 그것은 예레미야의 체험으로 잘 설명됩니다. 그는 말하기를 "내가 다시는 여호와를 선포하지 아니하며 그 이름으로 말하지 아니하리라 하면 나의 중심에 불붙는 것 같아서 골수에 사무치니 답답하여 견딜 수 없나이다"라 하였고(렘 20:9) 또 말하기를 "선지자들에 대한 말씀이라 내 중심이 상하며 내 모든 뼈가 떨리며 내가 취한 사람같으니 포도주에 잡힌 사람같으며 이는 여호와 그 거룩한 말씀을 인함이라"고 하였습니다. 본 요절은 여러 가지 뜻으로 번역하면 "오로지 말씀을 전하기에 힘쓰고" "도(말씀)를 전하는데 마음을 집중시키고" "말씀에 강요되어" "성령에 의해 강박되어…" 등등인데 생각해 봅시다.

一. 붙잡힌 바울
  1. "붙잡힌다"는 것은 결박당한 포로를 의미합니다.
  2. 바울은 여러 가지로 붙잡힌 신세였습니다.
    1) 그는 법적으로는 결박당할 죄는 없었습니다(행 23:29).
    2) 그러나 그는 대중에게도 붙잡혔습니다(행 21:30).
    3) 천부장에게도 붙잡혀 결박을 당했습니다(행 21:33).
    4) 이는 선지자들이 벌써 예언하였던 사실입니다(행 21:10).
  3. 그는 다른 방향으로도 붙잡힌 신세였습니다.
    1) 그는 형제들의 사랑에 얽매였습니다(행 20:36-37, 고후 5:14).
    2) 예수님의 말씀에 붙잡힌 하나님의 포로였습니다(행 18:5).
    3) 그는 살아도 죽어도 주를 위한다고 한 포로였습니다(롬 14:8).

二. 신령한 포로의 부르짖음
  1. 그는 성령님의 강권에 견딜 수 없는 간절한 심정이 속에서 북받쳤습니다.
  2. 마음을 재촉하므로 복음을 전하지 않고는 견딜 수 없는 지경이 되었습니다.
  3. 그래서 그는 복음을 전하지 않으면 화가 미친다고 했습니다(고전 9:10)〉
  4. 그의 전도 목표는 오직 예수 그리스도였습니다.

* 바울은 사람의 종이 아니라 하나님의 종이요, 예수님의 포로로 말씀에 붙잡혀 전도한 진실한 전도자입니다. 우리 전도자들은 언제나 사람의 종이 되지 말고 물질적인 삯군이 되지 말고 하나님의 참된 종이 되도록 노력해야 하겠습니다.

고린도에서의 바울의 설교

(18:5-11)

一. 그의 설교 장소
  1. 유대인의 회당:이는 관습에 따른 것입니다.
    1) 그의 활동에 적절한 출발장소를 발견하려는 것입니다.
    2) 자기 동족의 회심을 얻으려는 것입니다.
    3) 기독교 본질에 대한 오해를 막으려는 것입니다.
  2. 유스도의 집:회당에서 쫓겨났을 때 이곳에 물러나 있었습니다.
    1) 이는 그리스도의 예를 따랐습니다.
    2) 기독교는 특정한 장소에 한정되지 않음을 보여 주었습니다(요 4:21).
    3) 그의 동족이 찾아올 수 있는 곳에 머물렀습니다.

二. 그의 설교 주제
  1. 나사렛 예수는 조상들에게 약속된 메시야임을 증거했습니다.
    1) 아브라함의 씨, 다윗의 씨로
    2) 이스라엘에게는 하나님의 어린 양으로 약속된 메시야 입니다.
  2. 구원은 그의 십자가를 통해서만이 가능하다는 것입니다.
    1) 주님의 본보기만으로서도 아닙니다(요 7:46, 벧전 2:21).
    2) 오직 그의 피를 통해서입니다(엡 1:7).

三. 그의 설교 방식
  1. 성경적입니다. 그의 설교는 성경 속에서 나온 것입니다.
  2. 이성적입니다. 그는 지성적으로 말하였습니다.
  3. 열렬히 증거했습니다. 그는 게으르거나 둔한 사람이 아니었습니다.
    ◉ 거룩한 열정으로 타오르는 연설가였습니다.
  4. 두려움이 없이 담대히 증거했습니다. 그 결과
    1) 그가 전하는 메시지에 대한 확신을 갖게 되었습니다.
    2) 하나님의 보호하심의 약속에 대한 신뢰를 갖게 됩니다.
    3) 궁극적으로 승리하리라는 희망을 품게 되었습니다.

四. 그의 설교의 결과
  1. 유대인에 대해서 저항을 받았습니다(반대).
  2. 유스도라는 친구를 얻었으며 많은 개종자를 얻었습니다(성공).

바울의 심방

(18:18-23)

바울의 에베소 방문은 그 곳 신자들에게는 큰 복이었습니다. 주님의 종이 머물길 원해도 하나님도 반드시 그런 것은 아닙니다. 바울은 그곳을 떠났으며 에베소에 다시 올 수 있는 길도 하나님이 허락하셔야 될 줄 알고 "하나님의 뜻이면 너희에게 돌아오리라"고 말하였습니다.

그는 범사에 하나님의 뜻을 알고 행하고자 했는데 이것이 성도의 생활입니다.

一. 하나님의 뜻이라면(21)
  1. 그는 하나님의 뜻이라면 너희에게 돌아오리라고 했는데 이것은
    1) 무슨 일이나 하나님의 뜻대로 하려는 결심이 확고했습니다.
    2) 하나님의 인도하심만 바라보는 신앙이 확고히 있는 증거입니다.
    3) 자기 장래 문제는 자기로서는 장담할 수 없는 줄 아는 증표입니다.
  2. 그는 자력을 전연 믿지 않았습니다.
  3. 내게 능력 주시는 자 안에서 승리할 수 있다고 했습니다(빌 4:13).
  4. 하나님의 뜻에 복종하면서 살길 원했습니다.

二. 안부를 물었습니다.
  1. 그는 예루살렘에 올라갈 시간이 없었습니다.
  2. 그러나 가이사랴에 들어가서 교회에 문안할 시간을 내셨습니다.
  3. 이는 하나님의 백성을 사랑하는 마음에서입니다.
  4. 초대교회는 성도의 교제가 아름다웠습니다(행 2장).
  5. 바울은 성도를 사랑하는 마음이 뜨거웠습니다.

三. 제자를 굳게 했습니다(23).
  1. 그는 차례대로 다니며 모든 제자를 만났습니다.
  2. 제자를 굳게 함은 진리로 그들을 가르쳐 믿음을 굳게 하는 것입니다.
  3. 불신자에게 전도만 하고 목회하지 않으면 굳게 설 수 없습니다.
  4. 오히려 주님을 믿던 자들도 잃어버리기 쉽습니다.
  5. 목회란 곧 진리를 가르쳐서 믿음을 굳게 하는 것입니다.

* 사도 바울은 이렇게 하나님의 뜻에 순종하면서 그 뜻에 따라 행하길 원했으며 아무리 바빠도 교회에 올라가서 안부를 묻고 차례대로 제자들에게 들려 진리를 가르쳐 주므로 그들로 굳게 서게 했던 것입니다.

서로 함께

(18:18-23)

아굴라라는 사람은 본도 출신 유대인으로서 그의 부인 브리스길라와 함께 신약성경에 여섯 차례에 걸쳐 소개되고 있는데(행 18:2, 26, 롬 16:3, 고전 16:19, 딤전 4:19) 특히 이들이 소개되는 곳마다 공통된 점은 브리스길라와 아굴라 부부가 함께 소개되고 있습니다. 서로 서로가 연합된 부부임을 보여주고 있습니다.

一. 부부가 함께 하는 사람이었습니다.
   1. 성경에는 12제자의 두 부부가 함께 소개된 곳이 없습니다.
   2. 그러나 본문에 있는 이들 부부는 항상 함께 소개되고 있습니다.
   3. 누구도 차지하지 못한 영광을 이들 부부가 차지하게 된 것입니다.
   4. 과연 부부 일신의 표본을 보여준 한 쌍이었습니다.
   5. 이러한 행복은 이들 부부가 신앙을 함께 하는 결과입니다.
   6. 서로 아끼고 사랑하고 존경하는 의미가 있는 것입니다.

二. 교회와 함께 하는 사람이었습니다.
   1. 이들 부부는 자유업을 하면서 이사를 여러군데 한 듯 합니다.
   2. 그러나 교회가 있는 곳에 그들의 이름이 반드시 나옵니다.
   3. 즉 그들이 있는 곳에 교회가 있었고 교회가 있는 곳에 그들이 있었습니다.
   4. 이는 교회와 밀착되어 있음을 증명하고 있는 것입니다.
   5. 이는 교회 없는 곳으로 옮겨가게 되면 그곳에 교회를 세운 증거입니다.
   6. 교회가 있는 곳에 가면 방관자가 아니라 충성 봉사하는 자들이었습니다.

三. 사도와 함께 하는 사람이었습니다.
   1. 바울의 전도로 예수를 믿게 된 후 평생 바울과 함께 하는 동역자였습니다.
   2. 바울이 고린도를 떠나 에베소를 갈 때 바울과 동행했습니다.
   3. 바울이 에베소에 머물며 전도할 때 바울과 함께 봉사했습니다.
   4. 즉 교역자와 함께 할 줄 아는 좋은 협조자임을 보여주고 있습니다.
   5. 그들 부부는 풋내기 전도자 아볼로에게도 진리의 도를 가르쳐 주었습니다.
   6. 아볼로로 하여금 유능한 전도자가 되도록 도와주었습니다.

* 독선이나 독주는 누구의 눈에도 좋게 보이지 않습니다. 아굴라 부부처럼 부부와 함께, 교회와 함께, 교역자와 함께 하는 그런 성도가 되어 하나님이 맡겨 주신 사명 잘 감당하는 성도가 되시길 바랍니다.

겸손한 전도자 아볼로
(18:24-28)

아볼로는 알렉산드리아 출생의 유대인입니다. 그는 학식도 많았고 웅변이 능하고 전도하는 일에 대단한 열심이 있었습니다. 그러나 그는 자신의 부족을 깨닫고 재수(再修)하여 훌륭한 전도자가 되었습니다. 그것도 아굴라 부부에게 복음의 깨우침을 받고 훌륭한 전도자가 되었던 것입니다.

一. 아볼로의 초기 전도(24-25)
　　1. 아볼로는 유능한 전도자의 자질을 가지고 있었습니다.
　　　1) 학문이 많고 성경에도 능한 자였습니다.
　　　2) 주님의 도를 배워 열심히 자세히 가르쳤습니다.
　　　3) 웅변에 능하여 청중을 사로잡았습니다.
　　2. 아볼로는 무식한 면도 있는 자였습니다.
　　　1) 요한의 세례 뿐인줄만 알고 있었습니다.
　　　2) 성령의 세례를 모르고 경험하지도 못했습니다.
　　　3) 예수님이 그리스도인 것을 모르고 있었습니다.
　　3. 아볼로의 전도 방법은 회당에서 담대히 열심히 전했습니다.

二. 아굴라 부부에게서 배움을 받았습니다(26).
　　1. 지식과 웅변과 열심만으로 전도하는 것은 아닙니다.
　　2. 예수님을 바로 알고 구주로 믿어야 합니다.
　　3. 복음의 진리를 정확히 배워야 합니다.
　　4. 그는 아굴라 부부에게 겸손하게 도를 배웠습니다.
　　5. 전도 강습을 받아서 전도했습니다.
　　6. 평신도에게서 배우려고 하는 겸손이 있었습니다.

三. 아가야에서 성공적인 전도를 했습니다(27-28).
　　1. 형제들의 소개 편지를 받아 더욱 힘이 생겼습니다.
　　2. 예수님이 그리스도 이심을 성경으로 증거했습니다.
　　3. 공회 대중 앞에서 유대인을 이기며 유력하게 전도했습니다.
　　4. 그 결과 믿는 자들에게도 많은 유익을 주게 되었습니다.

* 아볼로는 모를 때 겸손하게 아굴라 부부에게서 가르침을 받았고 확고히 깨달은 후에는 담대히 복음 증거하였던 훌륭한 전도자였습니다.

아볼로

(18:24-28)

一. 그는 전형적인 전도자였습니다(24).
1. 언변이 뛰어난 자였습니다.
2. 성경에 능통한 자였습니다(24).
3. 열심이 대단한 자였습니다(25).
4. 담대한 성품을 가졌습니다(26).
5. 마음이 겸손한 자였습니다(26).
6. 봉사를 꺼려하지 않은 자였습니다(27).
7. 변론하는 데에 유력한 자였습니다(28).

二. 주의 도(25)
1. 이는 신성한 도, 즉 하나님의 도입니다.
   ◉ 이 표현은 그리스도의 신성에 관한 교리를 담고 있습니다.
2. 예언자의 도 : 구약 예언의 메시야적인 요소입니다.
   ◉ 구약의 예언자들과 교사들에 의해 이미 전해진 도입니다.
3. 성경의 도
   ◉ 이는 그리스도에 대한 증거로서 성경의 가치를 의미합니다.

三. 그리스도인의 지식의 성장(26)
1. 모든 사람에게 필요한 것입니다.
   ◉ 재능이 있는 사람에게도 필요한 것입니다(24).
2. 배우고자 하는 겸손한 요구로 얻을 수 있습니다(26).
   ◉ 겸손한 자에게 하나님께서 은혜를 주시기 때문입니다(약 4:6).
3. 하나님을 위해서 충성할 때 주시는 복입니다(27-28).
   ◉ 하나님께 영광을 돌리며 충성 봉사할 때에 주시는 은혜입니다.

四. 온갖 은혜(27)
1. 그리스도인에게 주어진 믿음의 선물입니다(엡 2:8).
   ◉ 은혜는 하나님이 거져 주시는 선물입니다.
2. 전도자의 성공도 온갖 은혜입니다(고전 3:7).
   ◉ 자라나게 하시는 이는 하나님이십니다.
3. 그러므로 교회 성장과 전도의 성공도 하나님의 은혜입니다.
   ◉ 하나님께 영광을 돌리며 충성 봉사할 때에 주시는 은혜입니다.

아볼로의 전기

(18:24-28)

一. 그의 초기 생애
    1. 유대인으로 출생했습니다.
        ◉ 아브라함의 후손이라는 영예와 특권을 갖게 되었습니다(요 8:39).
    2. 알렉산드리아에서 태어났습니다.
        ◉ 문명과 문화의 대 중심지에서 태어난 특권을 또 하나 갖게 됩니다.
    3. 능력있고 많은 학식을 구비했습니다.
        1) 이는 명확한 인식, 뛰어난 기억력과 재빠른 상기라든지
        2) 기민한 감정 등 특출한 능력을 겸비하지 않으면 불가능합니다.
    4. 반기독교적인 신앙을 소유했습니다.

二. 기독교에로의 개종
    1. 이 일이 어떻게 섭리적으로 이루어졌는가?
        1) 아굴라와 브리스길라를 만남으로써 입니다.
        2) 하나님의 손길은 모든 사람의 회심 속에 담겨 있습니다.
    2. 이 일이 얼마나 평범한 방식으로 생겨났는가?
        1) 에디오피아 구스내시나 고넬료처럼 천사의 전갈에 의한 것도 아닙니다.
        2) 잘 알려지지 않은 그리스도인에 의해서 된 것입니다.
    3. 이 일이 얼마나 조용하게 생겨났는가?
        1) 저속한 소란을 피우거나 충격적인 호소를 하지 않았습니다.
        2) 단지 조용히 가르침을 전했을 뿐입니다.
        3) 진리를 가르쳐 주고 그 진리를 위해 일하도록 했습니다.

三. 설교자로서의 생애
    1. 그는 자기 동족으로부터 시작했습니다.
        1) 주님이 제자들에게 예루살렘에서 시작하라 명령하심 같이(눅 24:47)
        2) 안드레가 먼저 그의 형제를 찾았던 것과 같이(요 1:41)
    2. 그는 유럽으로 건너갔습니다.
        1) 그는 너무 성공적으로 일한 까닭이 마치 사도의 경쟁자 되듯이(고전 1:12)
        2) 너무나 많은 무리들이 그 주위에 모여 들었습니다.
        3) 그러나 바울을 시기한 적 없이 그의 친구가 되어 있습니다(고전 16:12).

에베소 신자의 성령 충만
(19:1-2)

에베소는 로마 알렉산드리아 안디옥과 함께 로마 판도 내에 4대 도시 중 하나였습니다. 바울 사도가 제2회 전도 귀로에서 에베소에 들렸을 때는 에베소에 이미 신자가 있었고 아굴라 부부도 있었습니다.

이런 에베소 교회에 성령 충만의 역사를 고찰해 봅시다.

一. 성령 충만의 순서(사도행전의 기록에 의하여)
   1. 예루살렘에 임했습니다(2장).
   2. 사마리아에 임했습니다(8장).
   3. 이방 사도 바울에게 임했습니다(9장).
   4. 로마인 고넬료 가정에 임했습니다(10장).
   5. 본문에 헬라인(에베소)에게 성령이 충만하여 임한 것입니다.

二. 성령 충만히 받은 방법(4-5, 갈 3:14)
   1. 회개한 후 였습니다(4, 행 2:38).
   2. 믿음으로였습니다(예수를 믿음으로)(4).
   3. 세례와 안수를 받음으로 였습니다(6).
   4. 한데 모여 기도할 때 였습니다(2:1).
   5. 하나님의 말씀을 들을 때 였습니다(10:44).

三. 성령 충만의 상태
   1. 열 두 사람 정도 방언도 하고 예언도 했습니다.
   2. 은혜 위에 은혜가 더욱 임하였습니다.
   3. 영안을 가지게 되었습니다.
   4. 능력있게 복음을 전하게 되었습니다.

四. 성령 충만의 결과(8-20)
   1. 전도에 성공했습니다(8, 10).
      ◉ 바울이 성공한 것은 곧 에베소 교회의 성공입니다.
   2. 이적의 승리였습니다(11, 20).
      ◉ 신유가 있는 반면에 마귀는 물러갔습니다.
   3. 주님의 말씀이 유력, 흥왕, 세력을 얻게 되었습니다(20).

* 승리하기 위해 필요한 것은 성령 충만입니다.

성 령
(19:1-2)

성령의 감화는 특별하기도 하고 정상적이기도 합니다. 성령의 정상적인 감화는 회심 당시와 회심 이후에도 나타납니다. 이제 믿는 자 안에서의 성령의 역사하심을 고찰해 보고자 합니다.

一. 교사로서의 성령님
  1. 믿는 자에게는 가르침이 필요합니다.
  2. 그러나 그들이 새로운 계시를 받는 것은 아닙니다.
  3. 책의 저자가 그 계시를 그들에게 설명해 주는 것입니다.
  4. 성령님은 해석자의 집입니다.

二. 안내자로서의 성령님
  1. 믿는 자에게는 가르침과 동시에 안내도 필요합니다.
  2. 기독교는 실제적인 종교입니다.
  3. 성경은 안내의 책입니다.
  4. 전도자와 그리스도인 친구는 갈길에 대한 지식을 전해줍니다.

三. 성결케 하는 자로서의 성령님
  1. 믿는 자들은 당장에 그들의 마음의 병고를 모두 다 알지 못합니다.
  2. 그들은 한 방에서 상상의 다른 방으로 안내됩니다.
  3. 그리스도인은 거룩해 지기를 원합니다.
  4. 그들은 수단을 사용하긴 하지만 그러나 성령에 의존합니다.

四. 위로자로서의 성령님
  1. 성령님은 괴로움과 슬픔에 빠진 성도를 위안해 줍니다.
  2. 그러므로 그분은 위로자이십니다.
  3. 또한 그분은 진실하고 영속적인 행복을 가져다 줍니다.
  4. 소망 중에서 오히려 기뻐하게 하십니다.

五. 중보자로서의 성령님
  1. 성령의 중보와 그리스도의 중보를 구별해야 합니다.
  2. 성령은 중보자로서 기도를 돕고 응답케 해주십니다.
  3. 주님은 죄로 말미암아 멸망받을 자를 위해 중보해 주십니다.

* 이 성령님을 충만히 받음으로 인하여 승리롭게 그리스도인의 생활을 합시다.

성령을 받았는가?
(19:1-7)

바울이 북부지방을 순방하며 전도하고 에베소에 내려오니 거기에 몇 사람의 믿는 형제들이 있었습니다. 바울이 에베소에 오기 전에 아볼로가 거기에 유하고 있었으므로 아마 이 사람들은 아볼로의 전도 열매일 것이라 생각됩니다. 그들은 뜻밖에도 성령에 대하여 문외한이었습니다. 이에 대하여 바울은 성령을 받았는가 하고 물었는데 그 물음을 내게로 가져와서 답을 해 봅시다.

一. 성령의 세례를 받았는가?
1. 그리스도인은 물 세례로 끝나서는 안됩니다.
2. 성령의 세례를 받아야 합니다.
3. 물 세례는 율법을 위반한 죄를 뉘우치고 회개하는 마음의 표명입니다.
4. 성령 세례는 죄관부터 모두 다릅니다.
5. 예수님의 속죄에 의한 사죄를 깨닫고 예수와 함께 십자가에 달려 죽고
6. 성령을 받아 예수님과 함께 다시 사는 하늘의 역사입니다(갈 1:19-20, 3:2).

二. 성령이 내주하고 있는가?
1. 보혜사란 "곁에"라는 말과 "부르심"이라는 말의 합성어입니다.
2. 즉 보혜사는 내 곁에 계시기 위해 오셨습니다.
3. 내 곁에서 항상 함께 해주시기 위해 오셨습니다.
4. 보혜사로 나와 연결되는 성령의 내주를 알아야 합니다.
5. 이것을 모르면 정상적인 신앙 상태라고 보기는 어렵습니다.
6. 주님과의 관계는 성령과의 관계로 계속 연결되어져야 합니다.

三. 성령의 열매가 있는가?
1. 나무는 그 나무에 합당한 열매를 맺게 마련입니다.
2. 그러므로 주님은 그 열매로 나무를 안다고 하셨습니다(눅 6:43-44).
3. 열매란 곧 나무의 자기 표현이기 때문입니다.
4. 성령의 내주가 있는 자는 성령의 열매를 자연히 맺습니다.
5. 성령의 열매가 9가지인데, 사랑, 희락, 화평, 하나님께 대한 것
6. 인내, 자비, 양선, 이웃에 대한 것입니다.
7. 충성, 온유, 절제 이는 자신과 관계되는 것입니다.

* 성도는 성령세례를 받고 성령의 내주를 믿고 성령의 열매 맺는 자가 되어야 합니다.

성령을 받음에 대하여
(19:2-6)

一. 성령을 받아야 할 필요성
  1. 예수님을 믿는 사람은 성령을 받아야 합니다.
  2. 그것은 예언의 명백한 선언입니다.
    ● 이사야, 요엘, 에스겔, 스가랴, 세례 요한 등이 예언했습니다.
  3. 그것은 그리스도 자신의 분명한 약속입니다.
    1) 사마리아 여인에 대한 약속입니다(요 4:14).
    2) 성경에 유대인들에게 약속하셨습니다(요 7:38-39).
    3) 만찬 석상에서 열 두 제자에게 약속하셨습니다(요 14:16-17, 15:26).
    4) 또한 부활하신 후 다시 열한 제자에게 약속하셨습니다(눅 24:49).
  4. 그것은 예수님의 제자들이 명확하게 증거했습니다.
    ● 베드로(행 2:38, 5:32), 바울(갈 4:6, 엡 1:13), 요한(요일 3:24)

二. 마음 속에 성령이 임재해 있음을 알 수 있는 표시들
  1. 영적인 통찰 성령은 진리의 영입니다(요 14:17).
    ● 모든 사람을 진리로 인도하는 일을 하십니다(요 16:13).
  2. 자라나는 거룩함, 성령은 순결의 영입니다.
    ● 지혜에 빛을 주는 것처럼 마음에 거룩함을 가져다 줍니다(엡 5:9).
  3. 끊임없는 기도, 은총과 간구의 영입니다(슥 12:10).
    ● 그러므로 항상 은총을 사모하며 간구하게 합니다.

三. 성령을 받음으로서 얻는 유익
  1. 믿는 자의 영혼과 그리스도를 연합하는 진정한 끈입니다.
    1) 이 연합은 단지 외적이고 법률적인 것일 뿐만 아닙니다.
    2) 또한 내적이고 도덕적이고 영적인 것입니다(요일 4:13).
  2. 믿는 자를 그리스도의 소유물로 인치시는 것입니다.
    1) 성령의 은사로 인하여 믿는 자를 그의 소유로 주장할 수 있습니다.
    2) 성령을 받음으로 주님의 소유임을 나타냅니다(엡 1:13).
  3. 그것을 믿는 자의 기업에 대한 보증입니다.
    1) 성령 안에 거하는 것이 성도의 생활입니다.
    2) 이는 미래의 영광을 즐거워하는 것입니다(엡 1:14).

바울의 신앙

(19:8-20)

사도 바울이 에베소에서 두 해 동안 복음을 전할 때에 큰 열매가 나타났습니다. "아시아에 사는 유대인이나 헬라인이나 다 주의 말씀을 듣더라"고 하셨습니다. 이런 사역이 이루어지도록 한 바울의 신앙 생활은 어떤 것이었는지? 그의 신앙을 고찰해 보므로 그의 신앙을 모본 삼길 바랍니다.

一. 몸으로 산 제물 드린 헌신의 생활(11-12)
　　1. 바울의 손수건이나 앞치마를 병든 자에게 얹으면 병이 나았습니다.
　　　1) 이는 그 자체가 능력있는 것이 아니라 하나님이 바울을 높이시기 위함입니다.
　　　2) 바울이 자기 자신을 하나님 앞에 산 제물로 바쳐진 때문입니다.
　　2. 이는 엘리사의 무덤에 어떤 시체를 넣었을 때 그 뼈에 닿으면
　　　◉ 살아난 것과 같은데 하나님이 엘리사를 높이기 위함입니다(왕하 13:21).
　　3. 하나님은 진심으로 헌신한 종들을 알아주시며 기억해 주십니다.

二. 악귀들도 알고 두려워하는 바울의 신앙입니다(13-16).
　　1. 악귀는 바울을 안다고 했습니다.
　　　◉ 이는 바울의 신앙을 악귀는 알고 두려워한다는 뜻입니다.
　　2. 악귀는 예수님이 계신 곳에 침입하지 못합니다.
　　　◉ 이는 빛이 있는 곳에 어두움이 침입하지 못함과 같습니다.
　　3. 악귀는 신앙이 있는지 없는지를 잘 압니다.
　　　◉ 거짓 신자들은 악귀의 침노를 당할 수밖에 없습니다.

三. 사람들이 아는 신앙(17-19)
　　1. 사람들도 누가 진실히 믿는지 아는 때가 있습니다.
　　2. 바울의 신앙이 이룬 위대한 사역 앞에서 유대인, 헬라인이 두려워했습니다(17).
　　3. 그뿐만 아니라 많은 사람들이 와서 죄를 자복하였습니다.
　　4. 마술하던 자들은 마술책을 불사르며 회개 했습니다(19).
　　5. 바울의 신앙 권위 앞에서 이렇게 사람들이 인정하는 행동이 따랐습니다.
　　6. 사람들이 인정치 않는 천박한 신앙의 소유자들도 있습니다.

* 사도 바울의 신앙은 하나님께서 인정하실 뿐만 아니라 그에게 능력이 나타나게 하셨으며 악귀들도 바울의 신앙을 알고 두려워했으며 사람들도 알고 그를 통해 회개의 역사가 나타났습니다. 진정 아름답고 훌륭한 신앙입니다.

참된 승리

(19:8-20)

세 차례에 걸친 사도 바울의 전도 여행 중에 그가 한 곳에서만 3년이라는 긴 세월을 머물면서 전도한 곳은 에베소 밖에 없습니다. 본문은 사도 바울이 에베소에 전도 활동을 한 기록입니다.

우리는 여기서 바울의 승리가 주는 참된 의미가 무엇인지 배울 수 있습니다.

一. 참된 전도 생활

1. 바울은 하나님 나라를 힘써 전하고 가르쳤습니다(8).

  ◉ 이는 그리스도의 교회가 말하는 전도요 설교입니다.

2. 바울은 하나님의 나라를 전하되 강론도 하고 권면도 했습니다(8).

  ◉ 이는 상대방으로 하여금 구원을 얻도록 하려는 것입니다.

3. 그는 하나님의 나라를 전하되 담대히 전했습니다.

  ◉ 이는 그의 하나님의 나라에 대한 신앙이 확고했기 때문입니다.

二. 참된 평화를 위하여

1. 바울의 설교는 극렬히 반대하는 자도 있었고 그를 동조하는 자도 있었습니다 (9).

2. 그래서 그는 석달 동안 전도해 오던 유대인의 회당을 떠났습니다.

3. 두란노 서원으로 전도 장소를 옮겼습니다.

4. 두란노 서원이란 두란노가 운영하는 학교나 강습소라고 합니다.

5. 바울은 유대인과 결별하고 회당으로 나왔는데 이는 분리주의가 아닙니다.

6. 참된 평화는 마음과 뜻과 신앙과 사상이 맞아야 합니다.

7. 한 울 안에서 대립하는 것보다는 사심이 없는 분리는 평화와 일치됩니다.

三. 참된 능력이 나타났습니다.

1. 바울은 두란노 서원에서 날마다 다섯 시간씩 두 해 동안 가르쳤습니다.

2. 이때에 바울을 통하여 희한한 역사가 나타났습니다.

3. 바울의 손수건과 앞치마를 병든 자에게 얹으면 나았습니다.

4. 능력은 내 안에서 역사하시는 성령의 힘입니다.

5. 많은 사람이 죄를 자백하고 마술사는 마술책을 불살랐습니다.

6. 이는 그 책값이 오만 데나리온인데 노동자 한 사람의 137년 3개월의 노임이 됩니다.

* 그 결과 주의 말씀은 점점 흥왕하여 퍼져 나가고 세력을 떨쳤습니다(20). 바울이 유명한 것이 아니라 말씀과 교회가 더 유력해졌으므로 이것이 참 승리입니다.

두란노 서원에서
(19:8-22)

복음이 전파되는 곳에는 복음을 반대하는 자들도 반드시 있는 법입니다. 그 이유는 이 세상에는 어디든지 하나님의 택한 백성이 있는 반면에 불택자들도 있기 때문입니다. 신앙 사상이 같지 아니한 무리들이 한 자리에 모여 교회생활을 할 수 없습니다. 사상이 달라서 서로는 충돌하며 암투하는 동안에 은혜는 없을 뿐더러 점점 쇠퇴합니다. 그러므로 바울은 그의 제자들을 따로 세우고 두란노 서원에서 가르쳤는데 "두란노"는 지명인지 학파의 지도자명인지 분명치 않습니다.

一. 소아시아 일곱 교회의 창립(8-10)
　　1. 바울은 석달동안 에베소에서 강론 하였습니다.
　　2. 그리고 극렬한 반대로 인해 잘 믿는 제자들을 따로 데려 나왔습니다.
　　3. 두란노 서원에서 두 해 동안 전도를 했습니다.
　　4. 그동안에 유대인이나 헬라인들이 주님을 믿었습니다.
　　5. 이 때에 일곱 교회가 창립되게 되었다고 합니다.
　　6. 즉 에베소, 서머나, 버가모, 두아디라, 사데, 빌라델비아, 라오디게아

二. 희한한 능력과 표징이 나타남(11-20)
　　1. 전도가 성공적으로 나가는 가운데 희한한 능력의 표적들이 나타났습니다.
　　2. 바울의 손수건이나 앞치마를 병자 위에 얹으면 병이 떠나고 악귀도 물러갔습니다.
　　3. 이로 인해 에베소 거주의 유대인과 헬라인들이 예수님의 이름을 높였습니다.
　　4. 신자들이 와서 죄를 자복하고 행위를 고백하였습니다.
　　5. 마술을 행하던 자들이 회개하고 그 책들을 불살랐습니다.
　　6. 주님의 말씀이 힘이 있어 흥왕하여 큰 세력을 얻었습니다.

三. 전도의 계속 전진을 결심했습니다(21-22).
　　1. 에베소 전도에 크게 성공을 하게 된 바울은?
　　2. 평소의 소원이었던 로마 전도를 결심하였습니다.
　　3. 당시 로마는 천하를 지배하는 강대국이었습니다.
　　4. 이 나라에 복음전도 계획은 웅대하고 착실하였습니다.
　　5. 그래서 고린도에서 석달을 머물며 로마서를 썼습니다.

* 바울은 복음을 전하기 위하여 쉴새가 없었고 멀리 로마에도 갈 계획을 하였습니다. 그러나 그는 자기의 소욕을 인간적 방법으로 이루지 않고 주님의 인도하심을 따랐던 것입니다.

능력을 행함에 있어서
(19:11-12)

사도 바울이 에베소에서 복음을 증거할 때에 하나님께서는 그와 함께 하시고 전능하신 하나님께서는 그 전도자를 통하여 그 놀라운 능력을 나타내셨던 것입니다. 그 능력은 초자연적인 표적으로 나타났습니다. "하나님이 바울의 손으로 희한한 능을 행하시니"라고 하셨는데 생각해 봅시다.

一. 손수건과 앞치마의 표적
  1. 손수건은 바울이 항상 휴대하며 땀이 흐를 때 사용했습니다.
  2. 앞치마는 장막을 기울 때 주로 사용한 듯 합니다.
  3. 이는 바울에게 있어서 천한 것이면서도 가장 요긴하게 사용되었습니다.
  4. 하나님께서 손수건과 앞치마를 크게 활용하신 이유는?
   1) 천한 자를 택하시어 귀한 자를 부끄럽게 하십니다.
   2) 죄인을 구원하여 주시는 역사를 행하신다는 교훈이기도 합니다.

二. 희한한 능을 행하신 이유
  1. 그때 당시 병 고침을 받으려는 사람은 대단히 많았습니다.
  2. 바울은 혼자인지라 도무지 그 수요에 응할 수가 없게 되었습니다.
  3. 바울이 사용하던 손수건과 앞치마를 얹으면 병자가 나았습니다.
  4. 악귀도 물러가는 놀라운 기적이 나타났습니다.
  5. 성령 충만한 베드로의 그림자에 의해 병고침 받은 일과 같습니다(행 5:15).
  6. 이는 희한한 능을 행하게 하셨던 것입니다.

三. 병이 떠나고 악귀도 나갔습니다.
  1. 스게와의 일곱 아들이 말로 귀신을 쫓으려고 했습니다.
  2. 그 결과 도리어 큰 봉변을 당했습니다.
  3. 성령님의 역사는 무엇으로든지 강하게 나타남을 보여줍니다.
  4. 하나님이 하시고자 하시는 일은 무슨 방법으로든지 이루어집니다.
  5. 하나님은 전능하신 하나님이시기 때문입니다.
  6. 힘으로도 안되고 능으로도 안되지만 하나님의 신으로 모든 것이 이루어집니다.

* 우리 하나님은 놀라운 능력을 행하시는 신이십니다. 우리 성도는 무슨 일이든지 믿고 순종하기만 하면 놀라운 기적이 임할 것입니다. 그러므로 성도는 오직 하나님의 능력만 믿고, 따르고, 순종해야 할 것입니다.

교회의 도전
(19:21-41)

　사도 바울이 에베소에서 3년 동안 머무르면서 전도 활동을 했는데 여기서 일대 도전에 직면하고 있습니다. 하나님의 교회는 숙명적으로 이 세상으로부터 여러 가지의 도전을 받습니다. 본문을 통하여 이 도전은 왜 받았으며 또 어떻게 대처했던가를 고찰해 보고자 합니다.

一. 물질적인 측면에서 도전을 받았습니다.
　　1. 에베소에는 아데미 신전의 모형을 은으로 조각하여 소득을 올렸습니다.
　　2. 즉 우상 판매로 소득액을 높였던 것입니다.
　　3. 그러나 믿는 신자가 날로 증가하므로 인하여 장사에 타격을 받았습니다.
　　4. 교회가 부흥 성장하면 술장사, 무당, 점 등 장사가 부진합니다.
　　5. 이들로부터 쏟아져 나오는 비판 원성이 대단합니다.
　　6. 그러나 그들의 치부를 위해 신앙을 양보해서는 안됩니다.

二. 대인 관계에서 오는 도전을 받습니다.
　　1. 성경은 이웃 사랑하기를 내 몸처럼 하라고 했습니다(레 19:18).
　　2. 남을 나보다 낮게 여기라고 했습니다(빌 2:3).
　　3. 존경하기를 서로 먼저하라고 했습니다(롬 12:10).
　　4. 자신의 유익보다 다른 사람의 유익을 구하라고 했습니다(고전 10:33).
　　5. 그러나 우상 숭배자 죄악에 빠진 자와 어울릴 수 없습니다.
　　6. 그들의 비위를 거스린다 하여 비난과 원성이 있습니다.

三. 사회 문제에서 오는 도전이 있습니다.
　　1. 성경은 억지로 오리를 가자 하면 십리를 동행해 주라고 했습니다(마 5:41).
　　2. 할 수 있는대로 사람으로 더불어 평화롭게 지내라고 했습니다(롬 12:18).
　　3. 지배자에게 복종하라고 했습니다(롬 13:1).
　　4. 이는 대 사회적인 대처 방법을 가르쳐 주는 교훈입니다.
　　5. 바울은 전도하여 의롭게 사는 자가 많아지니 소란을 피운다고 했습니다.
　　6. 그러나 전도를 포기하지 않고 더 열심히 복음을 전했습니다.

　＊ 교회는 불의한 일을 방관하지 않습니다. 그가 불쾌하게 여기더라도 그 불의를 저지하고 추방하여 그를 불의로부터 구해내는 것이 진정으로 그를 기쁘고 복되게 해 주는 길이기에 이 도전을 믿음으로 대처해 나가야 합니다.

아데미 우상
(19:23-41)

  여기 아데미 신을 위하는 진리의 근거는 없이 그저 아데미가 크다고 하는 군중의 "데모"를 두 시간 동안이나 벌였는데 이것이야 말로 폭도의 위협에 의하여 그 우상 종교를 보존시켜 보려는 허세에 불과한 짓입니다. 우상 종교는 언제나 참된 진리의 체계는 소유하지 못한 것인만큼 진리와 공의에 의하여 존재하는 것이 아니고 단지 그 신봉자들의 편견으로 인한 맹목적인 옹호에 의하여 유지되고 있는데 아데미의 전각을 고찰해 봅시다.

  一. 아데미 전각의 규모
  1. 아데미 전각은 세계 7기의 하나입니다.
  2. 길이가 130m(425척) 넓이는 68m(225척) 거대한 대리석 건물입니다.
  3. 대리석 사이에는 순금으로 땜을 했습니다.
  4. 왕들이 기증했다는 높이 20m(60척)나 되는 원주가 127개로 되어 있습니다.
  5. 이 원주가 양측면에는 8열로 전후면에는 4개씩 8열로 서 있습니다.
  6. 이 신전은 120년간 걸려서 B.C 550년에 창건되었습니다.
  7. 그 내부는 고대 미술의 정화를 보인 조각과 회화로 장식되었습니다.
  8. 규모는 솔로몬의 성전보다 3.4배나 크다고 합니다.
  9. 여신상 뒤에는 참배자들이 드리는 많은 보화와 재물이 가득차 있습니다.

  二. 아데미 신의 정체
  1. 이는 제우스의 딸이요, 아폴로 신의 누이입니다.
  2. 순결한 처녀의 신으로서 달신이라고 합니다.
  3. 아데미는 대지의 어머니로 인간이나 동물의 생식을 장악한다 합니다.
  4. 그래서 12개의 유방이 있어서 만물을 보육하는 것을 상징합니다.
  5. 이 신전의 제사장들은 모두가 고자들입니다.
  6. 거기에는 가장 천한 여자들과 노예들이 종사합니다.
  7. 아데미의 제사때는 반드시 매음 행위가 성행됩니다.
  8. "은감실"은 아데미 신전의 작은 모형으로 여신의 신상이 있습니다.
  9. 이는 집집마다 안치하고 복을 빌기도 하고 호신부로 삼았습니다.
  10. 이는 "에베소" 부적이라 하여 외국인들까지도 많이 사다가 이용했습니다

  * 이런 우상의 본거지인 에베소에 복음이 전파된 것은 큰 은총이 아닐 수 없습니다.

전 진
(20:1-6)

사도 바울은 마게도냐에서 헬라로 헬라에서 아시아로 혹은 육로를 통해 혹은 수로를 통해 전진하고 또 전진하는 모습을 볼 수 있습니다. 교통수단이 발달된 시대가 아님에도 불구하고 바울은 뒤를 돌아보지 않고 계속하여 전진을 위한 발걸음을 멈추지 않았는데 그 이유를 고찰해 봅시다.

一. 박해가 있었기 때문입니다.
    1. 스데반 집사의 순교와 박해로 인해 예루살렘을 떠나 흩어졌습니다.
    2. 바울이 전도지를 옮긴 것도 박해가 심했기 때문입니다.
    3. 박해가 없었다면 예루살렘을 떠나지 않았을 것입니다.
    4. 바울도 박해가 없었다면 전도지를 빨리 찾아 나서지는 않았을 것입니다.
    5. 박해는 복음전파 확장을 위해 복이 되는 수가 많습니다.

二. 임무가 끝났기 때문입니다.
    1. 바울은 박해 때문에 전도지를 자주 옮긴 것만은 아닙니다.
    2. 그곳에서 바울의 임무가 끝났다고 생각했기 때문입니다.
    3. 임무가 끝나지 않았을 때 순교를 각오하고 일했었습니다.
    4. 그는 어려움을 피해 다니는 꾀많은 처세꾼은 아니었습니다.
    5. 임무수행 후 새로운 일을 찾아가는 자가 전진하는 사람입니다.

三. 환상을 보았기 때문입니다.
    1. 그는 일찍이 마게도냐인의 환상을 본 적도 있었습니다(16:9).
    2. 바울은 항상 그를 부르는 손짓과 모습과 목소리가 들렸습니다.
    3. 바울이 전도지를 자주 옮긴 것은 일을 좋아해서 모험심 때문이 아닙니다.
    4. 여행을 좋아해서도 돈이 많아서도 아닙니다.
    5. 꿈, 비전, 환상이 있는 자라야 전진하는 사람입니다.

四. 성령님께서 끌고 밀기 때문입니다.
    1. 바울의 사역은 누구의 권유나 체면 때문이 아니었습니다.
    2. 자신의 결심이나 어떤 이해관계 때문도 아니었습니다.
    3. 그는 오직 성령님의 인도하심 따라 전진해 나갔습니다.

* 땅끝까지 가서 복음 전하라는 것이 예수님의 명령이요(마 28:19) 이것을 위해서 다른 보혜사로 오신 이가 성령님이십니다(행 1:8, 2:4).

유두고
(20:7-12)

본문은 유두고라는 청년이 집회에 참석하여 창가에 걸터 앉아 잠을 자다가 떨어져 죽은 불상사가 기록되어져 있는데 다른 사람들은 모두 은혜받고 좋아하는데 유두고는 정당한 자리에서 깨어 설교 말씀을 들으면서 은혜를 받았더라면 떨어져 죽지 않았을 터인데 왜 그랬을까 생각해 봅시다.

一. 창가에 앉아 있었기 때문입니다(20:9).
  1. 창가는 낮은 자리가 아니라 높은 자리입니다.
    ◉ 신앙생활에 있어서 높은 교만한 자리는 위험한 자리입니다.
  2. 창가는 정당한 자리가 아니라 무례한 자리입니다.
    ◉ 신앙인의 본 위치에서의 이탈은 위험하다는 뜻입니다.
  3. 창가는 합법적인 자리가 아니라 불법한 자리입니다.
    ◉ 정당하고 합리적인 위치나 노선에서 이탈된 자리입니다.

二. 깊이 졸다가 떨어졌습니다(20:7).
  1. 심령이 약해지고 피곤해질 때 잠을 자게 된다고 합니다.
    ◉ 영혼이 약해지고 피곤해지면 신앙의 잠을 잡니다.
  2. 하나님의 말씀을 거역하고 범죄할 때 신앙의 잠을 자게 됩니다.
    ◉ 이는 니느웨로 가지 않고 다시스로 내려가던 요나의 잠입니다.
  3. 사명을 거부하고 세상일에 도취될 때 신앙의 잠을 자게 됩니다.
    ◉ 신앙의 잠은 마귀의 유혹과 시험에 빠지는 도화선입니다.

三. 창 밖으로 떨어져 죽었습니다(20:9).
  1. 높은 자리에서 낮은 땅으로 떨어졌습니다.
    ◉ 이는 영적으로 신앙의 높은 차원에서 세속적인 위치로 떨어졌습니다.
  2. 광명한 곳에서 어두운 곳으로 떨어졌다고 하였습니다.
    ◉ 이는 교회를 이탈하여 죄악의 영역으로 떨어졌다는 뜻입니다.
  3. 생명의 세계에서 죽음의 세계로 떨어졌습니다.
    ◉ 주님의 품을 떠나고 교회 울타리를 떠나는 신자의 말로는 비극입니다.

* 유도고의 타락은 성회의 큰 불상사를 초래하게 되었으니 평화롭고 은혜롭던 성회를 크게 소란케 하였으니 거울삼아서 정당한 자리에 앉고 신앙의 잠을 자지 말고 경성하여 주님 안에서 복을 받으시길 바랍니다.

전도자의 모습
(20:12-25)

사도 바울은 에베소 교회 장로들을 초청하여 지난 일들을 보고한 후에 자기 반대파들이 모함하며 기다리는 예루살렘이라도 순교의 각오로 상경하게 되는 전도자의 대담한 모습을 볼 수 있는데 고찰해 봅시다.

一. 과거 교역을 보고 하였습니다(17-21).
    1. 아시아에서의 고생스러운 경험을 피력했습니다.
    2. 시험중에서도 겸손, 눈물, 인내로 봉사했다고 했습니다.
    3. 유대인들의 간계와 시험을 참았다고 했습니다.
    4. 주님을 충성으로 섬겼다고 했습니다.
    5. 유익한 일이라면 기꺼이 전했다고 했습니다.
    6. 하나님께 대한 회개를 가르쳤다고 했습니다.
    7. 예수님께 대한 믿음을 증거했습니다.

二. 미래에 대한 전망(22-27)
    1. 전도의 대상자는 유대인과 헬라인이라고 했습니다.
    2. 성령님에 매임 받아 예루살렘에 간다고 했습니다.
    3. 예루살렘행의 예감이 퍽 좋지 않았다고 했습니다.
    4. 무슨 일들을 만날는지 예측 불허라고 했습니다.
    5. 결박과 환난이 기다리나 각오한다고 했습니다.
    6. 예수님께 받은 사명 끝까지 이행하려고 했습니다.
    7. 이 일에 자신의 생명을 귀히 여기지 않는다고 했습니다.
    8. 그러므로 다시 대면할 수 없을 것 같다고 했습니다.

三. 그의 결심과 각오(24-25)
    1. 하나님의 은혜의 복음만 전하겠다고 했습니다.
    2. 자기 생명도 아낌없이 바치려고 했습니다.
    3. 원수가 기다리는 곳에 두려움 없이 자진하여 갔습니다.
    4. 에베소 장로들에게 교회와 교인을 부탁했습니다.

* 전도자는 든든한 각오와 결심이 필요하며 사명 완수를 위해서는 순교를 각오해야 합니다. 그는 모든 사람의 피에 대하여 깨끗하다고 진술하면서 신앙적으로나 양심적으로 꺼리지 않고 하나님의 뜻을 전하였다고 역설하였습니다.

피로 사신 교회
(20:17-37)

　바울이 밀레도에서 에베소교회 장로들을 불러 놓은 자리에서 남긴 고별사는 큰 교훈이 되는데 그는 아시아에 들어온 후 항상 옳은 목회를 했다고 했으며(20:18), 성도들의 유익한 것은 무엇이든지 가르쳐 주었다고 했으며(20:20), 인종 차별없이 회개와 신앙을 전파했으며(20:21), 하나님의 뜻이 분명할 때 아무리 위험해도 그대로 돌진했고(20:22-25), 자기가 맡은 양떼에 대한 책임도 완수했다고 하면서(20:28-31) 하나님의 교회는 주님께서 피로 사신 교회라고 부탁했습니다.

一. 이 말은 주님의 피로 사신 교회라는 뜻입니다.
　1. 하나님 자신의 피로 사신 교회입니다.
　2. 십자가의 피흘리신 결과로 교회가 형성되었다는 뜻입니다.
　3. 예수님이 바로 하나님이신 사실을 밝히고 있습니다(롬 1:4, 9:5, 골 2:9, 빌 2:5-11).
　4. 하나님이 피로 사신 교회란 뜻은 다음과 같습니다.
　　1) 하나님의 교회는 전혀 신적 산물이란 뜻입니다(엡 1:22, 2:20).
　　2) 하나님의 교회가 땅 위에서 고난을 통하여 성립되었다는 뜻입니다.
　　3) 하나님의 교회가 귀중함이 어떠한가를 보여줍니다.
　　4) 하나님의 교회가 영원한 계약에 기초하고 있다는 의미입니다.
　　5) 교회의 영원성을 의미합니다(히 9:12, 12:28).

二. 주님의 증인된 자들의 교회를 말합니다.
　1. "교회를 치게 하셨느니라"고 하셨습니다(28).
　2. 이는 피로 사신 교회를 피로서 다스려야 합니다.
　3. 피로서 보존하며 계승해 나가야 되는 것입니다.
　4. 이는 2000년 역사가 밝히 증거해 주고 있습니다.
　5. 야고보와 스데반의 순교, 피흘림의 교회 보존이었습니다.
　6. 로마의 역대 황제들로부터 무수한 피를 흘려야만 했습니다.
　7. 종교개혁 시대에는 이를 넉넉히 증거합니다.
　8. 청교도들과 한국 초기의 신앙이 이를 증거합니다.

* 피로 사신 교회는 주님 자신의 피로 사신 교회요, 그의 지체가 된 증인들의 피로 사신 교회이므로 과거의 업적만 자랑할 것이 아니라 생명을 내어 놓고 교회를 보존하며 성장시켜 나아가야 될 것입니다. 피로 사신 교회이기에!

삼가야 할 일
(20:17-37)

一. 삼간다는 것의 의미(28)
  1. 사람은 두 가지 일을 하기에는 언제나 힘이 모자랍니다.
  2. 교역자가 다른 사람의 구원만 힘쓰면 자신의 구원 문제를 생각하지 못합니다.
  3. 바울도 남에게 전파한 후에 도리어 버림이 될까 두렵다고 했습니다.
  4. 교역자는 자기를 위하여 삼가는 것이 바로 교역을 잘하는 것입니다.
  5. 자신이 영적으로 바르지 못하고는 하나님의 일을 할 수 없습니다.
  6. 자기가 살지 못하고는 남을 살리지 못합니다.
  7. 자신이 영적 부요함이 없이 남들을 부요하게 못합니다.
  8. 그러므로 교역자는 삼가 양의 신앙보다 훨씬 높아야 합니다.

二. 삼가는 구체적인 방법
  1. 우리에게는 자신을 삼갈 지혜도 없고 힘도 없습니다.
  2. 우리 자신에게는 좋은 것이 나올 수 없습니다.
  3. 주님과 더불어 관계해야 삼가는 일에 해결을 얻을 수 있습니다.
  4. 이는 믿음으로 기도하여 깨어 있는 생활입니다(벧전 4:7).
  5. 또한 주님께 모든 것을 맡기고 염려하지 말아야 합니다(시 37:45, 55:22).
  6. 하나님의 말씀을 가지고 자신을 삼갈 수 있습니다.
    1) 하나님의 말씀은 거울과 같기 때문입니다(약 1:23).
    2) 하나님의 말씀은 지혜 중에서도 지혜입니다(시 119:98-100).
    3) 하나님의 말씀은 생명의 능력이기 때문입니다(요 6:63).

三. 교역자가 삼가야 할 이유
  1. 성령님께서 교역자를 세웠기 때문입니다.
    1) 사람들의 단체가 세운 직분은 사람의 눈에 들면 됩니다.
    2) 사람들의 눈에 들게 하기 위함은 사람의 종이 됩니다.
    3) 교역자는 오직 성령님의 종노릇만 하면 됩니다(딤전 2:4).
  2. 하나님이 피로 사신 교회를 치는 자이므로 삼가야 합니다.
    1) 하나님의 피로 사신 교회이니 얼마나 소중합니까?
    2) 죄를 사죄하는데 유일한 댓가(代價)입니다(히 9:22).
    3) 교회는 우주보다 무거운 기관인 줄 알고 생명을 아끼지 말고 헌신해야 합니다.

이별

(20:25)

만날 때는 기쁨이요 이별할 때는 슬픔인 것은 인간의 천리 원칙이라 합니다. 어느 누구인들 이별을 슬퍼하지 않는 자 있겠습니까마는 성도들의 이별은 더욱 뜻이 깊으면서도 슬픈 일이지만 슬픔 가운데서도 믿음으로 위로를 받으며 참아야 할 일입니다. 본문에서의 바울과 장로들의 이별의 장면을 볼 수 있습니다.

一. 이별이란 괴로운 것입니다.
1. 이별이란 그리 반가운 일이 못됩니다.
2. 이별은 그 누구도 원하는 일이 아닙니다.
3. 그러나 인간 사회에서는 없을 수 없는 인간 상사(常事)입니다.
4. 그러므로 성도들에게서도 이별이란 없을 수 없습니다.
5. 야곱과 에서의 이별은 불가피한 사정에서 생긴 일입니다.
6. 요셉이 형들과 이별하게 된 것은 억울한 이별입니다.
7. 다윗과 요나단의 이별은 안타까운 이별입니다.
8. 주님 승천 때의 이별은 위로와 소망과 사랑의 이별입니다.
9. 바울은 죽음을 각오하고 장로들의 만류도 뿌리치고 이별합니다.
10. 이 이별은 사랑하기 때문에 더욱 괴로운 이별이었습니다.

二. 성도의 이별은 신앙적 행사입니다.
1. 바울은 장로들의 만류를 듣고 예루살렘 상경을 단념할 수 있습니다.
2. 신자들이 강제로 붙들면 못갈 것 같기도 합니다.
3. 그러나 사사로운 감정과 인정에 이끌려 하나님의 뜻을 어길 수는 없습니다.
4. 그러므로 성도의 이별은 믿음으로 해결되어야 할 일입니다.
5. 성도의 이별은 육정을 떠나서 영적 사업을 위한 이별이어야 합니다.
6. 작은 일을 떠나서 큰 일을 이루기 위한 이별이기 때문입니다.
7. 오히려 신앙적으로 용기가 필요하고 소망을 품게 됩니다.
8. 성도의 이별은 믿음으로 위로받고 기도해 주는 이별입니다.
9. 이는 영적으로 상봉하게 되니 위로와 복이 됩니다.

* 바울이 "지금은 너희가 다 내 얼굴을 보지 못할 줄 아노라"고 고별사를 하는 장면은 매우 비감하고도 장하기도 하고 믿음직스럽기도 합니다. 이 세상 이별은 장차 천국에 가서 피차 다시 만날 것을 기약하는 것이므로 믿음으로 극복해야 됩니다.

교회 사랑
(20:26-35)

본문의 내용은 사도 바울이 밀레도라는 섬에서 에베소 교회 장로들을 초청하여 "교회를 사랑하라"고 최후로 부탁한 말씀입니다. 우리 기독 신자들의 신앙 생활은 교회와의 불가분리의 관계를 가지고 있습니다.

一. 교회의 의미
  1. 하나님이 세상에서 선택하여 불러내신 생명의 집단입니다.
  2. 예수 그리스도의 피로 구속하사 성별하신 생명의 집단입니다.
  3. 하나님의 말씀과 천국의 기업을 약속받은 생명의 집단입니다.
  4. 그러므로 지상에서 하나님의 뜻과 말씀을 바로 선포하는 기관입니다.
  5. 택한 백성들의 생명을 구원하는 구원의 기관입니다.
  6. 하나님께 찬송과 경배와 영광을 돌리는 기관으로 세워졌습니다.

二. 교회를 사랑할 이유
  1. 하나님의 간절한 소원인 동시에 요청이요 명령입니다.
  2. 구속받은 성도의 본분인 동시에 의무요 사명입니다.
  3. 이는 우주상에 제일 귀중한 것이 교회이기 때문입니다.
  4. 교회는 영원히 보존되고 영광을 누리는 기관이기에 사랑해야 합니다.

三. 교회 사랑의 의미
  1. 교회 사랑은 예수님을 사랑하는 것입니다.
    ◉ 이는 주님의 피흘려 세우신 주님의 몸이기 때문입니다.
  2. 교역자를 사랑하는 것인데 주님이 말씀의 대언자로 세웠기 때문입니다.
  3. 믿는 소자 하나 하나를 사랑하는 것입니다.

四. 교회 사랑의 방법
  1. 교회를 아끼고 존중히 여겨야 합니다.
    ◉ 내 가정, 내 사업, 내 사회 보다 더 사랑해야 합니다.
  2. 교회를 위하여 진심으로 헌신 충성하는 것입니다.
    ◉ 시간도, 물질도, 노력도 인색함 없이 투자하고 봉사해야 합니다.
  3. 교회와 더불어 고락과 운명을 같이해야 됩니다.

  * 교회를 사랑하는 성도들이 많을 때 1) 교회는 말씀 위에 튼튼히 서 가며 2) 사랑이 있고 화목케 되며 3) 힘있게 성장하고 부흥하는 교회가 됩니다.

성직의 신중성

(20:28-32)

순교자 디브리(Derrie)는 사형받을 때에 말하길 "나는 교수대에 올라가는 것보다 강단에 올라가기를 두려워 하였노라"고 했습니다. 이는 거룩하신 하나님의 일을 맡은 것이 두려운 일이라고 하는 것을 보여주고 있습니다. 그러므로 바울은 장로들에게 말하기를 "자기를 위하여 또는 온 양떼를 위하여 삼가라"고 부탁을 했는데 그 의미를 고찰해 봅시다(28).

一. 삼가해야 할 대상
  1. 자신을 위하여 삼가해야 합니다.
   1) 자기가 되지 못하고 남을 되게 할 수는 없습니다.
   2) 자신의 구원 문제를 걱정하지 못하는 사람은 남들의 구원 문제를 걱정하지 않습니다.
   3) 남들의 모본이 되므로 많은 영향이 주어지기 때문입니다(벧전 5:3).
   4) 바울은 "내가 내 몸을 쳐 복종하게" 한다고 했습니다(고전 9:27).
  2. 양떼를 위하여 삼가야 합니다.
   1) 장로는 양들의 영혼을 위해 일합니다(히 13:17).
   2) 양들을 위한 기도로 하나님께 부탁해야 합니다.
   3) 또한 교회 행정도 해야 합니다.
   4) 교회 행정을 사람의 능력으로 하면 실패합니다.

二. 신중히 해야할 이유
  1. 성령님이 주신 직분이기 때문입니다.
   1) 하나님을 두려워하지 않고 인본주의로 하는 것은 실패합니다.
   2) 성직을 주신 성령님을 기쁘시게 하기 위해 행해야 됩니다.
   3) 군인은 군사로 모집한 자를 기쁘시게 해야 됩니다(딤후 2:4).
   4) 사람을 기쁘게 할 목표로 하는 것은 하나님이 금하셨습니다.
  2. 교회는 하나님이 피로 세우셨기 때문입니다.
   1) 피로 산 것은 은금으로 산 것보다 귀합니다.
   2) 기독교는 하나님의 아들의 피로 구원받음을 전합니다.
   3) 예수님의 피에 다른 것을 가감해서는 안되기 때문입니다.
   4) 여기에 자기의 의를 올려놓아서는 결코 안됩니다.
   5) 예수님의 피를 드러내려면 자기는 죽어야 합니다.

바울의 권면
(20:28-35)

사도 바울은 밀레도에서 사람을 에베소로 보내어 교회 장로들을 청하였습니다. 이것은 저들 앞에서 전한 여러 메시지들 중에 마지막 메시지입니다. 이처럼 중요한 메시지의 내용은 무엇이었는지 고찰해 봅시다.

一. 삼가라고 했습니다.
  1. 이는 삼가 대비하라는 뜻입니다.
    1) 거짓 선지자들과 어려운 처지에 놓여있을 것에 대하여
    2) 어그러진 길도 이끌어 가는 모든 것들에 대하여
  2. 조심하여 사려깊게 행하라는 뜻입니다.

二. 양떼를 치라고 했습니다.
  1. 이는 그리스도를 전파하라는 것입니다.
  2. 영적인 진리를 가르치라는 뜻입니다.
  3. 기독교를 생활로 나타내라는 뜻입니다.
  4. 양떼들을 위로하고 굳게 하라는 뜻입니다.

三. 일깨어 경계하라고 했습니다.
  1. 주님의 재림을 경계하라는 것입니다.
  2. 거짓 교사들을 경계하라는 것입니다.
  3. 악을 경계하라는 것입니다.
  4. 자신을 경계하라는 것입니다.

四. 기억하라고 했습니다.
  1. 그리스도의 희생을 기억하라는 뜻입니다.
  2. 그리스도의 은사를 기억하라는 뜻입니다.
  3. 사도 바울이 훈계하던 것을 기억하라는 뜻입니다.
  4. 성도가 해야 할 의무와 책임을 기억하라는 뜻입니다.

* 이번이 마지막 기회가 될 것을 알고 있는 사도 바울은 에베소 교회의 장로들과 얼굴과 얼굴을 마주 대하고 서서 아마도 그의 사역에 있어서 가장 중요한 메시지 중의 하나를 전하였을 것이 틀림이 없습니다. 이상 네 대지의 분명한 권면을 마음속 깊이 새겨 둡시다.

주는 것이 복이 있다(Ⅰ)

(20:33-35)

一. 주는 것이 왜 복이 있습니까?
　1. 주는 행위는 복되신 하나님을 본받는 것이기 때문입니다.
　　1) 하나님은 인류에게 좋은 것들을 주시기만 하시는 분이십니다.
　　2) 우리는 하나님께 너무 귀한 것들을 거저 받았습니다.
　　3) 우리는 하나님께로부터 영혼을 받았습니다.
　　　◉ 사람의 영혼은 천하보다도 귀합니다.
　　4) 우리는 하나님께로부터 몸도 받았습니다.
　　　◉ 모든 동물들을 살펴보아도 사람처럼 귀한 것은 없습니다.
　　5) 주님의 보혈로 속죄함을 받았습니다.
　　　◉ 이 속죄로 인하여 우리는 하나님께 영생을 받았습니다.
　2. 하나님께 물질을 바치므로 복을 받는 비결이 됩니다.
　　1) 신령한 목적 위해 물질 사용은 하나님이 귀하게 보십니다.
　　2) 주님께 향유를 부은 여인을 가난한 자를 구제한 것보다 더욱 높이 칭찬하셨습니다.
　　3) 가난한 자는 항상 우리 곁에 있기 때문입니다(요 12:8).

二. 줄 수 있는 자는 누구입니까?
　1. 탐심이 없는 자라야 줄 수 있습니다(33).
　　1) 하나님께서는 탐심으로 사업하는 자를 도와주시지 않습니다.
　　2) 속이는 말로 재물을 구하는 것은 죽음을 구하는 것입니다(잠 21:6).
　　3) 망령되이 얻은 재물은 줄어갑니다(잠 13:11).
　2. 손으로 일하는 자라야 줄 수 있습니다(34).
　　1) 수고로이 일해야 남에게 줄 수 있습니다.
　　2) 수고하지 않고 먹으려는 자는 하나님 앞에 반역자입니다.
　　3) 하나님이 사람을 지으시고 처음 주신 것은 노동입니다(창 1:28).
　3. 남들을 돕기 위하여 일하는 자라야 줄 수 있습니다.
　　1) 언제든지 이기주의자는 자기를 축소시킵니다.
　　2) 남들을 돕는 생활이 진리에 합당하고 자기에게도 유익합니다.
　　3) 주님은 네 이웃을 네 몸과 같이 사랑하라고 하셨습니다(마 22:39).
　　4) 사리사욕을 위해 일하는 자는 마귀의 자리로 깊이 떨어집니다.

주는 것이 복이 있다(Ⅱ)
(20:35)

우리 주님은 받는 것이 복이란 말씀을 하시지 않으시고 주는 것이 복이 있다고 했습니다. 이 말씀은 주님께서 하셨다고 하는 기록은 아무데도 없습니다. 이 말씀은 사도들의 기억에 남아 있었던 것이 분명하고 그들이 곧잘 언급했을 것입니다. 그러나 결코 기록된 적은 없었습니다. 그리스도께서 가르치심의 많은 분량이 기록으로 전해지지 않은 것은 분명한 사실입니다. 우리는 본장에서 무엇을 주면서 살아야 되는지 생각해 봅시다.

一. 선물하는 생활
  1. 이런 일은 친구를 얻고 지키게 하는 일이 됩니다.
  2. 우정의 표현으로 깊이 나타나기도 합니다.
  3. 또한 사랑이 크게 증대하게도 합니다.

二. 동정하는 생활
  1. 고난받는 자와 죄인을 동정하게 되면
  2. 그는 최상의 것으로 우리 자신을 보상받게 될 것입니다.
  3. 이는 크나큰 복을 받는 방법이기도 합니다.

三. 지식을 주는 생활
  1. 우리는 아는 것을 이웃에게 나누어 주려고 해야 합니다.
  2. 지식을 나누어 주지 않으면 명확하게 알 수도 없을뿐더러
  3. 완전하게 할 수도 없는 법이 됩니다.

四. 사랑을 주는 생활
  1. 사랑받는 것은 아주 고귀한 일이 됩니다.
  2. 사랑하고 서로 사랑을 주는 일은 더욱 고귀한 일이 됩니다.
  3. 고귀하고 감동적인 일이기에 우리의 사랑을 주님께 드리는 것입니다.

五. 기도해 주는 생활
  1. 이웃을 위한 기도는 고귀한 기도입니다.
  2. 가장 직접적이고 풍성하게 이웃을 축복하는 방법입니다.

* 우리 모두 주는 것의 복을 마음에 새깁시다. 우리 모두 줄 수 있습니다. 그리고 이런 것을 통해 주는 자의 최상의 복을 찾을 수 있는 것입니다.

주는 종교
(20:35)

　기독교는 주는 종교입니다. 그리고 주는 것이 받는 것보다 복이 있음을 가르치는 종교입니다. 더 나아가서 하나님으로부터 시작하여 그 신자에 이르기까지 주는 종교가 기독교임을 깊이 고찰해 보므로 그 의미를 살펴봅시다.

一. 하나님께서 주신 것이 있습니다.
　1. 모든 만물을 주셨습니다.
　2. 독생자이신 예수 그리스도를 주셨습니다.
　3. 보혜사이신 성령님을 주셨습니다.

二. 예수님께서 주신 것이 있습니다.
　1. 말씀과 교훈과 사랑을 주셨습니다.
　2. 주님의 보혈까지 속죄 제물로 주셨습니다.
　3. 천국까지 예비해 주셨습니다(요 14:1-3).

三. 성도들이 주어야 할 것이 있습니다.
　1. 예수 그리스도의 이름을 주어야 합니다(행 3:1-10).
　2. 주님의 복음을 주어야 합니다(롬 1:14-15).
　3. 루터, 칼빈, 모두가 그렇게 살고 갔습니다.

四. 주는 생활은 자신으로부터 해방시킵니다.
　1. 이기심의 포박으로부터 해방시킵니다.
　2. 과다한 재산에 대한 욕심으로부터 해방시킵니다.
　3. 의존성의 짐으로부터 해방시킵니다.

五. 하나님께로 보다 더 가까이 인도되게 됩니다.
　1. 우리들을 완전한 신이신 하나님을 닮은 자로 만듭니다.
　2. 우리들을 완전한 사랑의 기쁨에 동참하는 자로 만듭니다.
　3. 우리들을 영원한 보답의 상을 기대하는 자로 만듭니다.

六. 이는 우리들을 형제들과 결합시키는 일이 됩니다.
　1. 그들의 우호적인 접근에 의해 결합됩니다.
　2. 적극적인 감사에 의해서 더욱 결합됩니다.
　3. 그들의 축복된 중재기도에 의해서 더욱 결합합니다.

* 주는 자가 받는 자보다 복이 있음을 믿고 실행하는 성도가 됩시다.

주는 자가 됩시다
(20:35)

"주는 것이 받는 것보다 복이 있다" 이것은 예수님이 말씀 하셨으나 복음서에 기록되지는 않았습니다. 이런 말씀은 기록되지 않고 구전(口傳)으로 있었던 것입니다. 주는 것은 하나님이 하시는 일입니다. 그는 독생자를 세상에 주셨으니 독생자와 함께 만물을 신자들에게 주셨습니다(롬 8:33). 예수님도 주시기만 하신 복된 분이십니다. 그의 성역은 인류에게 은혜를 주시는 것 뿐이었고 나중엔 생명까지 주셨습니다. 바울은 가난한 자 같으나 모든 사람을 부요하게 하는 자였습니다(고후 6:10).

一. 이는 성도의 의무입니다.
  1. 가난한 자를 위한 물질적 도움을 확장하는 일입니다.
  2. 그리고 이는 그리스도인들이 해야 할 의무입니다.
  3. 형제를 위한 구제는 그리스도인의 선택 문제가 아닙니다.
  4. 당연히 해야 할 성도의 의무입니다.
  5. 이는 주 예수 그리스도께 순종하는 일입니다.

二. 이는 성도의 복받는 비결이기도 합니다.
  1. 이는 자신으로부터 해방시킵니다.
    1) 이기심의 포박으로부터 해방시킵니다.
    2) 과다한 재산에 대한 욕심으로부터 해방시킵니다.
    3) 의존성의 짐으로부터 해방시킵니다.
  2. 이는 형제들과 결합시킵니다.
    1) 그들과 우호적인 접근을 갖게 됩니다.
    2) 적극적인 감사의 마음을 갖게 됩니다.
    3) 그들의 축복된 기도에 의해서 더욱 결합됩니다.
  3. 이는 우리들을 하나님께로 보다 더 가까이 인도합니다.
    1) 우리들을 완전한 선이신 하나님을 닮은 자로 만듭니다.
    2) 우리들을 완전한 사랑의 기쁨에 동참하는 자로 만듭니다.
    3) 우리들을 영원한 보답의 상을 기대하는 자로 만듭니다.

* 하나님은 모든 만물과 그리스도를 주셨고 주님은 생명을 주셨으며 보혜사를 보내 주셨으니 우리 성도들도 주는데 인색하지 말고 주며 삽시다.

두로에서
(21:1-6)

　밀레도 섬에서 에베소 교회 장로들을 만나 눈물겨운 고별 예배를 드린 바울은 밀레도에서 배편으로 고스와 로도와 바다라 등지를 거쳐서 두로에 도착했습니다. 고스는 밀레도 남방에 가로놓인 작은 섬이며 로도는 소아시아 반도의 서남편의 큰섬이고 바다라는 루기아도의 개항장인데 이곳을 수로를 따라 두로에서 이레를 머물렀습니다.
　이 두로에서 바울은 평생에 잊지 못할 추억을 갖습니다.

一. 애정이 넘치는 형제들을 만났습니다.
　1. 이 세상에서 사랑보다 더 좋은 것이 없습니다.
　2. 사랑은 사람을 즐겁게 하고 아름답게 하는 위력이 있습니다.
　3. 바울은 두로에서 이러한 사랑을 체험 했습니다.
　4. 두로인은 일개 비천한 이방인에 불과 했습니다.
　5. 그러나 유대땅 어디서나 받아보기 힘든 환대를 이곳에서 받았습니다.
　6. 유대인 누구에게도 받아보기 힘든 환대를 이곳에서 받았습니다.

二. 바닷가에서 올린 고별기도입니다.
　1. 바울은 형제들을 위하여 고별기도를 했습니다.
　2. 형제중 누군가가 대표로 바울을 위해 기도했습니다.
　3. 그리고 다같이 통성 기도까지 드렸을 것입니다.
　4. 그렇다면 그만해도 될 기도를 또 했던 것입니다.
　5. 기도 장소가 적당치 않은 데서 기도를 했습니다.
　6. 그러므로 기도는 시간과 장소를 따질게 아니고 기도해야 합니다.

三. 주를 위해 각자 일터를 떠났습니다.
　1. 섭섭한 이별의 시간은 끝났습니다.
　2. 더 이상 붙들어 놓고 함께 있으려고 하지 않았습니다.
　3. 바울은 또 다시 자신의 사명따라 배를 타고 떠났습니다.
　4. 두로의 형제들도 주를 증거하기 위해 각자 집으로 갔습니다.
　5. 각자 일터로 돌아가서 충실히 일했습니다.

* 세상에는 두 번 다시 기억하기 싫은 일이 있는가 하면 생각할수록 달고, 유쾌하고 아름다운 추억들이 있는데 두로의 추억이 곧 아름답습니다.

예수님의 이름 위하여

(21:1-16)

예수님의 이름을 위하여 일생을 몸바쳐 일한 사람을 말하라면 바울을 빼놓을 수가 없을 것입니다. 그는 다메섹 도상에서 부르심을 받고 아라비아로 가서 기도와 함께 굳은 결심을 한 후에 죽을 때까지 예수님 없이 살아본 적 없었고 자신이 증거하길 사나 죽으나 주의 것이로다 라고 했습니다.

一. 예수님을 위한 각오
　　1. 예수님을 위해서 죽을 각오까지 했던 것입니다.
　　2. 사람들의 애정 보다는 하나님의 뜻을 따르기로 했습니다.
　　3. 하나님의 뜻은 좋은 환경에서만 이루어지는 것이 아닙니다.
　　4. 역경 중에서 하나님의 뜻이 이루어집니다.
　　5. 기독교는 십자가와 피의 종교입니다.
　　6. 때문에 어려운 역경을 극복할 수 있어야 됩니다.

二. 예수님의 이름을 위한 각오와 실천
　　1. 바울은 아가보라는 선지자의 예언도 친히 들었습니다.
　　2. 예루살렘에 올라가지 말라는 애정의 맛도 보았습니다.
　　3. 그러나 그는 주님의 이름 위해 결박 받을 것을 각오했습니다.
　　4. 심지어 죽을 것도 각오했습니다.
　　5. 그는 예수님의 이름을 위하여 일생을 바쳤습니다.
　　6. 그는 예수님 위해 세상에 나고, 살았고, 죽은 거룩한 존재였습니다.

三. 우리도 바울처럼 삽시다.
　　1. 순교자의 피는 복음의 씨요 교회의 거름이 되었습니다.
　　2. 순교자들의 피 없이 복음이 전파될 수 없습니다.
　　3. 순교자들의 피 없이 교회의 부흥이 있을 수 없습니다.
　　4. 피는 생명이기에 피가 떨어지는 곳에 복음이 전파되었습니다.
　　5. 순교자들의 피가 떨어지는 곳에 교회가 설립되었습니다.
　　6. 우리들의 희생이 후손에게 놀라운 결과를 가져다 줄 것입니다.

* 이제 우리는 아름다운 순교자의 반열에 참여하여 살든지 죽든지 주 예수님의 이름을 위해 굳은 결심과 함께 실천에 옮겨 예수님을 위하여 교회를 위하여 사명에 죽도록 충성하는 성도가 됩시다.

환난 중에서
(21:1-40)

사도 바울은 선교 여행 중 여러차례 환난을 당했습니다. 그 중에서도 특히 예루살렘 방문 시에 유대인들에게서 당한 것은 혹독한 것이었습니다. 이러한 환난 중에서 바울이 취한 행동은 태연 자약하여 전도 의욕에 불탄 것을 볼 수 있습니다(37-40). 즉 환난 중에서도 사명을 감당했습니다.

一. 이는 하나님의 말씀으로 확신을 얻었기 때문입니다.
   1. 예루살렘에 가는 길에 위험이 있음을 예언하는 자들로부터 경고받았습니다.
   2. 두로에서도 그런 일이 있었습니다(20:4).
   3. 가이사랴에서도 그런 일이 있었습니다(21:10-14).
   4. 이는 예루살렘에서 당할 일에 대하여 하나님 말씀의 예고를 받았습니다.
   5. 그러나 하나님 말씀 자체가 믿음을 줍니다(롬 10:17).
   6. 말씀을 주야로 묵상하고 연구할 때 확신을 얻게 됩니다.

二. 순종하므로 확신을 얻었습니다.
   1. 하나님 말씀 순종하므로 확신을 얻게 됩니다.
   2. 바울은 예루살렘에 올라가면 고난받을 줄 알았습니다(20:25).
   3. 그러나 주님의 뜻을 순종하여 그곳에 올라갔습니다(21:13-14).
   4. 진리를 주신 목적은 순종하는 것을 보시려는 것입니다.
   5. 순종할 때 하나님은 크게 기뻐하십니다(삼상 15:22-23).
   6. 순종하는 자는 하나님을 버리지 않습니다.

三. 경험에서 확신이 생깁니다.
   1. 사람은 경험을 통해서 배웁니다.
   2. 많이 기도하는 경험을 통하여 하나님의 응답을 체험합니다.
   3. 또한 그 체험을 통하여 확신을 얻습니다.
   4. 우리의 확신은 오랜 시간의 경험을 통해 얻게도 됩니다.
   5. 바울은 핍박 중에서도 하나님의 보호를 받았습니다(27-31).
   6. 주를 의지하면 주님께서 지키실 것을 확신했습니다(딤후 1:12).

* 우리는 과거에 하나님이 우리를 위험에서 건져주신 일들을 회상할 때에 앞날에도 그가 구원해 주실 것을 확신합니다. 바울은 고린도후서 1:10 "그가 이같이 큰 사망에서 우리를 건지셨고 또 건지시리라 이후에라도 건지시기를 그를 의지하여 바라노라"고 확신속에 증거했습니다.

죽음을 각오하고(Ⅰ)
(21:7-14)

세 차례의 전도 여행을 마치고 예루살렘으로 상경하려는 바울에게 1) 예루살렘의 공기가 험악하여 바울의 신변에 위협을 받게 되고 2) 예루살렘에서 결박과 환난이 기다리고 있으며 3) 형제들이 상경을 중지하도록 울면서 만류했지만 바울은 예루살렘으로 상경했습니다.

一. 예루살렘으로 상경한 이유
　　1. 알림과 하나님의 뜻은 다르기 때문입니다.
　　　◉ 환난은 있어도 올라가지 말라고 하신 적이 없었습니다.
　　2. 인정에 끌릴 수는 없기 때문입니다.
　　　◉ 인정은 때로 십자가를 질 수 없게도 만듭니다(마 16:23).
　　3. 하나님의 뜻을 이루려는 충성심이었기 때문입니다.
　　　◉ 자신은 희생되더라도 주님의 뜻을 이루기 위함에서입니다.

二. 죽기를 두려워하지 않았습니다.
　　1. 바울은 일찍이 교회를 박해한 장본인이었습니다.
　　　1) 자신의 죄 값으로는 벌써 죽었어야 할 목숨이었습니다.
　　　2) 주님 위해 목숨바칠 수 있다면 오히려 영광으로 생각했습니다.
　　2. 평소에 주님의 뜻을 알고 있었기 때문입니다(행 9:15-16).
　　　1) 유대인과 이방인과 임금들에게 복음을 전하기 위해 부름 받았습니다.
　　　2) 이를 위해 해를 많이 받게 될 것을 알았습니다.

三. 죽음을 각오한 삶의 결과
　　1. 비겁하지 않고 소신껏 살았습니다.
　　　◉ 주를 담대히 증거하고 소신껏 행동한 자였습니다.
　　2. 불안을 극복하고 평온하게 살았습니다.
　　　◉ 그는 로마 옥중에서도 항상 기뻐하며 산 사람입니다(빌 4:4).
　　3. 부정을 물리치고 담백하게 살았습니다(딤전 6:9-10).
　　　◉ 불의와 타협하지도 세상에 연연해 하지도 않고 살았습니다.

＊ 주님께서 마가복음 8:35 "누구든지 자기 목숨을 구원코자 하면 잃게 될 것이고 그리스도와 복음을 위해서 자기 목숨을 잃으면 도리어 구원얻게 된다"고 했습니다. 얻음으로 잃는 삶을 살지 말고 잃음으로 얻는 삶을 사는 성도가 됩시다.

죽음을 각오하고(Ⅱ)

(21:7-14)

사람들이 결심하는 각오는 대단한 힘을 나타냅니다. 더구나 죽을 것도 각오한다면 천하에 무서울 것이 무엇이며 못할 바는 또 무엇이겠습니까? 바울은 교회를 박해한 죄값으로 이미 죽었어야 할 몸이었으나 지금껏 목숨을 부지하게 하신 것이 전적으로 하나님의 크신 사랑임을 깨달았으므로 항상 순교 정신으로 사명을 감당한 사도였습니다.

一. 죽음을 각오하고 증언했습니다.
 1. 바울은 세 차례 죽음을 각오 했노라고 했습니다.
 2. 밀레도 항구에서 에베소 교회 장로들이 만류할 때입니다.
   ◉ 자기의 생명 조금도 귀한 것으로 여기지 않는다고 했습니다(행 20:24).
 3. 두로에서 머무는 동안 제자들이 예루살렘 상경을 만류할 때입니다.
   ◉ 그는 바닷가에서 무릎을 꿇고 기도 후 굳은 결의를 나타냈습니다
    (행 21:4-6).
 4. 가이사랴에서 울면서 만류하는 교우들에게 증거했습니다.
  1) 예수 그리스도의 이름을 위해 결박 받을 것도 각오했습니다.
  2) 또한 주를 위해 예루살렘에서 죽을 것도 각오했습니다.

二. 사명을 다한 전도자였습니다.
 1. 그는 죽어야 할 몸이 살아 있는 것만 해도 감격했습니다.
 2. 그는 때와 장소 형편 가리지 않고 복음을 증거했습니다.
 3. 항상 어디서나 결사적으로 전도한 훌륭한 전도자입니다.
 4. 그는 옥에 갇히기도 많이 했다고 했습니다(고후 11:23-25).
 5. 매도 수없이 맞아 여러번 죽을뻔 했다고 했습니다.
 6. 여러 번 잠도 잘 수 없이 수고하고 애썼다고 했습니다.
 7. 그는 주리고 목마르고 굶고 춥고 헐벗었다고 했습니다.
 8. 동족의 위험과 이방인의 위협을 받기도 했다고 했습니다.
 9. 바울만큼 죽음을 각오하고 전도한·일꾼이 없었습니다.
 10. 죽음을 각오로 일했기에 성과도 크게 나타났습니다.

* 사도 바울의 생애 마지막은 결국 그의 평소 각오와 결심대로 로마에서 순교의 최후를 마쳤다고 합니다. 우리도 주님을 증거하는데 너무도 용기가 없지나 않았는지 부끄러워 핑계치는 않는지 돌이켜 봅시다.

빌립의 가정

(21:7-14)

사회나 교회의 구성 단위는 가정입니다. 그러므로 가정을 소홀히 하고서 사회의 정화나 교회의 성별만을 부르짖는 것은 잘못된 것입니다. 빌립의 집은 우리의 귀감이 되는데 성경에 나오는 여러 사람들 중에서도 가장 이상적인 가정으로서 성도들이 세워가야할 가정상을 보여주고 있습니다.

一. 의무보다 더 많이 하는 가정입니다.
1. 의무란 반드시 수행해야 되는 임무입니다.
2. 빌립은 사도 빌립이 아닌 일곱 집사 중 하나입니다.
3. 빌립은 사도행전 6장에 의거한 집사의 의무만 이행하면 됩니다.
4. 그는 이 직분 잘 감당하여 사랑과 존경을 받았습니다.
5. 그는 집사 직분 이상인 전도까지 힘쓴 분입니다.
6. 그래서 그의 명칭 하나가 더 붙어서 전도자 빌립이라고 했습니다.

二. 신앙을 계대해 준 가정입니다.
1. 그의 딸 넷은 처녀로 예언하는 자였습니다.
2. 이는 빌립의 신앙을 기쁘게 물려 받은 증거입니다.
3. 그는 신앙을 자녀들에게 계대해 준 사람입니다.

三. 봉사에도 총동원하는 가정입니다.
1. 빌립은 집사요 전도자로서 충성했습니다.
2. 그의 딸 네 자매는 하나같이 예언자로 활동했습니다.
3. 즉 신앙에 있어서 이방인이 없었습니다.
4. 봉사에 있어서 방관자도 없었습니다.
5. 온 가족이 주의 성업에 충성한 가정이었습니다.

四. 형제를 공궤하는 가정이었습니다.
1. 사도시대에는 핍박이 심하여 유랑하는 형제가 많았습니다.
2. 빌립의 집에는 이런 형제들이 그칠 사이없이 찾아왔습니다.
3. 그런 형제들을 위하여 그의 집은 무료 여관이 되었습니다.
4. 바울의 일행도 3차 여행을 마치고 빌립 집에 들러 며칠을 유했습니다.

* 빌립의 집은 가이샤랴에 있었는데 그 구조와 규모는 알 수 없지만 그 집은 그 가족들에게나 다른 형제들에게나 하나님께 필요하고 유익한 가정이었습니다.

복된 사람 나손

(21:15-16)

구브로 출신 나손은 아마 동향인인 바나바와 같은 시기에 개종한 그리스도인일 것이라고 추측하는 사람도 있고 그보다 앞서 예수님 승천 후 다락방에 모였던 120명 중의 한 사람이었다고 주장하는 주석가도 있지만 누가는 오랜 제자라고 지칭했으니 일찍부터 예수님을 믿은 것은 의심할 여지가 없습니다. 일찍이 주를 믿었다는 것은 가장 고귀하고 근본적인 복을 받은 사람인데 본문에 그는 다시 쓰여지는 은총을 받은 것을 보면 복된 사람이 아닐 수 없습니다.

一. 오랜 경험이었습니다.
   1. 기계는 새로운 것이 좋아도 경험은 오랜 것일수록 신임도가 높습니다.
   2. 나손이 다시 쓰임받은 것은 오랜 제자였기 때문입니다(16).
   3. 바울의 예루살렘 상경은 결박과 환난의 길이었습니다.
   4. 그러므로 나손을 동행자로 등용을 했습니다.
   5. 그는 그리스도를 위한 고난에 충분히 단련된 자였기 때문입니다.

二. 집과 소유도 선택되었습니다.
   1. 나손은 예루살렘 근교에 주택을 가지고 있었습니다.
   2. 이 집은 바울 일행을 수행하기에 족하리만큼 널찍하기도 했습니다.
   3. 바울에게도 영적 무장할 만한 장소가 절대 필요했습니다.
   4. 그러므로 나손의 집이 발탁이 되고 또 사용하게 되었습니다.
   5. 이런 집을 소유한 것도 복이지만 주님의 일에 사용됨은 더 큰 복입니다.

三. 그의 건강과 시간이 쓰임 받았습니다.
   1. 오랜 제자라 한 것을 보면 나이가 많았음이 틀림없습니다.
   2. 나손이 육체가 노쇠하여 공적활동하기에 부적합 했을 것입니다.
   3. 그러나 바울은 나손을 환난의 동지로 택했습니다.
   4. 나손에게는 족히 그 일을 감당할 수 있는 심신이 건전했기 때문입니다.
   5. 나손은 옛날 갈렙처럼 노익장을 과시하는 복을 받은 사람입니다.
   6. 노후의 건강이 다시 귀한 사역에 쓰여지는 복을 받은 사람입니다.

* 우리가 소유하고 있는 것들의 종류가 무엇이든간에 그것들의 분량이 많든 적든 온전히 하나님을 위해 하나님의 사역에 귀히 쓰이도록 해 봅시다. 그리하면 소유의 복보다 더 크게 쓰이는 복을 체험하게 될 것입니다.

바울의 고독과 위안
(21:17-26)

오랜 세월 동안 이방 각 지방에 다니며 전도하던 바울이 정말 오랜만에 예루살렘에 돌아 왔으나 그는 여기서 너무나 혹독한 외로움을 겪게 되었습니다. 그러나 그 외로움 속에서도 위안을 얻었습니다.

一. 그의 고독
   1. 자신의 진의가 곡해되고 있음으로 인하여 였습니다.
   1) 위대한 지도자일수록 고독하게 마련이라고 합니다.
   2) 그의 깊은 뜻과 이상을 다 이해해 주지 못하기 때문입니다.
   3) 믿음으로의 구원을 율법 반대자 신성 모독자로 알려졌습니다.
   2. 동지여야 할 사람이 적이 되어 있었기 때문입니다.
   1) 동지의 배신은 사람을 외롭게 만듭니다.
   2) 바울을 해치려는 자는 자기 동족이요 또한 종교인들이었습니다.
   3) 동지를 적대시하는 것은 잔인한 행위인 것입니다.
   3. 신앙인의 불신앙을 보았기 때문입니다.
   1) 나사로의 무덤가에서 마리아와 마르다의 불신앙을 본 주님은 우셨습니다.
   2) 신앙인이 불신앙할 때 주님을 고독하게 만듭니다.
   3) 야고보로부터 들은 것은 율법을 지키고 믿을 때 구원 얻는다고 한 것입니다.

二. 바울의 위로
   1. 동지들이 있었기 때문입니다.
   1) 소수이지만 바울의 참뜻을 이해하고 사랑해 주는 분도 있었습니다.
   2) 동지가 소수라도 내 주변에 있다는 것은 위안이 됩니다.
   2. 양심에 가책없이 살아왔기 때문입니다.
   1) 참된 위안은 양심으로부터 솟아나는 것입니다.
   2) 성도는 양심을 배반하지 말고 어디서나 정당하게 살아야 합니다.
   3. 하나님께서 함께 하여 주시기 때문입니다.
   1) 주님은 세상 끝날까지 함께 해 주시겠다고 했습니다(마 28:20).
   2) 바울에게는 항상 임마누엘의 복이 따르고 있었습니다.

* 이 세상을 살아가는 성도는 고독의 환경 때문에 낙심하지 말고 항상 위로해 주시는 주님의 은혜 속에서 생활하는 성도가 됩시다.

예루살렘에서의 바울

(21:17-36)

오늘 본문은 바울 사도가 제3차 전도여행을 마치고 예루살렘에 돌아왔을 때의 사건들입니다. 사람들은 어디를 가든지 가는 곳마다 선악간에 역사가 나타나게 마련인데 바울이 예루살렘에서의 한 일이 무엇이며 어떤 일들이 생겼는지를 생각해 보고자 합니다.

一. 전도 여행의 실적 보고를 했습니다.
1. 바울은 모교회인 예루살렘에 와서 야고보와 모든 장로들에게 문안했습니다.
2. 자신이 전도했던 모든 일들을 낱낱이 보고했습니다.
3. 듣는 모든 이가 하나님께 영광을 돌렸습니다.
4. 이는 자기가 한 일이 아니라 하나님께서 하신 것을 알게 함입니다.
5. 하나님이 성령으로 지시하신 일 외에는 하시지 않음을 말했습니다.
6. 또한 자기의 행한 일에 오해가 없게 하기 위해서입니다.

二. 동행자들로 하여금 결례를 하였습니다.
1. 율법자들이 바울에게 지나친 언사로 모욕했습니다.
2. 그래서 동행자들로 하여금 머리를 깎게 하고 결례 행할 것을 권유했습니다.
3. 구원은 할례의 유무와 관계가 있는 것은 아닙니다.
4. 바울은 다만 오해와 의심을 남이 갖게 할 필요가 없었기 때문입니다.
5. 오직 성도는 주안에서 진실한 신앙으로 살아야 합니다.
6. 믿음이 약한 자를 도와주며 넘어진 자를 일으켜 주어야 합니다.

三. 바울의 잡힘
1. 결국 바울은 그들의 음모와 함께 잡히었습니다.
2. 이 세상은 악의 세력이 충만한 증거이기도 합니다.
3. 바울은 헬라인을 데리고 성전에 들어간 일이 없었습니다.
4. 그 성전을 더럽힌 적이 없었습니다.
5. 그러나 억울한 죄목으로 잡혔습니다.
6. 잡힐 때 그는 아무런 항거도 없이 잡혔던 것입니다.

* 우리 성도는 오늘의 생활을 반성하여 악을 선으로 바꾸며 불의를 의로 바꾸어 오늘의 선에서 살고 의에서 살므로 오늘의 선함과 의로운 생활이 우리의 후손들에게 남겨줄 수 있는 아름다운 생활을 영위해 나가도록 힘씁시다.

본분을 다하고
(21:27-40)

하나님이 만드신 모든 피조물들은 그것 대로의 존재 의미와 가치를 지니고 있으며 피조물 하나 하나가 각각 각자 해야 할 일 그리고 할 수 있는 일들을 묵묵히 수행하고 있는데 이는 본분을 다하고 있다는 말입니다. 그렇다면 하나님의 형상으로 지음받은 인생으로 만유의 영장인 인간은 진정 최선을 다하여 본분에 충성해야 합니다.

一. 본분을 다한 사도 바울
1. 바울은 예수 그리스도의 사도입니다.
2. 사도란 보내심을 받은 사람이란 뜻입니다.
3. 바울은 전도하기 위해 보내심을 받은 사도인 것입니다.
4. 전도는 예수님이 하나님의 아들이시며 우리의 구주이심을 증거하는 것입니다.
5. 바울은 이 본분 다하기 위해 주리고 헐벗고 매맞고 옥에도 갇히었습니다.
6. 그러나 그는 이 본분을 다했다고 고백했습니다(딤후 4:7-8).

二. 본분을 다한 천부장
1. 천부장이란 1,000명의 군인을 통솔하는 로마 군대의 고급 장교입니다.
2. 천부장의 일차적인 임무는 치안을 유지하는 일입니다.
3. 그는 지방 치안을 위해 과감하고 민활하게 행동했습니다(32-34).
4. 믿음직스러운 공리임을 증명합니다.
5. 사회적인 요직이란 장식품으로 존재하는 것이 아닙니다.
6. 요직에 앉아 있는 사람은 그 본분을 다하도록 힘써야 합니다.

三. 본분을 망각한 유대인들
1. 유대인은 선민이라는 자타가 공인하는 사실입니다.
2. 그렇다면 선민의 의무와 목적이 무엇인가요?
3. 세계 모든 민족을 하나님 백성을 만들자는 것이 그의 본분입니다.
4. 선민은 막중한 사명과 과제를 안고 있습니다.
5. 그러나 불행히도 그 사명과 본분을 다하지 못했습니다.
6. 그들은 바울을 살해할 음모를 계획하고 있었습니다.

* 사도바울은 그의 사명과 본분을 다한 사람이며 천부장 역시 믿음직스럽게 공직에서 자기의 본분을 다했건만 선민이라 자처하는 유대인들은 본분을 망각한 채 망령된 일을 자행하고 있었습니다.

변화된 바울

(22:1-21)

　본문의 말씀 속에서 변화되기 전의 바울의 상태와 변화된 후의 바울의 상태는 대조적인 모습을 보여주고 있는데 이는 매우 만족하는 변화라고 할 수 있습니다. 성도라면 예수님을 구주로 믿기 이전의 생활과 이후의 생활이 무엇인가 확고한 변화가 있어야 합니다. 변화에 있어서 바울을 생각해 봅시다.

一. 변화되기 전의 바울(14-15)

1. 유대인이라는 자만심을 가지고 있었습니다(3).
2. 길리기아 다소 출신이라는 점을 과시했습니다.
   ◉ 당시 세계에 있어서 아덴, 알렉산드리아, 다소는 삼대 대학도시 입니다.
3. 가말리엘 문하생인 것을 자랑으로 삼고 있었습니다(3).
4. 열렬한 기독교 박해자 였습니다(4).
5. 그는 인생 성공자나 된 듯, 착각에 사로잡힌 오만한 자였습니다.

二. 변화된 후의 바울(12)

1. 하나님께 선택 받은 사람이었습니다.
   ◉ 그는 하나님을 위해 죽기까지 한 사람이 되었습니다.
2. 그리스도로부터 보냄을 받은 사람이었습니다.
   ◉ 주님께로부터 보냄을 받은 주님의 사도였습니다.
3. 이방인을 위한 사도였습니다.
   ◉ 독선적이고 폐쇄적인 상태에서 개방적이고 수용적인 자였습니다.

三. 변화되게 된 원인

1. 이는 전적으로 하나님의 선택에 기인한 것이라 했습니다(14-15).
2. 그가 예수님을 믿게 된 것은 하나님의 뜻에 일치한다는 것입니다.
   ◉ 유대인들은 주님을 믿는 것이 하나님께 도전하는 행위인 줄 알았습니다.
3. 바울의 이방 전도는 하나님의 뜻에 의한 것이라고 했습니다.
4. 유대인들은 이방인을 멸시했고 이방 전도자까지 증오했습니다.
5. 그러나 이방 전도는 자의가 아니라 하나님의 뜻에 복종하는 일이라 했습니다.

* 바울은 변화된 이후 무수한 핍박과 고난을 겪어야 했지만, 오히려 즐거움으로 여기면서 감당했습니다. 우리 성도들도 변화된 생활을 하여 하나님께 영광을 돌리는 성도다운 성도가 되어야겠습니다.

사울과 바울
(22:1-30)

사울과 바울은 서로 다른 사람이 아니라 한 사람입니다. 유대에서는 한 사람이 두 가지 이름을 소유한 자가 있는데 믿음의 조상 아브라함의 본 이름을 아브람이었고, 이스라엘은 야곱이었으며 바울에게는 사울이라는 본 이름이 있었으나 그의 역사에 사울의 시대와 바울의 시대는 판이합니다.

一. 사울의 시대
   1. 지식적으로 가말리엘 문하에서 공부하여 고등 학문을 소유했습니다.
   2. 경제적으로 부유한 사람이었습니다.
   3. 종교적으로 유대교에 열심이었던 사람이었습니다.
   4. 율법의 의로는 부족한 것이 없었습니다.

二. 바울의 시대
   1. 과거의 좋았던 사울의 시대것은 배설물처럼 여겼습니다.
   2. 종교적으로는 유대교를 떠났습니다.
   3. 율법적으로 율법을 향하여 죽었습니다.
   4. 과거에는 교회를 핍박했으나 오늘은 복음을 각 곳에 전파했습니다.

三. 바울의 신앙
   1. 주 예수 그리스도만이 속죄자로 믿었습니다(갈 2:20).
   2. 믿음으로만이 구원을 얻고 주의 은혜에 감격한 생활을 했습니다.
   3. 또한 그는 하늘의 소망을 확신했습니다.
   4. 어떠하든지 죽은 자 가운데서 부활에 이르려 했습니다(빌 3:11).
   5. 오직 우리의 시민권은 하늘에 있다고 했습니다(빌 3:20).

四. 바울의 교훈
   1. 믿음에 거하고 터 위에 굳게 서서 흔들리지 말라고 했습니다(골 1:23).
     ● 사명을 완수할 수 있는 길은 불변의 신앙이어야 됩니다.
   2. 주안에서 항상 기뻐하라고 했습니다(빌 4:4).
     ● 주님의 품을 떠나서는 참된 평안이 없습니다.
   3. 환난 중에도 즐거워하라고 했습니다(롬 5:3-4).
     ● 사명을 완수하려면 환난 중에도 참고 견디어야 합니다.

* 성도는 땅 위에 살고 있지만 하나님의 사람들입니다. 그러므로 세상으로부터 도전은 받겠지만 그것은 오히려 영광이 되는 것입니다.

이방인의 사도
(22:21)

"나더러 또 이르시되 떠나가라 내가 너를 멀리 이방인에게로 보내리라 하셨느니라" 이는 하나님께 부름받은 사도 바울이 이방인을 위한 사도로 사용하시려는 하나님의 말씀입니다. 그는 이방인의 사도로서 이방인들에게 복음을 선교하기 위하여 1, 2, 3, 4차까지 전도 여행을 감행했던 사도입니다.

一. 하나님의 계시적인 선택
1. 바울은 주님을 믿는 사람들을 박해하여 다메섹까지 쫓아갔습니다.
2. 그때 그는 도상에서 하늘로서 빛을 받고 또 음성을 듣고 땅에 엎드러졌습니다.
3. 그는 다메섹의 아나니아라는 제자를 통해 안수기도를 받았습니다.
4. 하나님께서는 이때 이미 이방인을 위한 사도로 선택받음을 증거했습니다.
5. 이방인과 임금들에게 복음전하는 그릇이라 했습니다(행 9:15).
6. 그는 이 말씀을 늘 회상하면서 이방인에게로 나아갔습니다.

二. 이방인의 사도
1. 사도행전 역사를 크게 두 부분으로 나눌 수 있는데
 1) 1장에서 12장까지는 예루살렘을 중심무대로 한 역사입니다.
   ● 특히 사도 베드로가 주동 인물이 되어 유대인에게 전도한 사실입니다.
 2) 13장에서 28장까지는 안디옥을 중심 무대로 한 역사입니다.
   ● 특히 회개한 바울이 주동 인물이 되어 이방에 전도한 사실입니다.
2. 그래서 보통 베드로는 유대인의 사도 바울은 이방인의 사도로 부릅니다.

三. 전도에는 차별이 없습니다.
1. 베드로는 선민의식이 강하여 이방인을 상대하지 않았습니다.
2. 그러나 욥바에서 비몽사몽간에 계시받고 고넬료의 초청을 받고 설교했습니다.
3. 바울은 어디를 가나 먼저 유대인을 찾아서 복음을 전했습니다.
4. 그러나 더욱 핍박과 박해를 가하여 복음을 받아들이지 않았습니다.
5. 그래서 바울은 이방인을 상대로 하여 복음을 힘차게 전했습니다.
6. 결단코 특수한 이유나 고의로 유대인을 상대하지 않은 것이 아닙니다.

* 하나님께서는 복음을 만민에게 전파하기를 원하시며 또한 명령을 하셨습니다. 주님께서도 승천하시면서 마지막으로 부탁하셨습니다(마 28:19-20, 행 1:8). 그러므로 복음은 만민의 것입니다.

아나니아의 말로

(23:1-10)

사도 바울이 하나님의 부르심을 받아 이방 사도가 된 것을 많은 사람 앞에서 증거하게 되자 유대인들은 "이러한 놈은 세상에서 없이 하자"고 소란을 일으키게 되므로 결국 공회 앞에 서게 했습니다. 이때 제사장 아나니아가 바울의 입을 치라고 명하게 되었는데 그 아나니아의 말로를 생각해 보고자 합니다.

一. 아나니아의 무법 무도한 내용
  1. 아나니아는 기원 후 47-59년경까지 제사장직에 있었던 자입니다.
  2. 그는 탐욕가였다고 전해지고 있습니다.
  3. 바울은 양심대로 살아왔다고 증거했습니다.
  4. 이때 아나니아는 곁에 있는 자들에게 입을 치라고 했습니다.
  5. 입을 보통 때에 치는 것도 무도한 일입니다.
  6. 하물며 심문 때에 한 이 말은 심히 무법 무도한 자의 소위입니다.

二. 아나니아의 무법 무도에 대한 바울의 견책(3)
  1. 바울은 그를 가리켜 회칠한 담이라고 했습니다.
  2. 이는 예수님께서 바리새인에게 대한 견책입니다(마 23:27).
  3. 아나니아의 중심을 투시한 바울의 예리한 준책입니다.
  4. 바울은 하나님께서 너를 치시리라고 했습니다.
  5. 주위의 사람들은 대제사장에게 왜 욕하느냐고 했습니다.
  6. 아나니아는 과연 회칠한 무덤이었고 하나님께 벌 받을 자입니다.

三. 아나니아의 말로
  1. 피고인의 답변을 중지시키고 벌하는 일은 유대인의 법에도 없습니다.
  2. 그래서 바울은 "율법을 어기고 나를 치라 하느냐"고 했습니다.
  3. 아나니아가 오히려 하나님이 치실 것이라고 했습니다.
  4. 아나니아는 현세에서도 그대로 재앙을 받았습니다.
  5. 그는 로마에 아첨하는 자이므로 그를 미워하는 자가 많았습니다.
  6. 그는 예루살렘 멸망 전 전쟁 때에 죽임을 당했습니다.

* 아나니아의 비열한 행위를 미워한 자들이 그가 수중(水中)에 피신하여 있는 것을 죽이게 되었습니다. 주의 종을 핍박하던 헤롯이 충이 먹어 죽은 것처럼 하나님은 때로 주의 종을 박해하는 자를 본보기로 치십니다.

바울의 선언
(23:1-11)

우리의 본문은 사도 바울이 잡혀서 예루살렘 공회 앞에서 심문을 받는 중 두 가지의 선언을 한 말씀입니다. 1) 자신은 양심껏 하나님을 섬겼다고 선언하고(1절) 2) 부활을 전하다가 이렇게 심문을 받는다고 했습니다(6절) 이와 같은 선언 앞에서 대제사장이란 자가 당장 바울의 입을 치라고(2절) 명했으니 그 시대의 종교가 얼마나 부패했는지 잘 알 수 있습니다.

一. 내가 양심을 따라 하나님을 섬겼다고 했습니다(1).
  1. 이는 사도 바울의 신앙고백이라 할 수 있습니다.
  2. 이는 양심적인 고백이요 양심적인 증언입니다.
  3. 사드락, 메삭, 아벳느고도 그렇게 하나님을 섬겼습니다.
  4. 다니엘도 그렇게 하나님을 섬겼습니다.
  5. 양심적으로 섬기는 성도를 하나님은 외면하시지 않으십니다.
  6. 그렇게 하나님을 섬길 때 하나님은 기뻐하십니다.

二. 부활을 전하다가 이렇게 심문받게 되었다고 했습니다.
  1. 기독교는 부활을 믿고 부활을 증거하는 종교입니다.
  2. 주님을 믿는 성도는 죽어도 살고 살아서 믿는 자는 영원히 죽지 않습니다.
  3. 성도는 부활의 교리를 사수해야 합니다.
  4. 이 진리에는 타협도 양보도 있을 수 없습니다.
  5. 진리를 위한 싸움은 일보의 양보도 있을 수 없습니다.
  6. 부활의 교리는 생사를 결단하는 생명 문제입니다.

三. 성도가 가질 신앙적 태도
  1. 양심을 따라 하나님을 바로 섬겨야 합니다.
   1) 거짓된 봉사, 사랑, 선행은 필요치 않습니다.
   2) 오직 진실하고 선한 양심을 가지고 하나님을 섬겨야 합니다.
  2. 부활을 의심없이 믿고 증언해야 합니다.
   1) 부활과 내세가 없는 종교는 거짓되고 참된 종교가 아닙니다.
   2) 또한 이 부활과 내세를 믿지 않는다면 참다운 성도가 아닙니다.

* 우리 성도는 오직 사도 바울과 같이 양심을 따라 하나님을 섬기고 부활을 믿고 확고히 증거할 수 있는 성도가 되어야 하겠습니다.

바울이 당한 밤의 환상

(23:1-11)

인생의 고통을 어두운 밤이라고 하는데 이 밤은 1) 자신으로부터 오기도 하고 2) 이웃으로부터 오며 3) 하나님께로부터 오기도 합니다. 바울도 예외 없이 그의 생애는 무수한 고난과 풍파가 닥쳐왔습니다. 그러나 그 때마다 환상을 보고 하나님의 은혜를 체험하고 승리를 했습니다.

一. 고린도에서의 어두운 밤에
1. 고린도에 도착한 바울은 실의와 불안에 빠졌습니다(18장).
2. 이는 아덴 전도의 성과가 좋지 못했기 때문입니다.
3. 그는 극도의 좌절과 불안과 공포에 빠졌었습니다.
4. 그때 환상 중에 "두려워 말라 잠잠하지 말고 전도를 계속하라"(18:9-10).
5. 그 도성에는 하나님의 택한 백성들이 많았었기 때문입니다.
6. 이 격려와 환상을 본 바울은 새힘을 얻을 수 있었습니다.

二. 예루살렘에서의 어두운 밤에
1. 바울은 세 번째 전도여행을 마치고 예루살렘에 돌아왔습니다.
2. 바울은 죄아닌 죄목 때문에 체포되었습니다.
3. 그것은 유대인을 배신한 민족 반역자라고 했습니다.
4. 모세의 율법을 반대하는 율법 파괴자라고 했습니다.
5. 성전을 훼방한 성전 모독자라는 것입니다.
6. 하나님은 이때 로마에 갈 것을 환상으로 보여주었습니다(11절).

三. 지중해에서의 어두운 밤에
1. 바울은 가이사에게 재판받기 위해 로마로 향하게 되었습니다.
2. 그는 지중해에서 유라굴로라는 험한 태풍을 만났습니다(행 27장).
3. 이때 살아남을 가망이 보이지 않는 절망과 공포의 두 주간이었습니다.
4. 바울은 이 절망의 밤에 환상을 보게 됩니다(27:23-24).
5. 그의 생명뿐 아니라 276명 전원이 살 것이라는 것을 확신했습니다.
6. 바울은 이 환상을 보고 담대히 하나님을 증거했습니다.

* 우리는 때론 자신의 부족 때문에 또는 타인의 실수 때문에 그리고 천재지변 때문에 자주 환난의 어두운 밤을 맞이할 때가 있습니다. 그러나 하나님은 환난의 밤마다 성도를 기억하시고 권고하십니다. 아—멘.

실패의 원인
(23:9-20)

　　원인이 없는 결과는 있을 수 없습니다. 본장에서는 큰 실패자를 만나볼 수 있습니다. 그가 왜 실패했는지 그 원인을 규명해 보므로 현재 우리의 생활에서 재정립하여 바른 생활하여 승리자의 길을 가야 하겠습니다.

一. 그 때는 행선하기 어려운 때였습니다(3).
　　1. 이 때는 풍랑이 일어나는 때입니다.
　　2. 적은 배로 항해하는 일은 매우 위태롭습니다.
　　3. 현재는 마음놓고 살 수 없는 시대입니다.
　　4. 가짜가 오히려 진짜처럼 보이는 시대입니다.
　　5. 이 때는 신앙생활을 되는 대로 할 수 없는 때입니다.

二. 일시적인 불편을 피해보려고 했기 때문입니다(12).
　　1. 항해의 때는 아니지만 계속 있을 수 없다고 했습니다.
　　2. 많은 물질적인 손해가 있을 것 같았기 때문입니다.
　　3. 객지에서 불편한 생활을 하기 힘들었기 때문입니다.
　　4. 성도는 현실 위주로 살아가서는 안됩니다.
　　5. 주님을 따르는 자는 십자가를 지고 따라가야 합니다.

三. 때 아닌 순풍에 속았기 때문입니다.
　　1. 그 때 이상 기온이 불어왔습니다.
　　2. 일시적인 평안에 속았습니다.
　　3. 기회주의자는 언젠가는 실패하고 맙니다.
　　4. 성도는 영원을 위해서 살아가야 합니다.

四. 세상적인 말을 더 신임했기 때문입니다(11).
　　1. 선주의 말은 돈(물질)의 말입니다.
　　2. 선장의 말은 기술, 경험의 말입니다.
　　3. 바울의 말은 하나님을 믿는 신앙의 말입니다.
　　4. 백부장은 선주와 선장의 말을 더 믿습니다.
　　5. 세상적인 유혹의 말을 더 믿었기에 실패했습니다.

＊ 마태복음 6:33 "너희는 먼저 그의 나라와 그의 의를 구하라. 그리하면 이 모든 것을 너희에게 더 하시리라" 이 말씀을 믿고 실행할 때 승리는 반드시 올 것입니다.

담대한 증거자
(23:11)

바울은 증거자로서 부름을 받았습니다. 그가 공회에서 변명적인 연설을 하고난 그 날 밤에 주님께서는 바울 곁에 서서 말씀하시길 "담대하라 네가 예루살렘에서 나의 일을 증거한 것 같이 로마에서도 증거하여야 하리라"고 하셨습니다. 이 말씀대로 바울은 땅끝까지 증거자의 사명을 완수했습니다.

一. 이방에서의 증거
1. 바울은 이방인을 위하여 택한 주님의 그릇이었습니다(행 9:15).
2. 과연 그는 이방의 여러 나라에 복음을 증거했습니다.
3. 그는 3차여행의 노정이 무려 15,600리나 되는 거리를 순행했습니다.
4. 그는 그 머나먼 거리를 순행하며 또한 교회도 많이 세웠습니다.
5. 수리아 안디옥, 비시디아 안디옥, 이고니온, 루스드라, 더베, 드로아
6. 빌립보, 데살로니아, 베뢰아, 아덴, 고린도, 에베소, 서머나, 버가모
7. 두아디라, 사데, 빌라델비아, 라오디게아 등의 교회를 설립했습니다.

二. 예루살렘에서의 증거
1. 많은 형제들이 예루살렘 상경을 만류했습니다.
2. 그 이유는 환난과 결박이 그를 기다리고 있었기 때문입니다.
3. 그러나 바울은 주님께로부터 받은 이 사명을 귀중히 여겼습니다.
4. 그 사명 다하기 위해서 자신의 생명도 귀히 여기지 않았습니다.
5. 그 결과 그는 당당히 공회 의원들 앞에서 증거했습니다.

三. 로마에서의 증거
1. 바울의 소망은 로마에 가서 복음 전하는 것이었습니다.
2. 그 이유는 로마는 그때 당시 세계를 지배하는 대국이었기 때문입니다.
3. 그는 죄수의 몸으로 로마로 가게 되었지만 기뻐했습니다.
4. 그는 가이사의 집 사람 즉 왕족들에게 복음을 증거했습니다.
5. 그의 꿈은 현실로 나타나서 열매 맺고야 말았습니다.
6. 그는 증거자로서 마지막엔 순교의 피까지 흘렸습니다.

* 복음은 나만이 가져야 할 독점물이 아닙니다. 만민이 모두 가져야 할 공동물인 것이니 나누어야 할 책임이 우리 모두에게 있습니다. 그러므로 복음 증거를 위해 우리의 열과 성을 다해야 할 것입니다.

오직 전도
(23:12-35)

유대인들이 40인조의 당을 지어 바울을 죽이기 전에는 먹지도 않고 마시지도 않겠다 하여 대제사장과 장로들에게 가서 바울을 다시 천부장에게서 데려오라 하고 도중에 복병을 숨겨놓아 바울을 죽이고자 했습니다.

바울의 신변은 대단히 위험하고 위기에 처했었으나 결과적으로 이 일이 합력하여 선을 이루게 되었으니 성도에게는 역경이 오히려 은총이 될 수 있습니다.

一. 로마의 호송을 받게 되었습니다.
  1. 여기 유대인들은 바울을 죽이려고 꾀했습니다.
  2. 천부장과 바울의 생질은 바울을 살리려고 했습니다.
  3. 성도는 항상 사람을 살리는 편에 서서 일해야 할 것입니다.
  4. 천부장은 보병 300명, 마병 70명, 창졸 200명을 예비시켰습니다.
  5. 바울은 어느 고관의 행차와 같은 모습으로 호송을 받았습니다.

二. 소개 편지를 받았습니다(26).
  1. 좋은 말로 문안했으니 이는 그 마음을 알기 위함이었습니다.
   1) 이는 아첨이나 간사한 수단이 아니었습니다.
   2) 바울의 생명을 위해서 온 정성을 기울인 것입니다.
  2. 내용은 바울의 무죄를 변호한 것입니다.
   1) 바울의 유죄를 무죄로 변호하는 것이 아니었습니다.
   2) 바울이 무죄자이기에 무죄를 증거하는 것이었습니다.

三. 로마에 전도할 기회를 얻었습니다.
  1. 더욱이 고관에게 전도할 기회를 얻었습니다.
  2. 바울은 복음이 전파되는 것과 같이 기쁜 일은 다시 없다고 했습니다.
  3. 그러므로 그는 가는 곳마다 복음을 전했던 것입니다.
  4. 그는 복음을 전하지 않으면 화를 받을 줄 알고 복음을 전했습니다.
  5. 그는 로마로 가는 것이 전도할 좋은 기회로 알고 기뻐했습니다.
  6. 예수 그리스도만 전파되는 것을 좋아했고 기뻐했습니다(롬 1:6).
  7. 이 복음은 모든 믿는 자에게 구원을 주시는 하나님의 능력이기 때문입니다.

* 어려운 역경 중에서도 두려워하지 않고 모든 것이 합력하여 선을 이루시는 하나님이신줄 굳게 믿고 나아가는 바울처럼 항상 주님의 뜻에 합당하게 살도록 합시다.

타락한 종교

(23:12-35)

여기 소개되는 사건은 단순히 지나간 옛 이야기로 쉽게 넘겨버릴 것이 아니라 오늘날의 종교계의 실태를 보여주는 말씀이기도 합니다.

공회의 흥분한 군중들로부터 구출받고 로마군의 영내에서 보호받는 바울의 사건이 오늘의 종교계의 잘못을 조명해 주는 듯 합니다. 함께 생각해 봅시다.

一. 타락한 종교인의 실상

1. 바울을 죽이기 전에는 아무것도 먹지 않기로 작정했습니다.
2. 바울을 더 심문하겠다는 핑계로 공회로 데려오게 했습니다.
3. 매복해 있다가 도중에 바울을 죽이기로 했습니다.
4. 종교는 남을 살리는 일을 해야 하는데 살해할 흉계를 획책했습니다.
5. 금식은 하나의 극기훈련인데 살인을 목적으로 했으니 신성모독 행위입니다.
6. 세상에 타락한 종교보다 더 무서운 것은 없는 듯 합니다.

二. 바울의 생질 청년의 고발

1. 세상에는 완전범죄가 없다고들 합니다.
2. 저들의 무서운 음모와 흉계가 이 청년에게 감지되었습니다.
3. 이 흉계가 로마군 파견대장 천부장에게 상세히 전달되었습니다.
4. 이는 바울의 인척관계 때문만은 아닙니다.
5. 청년으로서의 정의감의 발동이라고 보아야 옳을 것입니다.
6. 청년은 민족의 양심이기에 저들의 소리를 들을 줄 알아야 합니다.

三. 모범적인 천부장의 양식

1. 신속하고 민활하게 조치를 취했습니다(23-24).
   ◉ 그날밤 바울을 총독 벨릭스에게로 호송하여 음모에서 구출해냈습니다.
2. 보안 조치를 철저히 했습니다.
   ◉ 야음을 타서 바울을 가이사랴로 극비리에 호송했습니다(22-24).
3. 경비를 철통같이 했습니다(23-24).
   ◉ 보병, 마병, 창군 도합 470명의 병력을 동원했습니다.

* 여기 고발된 청년의 양심만도 못한 종교, 천부장의 윤리만도 못한 종교 부끄럽기만 합니다. 이는 그때 당시 지나가는 이야기가 아니라 오늘날의 교회에 대한 경고인 듯 하니 교회는 경성하여 양심과 양식을 보여야 할 것입니다.

양심대로
(24:1-23)

　　여기 나오는 유대인의 대표 더둘로와 총독 벨릭스의 선언을 듣고 있노라면 양심에 화인 맞은 인간들이라고 쉽게 판단할 수 있는데 물론 이 세상에 양심을 따라 사는 사람이란 그리 많지는 않지만 그러나 참된 그리스도인이라면 바울처럼 양심에 거리낌이 없이 살아가야 될 것입니다.

一. 그는 하나님을 굳게 믿었기 때문입니다.
　　1. 하나님은 안 계신데 없고 모르시는 것이 없는 분이십니다.
　　2. 그러므로 하나님을 믿는 사람은 양심에 어긋나는 일을 할 수 없습니다.
　　3. 어느 누구도 하나님을 속일 수는 없기 때문입니다.
　　4. 요셉은 하나님 앞에서 살았습니다(창 39:9).
　　5. 하나님을 두려워하며 사는 자 범죄할 수 없습니다.
　　6. 복 받는 민족과 청소년 선도는 하나님을 경외하게 해야 합니다.

二. 예수님의 대속을 믿기 때문입니다.
　　1. 예수 그리스도는 대속의 주님이십니다.
　　2. 나의 죄를 담당하여 내 대신 십자가에 달려 죽으셨습니다.
　　3. 그리하여 내 모든 죄를 벗겨 주셨습니다.
　　4. 주님의 대속의 죽으심으로 구속의 은혜를 입은 자가 성도입니다.
　　5. 그러기에 그리스도를 배신하고 다시 자신을 더럽힐 수는 없는 것입니다.
　　6. 이를 믿는 바울은 양심에 거리끼는 일을 할 수가 없었던 것입니다.

三. 부활을 믿기 때문입니다.
　　1. 바울은 부활하신 주님을 직접 뵈었습니다(고전 15:8).
　　2. 그후 그는 자신을 가리켜 부활의 증인이라고 했습니다.
　　3. 이는 부활을 믿고 자신도 장차 부활할 것을 믿는 것입니다.
　　4. 부활에는 영광의 부활과 심판의 부활이 있습니다(고전 15:23-24).
　　5. 예수님께 속한 자는 영광의 부활이요 그렇지 않은 자는 심판의 부활입니다.
　　6. 그는 영광의 부활을 소망하고 믿기에 양심에 거리끼지 않게 살았습니다.

* 이 땅에는 더둘로처럼 아첨과 남을 죽이기 위하여 일을 꾸미는 자도 있고 벨릭스처럼 약자를 쳐서 자신의 이익을 치부하려는 자들도 있습니다. 그러나 우리 성도들은 바울처럼 양심에 거리낌 없이 살아가야 될 것입니다.

벨릭스 앞에서
(24:1-27)

죄 없는 죄수로서 계속 심문을 받던 바울은 총독 벨릭스 앞에 서게 되었는데 이는 유대인들의 공회의장인 대제사장 아나니아와 변사 더둘로와 간부급 장로들이 바울의 뒤를 쫓아 가이사랴에까지 출장와서 아첨의 말로 고소를 제기했기 때문입니다.

一. 아첨과 허위고소(1-9)
  1. 총독의 선정을 감사한다고 아첨했습니다.
   1) 총독의 선정으로 백성들이 태평을 누리며 산다고 했습니다.
   2) 총독의 선견지명으로 폐단을 방지하고 풍속을 개량함을 감사한다고 했습니다.
   3) 총독을 괴롭히지 않으려고 간단명료하게 말씀드린다고 아첨했습니다.
  2. 허위 사실로 고소했습니다.
   1) 바울은 염병과 같이 천하를 소란케 하는 자라고 했습니다.
   2) 나사렛 이단의 괴수라고 고소했습니다.
   3) 성전을 더럽힌 신성모독자라고 표독스러운 내용으로 고소했습니다.

二. 바울의 증거(10-23)
  1. 헛된 소문과 풍문 따라 재판할 수 없으며 분명히 지적하라고 했습니다.
  2. 오직 죄가 있다면 주의 교훈따라 하나님을 섬겼다고 했습니다.
  3. 그는 구약의 모든 말씀을 다 믿는다고 했습니다.
  4. 하나님 앞에서나 사람앞에서 양심의 거리낌이 없다고 했습니다.
  5. 동포를 구제하고 하나님께 드릴 제물을 가져왔다고 했습니다.
  6. 성전에서 제물을 드리고 결례를 행한 것 뿐인데 무슨 나쁜 것이 있느냐고 했습니다.

三. 벨릭스 부부(24-27)
  1. 벨릭스 아내 드루실라는 야고보 사도를 목베인 헤롯 아그립바 1세의 딸입니다.
  2. 아그립바 제2세의 누이입니다(행 12:1-2, 25:53).
  3. 벨릭스는 세 번 결혼했고 드루실라도 전 남편을 버리고 벨릭스와 재혼했습니다.
  4. 벨릭스는 바울에게 어떤 뇌물이나 받을까 하여 바울을 억류해 두었습니다.
  5. 바울을 이용하여 이익을 얻으려는 비열한 생각이었습니다.
  6. 벨릭스는 품성이 저열하고 소행도 나쁜 자였습니다.
  7. 그러므로 바울은 의와 절제와 장차 오는 심판을 강론했습니다.
  8. 이때 벨릭스는 불안을 느끼고 두려워 했던 것입니다.

바울의 고백

(24:1-27)

바울을 가리켜 1) 천하에 퍼진 유대인들을 소요케 하는 자요 2) 나사렛 당의 괴수요 3) 성전을 더럽게 하는 자라고 고소를 했고 이 고소를 받고 바울이 벨릭스 총독 앞에서 변증한 말씀이 본문에 있는데 이는 사도 바울의 신앙간증이요, 신앙고백이라고 할 수 있습니다. 그의 신앙고백을 들어 봅시다.

一. 저희가 이단이라고 하는 도를 쫓는다고 했습니다.
  1. 십자가의 도가 멸망하는 자들에게는 미련한 것입니다.
  2. 그러나 구원 얻을 우리에게는 하나님의 능력입니다.
  3. 바울은 구원, 생명의 도를 믿고 전했습니다.
  4. 악인은 언제나 선을 악하게 하고 악을 선하게 하며 하나님이 없다고 합니다.
  5. 바울은 지금이라도 십자가의 도를 배격하고 그들을 따르면 환영받습니다.
  6. 그러나 그는 타협하지 않고 생명을 내놓고 그 도를 믿었습니다.

二. 조상의 하나님을 섬긴다고 했습니다.
  1. 그는 다른 신을 섬기는 것이 아니라 조상이 섬겨 온 하나님을 섬긴다고 했습니다.
  2. 곧 아브라함과 이삭과 야곱의 하나님을 섬긴다고 했습니다.
  3. 아브라함은 하나님을 사랑하되 자신의 독자보다 더 사랑하였습니다.
  4. 바울은 조상이 섬기던 하나님을 바로 섬기려고 했던 것입니다.

三. 율법과 선지자의 글을 굳게 믿었습니다.
  1. 율법은 선지자들이 외친 하나님의 말씀입니다.
    ◉ 율법은 사람을 예수님께로 인도하는 길인 것입니다.
  2. 율법은 예수님의 강림을 예언했습니다.
    ◉ 그 예언에 예수님의 강림을 458회나 예언하고 있다고 합니다.
  3. 주님을 믿는 것이 의를 이루어 율법을 마침이 된다고 했습니다(롬 10:4).
    ◉ 주님을 믿고 따르는 것이 율법을 그대로 믿는 것입니다.

四. 부활을 믿었습니다.
  1. 하나님께 두는 소망이 곧 부활인 것입니다.
  2. 악인의 부활은 지옥에 의인의 부활은 천국에 들어감을 믿었습니다.
  3. 그는 부활의 신앙을 소유했고 믿고 증거했습니다.
  4. 그러므로 부활의 신앙은 성도의 생사문제의 열쇠인 것입니다.

염병이라

(24:5)

더둘로 변사가 바울을 욕하면서 한 말이 "이 사람은 염병"이라고 했습니다. 염병이라는 것은 그 때 당시에 무섭게 유행했던 페스트 같은 전염병을 말합니다. 아무리 바울을 욕하느라고 그런 말을 했다고는 하지만 너무 고약하고 지독한 말입니다. 그러나 한편으로는 매우 적절한 면도 있었습니다.

一. 염병은 무서운 세력으로 전염됩니다.
1. 페스트 같은 염병이 발생하게 되면 무서운 세력으로 퍼져나갑니다.
2. 삽시간에 멀리까지 전염되고 파장되며 확장됩니다.
3. 잠깐 동안에 온 동네를 휩쓸고 많은 사람이 감염되어 고생하며 죽습니다.
4. 바울의 복음전파가 짧은 세월에 멀리 퍼짐을 악평하는 뜻이었습니다.
5. 바울은 안디옥을 출발하여 아시아와 유럽을 복음으로 정복했습니다.
6. 멀리 로마까지 전도하려고 했으니 염병과 같은 세력으로 퍼져나갔습니다.

二. 염병에 걸리면 결국은 죽습니다.
1. 염병에 걸리면 무섭게 앓다가 결국 죽기까지 합니다.
2. 설사 죽지 않는다고 해도 그 고생이 죽음이나 다를 바 없습니다.
3. 복음 증거를 염병으로 욕을 했지만 신령한 뜻으로 생각하면 맞기도 합니다.
4. 복음을 듣는 사람은 다 죽습니다.
5. 육신의 사람, 곧 죄악의 사람, 정욕의 사람은 일단 죽습니다.
6. 죽어야 새 사람으로 회생할 수 있기 때문입니다.

三. 염병을 앓고 나면 면역성이 강해집니다.
1. 염병에 걸려 앓게 되는 그 자체는 심히 불행한 일입니다.
2. 그러나 치료받아 낫기만 하면 그 병에 걸리지 않는다고 합니다.
3. 그 무서운 병이 다시 유행해도 그 병은 걸리지 않는다고 합니다.
4. 복음을 받아 믿음에 굳게 서면 다시 죄악에 빠지지 않습니다.
5. 그러므로 더욱 믿음으로 성장할 수 있는 것입니다.
6. 바울을 가리켜 염병이라고 했지만 일리가 있는 말이기도 합니다.

* 바울은 염병과 같은 사람이기도 합니다. 즉 바울이 전하는 그리스도의 복음이 곧 염병과 같은 역할을 합니다. 우리는 원수들의 핍박하는 일들을 괴롭게만 여기지 말고 잘 감당하여 승리를 거둘 수 있도록 해야 하겠습니다.

벨릭스의 연기
(24:22-27)

　바울은 벨릭스에게 복음을 전하였을 뿐 아니라 복음을 믿는 사람이 취해야 할 도덕에 대해 말했습니다(24). 곧 의, 절제, 심판에 대해 말했는데 그것은 저런 잔인한 관원을 두렵게 했습니다. 진리는 바로 전파될 때에 악인이라도 두려움을 느끼게 합니다. 그러나 그가 회개하지 않고 기회를 연기하였으니 그 두려움이 생활에 옮겨질 수 없었습니다. 벨릭스는 옳은 일 하기를 연기 잘 하는 나약한 자입니다(22-25). 그가 바울을 놓아줄 수 있는 기회에 놓아주지 않고 구류하여 둔 것도 역시 연기를 잘 하는 태만한 성격의 소유자입니다.

一. 도를 알면서 연기 했습니다(22).
　1. 예수 그리스도의 도를 아는 것은 매우 귀합니다.
　2. 알지 못하고 어찌 믿을 수 있겠습니까마는 믿기를 연기하는 자도 있습니다.
　3. 결정을 막는 것은 연기하는 심리입니다.
　4. 연기하면 연기할수록 결정은 멀어져 가버립니다.
　5. 복음을 믿는 일, 말씀대로 결정짓는 일은 시급합니다.
　6. 그 이유는 복음을 그냥 지나간다는 것은 멸망이기 때문입니다.
　7. 말씀대로 사는 것을 연기하면 그 영혼은 썩어 들어갑니다.

二. 심판을 두려워 하면서 결단을 연기했습니다(25).
　1. 몸을 죽일 수 있는 이 세상의 위험한 것들이 있습니다.
　2. 영혼은 그런 것들을 두려워하지 않아야 합니다(마 10:28).
　3. 영혼이 두려워 할 일은 내세의 심판인 것입니다.
　4. 세상 사람들은 몸은 중요시하나 영혼은 별 관심이 없습니다.
　5. 이는 미래보다 현세를 중요시하는 동물성에 속한 경향입니다.
　6. 동물은 멀리 미래를 염려할 줄 모릅니다.
　7. 인생은 현재의 향락보다 미래의 행복으로 만족해야 합니다.

三. 남들의 마음을 좋게하려고 나의 구원받을 행동을 연기했습니다(27).
　1. 벨릭스는 유대인들의 마음을 얻으려고 바울을 놓아주기를 연기했습니다.
　2. 이는 가장 어리석은 일인 것입니다.
　3. 나의 영혼을 남들이 구원해 주지 못하는 것이 명백합니다.
　4. 그들 때문에 복음 신앙에 대한 나의 중대한 결정을 연기시킬 수 있으랴?

미결 인생
(24:24-27)

자신이 해야할 일들을 미루지 아니하고 다 해버린 사람을 가리켜서 일 많이 한 사람이라고 하고 조금밖에 못한 사람을 적게한 사람이라고 하며 별로 못한 사람을 아무 일도 못한 미결 인생이라고 합니다.

一. 국가가 위임한 임무를 미결로 남겨 놓았기 때문입니다.
1. 벨릭스는 로마 제국이 가이사랴에 주재시킨 총독입니다.
2. 그렇다면 그는 총독의 임무를 충실히 수행했어야 옳습니다.
3. 총독의 임무 가운데 하나가 재판하는 일입니다.
4. 벨릭스는 총독으로서의 이러한 직무를 유기했습니다.
5. 그는 감투는 좋아하면서 감당할 능력은 그에게 없는 무능자였습니다.
6. 남의 눈치만 보고 소신껏 일하지 못하는 우유부단한 자였습니다.
7. 그는 이기적이고 타산적이었기에 일 처리를 못한 미결 인생입니다.

二. 양심이 명령하는 회개를 미결로 남겨놓았기 때문입니다.
1. 벨릭스 부부는 똑같이 무절제하고 음탕하고 불의한 인간들이었습니다.
2. 또한 물욕까지 대단하여 은근히 뇌물을 탐하는 버릇까지 있었습니다.
3. 바울은 그에게 회개를 촉구하고 양심의 명령을 듣게 했습니다.
4. 그러나 그는 "시방은 가라 틈이 있으면 다시 부르리라"고 연기했습니다.
5. 회개를 촉구하는 양심의 외침을 들을 때 그것을 내일로 미루지 말아야 합니다.
6. 회개 연기는 위험한 종말을 초래하므로 회개 미결자가 되지 말아야 합니다.

三. 최후까지 미결로 남겨놓았기 때문입니다.
1. 총독 이임시 모범수 한 사람을 특사로 석방하는 일이 있습니다.
2. 늦기는 했지만 할 수 있는 일을 끝까지 못해 버린 자였습니다.
3. 유대인들은 벨릭스를 로마에 고발했습니다.
4. 뇌물을 좋아하고, 행정에 무능하고 처사에는 잔인하다는 지적이었습니다.
5. 결국 그는 로마로 소환되어 총독에 해임된 후 초라하게 살다 죽었습니다.
6. 그의 이름은 성경에 더 이상 기록되지 않는 미결 인생이 되버리고 말았습니다.

* 성도는 가족 한 사람으로서 임무와 사회와 교회에서의 임무를 바로 수행하고 회개를 미루지 않을 뿐만 아니라 최후의 기회를 묵살하지 않도록 주의하며 삽시다.

사도 바울의 무죄
(25:1)

사도 바울이 무죄하다는 것은 하나님 앞에 무죄하다는 것이 아니라 사람들에게 아무 송사받을 만한 죄가 없고 송사받을 만한 아무 불의한 것이 없다는 말입니다. 하나님 앞에는 죄인의 괴수라 의인이 없나니 곧 한 사람도 없다고 했습니다. 요한1서 1:10에 만일 범죄하지 않았다하면 하나님을 거짓말 하는 자로 만드는 것이라 했습니다.

一. 바울의 증언으로
1. 유대인들은 바울을 천하에 퍼진 유대인을 다 소동케 하는 자라 했습니다.
2. 조상들의 규모와 유전을 무시하는 자라고 했습니다(행 24:5).
3. 또 로마인이 받지도 행치도 못할 풍속을 전한다고 했습니다(행 16:21).
4. 바울은 유대인의 율법이나 성전에 도무지 죄를 범치 않았다고 했습니다.
5. 또한 가이사에게 로마 정부에게 죄를 범치 않았다고 했습니다.
6. 그는 범죄했다면 죽기를 사양치 않겠다고 생명을 걸고 증언했습니다.

二. 베스도의 증언으로
1. 베스도는 로마에서 파견한 유대 총독입니다.
2. 베스도는 죽을 죄를 범한 일이 없다고 증언했습니다(행 25:25).
3. 베스도는 바울에게 여러 가지 방면으로 심문했었습니다.
4. 원고들의 솟장 내용도 사실해 보았습니다.
5. 오직 예수님께서 부활하신 일을 바울이 증거한다는 것 뿐이었습니다.
6. 바울에게 악행의 사건을 찾을래야 찾을 수 없었던 것입니다.

三. 아그립바의 증언으로
1. 아그립바는 당시 수리아 일부를 관할하는 왕이었습니다.
2. 아그립바는 바울의 모든 증언을 듣고 상세히 심문했습니다.
3. 결국 사형이나 결박을 당할 만한 행사가 없다고 했습니다.
4. 가이사에게 호소하지 않았으면 놓을 수 있을 뻔 했다고 했습니다(행 26:32).
5. 그러나 바울은 결국 가이사에게 호송되었습니다.
6. 사람 앞에 바울은 아무 죄를 범치않은 무죄한 자였습니다.

* 바울은 무죄하였으나 죄인처럼 로마로 호송된 것은 로마에 복음을 전하기 위함이었습니다. 그러므로 하나님을 사랑하는 자 그 뜻대로 부르심을 입은 자들에게는 모든 것이 합력하여 선을 이루시는 것이니 환난에서 참고 소망 중에 즐거워해야 겠습니다(롬 8:28).

송 사
(25:1-12)

그리스도인들의 송사에 대해서 약간 애매해 질 때가 있습니다. 즉 그리스도인은 아무리 억울한 일을 당해도 일체 송사라는 것을 하면 아니되는 것인지 아니면 송사를 해도 하나님 앞에 죄가 아니 되는 것인지 잘 모르는 수가 많은 것입니다. 우리는 이에 대한 대답을 바울에게서 찾아보려고 합니다.

一. 바울은 피고로서만 법정에 섰습니다.
  1. 바울은 선교활동을 하는 동안 여러 차례 재판정에 서기도 했습니다.
  2. 그러나 자신이 원고가 되어 재판을 제소한 적은 전혀 없습니다.
  3. 그는 번번히 피고로 불려와서 재판정에 서게 됐을 뿐입니다.
  4. 바울편에서 먼저 문제를 재판정으로 끌고 가는 일은 하지 않았습니다.
  5. 세상 법정은 공의롭지 못한 것이 너무나 당연한 일입니다.
  6. 성도는 함부로 원고 되기를 조심하고 두려워해야 합니다.

二. 바울은 응분의 징벌을 회피하려 하지 않았습니다.
  1. 세상 재판은 거의가 죄에 대한 징벌을 회피해 보려는 것입니다.
  2. 어떤 이는 죄를 범해 놓고 징벌을 모면하려고 애를 씁니다.
  3. 어떤 이는 죄보다 가벼운 징벌을 받아보려고 몸부림을 칩니다.
  4. 바울은 죄에 해당한 징벌이라면 죽음도 감수하려 했습니다.
  5. 바울 자신의 죄를 묻고 있었지 벌을 감해달라고 하지 않았습니다.
  6. 불의를 행하려 죄를 범했다면 죽기를 사양하지 않겠다는 바울이었습니다.

三. 바울은 불의를 용납하지 않았습니다.
  1. 바울은 재판정에서의 불의를 용납지 않았습니다.
  2. 자기의 죄에 해당한 형벌은 결코 회피할 사람이 아니었습니다.
  3. 그러나 불의한 재판에 대해 절대 용납할 사람이 아닌 것입니다.
  4. 송사한 것이 사실이 아니면 나를 내어 줄 수 없다고 했습니다(11).
  5. 그의 정의감은 불을 토하는 것 같았습니다.
  6. 성도는 징벌을 피하지 않을 뿐 아니라 죄없는 자를 희생시키려 하지 말아야 합니다.

* 그리스도인이 그리스도의 마음을 가지고 무슨 일에나 바울처럼 옳고 바르게 처신하기만 한다면 하나님께서는 그를 도우신다는 교훈입니다. 우리는 이 믿음을 가지고 정당하게 살아가는 성도가 되어 봅시다.

죄를 범치 아니했노라

(25:8)

사람이 세상에서 살아 가노라면 잘못과 범법이 없을 수 없으나 바울은 담대히 증거하기를 "유대인의 율법이나 성전이나 가이사에게 내가 도무지 죄를 범하지 아니했노라"고 담대히 증언했습니다. 바울이 오해를 받고 공격을 당한 일은 있으나 그의 증언을 중요시하지 않을 수 없습니다.

一. 유대인의 율법을 범하지 않았다고 했습니다.
    1. 유대인의 율법은 꽤 복잡하고 다양할 뿐만 아니라 준수하려면 힘듭니다.
    2. 그러나 바울은 명문화가 된 율법의 조항들은 지켰다고 했습니다.
    3. 유전이나 전통, 관습, 풍속 등을 그는 범치 않았다고 했습니다.
    4. 그는 모범적인 유대인이었으며 율법준행자입니다.
    5. 유대인들은 이 모범적인 자를 율법을 지키지 않은 자라고 고소했습니다.
    6. 바울은 이 복잡한 율법을 지킨 바리새인 중에 바리새인이었습니다.

二. 성전을 더럽히지 않았다고 했습니다.
    1. 성전은 하나님께 제사드리는 거룩한 곳입니다.
    2. 유대인들은 성전을 더럽힌 자라고 바울을 고소했습니다.
    3. 바울은 성전에 가서 제사드리고, 예물을 바친 일을 했습니다.
    4. 또한 할례와 결례를 행하여 절기 지킨 일 외에 한 일이 없었습니다.
    5. 그는 성전을 모독하거나 더럽힌 일이 한번도 없었습니다.
    6. 다만 이 고소는 어디까지나 추측과 오해인 것입니다(행 21:28-29).

三. 가이사에게 거역하지 않았다고 했습니다.
    1. 국가의 주권자인 황제 가이사에게 반항하거나 불복한 일 없었습니다.
    2. 가이사가 파견한 유대왕과 총독과 관리들에게 불경하는 일도 없었습니다.
    3. 바울은 각 사람 위에 있는 권세에 굴복하라고 했습니다(롬 13:1-2).
    4. 그들을 위해 기도하고 감사하라고 교훈했습니다(딤전 2:1-2).
    5. 그는 이렇게 교훈하고도 거스렸다면 이율 배반자일 것입니다.
    6. 그는 가이사에 범죄하는 일을 했을 까닭이 없습니다.

* 바울은 어디까지나 주님 안에서 주권자에게 복종하고 부모에게 순종할 것을 가르쳐 왔습니다. 기독교는 무조건 반항하고 배척하는 종교가 아니라 융화하고, 협력하고, 생산하는 종교이므로 하나님의 섭리와 주권만 믿는 것입니다.

오직 예수
(25:13-22)

베스도는 바울을 심문한 이후 발견한 것이 바울에게는 오직 예수님으로 가득차 있는 사람임을 발견했습니다. 그래서 베스도는 바울에 대한 그의 총평을 말하길 예수라 하는 이의 죽은 것을 살았다고 주장하는 그 일에 관한 문제 하나 때문에 피소된 사람이라고 잘라 말했습니다(19절). 오직 예수! 이것이 바울의 죄라면 죄일 뿐입니다. 바울 그는 오직 예수님의 사람이었습니다.

一. 그는 오직 예수님만 믿었습니다.
1. 예수님은 하나님의 아들이심을 굳게 믿었습니다.
2. 또한 그 분이 오실 메시야 이심을 굳게 믿었던 것입니다.
3. 예수님은 메시야의 직무를 감당키 위해 십자가에 달려 죽으신 줄 믿었습니다.
4. 또한 죽은 자 가운데서 다시 살아나신 사실을 믿었습니다.
5. 그리고 이것을 믿는 것이 곧 하나님을 바르게 믿는 신앙이라고 믿었습니다.
6. 그러므로 바울은 예수님을 떠나서는 존재할 수가 없었던 것입니다.

二. 오직 예수님만 전하는 사람이었습니다.
1. 대다수의 사람들은 자기 자신을 선전합니다.
2. 사람들은 자신의 지식, 업적, 지위, 명성을 자랑합니다.
3. 그러나 바울은 세상적인 모든 것 배설물로 여겼습니다(빌 3:7-8).
4. 오직 그리스도의 십자가 외에 결코 자랑하지 않았습니다(갈 6:14).
5. 이 일을 행치 않을 때 화가 임할 것을 알았습니다(고전 9:16).
6. 예수님만이 전파될 때 그는 기뻐하고 기뻐했습니다(빌 1:18).

三. 오직 예수님만 위해 충성했습니다.
1. 그는 예수님께 미쳐 있었습니다(고후 5:13).
2. 오직 예수님께 영광을 드러내는 일 뿐이었습니다(빌 1:20).
3. 자신에게 주어진 그 사명 위해 생명을 귀하게 여기지 않았습니다(행 20:24).
4. 그는 주님 위해 결박도 죽을 것도 각오한 사람이었습니다(행 21:13).
5. 오직 예수님만 받들고 섬기고 주님만 위해 울고 웃었습니다.
6. 그는 살든지 죽든지 오직 예수님만을 위한 존재였습니다.

* 바울은 베스도가 말한대로 죽어야 할 죄가 하나도 없는 순수한 인물이었습니다. 그는 오직 예수님만을 위해 살고 죽은 사도였습니다.

거짓 신자
(25:23-27)

세상에는 종교라는 것이 많고 많습니다. 그런데 이 많은 종교 중에 거짓 종교도 많아서 종교를 믿고자 하는 사람들을 어지럽게 만듭니다. 우리는 본장에서 거짓 신자의 상태가 어떠한 것인지 베스도 총독의 말을 통하여 표출되고 있음을 볼 수 있는데 고찰해 봅시다.

一. 거짓 신자는 하나님보다 자기를 기준합니다.
  1. 바울에게서는 죽을만한 죄가 없다고 단언했습니다(24-25).
  2. 그런 유대인들은 바울을 죽이도록 고소했습니다.
  3. 또한 바울은 하나님이 택한 그릇이라고 하셨습니다.
  4. 하나님께서는 바울의 필요를 인정하시고 지지하시고 격려해 주셨습니다.
  5. 그럼에도 불구하고 유대인들은 바울을 살해하려고 했습니다.
  6. 이는 어디까지나 하나님편이 아니라 자신의 뜻을 관철하려는 사상입니다.

二. 종교의 정신보다 그 의문에만 치중합니다.
  1. 율법의 정신은 마음과 뜻과 힘을 다해 하나님을 사랑하는 것입니다.
  2. 또한 이웃 사랑하기를 자기 몸과 같이 하라는 것입니다.
  3. 그럼에도 율법의 의문을 지키는 일에만 얽매어 율법의 근본 정신을 도외시했습니다.
  4. 물에 빠진 사람보다는 보따리에 치중하는 사상입니다.
  5. 근본정신인 사랑, 용서, 생명, 구원, 공의, 진리를 상실하면 안됩니다.
  6. 율례와 법도만을 과대평가할 때 잘못되기 쉽습니다.

三. 사랑과 인내보다 폭력에 의존합니다.
  1. 유대인은 하나님을 위한다는 미명 아래 폭력을 행사했습니다.
  2. 종교를 위한다는 구실로 살상을 능사로 행했습니다.
  3. 그러기에 수다한 선지자들을 핍박하고 죽였습니다.
  4. 마침내는 그리스도까지 핍박하고 죽였습니다.
  5. 그리고 스데반 집사, 야고보 사도를 죽였습니다.
  6. 저들은 종교를 위한다는 구실로 무슨 짓이든지 다 행했습니다.

* 우리는 하나님과 종교를 위한다는 미명아래 비종교적인 처사를 자행하는 일이 없도록 삼가 조심하여 살아가야 할 것입니다. 거짓 신자는 불신자보다 더 무서운 심판을 받게 될 것입니다.

나
(26:1-12)

"이에 바울이 손을 들어 변명하되 아그립바 왕이여 유대인이 모든 송사하는 일을 오늘 당신 앞에서 변명하게 된 것을 다행히 여기옵나이다"(2절). 이는 자기 인생을 이야기 하기를 즐기는 듯 보이지만 바울의 이 말을 깊이 생각해 보면 당연한 일이라고 생각됩니다. 이유는 예수님 안에 있기 때문입니다.

一. 과거의 나를 자신있게 말할 수 있어야 합니다.
　　1. 양심적인 사람은 과거의 나를 자신있게 말할 수 있습니다.
　　2. 잘 한 일 보다는 잘못한 일들이 너무 많기 때문입니다.
　　3. 과거의 자신의 잘못된 일들을 바울은 주저하지 않고 말했습니다.
　　4. 무지하고 부끄럽고 민망하고 가련한 자신이었습니다.
　　5. 그는 이 모든 일들을 모두가 다 알고 있기에 증거했습니다(4절).
　　6. 지난 죄가 주님께로부터 용서 받았기 때문입니다.

二. 오늘의 나를 자신있게 말할 수 있어야 합니다.
　　1. 겉 보기에는 바울이 현재 자신을 말하기가 쑥스러웠습니다.
　　2. 이유는 가는 곳마다 냉대와 박해를 받고 있었기 때문입니다.
　　3. 그러나 자신을 소개할 때 누구 앞에서나 자신만만 했습니다.
　　4. 이유는 예수님을 위하여 예수님과 함께 살고 있었기 때문입니다.
　　5. 오늘의 내가 예수님을 위해 살고, 일하고, 고난 받도록 합시다.
　　6. 그리고 바울처럼 오늘의 나를 말하는 데 자신을 가져 봅시다.

三. 미래의 나를 자신있게 말할 수 있어야 합니다.
　　1. 이 세상의 누구도 미래의 나를 장담할 사람은 없습니다.
　　2. 지금은 건강하지만 노후에 어찌 될지 또한 모릅니다.
　　3. 현재는 부유하지만 장래는 어찌 될지 또한 모릅니다.
　　4. 죽은 후의 나에 대해서는 더욱 그러합니다.
　　5. 바울은 자기 위해 면류관이 예비되어 있음을 확신했습니다(딤전 4:7-8).
　　6. 영광의 주님과 함께 영원히 거할 줄 확신했기 때문입니다(살전 4:17).

* 믿음 없이 자기를 장담하는 자 어리석은 자입니다. 주님 위해 충성하지 못하고 상받을 준비 없는 자 미련한 자입니다. 이런 자는 담대해질 수 없습니다. 그러므로 과거, 현재, 미래에 대하여 자신을 해명할 수 있는 자가 되어야 합니다.

하늘로부터 오는 소리
(26:13-23)

　사람이 양심의 소리를 들을 줄 모르면 바른 길 걷기가 어렵고, 역사의 소리를 들을 줄 모르면 지혜로운 국민이 될 수 없으며, 민중의 소리를 들을 줄 모르면 어진 정치가가 될 수 없고, 자연의 소리와 신의 소리를 들을 줄 모르면 신앙 깊은 종교인이 되기 어렵습니다. 여기 바울은 하늘로부터 오는 소리를 들었습니다.

一. 그를 꾸짖는 소리였습니다.
　　1. 회심 이전의 바울은 열렬한 율법주의자였습니다.
　　2. 그는 나사렛 예수님을 이단자로 몰아 세웠습니다.
　　3. 또한 율법을 부인하고 하나님을 모독한 자라고 판단했습니다.
　　4. 그는 기독교인을 미워하는 정도가 아니라 잡아 옥에 넣었습니다.
　　5. 그는 다메섹으로 그리스도인들을 핍박하러 갔습니다(행 7:58).
　　6. 이때 하늘로부터 오는 소리를 듣고 죄를 고백하게 되었습니다.

二. 그를 긍휼히 여기는 소리였습니다.
　　1. 하나님께 대한 도전 행위를 최상의 충성으로 착각했습니다.
　　　● 무지한 바울의 행동이 불쌍하기 이를 데 없습니다.
　　2. 극렬한 박해가 무지하고 몽매한 짓을 하면 멸망받을 수밖에 없습니다.
　　　● 이런 자를 다메섹까지 추적하여 불러주셨습니다.
　　3. 당돌하고 잔악스러운 박해자를 주님께서 일격에 파멸시킬 수 있습니다.
　　　● 그러나 반성할 기회를 주셨으니 긍휼의 음성이 아닐 수 없습니다.

三. 그에게 새 사명을 맡기는 소리였습니다.
　　1. 사울아 사울아 어찌하여 나를 핍박하느냐?
　　　1) 이는 이러한 핍박을 계속하지 말라는 뜻입니다.
　　　1) 지금까지 행한 과오를 뉘우치고 심기일전하여 새 출발하라는 뜻입니다.
　　2. 그리스도의 이름을 이방인과 임금들과 이스라엘에게 전하라고 했습니다
　　　(9:15-16).
　　　1) 이제는 박해자가 아니라 예수님의 증인이 되라는 것입니다.
　　　2) 죽이는 일이 아니라 살리는 일을 하라는 뜻입니다.

＊ 우리 성도들도 이젠 하늘의 음성을 듣고 바울처럼 회개하고 긍휼히 여기시는 주님의 관용에 감사 감격하여 주님을 섬길 뿐만 아니라 새로운 각오로 새 출발하여 주신 사명에 온갖 충성을 다하도록 힘씁시다.

부활 신앙
(26:19-32)

바울은 진리를 마음속 깊이 소유했기에, 참된 사실을 소유했기에, 그 누구도 두려워하지 않고 담대히 승리자의 입장에서 외칠 수 있었습니다. 그가 지니고 있는 진리 즉 사실이란 예수님의 부활신앙을 의미합니다. 그는 이 진리 소유한 후부터 너무 좋아서 세상 것을 배설물처럼 여기고 살았습니다.

一. 그리스도의 부활은 성경적인 사실입니다.
　　1. 구약성경의 예언 계약에 근거했습니다.
　　2. 부활은 하루 아침에 갑작스럽게 이루어진 것이 아닙니다.
　　3. 사람의 조작에 의해서 이루어진 것도 아닙니다.
　　4. 바울 자신의 주관, 착각에서 이루어진 것 아닙니다.
　　5. 구약성경은 참이란 것을 증거했습니다.
　　6. 이는 하나님의 구원 설계임을 증거했습니다.

二. 그리스도의 부활은 역사적인 사실입니다.
　　1. 이 부활은 한쪽 구석에서 이루어진 일이 아닙니다.
　　2. 사실이 아닌 것은 신화입니다.
　　3. 주님의 모든 사역과 사건들은 역사적인 사실입니다.
　　4. 그리스도의 탄생, 고난, 죽으심, 부활, 승천 등
　　5. 그리스도의 부활은 원수들 앞에서 행해졌습니다.
　　6. 로마 군병들 앞에서 행해진 사실들입니다.

三. 그리스도의 부활은 바울 자신의 것이었습니다.
　　1. 베스도는 바울을 향하여 미쳤다고 했습니다.
　　2. 아그립바왕은 부활진리를 적은 말이라고 했습니다.
　　3. 이 두 종류의 비방은 오늘날에도 마찬가지입니다.
　　4. 바울은 내가 정신 차려 말한 것이라고 했습니다.
　　5. 이 부활은 앞으로 자신의 것이라고 했습니다.
　　6. 나아가서 전 인류의 것이라고 했습니다.

* 바울은 이 부활 신앙 때문에 염병이라고, 유대인을 소요케 한다고, 이단의 괴수라고, 성전을 더럽힌다고, 미친 사람이라고 욕을 먹기도 했으며 심문을 받고 쇠사슬에 매인 바 되기도 했으나 이 부활 신앙으로 그는 더욱 담대해졌던 것입니다.

네가 미쳤도다(Ⅰ)

(26:24-29)

미쳤다는 말은 정신에 이상증세를 일으켰다는 뜻으로 옳은 사람, 정상인이 아니라는 말입니다. 바울을 심문하던 베스도는 "바울아 네가 미쳤도다"라고 소리 질렀습니다. 너무 열심히 전도하였기 때문입니다. 바울은 미치지 않았다고 반박했지만 사실 그는 예수님께 미쳐 버린 자입니다. 미친 자의 특성을 고찰해 봅시다.

一. 한 가지 일만 생각합니다.
1. 일사 전념하는 일이 미친 자의 특징입니다.
2. 즉 미치게 된 원인, 동기, 이유 등의 한 가지 일에만 집념합니다.
3. 돈 때문에 미쳐버리면 자나 깨나 돈 타령입니다.
4. 학문 연구나 실연에 미쳐 버리면 그 일에만 몰두합니다.
5. 바울은 오직 예수, 예수님만을 위하여 살고 죽었습니다(롬 14:5-8).
6. 성도의 생활도 오직 예수님뿐인 생활이 되어야 합니다.

二. 수치를 모릅니다.
1. 미친 사람은 자기의 미친 상태를 전혀 모릅니다.
2. 자신의 수치를 알면 벌써 그는 정신이 올바른 사람입니다.
3. 미친 자는 남들이 비웃든 조롱하든, 수치를 영광으로 생각합니다.
4. 십자가의 원수들은 부끄러움을 영광으로 생각합니다(빌 3:19).
5. 예수님께 미친 자는 예수님을 부끄럽게 생각지 않습니다.
6. 예수님을 믿는 신앙 생활을 오히려 큰 영광으로 생각합니다.

三. 큰 힘을 냅니다.
1. 미친 자의 힘은 감당할 수 없으리 만큼 대단합니다.
2. 미친 자를 붙들려면 장정 몇 사람이 달려들어도 이겨내기 힘듭니다.
3. 그러므로 미친 자는 철장 속에 가두어 둡니다.
4. 예수님께 미치면 평상시에 낼 수 없는 큰 힘이 생깁니다.
5. 그러므로 죽음도 사양하지 않고 고생도 마다하고 헌신합니다.
6. 시험을 당해도 이길 힘을 주시는 까닭입니다.

* 육체의 사람이 미치면 불쌍한 인간이 되지만 심령의 사람이 예수님께 미치는 것은 결코 불행이 아니며 오히려 복받는 기회가 됩니다. 성도는 예수님께 미쳤다는 말을 들을 정도로 신앙생활을 해야 합니다.

네가 미쳤도다(Ⅱ)

(26:24-29)

위대한 전도자 바울이 아그립바 왕 앞에서 증거한 부활 전도는 순서상으로 다섯 번째이다. 1) 예루살렘 폭도들 앞에서 그리스도의 부활을 증거했습니다. 2) 산헤드린 의원 앞에서 그리스도의 부활을 증거했습니다. 3) 벨릭스 앞에서도 그리스도의 부활을 증거했습니다. 4) 베스도 앞에서도 그리스도의 부활을 증거했습니다. 5) 이제 다시 베스도와 아그립바 왕 앞에서 다섯 번째로 예수 그리스도의 부활 사건을 증거하는 장면인데, 전도를 듣고 있던 총독 베스도가 크게 소리를 지르면서 "바울아 네가 미쳤도다"라고 했습니다.

一. 부활 전도가 미친 것처럼 보인 이유
   1. 사람들이 알고 있는 것과 정반대이기 때문입니다.
   1) 탁월한 지식이 있을 때 보통 사람들은 잘 이해를 못합니다.
   2) 바울에게는 탁월한 지식이 있었습니다.
   3) 이는 예수 그리스도를 아는 고상한 지식입니다(빌 3:8).
   4) 하늘로부터 온 영의 지식, 주를 아는 지식을 자랑하고 소개했습니다.
   2. 그는 부활의 증거에 집중 도취되어 버렸기 때문입니다.
   1) 그는 어디서나 예수 그리스도의 부활의 증거에 집중되었습니다.
   2) 그는 그 부활 증거에 사로 잡혔습니다.
   3) 그는 그 부활 증거에 삶의 의미를 느꼈습니다.
   4) 그 일에 깊이 빠져 들어 갈 때 미친 사람같이 됩니다.

二. 주를 위해 미친 듯이 되는 것이 필요한지요?
   1. 바울이 가진 것이 너무 좋기 때문입니다.
   1) 아그립바왕과 베스도, 그들은 세상 재물을 가졌습니다.
   2) 그러나 바울은 하늘나라의 보화를 가졌습니다.
   3) 그들은 세상적이고 육적인 쾌락은 가졌습니다.
   4) 그러나 바울은 하늘의 칭찬과 상을 받을 자였습니다.
   2. 주님을 위해 미친 듯 되지 않으면 세상을 이길 수 없습니다.
   3. 주님을 위해 미친 듯 되지 않으면 받은 바 사명을 다하지 못합니다.

* 바울은 자신의 사명 감당하기 위해 생명을 조금도 귀한 것으로 여기지 않는다고 했습니다(행 20:23-24). 또한 그리스도 외에는 아무것도 알지 않기로 작정했다고 했습니다(고전 2:2).

나와 같이 되기를

아그립바 왕과 베스도 총독 앞에서 바울은 "오늘 내 말을 듣는 모든 사람도 다 이렇게 결박당한 것 외에는 나와 같이 되기를 하나님께 원하노라"고 했습니다. 두 해 동안이나 감옥에 갇혀 있다가 오랜만에 끌려나와 재판을 받는 초라하고 파리한 죄수가 어떻게 감히 이런 굉장한 말을 할 수 있었겠습니까? 그 이유는 다음과 같습니다.

一. 그는 행복했기 때문입니다.
   1. 바울은 본래 학벌과 문벌이 특출한 인재였습니다.
   2. 그러나 주님을 위해 살다가 옥에 갇혀서 두 해 동안 지냈습니다.
   3. 그를 아는 사람들은 아마 억울하고 아깝다고 생각했을 것입니다.
   4. 그러나 바울은 결코 그렇게 생각하지 않았습니다.
   5. 그는 하나님께 선택 받았고 주님을 통해 구원의 은총을 받았습니다.
   6. 복음의 비밀을 알고 사도의 사명을 받았으니 그는 행복자였습니다.

二. 그는 정당하게 살았습니다.
   1. 비록 쇠사슬에 매인 몸으로 재판정에 끌려와 재판을 받는 자였습니다.
   2. 그러나 그를 죄인이라고 인정하는 사람은 아무도 없었습니다.
   3. 재판장 아그립바왕이나 베스도 총독까지도 죄없다고 했습니다(30-31).
   4. 그는 쇠사슬에 결박 되었어도 정정당당할 수가 있었습니다.
   5. 그러기에 그는 손을 높이 들고 이것만 제하고는 나와 같이 되라고 했습니다.
   6. 그는 양심을 따라서 최선을 다해 살고 있었기 때문입니다.

三. 그는 영광스러웠습니다.
   1. 바울의 외적인 모습은 너무나 초라했을 것입니다.
   2. 두 해 동안이나 옥에 갇혀 있었으니 얼굴이 창백해 있었을 것입니다.
   3. 그의 건강 상태도 나빴을 것이고 의복마저 남루했을 것입니다.
   4. 그러나 그는 전도에 힘썼으니 이 일은 하나님을 위한 일입니다.
   5. 죽어져 가는 인간을 살려내어 구원하는 일입니다.
   6. 주님께 상급받을 일이 되기 때문입니다.

* 성도는 바울처럼 어디든지 가서 "나와 같이 되라"고 크게 외칠 수 있는 사람이 되어야 하겠습니다. 그러기 위해서 주님 안에서의 행복자임을 확신하고 매사에 정당하게 살며 상급을 바라보고 힘껏 주님의 일에 충성합시다.

성도의 지혜
(27:1-19)

벨릭스의 무능하고 우유부단한 정책으로 약 2년 동안이나 미결수로 옥중에서 지내다가 신임 총독 베스도가 부임한 후에서야 그의 무죄가 판명되었습니다. 그러나 바울은 전에 가이사에게 상소할 뜻을 밝혔기 때문에 로마로 가게 되었고 가는 길에 무서운 풍랑을 만나 고생한 기록이 담겨져 있는 역사적 내용입니다.

一. 외모에 속아서는 안됩니다.
1. 미항이란 좋은 이름이 난 항구입니다.
2. 그러나 이름만큼 좋은 곳이 못되어 모두가 불편스러웠습니다.
3. 그래서 계획을 바꾸어 뵈닉스에 가서 과동하기로 계획을 바꾸었습니다.
4. 그 결과 무서운 폭풍을 만나 고생을 했습니다.
5. 인간은 가끔 남에게 속아서 생긴 고난이 많습니다.
6. 성도는 하나님이 주신 영안으로 사물을 볼 줄 알아야 합니다.

二. 그릇된 선택에 동조하면 안됩니다.
1. 바울은 불편해도 미항에서 과동하자고 했습니다.
2. 그때는 계절적으로 태풍기였기 때문입니다(9-10).
3. 선장과 선주는 뵈닉스항에 가서 과동하자고 했습니다.
4. 이유는 미항이 과동하기에 불편하다는 것이었습니다.
5. 그러나 속셈은 여행 일정을 단축시켜야 수입면에 더 유리했기 때문입니다.
6. 결국 하나님의 사람 말보다는 돈과 경험의 소리를 듣고 떠났습니다.

三. 값싼 형통에 도취되지 말아야 합니다.
1. 미항을 출항할 때 하늘은 맑고 바다는 잔잔했습니다.
2. 자신을 얻어 미항을 떠났고 얼마동안은 의기양양 했습니다.
3. 아마 저들은 바울을 비웃었을지도 모릅니다.
4. 그러나 얼마 못가서 유라굴로라는 광풍을 만났습니다.
5. 급기야는 자신의 귀중한 물건을 모두다 바다에 던졌습니다.
6. 말씀 떠난 형통은 저주이므로 경성하여 믿음지켜야 합니다.

* 성도는 이 세상을 살아갈 때에 미항에 속지 않아야 하겠으며 그릇된 선택을 경솔히 해서는 안되며 값싼 형통에 속지 않도록 하는 것이 고해 같은 세상을 살아가는데 필요한 성도의 지혜인 것입니다.

유라굴로 광풍
(27:9-26)

　　성경을 보면 구약의 요나 선지자가 하나님의 명령을 거역하고 다시스로 도망하다가 풍랑을 만난 사실이 있고 여기 사도 바울이 복음 전파를 위하여 죄수 아닌 죄수의 몸으로 로마로 가다가 풍랑을 만나 파선을 당하게 된 사건이 있습니다. 우리는 이 역사적인 사건을 통하여 1) 인생 항로에서 풍랑을 만나게 된 원인과 2) 인생 항로에서 파선당한 비참함과 3) 풍랑 앞에 무력한 비극적인 인생이 취해야 할 자세가 무엇인가를 발견할 수 있는데 그 원인과 비참함을 고찰해 봅시다.

一. 파선의 원인
　　1. 선장과 선주의 주장을 채택했기 때문입니다(11).
　　　　1) 선장과 선주는 자기들의 지식과 기술을 믿고 출항하라고 했습니다.
　　　　2) 백부장은 바울의 말을 거부하고 인간의 말을 듣고 출항하여 파선했습니다.
　　2. 많은 선객들의 주장을 채택한 데 있습니다(12).
　　　　1) 군중들은 편리주의와 현실주의에 입각하여 경거망동했습니다.
　　　　2) 하나님의 사람 바울의 충고를 거부하고 출항했습니다.
　　3. 백부장 율리오의 주장을 채택했습니다(11).
　　　　1) 하나님을 신뢰하는 바울의 주장은 거부했습니다.
　　　　2) 선주와 선장의 말을 믿고 대중의 여론을 채택했던 것입니다.

二. 파선의 비참상
　　1. 정상적인 항해가 불가능해졌습니다(15).
　　　　1) 인간의 얄팍한 근시적인 사고방식과 인간의 유익과 쾌락주의 때문에
　　　　2) 풍랑을 만나 정상적인 항해는 불가능해졌던 것입니다.
　　2. 화물과 선구를 바닷물 속에 내버리는 비극입니다(18-19).
　　　　1) 그 많은 상품과 선구까지 내어 던져 버렸습니다.
　　　　2) 인생은 적수공전이 되었고 그 배는 기능을 상실해 버렸습니다.
　　3. 삶의 소망이 끊어지고 절망의 경지에 이르게 되었습니다(20).
　　　　1) 구원의 여망이 다 없어졌다고 했습니다.
　　　　2) 풍랑 앞에는 인간의 경험, 권력, 문명도 모두가 무력해 집니다.

＊ 1) 바울은 깨어진 뱃속에서 하나님께 기도했습니다. 2) 바울은 하나님의 음성을 들을 수가 있었습니다. 3) 바울은 그곳에서 복음을 전파했습니다. 바울의 지혜로운 처신입니다.

하나님의 음성을 들은 바울
(27:9-26)

광풍을 만나 구원의 소망이 없던 이 때에 사도 바울은 일어나서 환희의 얼굴로 여러 분이여 안심하라 너희의 생명에는 아무 손상이 없으리라. 네가 가이사 앞에 서야 하겠고 또 하나님께서 너와 함께 행선하는 자를 다 네게 주셨다 하는 하나님의 사자의 음성을 들었다고 했습니다. 그렇다면 선원 276명 중에 왜 바울만이 하나님의 사자의 음성을 들었는가를 고찰해 봅시다.

一. 하나님께 속한 자 였기 때문입니다.
  1. 하나님의 뜻은 하나님께 속한 자에게만 알려 주십니다.
  2. 그러므로 하나님께 속하지 않은 자는 주님의 음성을 들을 수 없습니다.
  3. 더욱 하나님의 비밀을 알 수 없는 것입니다.
  4. 배에는 276명의 선원이 있었으나 하나님께 속한 자는 바울 뿐입니다.
  5. 하나님께 속한 자는 하나님의 말씀만 붙잡고 살아야 합니다.
  6. 땅엣 것은 생각지 말고 위엣 것만을 위해 살아야 합니다.

二. 하나님을 섬기는 자 였기 때문입니다.
  1. 바울은 하나님을 섬기는 자라고 했습니다.
  2. 바울은 하나님께 속했으니 하나님을 섬길 수 밖에 없습니다.
  3. 마귀에게 속한 자는 하나님을 섬길 수 없습니다.
  4. 세상에 속한 자 역시 하나님을 섬길 수 없습니다.
  5. 바울은 하나님만 섬겼으므로 풍랑 중에서도 음성을 들을 수 있었습니다.
  6. 다시 오실 주님을 소망하는 성도는 주님만을 섬기도록 합시다.

三. 하나님을 굳게 믿는 자였기 때문입니다.
  1. 그는 하나님의 말씀대로 될 것을 믿노라고 했습니다.
  2. 하나님이 우리에게 바라는 것은 오직 신앙 뿐입니다.
  3. 믿음 외에 다른 것을 바라시지 않으십니다.
  4. 믿음이 없이는 하나님을 기쁘시게 해드리지 못합니다(히 11:6).
  5. 모든 복은 신앙으로 말미암아 주어집니다.
  6. 아브라함은 믿음으로 의로워지기도 했습니다(롬 4:17-21).

* 하나님께 속하고 하나님만 섬기고 하나님 말씀인 성경의 모든 말씀을 그대로 믿읍시다. 이것이 참다운 신앙이요, 복받을 신앙인 것입니다.

성도와 사회 참여

(27:20-44)

본문은 바울이 풍랑의 어려움을 당한 일부입니다. 여기서 교회와 성도들이 사회에 대한 봉사를 어떻게 해야 될 것인가를 보여주고 있습니다. 만일 성도들이 사회 참여나 사회 봉사에서 바울이 보여준 것처럼 한다면 어느 시대, 어느 사회에서나 이에 저항하는 사태는 생기지 않을 것입니다.

一. 잘못된 일을 충고합니다.
　　1. 사람들이 남에게 충고하기를 꺼리는 데는 여러 가지 이유가 있습니다.
　　　1) 충고를 달게 받아들일 사람이 별로 없기 때문입니다.
　　　2) 받아들이기는커녕 적대시 하기가 쉽습니다.
　　　3) 심지어 충고를 하다가 죽임을 당한 예도 없지 않습니다.
　　2. 바울은 불순종한 그들에게 책망했습니다(21).

二. 난국에는 위로하고 격려해야 합니다.
　　1. 어려움을 당한 자에게 위로와 격려를 해 줘야 합니다.
　　2. 이는 힘과 소망을 얻도록 해주기 위함입니다.
　　3. 먼저 영적인 공궤가 있어야 하는데 말씀과 기도입니다.
　　4. 육적인 공궤가 있어야 하는데 이는 떡을 먹도록 했습니다.
　　5. 바울은 영·육적으로 위로와 격려로 재기하게 했던 것입니다.

三. 국가와 사회를 위한 파수꾼이 되어야 합니다.
　　1. 가정에서부터 시작하여 국가 사회는 파수꾼이 필요합니다.
　　2. 바울은 여기 그 일을 훌륭하게 수행한 것을 볼 수 있습니다.
　　3. 구명정을 제거하여 선원들이 도망 못가게 했습니다.
　　4. 선객을 버리고 사공이 도망가는 것은 직무유기요, 배임이요, 살인 행위입니다.
　　5. 남이 안보는 시간에 바울은 보고 지킨 파수꾼이었습니다.

四. 나로 인하여 남을 구해야 합니다.
　　1. 나 때문에 다른 이가 죽는다면 태어나지 않음보다 못합니다.
　　2. 죽은 자가 나 때문에 산다면 이는 참된 봉사요 희생입니다.
　　3. 그들에게 용기를 주고 빵을 먹게 한 자가 바울입니다(33-37).
　　4. 사전에 사공의 탈출을 막은 것은 생명의 은인입니다(30-31).
　　5. 수다한 죄수를 죽이려 했을 때 말린 것 모두가 바울이 행한 일입니다
　　　(41-44).

안심하라
(27:21-26)

바울 일행의 항로는 이탈리아(로마)에 가기로 작정되었습니다. 가이사에게 가기로는 25:12에서 베스도가 이미 결제했었고 26:32에서는 아그립바왕도 승인한 사실이기 때문에 로마행이 실행된 것입니다. 그러나 선주와 선장의 말 때문에 항해하다가 유라굴로라는 광풍을 만나게 되었습니다. 과연 이 세상은 안심할 수 없는 불안하고 유동적인 세상입니다. 많은 사람들은 마음의 근심과 걱정, 염려와 탄식속에서 삽니다. 그러나 믿음의 사람들은 언제나 안심하라는 기쁜 소식을 듣고 담대히 살아갑니다.

一. 불안하던 항해
   1. 바울 일행은 지중해상을 항해 도중 뜻밖에 유라굴로라는 광풍을 만납니다.
   2. 조난 중에 배에 짐까지 다 바다에 버리고 14일간 해와 별을 못보았습니다.
   3. 구원의 여망이 없는 불안하고 무서운 시간들이었습니다.
   4. 당하여 본 사람들만이 실감할 수 있는 공포였습니다.

二. 안심하라는 선포
   1. 바울의 말을 듣고 떠나지 않았으면 이 변을 안 당하리라고 했습니다.
   2. 회개를 촉구한 후 이제는 안심하라고 했습니다.
   3. 어제 밤에 하나님이 나타나서 "바울아 두려워 말라"고 했기 때문입니다.
   4. 이 말은 위기 중에 있는 이들에게 큰 힘이 되었습니다.

三. 기독교는 안심하라는 종교입니다.
   1. '너희는 근심도 말고 두려워 하지도 말라'고 했습니다(요 14:1-3).
      ◉ 우리의 거할 처소가 있기 때문입니다.
   2. '너는 안심하라 두려워 말라 죽지 아니하리라'고 했습니다(삿 6:23).
      ◉ 부름받아 송구해 하는 기드온에게 하신 하나님의 말씀입니다.
   3. '소자야 안심하라 네 죄 사함을 받았느니라'고 했습니다(마 9:2).
      ◉ 믿음으로 병고침 받기위해 온 중풍 병자에게 하신 주님의 말씀입니다.
   4. '딸아 안심하라 네 믿음이 너를 구원하였다'고 했습니다(마 9:22).
      ◉ 열두 해를 혈류증으로 앓던 여자에게 하신 주님의 말씀입니다.
   5. '안심하라 내니 두려워 말라'고 했습니다(마 14:27).
      ◉ 바닷물 위로 걸어오시던 예수님께서 제자들에게 하신 말씀입니다.

* 의심 염려를 주님께 맡기고 주님 안에서 날마다 기뻐하는 생활을 합시다.

이제는 먹으라
(27:35)

그리스도를 믿는 성도들은 식사할 때마다 아니 적은 식물 하나라도 받고도 감사기도를 드리고 먹습니다. 식생활 문제는 매우 중요한 일입니다. 바울은 이제 먹으라고 276명의 선원들에게 명했으며 오랫동안 허덕이던 자들이 모두 먹게 되었습니다.

一. 식사 문제는 매우 중요한 생활 요소입니다.
  1. 이는 인간 생활의 3대 요소 중에 하나입니다.
  2. 하나님께서는 먹을 것을 지정해 주셨습니다(창 1:29).
    ◉ 인생을 창조하시고 준비하셨던 식물을 지정하시고 허락하셨습니다.
  3. 예수님도 식사 문제로 시험까지 받으셨습니다(마 4:1-4).
    ◉ 중요한 문제이기에 마귀가 첫째 시험 문제로 삼았습니다.
  4. 주님께서 가르쳐주신 기도 제목 중에 하나입니다(마 6:11).
    ◉ 오늘날 우리에게 일용할 양식을 주옵시고
  5. 그러나 성도는 이 문제를 염려하지 말라고 했습니다(마 6:25).
    1) 하나님께서 책임져 주신다는 뜻입니다.
    2) 먼저 그의 나라와 그의 의를 구하라고 했습니다(마 6:33).

二. 식생활 해결은 최대의 감사 조건입니다.
  1. 육체의 생활 중 제일 큰 문제가 식생활입니다.
    ◉ 하루 세 때씩 허락해 주심을 무한히 감사해야 합니다.
  2. 너무 가난해도 범죄하기 쉬운 인간입니다(잠 30:9).
    ◉ 매일 먹게 해주시니 감사한 일입니다.
  3. 병마로 먹지 못하는 일도 많이 있습니다.
    1) 잘 먹고 건강하니 감사한 일입니다.
    2) 그러므로 하나님께 몸바쳐 충성할 일입니다.
  4. 육신의 양식 주기전 영의 양식 늘 주시므로 감사해야 합니다.
    ◉ 영의 양식을 주시어 주님을 믿게 하시고 영육간에 양식 주심을 감사할 일입니다.

* 성도는 먹는 문제 때문에 염려하거나 시험에 빠져서는 안됩니다. "너희는 먼저 그의 나라와 그의 의를 구하라 그리하면 이 모든 것을 더하시리라"(마 6:33)는 말씀을 믿고 먼저 구할 것을 구한 후 감사의 생활을 해야 합니다.

인간 본성
(28:1-10)

　세월이 흐름에 따라 하나님께서는 세상에 인간을 창조하신 것을 후회하신 후 노아 홍수로 심판하신 적이 있습니다. 그것은 인간의 본성을 잃었기 때문입니다. 그러나 오늘 본문에서 인간 본래의 양상을 비교적 그대로 간직하고 있는 순박한 사람을 만날 수 있는데 그들은 멜리데라고 하는 낙도에 사는 토인들이었습니다.

一. 사람을 아끼고 소중히 여겼습니다.
　　1. 276명이 구사일생으로 도착한 섬이 바로 멜리데라는 섬입니다.
　　2. 이들은 얼마든지 여러 가지 핑계로 276명을 죽일 수도 있었습니다.
　　3. 그러나 추위에 떨고 있는 276명을 위해 불을 피워 주었습니다.
　　4. 이해와 득실을 따지는 타산적인 사람들이 아니었습니다.
　　5. 사람의 생명을 소중히 여기고 아끼는 인간 본래의 심정이었습니다.

二. 죄를 배격하고 공의를 숭상했습니다.
　　1. 모닥불을 피우는 나무다발 속에 독사가 나와 바울의 손을 물었습니다.
　　2. 그들은 바울을 살인한 죄인임에 틀림없다고 했습니다.
　　3. 바다에서 요행히 살아났지만 공의의 신이 그를 벌하는 줄 알았습니다.
　　4. 그들의 가슴속에는 죄를 범하면 반드시 망한다는 사실을 믿었습니다.
　　5. 그러므로 죄를 범하지 말아야 한다는 사실을 믿고 있었습니다.

三. 신에 대한 경외심이 있었습니다.
　　1. 중동 지역의 독사들은 맹독을 지니고 있으므로 물리면 30분 내에 죽습니다.
　　2. 그래서 바울도 30분 이내에 죽을 줄 알았습니다.
　　3. 그러나 바울은 까딱도 않고 살아 있었습니다.
　　4. 드디어 바울을 살인자가 아니라 신이라고 생각했습니다.
　　5. 그래서 바울을 신으로 착각하고 경배했습니다.

四. 은혜에 민감했습니다.
　　1. 이섬의 지도자격인 보블리오의 부친이 심한 열병과 이질이 걸려 있었습니다.
　　2. 흔히 유행하는 병으로서 쉽게 낫지 않는 병이었습니다.
　　3. 바울이 그를 위해 안수기도 후 깨끗이 나았습니다.
　　4. 이 소문을 듣고 찾아온 다른 병자들도 기도받고 다 나았습니다.
　　5. 이들은 바울에 대해 진정 고마워했습니다. 은혜의 보답자들입니다.

하나님의 사람 바울
(28:1-15)

우리가 구원을 얻은 후란 말은 영혼 구원을 가리킨 말이 아니라 27장에 있는 대로 바울이 로마에 건너 오는 중 지중해상에서 만난 풍랑 속에서 구원함을 얻었다는 말입니다. 바울이 상륙한 땅은 바로 멜리데라는 섬인데 이 섬에 상륙하여 토인들의 동정과 사랑을 받으면서 석달동안 있다가 로마에 떠나가기까지의 모든 일은 바울이 죄인 아닌 하나님의 사람인 것을 역력히 나타내고 있습니다.

一. 그는 항상 하나님의 보호를 받았습니다.
1. 바울은 그곳에서 독사에게 손이 물린 일이 있었습니다.
2. 그때 그는 뱀을 불에 떨어 버렸으나 아무런 상처가 없었습니다.
3. 붓는 일도 없었고 그 독성으로 죽지도 않았습니다.
4. 그 독사에게 물리면 30분 내에 죽는다고 합니다.
5. 이스라엘 백성이 광야에서 뱀에게 물려 죽은 자가 대부분입니다.
6. 그는 하나님의 보호를 입고 살았기에 아무런 피해가 없었습니다.

二. 기도로 병을 낫게 했습니다.
1. 그는 멜리데에서 제일 높은 사람 보블리오의 친절한 대접을 받았습니다.
2. 보블리오의 부친은 열병과 이질에 누워 있었으나 기도하여 낫게 했습니다.
3. 병낫기를 위하여 기도하라 의인의 간구는 역사하는 힘이 많으니라(약 5:16).
4. 바울의 기도는 하나님께서 응답해 주셨습니다.
5. 이 소문으로 많은 환자가 찾아 왔고 그는 기도하여 고쳐 주었습니다.
6. 이는 하나님께서 그를 권고하심의 증거입니다.

三. 그는 도처에서 환영을 받았습니다.
1. 그는 멜리데에 이르러 토인들의 영접과 환영을 받았습니다.
2. 석달 후에 그 곳을 떠나니 압비오 저자와 삼관까지 영접 나왔습니다.
3. 압비오 광장(로마에서 69km 지점 위치)에서 왔습니다.
4. 삼관(세개의 주막이란 뜻, 로마에서 약 53km)까지 영접 나왔습니다.
5. 그는 이곳에서 새 힘을 얻었는데 이유는 로마에서 복음 전할 수 있었기 때문입니다.
6. 그는 사나 죽으나 일평생 복음만을 위하여 산 사도입니다.

* 그는 죄수 아닌 죄수로 로마로 가게 되었지만 꿈에도 소원인 로마에 복음 전한다는 일념으로 기쁘게 그곳으로 가게 되었으며 그는 귀한 사명을 감당함에 있어서 끝까지 충성했습니다.

로마로 가는 길
(28:11-15)

본문에 등장한 바울과 그 일행은 로마를 향해 하루 하루 나아가고 있는 나그네들이었습니다. 이 길에서 그들은 희비애가 교차된 길이기도 했습니다. 나그네 인생이 살아가는 인생길도 마찬가지일 것입니다. 그런 의미에서 바울이 간 로마길을 더듬어 보면서 나그네의 교훈을 얻고자 합니다.

一. 거기에는 유혹이 있었습니다.
1. 인생이 있는 곳은 어디에나 유혹의 그림자가 따라 다닙니다.
2. 바울 일행이 로마로 가는 길에도 유혹이 있었습니다.
3. 하나는 불순종의 유혹이요 다른 하나는 졸속의 유혹이었습니다.
4. 인류시조가 최초로 받은 유혹이 불순종의 유혹이었습니다.
5. 배에 탄 사람들은 빨리 로마로 가고 싶은 졸속으로 갔던 것입니다.
6. 하루 바삐 출세하고 싶은 조바심 자칫하면 넘어지기 쉽습니다.

二. 거기에는 풍파가 있었습니다.
1. 로마로 가는 항해 중에 유라굴로라는 광풍을 만났습니다.
2. 견딜 수 없는 고난과 공포의 날이기도 했습니다.
3. 이 길로 가기 위해 동족들에게 미움과 배신을 당하기도 했습니다.
4. 하나님 나라로 가는 길은 환난이 중첩한 길입니다(행 14:22).
5. 생명으로 들어가는 문은 좁고 협착하다고 했습니다(마 7:14).
6. 현재의 고난은 장차 받을 영광과 비교가 안됩니다(롬 8:18).

三. 거기에는 성도의 고통이 있었습니다.
1. 사람은 나면서부터 사회적인 동물이라고 말합니다.
2. 과연 인간은 혼자서는 살지 못합니다.
3. 친구 사귐의 기쁨을 본능적으로 원하고 있는 것입니다.
4. 사귐이란 확실히 인간의 즐거움 중에 하나입니다.
5. 천성으로 가는 길은 멀고도 험한 길입니다.
6. 이 길에서 참된 성도의 교제는 즐거움이 아닐 수 없습니다.

* 하나님은 인생의 나그네 길에 형통과 곤고를 병행시켜서 형통한 날에는 기뻐하게 하고 곤고한 날에는 생각하게 하셨습니다(전 7:14). 우리 성도들은 당하는 일이 어떠하든지 그것 때문에 천성 길을 멈추는 일이 없도록 해야 되겠습니다.

바울의 소원인 로마
(28:16-22)

30여년에 걸쳐 선교 활동을 하던 사도 바울이 이제 꿈에도 소원이었던 로마 전도를 위하여 쇠사슬에 매여 로마에 도착한 외로운 모습을 봅니다.

바울이 로마에 도착할 때의 모습은 쓸쓸해 보였지만 선교사적인 측면에서 볼 때 중대한 의의를 지니고 있었으니 고찰해 봅시다.

一. 세계 선교를 위한 첫 걸음이었습니다.
  1. 예수님은 승천하시기 앞서 땅끝까지 복음 전하라고 했습니다(행 1:8).
  2. 바울은 로마에 가서 복음 증거하는 것이 꿈에도 소원이었습니다(롬 15:22).
  3. 당시 세계의 중심지가 로마였기 때문입니다.
  4. 이곳에서 복음 전파는 세계 선교의 첫 발걸음이 되기 때문입니다.
  5. 그의 세계 선교의 꿈이 마침내 이루어 진 것입니다.
  6. 성도는 하나님과 그의 교회를 위해 좋은 꿈을 가져야 되겠습니다.

二. 하나님의 역사가 함께 하셨습니다.
  1. 하나님의 역사는 신묘막측합니다.
  1) 로마의 방문은 수월하게 이루어진 것이 아니라 죄수의 신분으로 왔습니다.
  2) 모든 것이 합력하여 선을 이루시는 하나님이십니다(롬 8:28).
  2. 하나님의 역사는 강력하게 나타나십니다.
  1) 로마에 오는 길에 바울의 생명을 위협하는 것들이 무수했습니다.
  2) 그러나 그를 보호하시며 역사하시는 하나님의 역사도 강력하게 나타났습니다.

三. 복음의 진보가 나타났습니다.
  1. 당시의 로마는 세계의 중심지였습니다.
  2. 바울이 로마에 온 것은 복음이 세계 중심지로 진출됨을 의미합니다.
  3. 그러므로 복음이 그만큼 확대 되었다는 뜻입니다.
  4. 그는 로마 투옥이 복음의 진보라고 말했습니다(빌 1:12).
  5. 성도의 승진, 확장은 복음의 진보가 수반되어야 합니다.
  6. 성도의 출입과 진퇴가 복음의 진보를 위한 것이어야 합니다.

* 내가 하고 있는 일이나 가고 있는 일이 그리스도를 위해 어떤 의미가 있는 것일 때 설령 내 몸이 사슬에 매이고 이르른 곳이 적지라고 하더라도 복음과 하나님의 나라를 위한 것일 때는 그 길은 반드시 승리의 길일 것입니다.

주님은 인류의 소망

(28:16-31)

유대인을 소요케 하는 자요, 나사렛 이단의 괴수요, 성전을 더럽게 하는 자라는 억지 죄목에 사로잡힌 사도 바울은 지중해상에서 풍랑을 만나 죽을 뻔 했으나 마침내 로마에 입국하고야 말았습니다. 그는 형제들의 환영을 받으며 로마에 들어온 후 말하길 내가 로마에 잡히어 온 것은 그들의 말대로 내가 이스라엘 백성이나 우리 조상의 규모를 배격한 일이 아니라 오직 이스라엘의 소망을 인하여 내가 쇠사슬에 매인 바 되었다고 외쳤습니다.

一. 예수 그리스도는 약속의 메시야 이십니다.
   1. 주님은 조상에게 약속 하신대로 유대땅 베들레헴에서 나셨습니다.
   2. 성경대로 동방의 박사들이 찾아와 경배를 드렸습니다.
   3. 주님은 문둥병자를 고치시고 반신불수를 완전케 하셨습니다.
   4. 눈먼 소경을 보게 하시고 죽은 자를 살리셨습니다.
   5. 십자가에 못박혀 대속의 죽음을 죽으셨습니다.
   6. 사흘만에 부활하시고 승천하신 메시야 이십니다.

二. 예수 그리스도는 이스라엘과 세계의 소망이십니다.
   1. 온 세계 인류는 모두가 다 죄인입니다. 의인은 없습니다.
   2. 그러므로 죄에서 해방되기를 누구나 다 염원하고 있습니다.
   3. 진리이신 예수님만이 참 자유를 주십니다(요 8:32).
   4. 그리스도는 우리 죄를 위하여 화목제물이 되셨습니다.
   5. 우리만 위함이 아니요 세상의 죄를 위함이라고 했습니다(요1 2:2).
   6. 죄에 빠진 모든 인류를 해방시킬 참 소망은 오직 주님밖에 없습니다.

三. 예수 그리스도는 온 세계의 영원한 소망이십니다.
   1. 사람들은 사랑을 요구하되 영원한 사랑을 요구합니다.
   2. 이것은 인간들이 좀더 살고자 하는 인간 본능입니다.
   3. 성도가 믿음으로 예수님의 사랑을 받을 때 중생케 됩니다(요1 3:14).
   4. 사랑으로 주의 십자가를 바라볼 때 살고 영생을 얻습니다.
   5. 하나님은 사랑이요 하나님은 곧 생명이십니다.
   6. 진실로 예수 그리스도는 온 세계의 영원한 소망이십니다.
   7. 우리는 영원한 소망을 얻은 자로서 이 길따라 이 소식 땅끝까지 전파합시다.

로마 전도
(28:23-28)

사도 행전 28장 16-22절 까지의 내용은 사도 바울이 로마에 도착한 후에 그 곳에 거주하는 유대인들을 초청하여 도착 인사를 하는 대목이 기록되어 있으며 23-28절 까지는 로마에서 최초로 전개한 전도 활동의 기록으로 우리는 여기서 몇 가지의 교훈을 얻고자 합니다.

一. 동족을 사랑한 바울의 모습
1. 바울은 방방곡곡에서 많은 어려움을 당하며 복음을 증거했습니다.
2. 그때마다 따라다니며 핍박한 자들이 이방인이 아닌 동족이었습니다.
3. 유대인으로부터 받은 핍박은 배나 더 고통스러웠습니다.
4. 주님 말씀 하신대로 네 원수가 집안 식구리라고 한 말씀이 뜻이 있습니다.
5. 그런데도 바울은 언제나 유대인들을 먼저 찾아 복음을 증거했습니다.
6. 로마에서도 제일 먼저 초청하고 증거 대상자를 유대인으로 정했습니다.

二. 그는 복음적인 신앙인이었습니다.
1. 신앙이라 하여 모두가 귀한 것은 아닙니다.
2. 복음적인 신앙만이 귀한 것입니다.
3. 성경을 신앙과 생활의 유일 법칙으로 받아들인 신앙이어야 합니다.
4. 예수 그리스도와 그의 십자가를 신앙의 핵으로 삼는 신앙이어야 합니다.
5. 무엇을 하든지 하나님의 영광만을 추구하는 신앙이어야 합니다.
6. 그는 전도열이 대단했지만 그의 신앙은 복음적이었습니다.

三. 복음의 양면성
1. 같은 시간 같은 장소에서 많은 사람이 바울의 설교를 들었습니다.
2. 그러나 얼마는 믿고 얼마는 믿지 않았다고 했습니다(24).
3. 신앙은 모든 사람의 것이 아닙니다(살후 3:2),
4. 하나님이 마음문을 열어준 자만이 믿습니다(고전 12:3).
5. 우리가 예수님을 믿게 된 것은 복 중에 복입니다.
6. 보배로운 신앙을 주신 하나님께 감사 생활해야 합니다.

* 헬라인은 지혜를 구하고 유대인은 이적을 구하나 바울은 십자가에 못박히신 예수 그리스도만 전파하고 자랑한다고 했습니다(고전 1:22-23). 이것이 참된 신앙이요. 참된 전도입니다. 바울과 같은 신앙을 소유하도록 합시다.

복음의 문
(28:30-31)

바울은 어떤 역경과 핍박 속에서도 굴할 줄 몰랐습니다. 만약 그가 어려움 속에서 굴복해 버리고 말았다면 복음의 문은 닫히고 말았을지 모릅니다. 어떤 역경에도 굴할 줄을 모르는 전도자 바울! 어떤 유혹에도 넘어지지 않은 바울! 하나님께서는 그를 통하여 복음의 문을 세계를 향하여 활짝 열리게 했던 것입니다.

一. 그는 역경에 굴복하지 않았습니다.
  1. 바울이 로마에서의 생활은 수감된 상태이기 때문에 부자연스러웠습니다.
  2. 이는 생의 의미가 제거되는 것과 같은 중대한 시련이었습니다.
  3. 그러나 바울은 결코 여기서 좌절하지 않았습니다.
  4. 수감된 상태에서 계속 복음전할 방법을 개발했습니다.
  5. 곧 그를 내방하는 사람을 상대로 복음을 전했던 것입니다.
  6. 꿈이 있는 자에게 하나님은 그 꿈을 실현시켜 주십니다.

二. 현실에 굴복하지 않았습니다.
  1. 바울은 평소에 로마에 오길 소원했습니다(행 19:21, 롬 15:24).
  2. 당시 세계의 수도 로마이기에 이곳에 복음 증거자로서의 꿈이었습니다.
  3. 그는 그리스도의 복음을 전파하고 싶은 사명감에 불탔습니다.
  4. 죄수의 몸으로 오긴 왔지만 자신의 생각보다는 달랐습니다.
  5. 로마는 정치, 경제, 군사, 과학, 사교, 수사학 같은 것만 숭상하고 있었습니다.
  6. 종교에 관심이 없었으며 전도를 위한 최적지는 아니었습니다.

三. 압력에 굴복하지 않았습니다.
  1. 바울에게는 항상 무서운 세력의 압력이 떠나지 않았습니다.
  2. 예수님이 메시야라고 말하지 말라는 유대교의 압력입니다.
  3. 구원은 모세의 율법을 지켜야 가능하다는 압력입니다.
  4. 그러나 그는 어디를 가나 예수님은 메시야라고 증거했습니다.
  5. 구원은 예수님을 믿어야 얻는다고 확고하게 증거했습니다.
  6. 어느 누구로부터 핍박과 박해가 와도 굴하지 않고 증거했습니다.

* 세상에서 바울처럼 고난으로 연속된 생애를 산 사람은 많지를 않습니다. 반면에 그런 상황 속에서도 조금도 굴하지 않고 주님께로부터 받은 사명을 끝까지 수행한 사람도 바울이외에 별로 많지를 않습니다.

금하는 자 없었더라

(28:31)

사도 바울은 그의 마지막 옥중 생활 중에서 써 보낸 디모데후서 2장 9절에서 "복음을 인하여 내가 죄인과 같이 매이는 데까지 고난을 받았으나 하나님의 말씀은 매이지 아니 하리라"고 증거한 것처럼 전도자 바울을 가두어 놓고 매어 놓아도 말씀은 맬 수도 가둘 수도 없었습니다. 기독교는 절대적인 말씀의 종교입니다.

一. 복음을 세상 세력으로 금지시키기도 했습니다.
1. 유대 종교 지도자들은 지나치게 탄압하고 핍박했습니다.
2. 도무지 예수의 이름으로 말하지도 말고 가르치지도 말라고 했습니다.
3. 이런 위협과 공갈 협박 속에서도 사도들은 굴하지 않았습니다.
4. 스데반과 야고보를 죽이기도 했으나 복음은 더욱 더 전파되었습니다.
5. 사도들과 초대교회 성도들은 성령님의 권능을 받고 담대히 증거했습니다.
6. 그들은 하나님 앞에서 복음을 증거했습니다(행 4:18-20).

二. 복음은 어느 세력으로도 금할 수 없습니다.
1. 복음은 계속하여 힘차게 전파되어 나아갔습니다.
2. 따라서 각처에서 복음전파 방해자들도 기승을 부리며 박해했습니다.
3. 복음이 들어가는 곳에 놀라운 기사와 표적이 일어났습니다.
4. 강하게 핍박하던 자가 오히려 감동받아 복음 증거자가 되었습니다.
5. 복음을 믿고 구원받는 수가 날마다 더 해 나아갔습니다.
6. 복음 진리는 세상의 어떤 세력으로도 막지를 못했습니다.

三. 바울은 옥중에서도 말씀을 기록했습니다(옥중서신).
1. 바울은 로마 옥중에서 2년동안 옥고를 치렀습니다.
2. 옥중에서 에베소서, 빌립보서, 골로새서, 빌레몬서를 기록했습니다.
3. 그 서신은 방방곡곡 가는 곳마다 복음이 더욱 널리 퍼져 나갔습니다.
4. 그의 몸은 가두었어도 그의 신앙 사상은 가둘 수 없었습니다.
5. 그의 전하는 복음은 감금되지 않고 자유스럽게 전파되었습니다.

* 사도 바울은 로마에서 순교했습니다. 그의 순교 때를 기점으로 하여 로마 제국은 기독교를 더욱 심하게 박해 했습니다(네로황제). 그러나 주후 313년도에 콘스탄틴 황제에 의하여 기독교 신앙의 자유가 선포되게 되었습니다. 이렇듯 복음은 사람으로서는 그 누구도 금할 수 없으며 오늘날 복음이 세계를 정복하고 있습니다.

*
기적의 사람들
*
초판 1쇄 ― 2004년 11월 30일

*
지은이 ― 김 태 빈
펴낸이 ― 채 주 희
펴낸곳 ― 엘맨출판사
*
서울시 마포구 합정동 433 - 62
출판등록 ― 제10 - 1562호(1985. 10. 29.)
*
TEL. ― (02) 323-4060
FAX. ― (02) 323-6416
e-mail ― elman1985@hanmail.net
*
잘못된 책은 바꾸어 드립니다.
*
값 15,000원